M. Kurzweil

Bernd-Peter Arnold ist innerhalb des Hessischen Rundfunks Programmchef der Landeswelle »hr 4« und des Wirtschaftskanals »hr-skyline«.

Nach einem Jurastudium begann er in der Hörfunk-Nachrichtenredaktion des Senders, arbeitete später als persönlicher Referent des Intendanten und wurde zum Nachrichtenchef und stellvertretenden Chefredakteur berufen.

Parallel zu seiner Tätigkeit im Nachrichtenbereich baute Arnold die Hörfunk-Regionalisierung des hr auf. Es entstanden in den 80er Jahren fünf Regionalstudios in Hessen, die mehrmals täglich eigene Programme ausstrahlen. 1986 gründete er das Programm »hr 4«, das inzwischen als Vollprogramm zu einer der wichtigsten Säulen im Angebot des Hessischen Rundfunks gehört. Im Jahr 1999 baute er den neuen Wirtschaftskanal »hr-skyline« auf.

Bernd-Peter Arnold ist seit vielen Jahren Trainer der ZFP (Zentrale Fortbildung Programm von ARD und ZDF) und hat an den Universitäten Mainz und Gießen Lehraufträge für Hörfunk-Journalismus. Er ist Verfasser mehrerer Fachbücher und zahlreicher Aufsätze zum Thema Rundfunk.

Bernd-Peter Arnold

ABC des Hörfunks

2., überarbeitete Auflage

Reihe Praktischer Journalismus
Band 14

Die Deutsche Bibliothek – CIP-Einheitsaufnahme

Arnold, Bernd-Peter
ABC des Hörfunks / Bernd-Peter Arnold.
– 2., überarb. Aufl. –
Konstanz : UVK Medien, 1999
   (Reihe praktischer Journalismus ; Bd. 14)
   ISBN 3-89669-261-5

ISSN 1433-7649
ISBN 3-89669-261-5

©UVK Medien
Verlagsgesellschaft mbH, Konstanz 1999

Druck: Legoprint, Lavis
Satz: Elisabeth Kochenburger, Konstanz

UVK Medien Verlagsgesellschaft mbH
Schützenstr. 24 · D-78462 Konstanz
Tel.: 07531-9053-0 · Fax: 07531-9053-98
www.uvk.de

INHALT

Vorwort 9

Kapitel 1:
Radio heute

1.1 Programmauftrag und Programmstrukturen 11
1.2 Das Medium und seine Eigenschaften 16
1.3 Format und Profil 19
1.4 Der öffentlich-rechtliche Rundfunk in der Konkurrenz –
    das duale System 20
1.5 Der Hörer das unbekannte Wesen 26

Kapitel 2:
Kurze Geschichte des Radios

2.1 Die Anfänge und der Mißbrauch durch die Nazis 35
2.2 Rundfunk im Nachkriegsdeutschland – vom
    Besatzungsrundfunk zum öffentlich-rechtlichen System ... 40
2.3 Die deutsche Wiedervereinigung und
    die vertanen Chancen 45

Kapitel 3:
Journalistische Berufe beim Hörfunk

3.1 Der Radiojournalist – bewundert und zugleich verachtet ... 47
3.2 Redakteur 51
3.3 Reporter 59
3.4 Autor 61
3.5 Producer 62
3.6 Regisseur 65
3.7 Moderator 66
3.8 Sprecher 68
3.9 Korrespondent 70
3.10 Musikprogrammgestalter 72
3.11 Redaktionssekretärin 73
3.12 Neue Aufgaben 74

Kapitel 4:
Die Inhalte des Radioprogramms

4.1	Organisationsstrukturen kann man nicht senden	77
4.2	Aktuelle Information	79
4.3	Wirtschaft	93
4.4	Sport	96
4.5	Kultur	98
4.6	Hörspiel	101
4.7	Bildungsprogramme	102
4.8	Unterhaltung	103
4.9	Musik	106
4.10	Das Regionale	109

Kapitel 5:
Radiojournalistische Formen

5.1	Nachrichten	113
5.1.1	Einführung	113
5.1.2	Nachrichtenauswahl	125
5.1.3	Gewichtung	133
5.1.4	Nachrichtenmeldung – die journalistische Grundform	139
5.1.5	Nachrichtenquellen	143
5.1.6	Zitate	146
5.1.7	Sperrfristen	147
5.1.8	Wirkung bedenken	149
5.1.9	Nachrichten mit O-Ton	154
5.1.10	Nachrichtenmanipulation durch Sprache	158
5.2	Bericht	161
5.2.1	Reporter-Statement	162
5.2.2	Korrespondenten-Bericht	164
5.2.3	Bericht in Form des Moderatorengesprächs	165
5.2.4	Der »gebaute« Beitrag	166
5.2.5	Reportage	175
5.3	Kommentar	184
5.3.1	Meinungskommentar	186
5.3.2	Analytischer Kommentar	187
5.3.3	Kommentar und Radiohandwerk	187

5.4	Interview	190
5.4.1	Einführung	190
5.4.2	Vorbereitung eines Interviews	192
5.4.3	Gestaltung eines Interviews	203
5.4.4	Die verschiedenen Fragetypen	204
5.4.5	Anreden und Titel	215
5.4.6	Nachfragen	217
5.4.7	Schweigen	218
5.4.8	Unterbrechen des Gesprächspartners	219
5.4.9	Zusammenfassungen	220
5.4.10	Aufbau eines Interviews	221
5.4.11	Strategien und Gegenstrategien	221
5.4.12	Einzeltips für das Interview	224
5.4.13	Bearbeitung von Interviews	226
5.5	Diskussion	227
5.6	Feature	231
5.7	Presseschau	236
5.8	Programme mit Hörerbeteiligung	239
5.9	Jingles und Trailer	246
5.10	Moderation	249

Kapitel 6:
Allgemeine Handwerksregeln für Radiojournalisten

6.1	Fürs Mikrofon schreiben	269
6.2	Recherche für Radiojournalisten	281
6.3	Das Radiomanuskript	286
6.4	Exposé	295

Kapitel 7:
Radio hat viel mit Technik zu tun

7.1	Von Sendern und Frequenzen	297
7.2	Digitaltechnik – der Weg in die Zukunft	301
7.3	Der Journalist und die Technik	302
7.3.1	Elektronische Redaktionsarbeit	302
7.3.2	Außenberichterstattung im Zeitalter neuer Techniken	304
7.3.3	Praktische Tips für die Außenberichterstattung	305

7.3.4 Telefonberichterstattung – für die Aktualität unentbehrlich 310
7.3.5 Die Produktionsmittel und ihr Einsatz 312

Kapitel 8:
Externe Einflüsse – journalistische Unabhängigkeit 321

Literaturverzeichnis 329
Verwendete Literatur 329
Empfohlene Literatur 332

Personen- und Sachwortverzeichnis 335

Vorwort

»Radio-Journalismus kann man weder an der Universität noch aus Büchern lernen.« Diesen Satz werden vermutlich viele Radiomacher spontan bestätigen. Doch er ist richtig und falsch zugleich.

Natürlich ist man nach einem Hochschulabschluß und dem Studium von Lehrbüchern kein Radio-Journalist. Das »Handwerk« lernt man in der Praxis, in Redaktionen und Studios. Voraussetzung für die praktische Ausbildung sollte aber heute auf jeden Fall ein Studium sein. Je früher sich allerdings theoretische Ausbildung und die praktische journalistische Arbeit vermischen, um so besser. Nicht zufällig sind gerade diejenigen, die bereits während ihres Studiums versuchen, für das Radio zu arbeiten, später am erfolgreichsten.

An Studenten, Volontäre Praktikanten, Berufsanfänger und sogenannte Seiteneinsteiger richtet sich das vorliegende Buch. Dies soll nicht ausschließen, daß es auch von erfahrenen Kolleginnen und Kollegen gelegentlich zur Hand genommen wird, sei es zur eigenen Überprüfung oder sei es, um Volontären, Praktikanten oder Berufsanfängern Antworten auf deren Fragen zu geben. Denn: Viele erfahrene Redakteure und Reporter leisten täglich vorzügliche Arbeit im Programm, sie tun sich aber schwer mit der Anleitung von Nachwuchsmitarbeitern.

Das »ABC des Hörfunks« stellt die Inhalte eines modernen Radioprogramms ebenso dar wie die verschiedenen typischen Radio-Berufe. Der mit Abstand umfangreichste Teil befaßt sich aber mit den Radioformen und damit mit Handwerksregeln.

Die einzelnen Kapitel enthalten auch jeweils ein Minimum an theoretischem Hintergrund, aber nur soweit er für die Praxis unbedingt notwendig ist.

Damit die Kapitel und Abschnitte des Buches auch für sich gelesen werden können, das »ABC« also als Nachschlagewerk genutzt werden kann, sind Redundanzen unvermeidbar, das heißt, sie sind des besseren Verständnisses der einzelnen Abschnitte wegen gewollt.

Radio-Berufe werden immer mehr zu Frauenberufen – eine positive Entwicklung. Es ist also selbstverständlich, daß es nicht nur Redakteure, Reporter und Moderatoren, sondern auch Redakteurinnen, Reporterinnen und Moderatorinnen gibt. Es wurde deshalb darauf verzichtet, stets durch die Silbe »-innen« etwas zu dokumentieren, das glücklicherweise zur Normalität geworden ist. Alle Kolleginnen seien versichert, daß sich der Autor in seinem Verantwortungsbereich durch die Tat und nicht durch Demonstrationen mit Erfolg dafür einsetzt, daß Kolleginnen gleiche Chancen erhalten.

Frankfurt a. M., September 1999					Bernd-Peter Arnold

Kapitel 1:
Radio heute

1.1 Programmauftrag und Programmstrukturen

Das Radio, der Hörfunk, hat sich in den zurückliegenden Jahren ständig verändert. Es wird sich, um auf Dauer zu überleben, weiter verändern, verändern müssen.
Es wird in Zukunft nicht um die Frage gehen, ob das Radio, das seit Entstehen des Fernsehens immer wieder totgesagt wurde, überlebt. Das Medium wird überleben. Fraglich ist, welche Struktur es haben wird. Ein Problem taucht in diesem Zusammenhang auf, daß nämlich die großen Vorteile des Hörfunks, das heißt die niedrigen Produktionskosten und seine Flexibilität, zugleich eine Gefahr bedeuten können. Die Gefahr besteht darin, daß nicht preisgünstiges, sondern billiges Radio gemacht wird und so die Qualität der Programme auf der Strecke bleibt.

Seit einiger Zeit gibt es in Deutschland das sogenannte duale Rundfunksystem, das heißt das Nebeneinander von öffentlich-rechtlichem und privatem Rundfunk. Publizistische Qualität ist im Grundsatz unabhängig von der Finanzierung eines Mediums. Entscheidend ist vielmehr, daß die Finanzausstattung hohe Qualität ermöglicht und daß die Unabhängigkeit der Journalisten garantiert ist.
Öffentlich-rechtliche Radioprogramme und die Angebote privater Stationen gehen zwangsläufig von unterschiedlichen publizistischen Voraussetzungen aus. Privatanbieter verfügen in der Regel über eine Welle. Sie müssen sich für ein Programm entscheiden, das entweder versucht, allen Publikumswünschen nach Unterhaltung, Information und eventuell sogar Kultur gerecht zu werden, oder aber als sogenannte Spartenprogramme auf ein ganz bestimmtes Publikumssegment zu zielen. Die zweite Variante ist die häufigere. Mischprogramme, die früher die Regel waren, finden heute kaum noch Akzeptanz bei den Hörern. Dies ist auch der Grund dafür, daß sich die

öffentlich-rechtlichen Rundfunkanstalten bemühen, ihren parallel laufenden drei, vier oder sogar fünf oder mehr Programmen eine sehr unterschiedliche Struktur zu geben.

Nur so können die öffentlich-rechtlichen Radioanbieter ihrem Auftrag, »Radio für alle« zu liefern, gerecht werden. Insgesamt also mindestens vier Programme parallel: ein Einschaltprogramm mit intensiver aktueller Berichterstattung, in erster Linie aus den Bereichen Politik und Sport, präsentiert durch großflächige Sendungen sowohl in kompakter Form, d.h. nicht mit Musik vermischt, als auch in Form von Magazinen. In diesem Einschaltprogramm ist auch Platz für unterhaltende Wortsendungen, wie zum Beispiel Kabarett, Hörspiel oder Quiz.

Ein weiteres Einschaltprogramm trägt demgegenüber dem Bedürfnis nach ernster Musik und kulturellen Wortsendungen sowie besonderen Hörspielen Rechnung. Die Begleitprogramme befriedigen dann die unterschiedlichen, vom Alter der Hörerschaft bestimmten Wünsche nach begleitender Unterhaltungsmusik. Diese Programme bringen konsequenterweise neben stündlichen Kurznachrichten Informationen im Sinne von »Lebenshilfe«, wie zum Beispiel Verkehrsinformationen und Verbrauchertips sowie kurze Beiträge zu politischen und gesellschaftlichen Themen. Eines dieser Programme, das musikalisch »ältere«, bietet schließlich auch Platz für die intensive Information über regionale Ereignisse. Hinzu kommen bei einigen Rundfunkanstalten Spartenprogramme für Nachrichten, Wirtschaft etc.

Dies ist insofern von besonderer Bedeutung, als das Interesse der Hörer an Informationen aus diesem Bereich seit dem Ende der 70er Jahre stetig gestiegen ist und weiter zunimmt. Da es aufgrund neuerer Forschungen als sicher gilt, daß die Regionalisierung nur in Form eines eigenen Programms sinnvoll ist, nicht aber als Einsprengsel in anderen Programmen, bietet sich eines der Begleitprogramme dafür geradezu an.

Schrittweise nähern sich die Rundfunkanstalten in Deutschland diesem Schema, von denen jedes ein in sich geschlossenes Vollprogramm mit unterschiedlichen Schwerpunkten darstellt. Dem Wunsch des Publikums, sofort zu erkennen, welchen Kanal man eingeschaltet hat, sowie wann und wo man welches Programmangebot erwarten kann, ist nur so zu begegnen. Alle Kompromisse, die die Konturen der vier Programme unscharf werden lassen, müssen zu einer Verunsicherung des Publikums führen. Eine – wie man in angelsächsischen Ländern sagt Channel Identity, also eine klare Erkennbarkeit jedes Programms, läßt den Hörer sich wohlfühlen mit »seinem« Programm.

Eine in Zukunft an Bedeutung sicherlich zunehmende Variante ist das Spartenprogramm »Information«, d.h. ein fortlaufend aktualisiertes Informationsprogramm mit Nachrichten und Hintergrundinformationen in allen journalistischen Formen. Bei den reinen Nachrichtenkanälen, die im Ausland seit Jahren erfolgreich sind – seit 1991 bietet auch der Bayerische Rundfunk einen Nachrichtenkanal an – handelt es sich um typische Einschaltprogramme, die aber starke Hörerbindungen schaffen. Nachrichten-Kanäle anderer Anbieter sind ebenfalls auf Erfolgskurs.

Es dürfte ohnehin eine Frage der Zeit sein, daß auch in Deutschland die Zahl der reinen Spartenprogramme wächst. Sei es nun als Angebot privater oder öffentlich-rechtlicher Radiostationen. Bisher gibt es als reine Spartenprogramme das Angebot des Bayerischen Rundfunks im Bereich der Information sowie ebenfalls vom Bayerischen Rundfunk ein Klassik-Musikangebot. Die Entwicklung in den angelsächsischen Ländern zeigt jedoch, daß der Trend zu den Spartenprogrammen anhält und sicherlich auch nach Deutschland übergreifen wird. Einige Musikkanäle in Deutschland bestätigen den Trend. Beim Hessischen Rundfunk gibt es neuerdings ein Spartenprogramm Wirtschaft »hr-skyline«.

All diese Programmangebote erfordern qualifizierte Radiomacher, ob es sich um die Unterhaltung, die Musikgestaltung oder um die journalistischen Sparten im engeren Sinne handelt.

Nur die qualifizierte Ausbildung seiner Mitarbeiter wird auf Dauer dem Radio seine Existenz sichern. Mitarbeiter, die in den Radiojob »hineingescheitert« sind, gefährden das Medium. Sie haben ohnehin nur in Stationen eine Chance, die kurzfristig entstehen und nach kurzer Zeit wieder eingestellt werden müssen – wegen fehlender Akzeptanz beim Publikurn. Zwar kommt es beim Radiojournalismus nicht so sehr auf eine formalisierte Ausbildung an, es geht mit anderen Worten nicht um die Zahl der erworbenen Zertifikate, sondern darum, daß sich ein Radiomacher eine genügend umfangreiche Allgemeinbildung und ebenso umfangreiche Kenntnisse des Radiohandwerks angeeignet hat. Ein möglichst breit angelegtes Hochschulstudium mit einer parallel laufenden oder sich anschließenden radiojournalistischen Ausbildung sind immer noch ideale Voraussetzungen für die Arbeit im Hörfunk.

Dabei ist wichtig, daß sich beim Radio der Generalist gegenüber dem Spezialisten durchsetzt. »Generalist« bedeutet, daß ein Radiomacher über eine breite Allgemeinbildung verfügen sollte, die ihn in den Stand setzt, sich kurzfristig in speziellere Themen einzuarbeiten. Sollte es einmal ausnahmsweise um intensive Beschäftigung mit Spezialthemen gehen, dann ist es sinnvoller, den Spezialisten nicht im eigenen Hause zu beschäftigen, sondern sich der zahlreich vorhandenen Experten außerhalb von Funkhäusern zu bedienen.
Gefordert ist der sogenannte »Broadcaster«, also derjenige Journalist, der sich mit allen Feinheiten des Mediums auskennt und sich, wenn er selbst inhaltlich überfordert ist, der Fachleute von außen bedient.

Ebenso wichtig wie eine solide Ausbildung ist die permanente Fortbildung. Das Radio entwickelt sich mit hohem Tempo weiter. Es ist deshalb wichtig, daß sich Radiomacher diesem Tempo anpassen und sich stets sowohl bezüglich der Programminhalte als auch bezüglich der Entwicklung neuer Formen auf dem laufenden hatten.

Man muß zur Kenntnis nehmen, daß Radioberufe Spezialberufe sind, d.h., der Radiojournalist ist ein Journalist, der speziell für dieses Medium ausgebildet ist und darin arbeitet. Ein Zeitungsjournalist oder ein Fernsehjournalist kann nicht ohne Zusatzausbildung erfolgreich ins Radio wechseln. Die besonderen Anforderungen des Mediums Radio verlangen den »Handwerker«, der das Radiomachen perfekt beherrscht.

Wenn Radioprogramme unverwechselbare Programmprofile haben sollen, so müssen die im Radio tätigen Journalisten die Fähigkeit besitzen, Themen unterschiedlicher Art dem Profil der jeweiligen Welle entsprechend aufzuarbeiten. Erfolgreiche Radioprogramme brauchen ein Profil, das die beste Voraussetzung für eine enge Bindung des Hörers an das jeweilige Programm ist. Programmidentität wird aber durch Menschen geschaffen, nämlich durch die Programmacher, Damit sind nicht etwa nur die Präsentatoren, die Sprecher, die Moderatoren gemeint, sondern insbesondere die Produzenten, d.h. die Programmdesigner.

Das »Producing« von Programmen wurde in Deutschland bisher vernachlässigt. Erst langsam beginnt man sich des Producers als vermutlich wichtigster Figur eines Programms zu besinnen. In den angelsächsischen Ländern ist dies seit Jahrzehnten eine Selbstverständlichkeit. Im Gegensatz zu einer häufig vertretenen Auffassung genügt es nicht, die Musikfarbe richtig zu wählen, um ein Programm zu profilieren. Es kommt vielmehr ebenso sehr auf die Professionalität von Journalisten an. Gerade mit gutem Journalismus bindet man Publikum an Radioprogramme. Stimmen, die qualifizierte Inhalte vermitteln, sind für die Hörerbindung mindestens ebenso wichtig wie die den Geschmack des Hörers treffende Musik.

Der Hörer, seine Lebensgewohnheiten, sein Tagesablauf, seine Erwartungen an den ständigen Begleiter Radio, müssen im Mittelpunkt aller Bemühungen der Macher stehen. D e r Hörer und nicht die Hörer, muß die Devise heißen. Es gibt beim Radio niemals das große Publikum, auch wenn die Einschaltzahlen nicht selten Millionenhöhe erreichen. Der Sprecher, der Moderator einer Sendung, die zum Beispiel fünfhunderttausend Menschen erreicht, spricht nicht zu einer Menge von fünfhunderttausend Personen. Er wendet sich vielmehr fünfhunderttausendmal an einen einzelnen. So und nicht anders ist die Situation, auch wenn dies vielen Medienmachern nicht bewußt zu sein scheint.

Die ganz unmittelbare persönliche Ansprache ist es also, die das Verhältnis zwischen Sprecher und Hörer ausmacht – und dieses Verhältnis ist ein sehr intimes. Der Radiohörer wird vom Sprecher gewissermaßen überallhin begleitet. Wichtig ist allerdings in diesem

Zusammenhang, daß das Radio zum Nebenbeimedium geworden ist, d.h., der Mensch am Mikrofon spricht oft nicht zu einem Partner, der sich ihm ganz zuwendet, der bereit ist, zuzuhören und sonst nichts zu tun. Man hat als Sprecher oder Moderator oft nur die geteilte Aufmerksamkeit des Zuhörers.

Das Radio wird – wie gesagt – immer mehr zum Nebenbeimedium. Das mag man als Journalist bedauern. Gleichzeitig wird aber heute mehr als früher Radio gehört. Die Einschaltdauer pro Tag ist überdies größer als die des Fernsehens. Radiomacher haben also gute Chancen, ein großes Publikum zu erreichen. Auch Informationen und andere Wortbeiträge sind gefragt, keinesfalls nur die Musik. Es kommt angesichts der typischen Eigenheiten des Mediums aber mehr als je zuvor auf geeignete Vermittlungsformen an. Radio ist weder gesprochene Zeitung noch Fernsehen ohne Bild. Dies deutlich zu machen und die Grundzüge des Radiohandwerks zu vermitteln ist Ziel dieses Buches.

1.2 Das Medium und seine Eigenschaften

»Portability«, »Immediacy« und »Companionship« sind die Eigenschaften, die die amerikanische Medienforschung dem Radio zuspricht.

Portability – die Verfügbarkeit überall zu jeder Zeit und mit geringem Aufwand – hat dem Radio seine unangefochtene Position auch und gerade im Zeitalter des Fernsehens erhalten. Mobiles Radiohören bedeutet – dies wird gerne übersehen – nicht in erster Linie hören im Auto, sondern hören mit mobilen Geräten überall in privater und zunehmend auch in beruflicher Umgebung.

Immediacy – Ummittelbarkeit – bedeutet nicht nur, daß das Radio – wenn es denn von den Machern richtig eingesetzt wird – den Adressaten ganz direkt erreicht und ihn ganz unmittelbar an Ereignissen teilhaben läßt, ihm Ereignisse nicht nur mit Fakten, sondern auch mit Blick auf seine Emotionen und auf seine Betroffenheit nahe bringt. Unmittelbarkeit bedeutet zugleich auch die Chance, klar definierte Zielpublika mit ganz speziellen Programmangeboten zu erreichen.

»Broadcasting« ist zum »Narrowcasting« geworden, wobei die klar zu definierten Zielgruppen keinesfalls ausschließlich Minderheiten sein müssen. Zum Scheitern verurteilt ist indes der Versuch, allen von jedem ein wenig zu bringen und dies als die Erfüllung des öffentlich-rechtlichen Programmauftrags zu bezeichnen.

Wichtig ist auch, sich die möglichen Strukturen der verschiedenen Wellenformate klar zu machen und die Informationsangebote entsprechend zu konzipieren. Oft wird hier gedankenlos verfahren.

Eine Magazinwelle hat heute gewiß nur noch Chancen, wenn sie sich als Unterhaltungswelle versteht, die dem Hörer das Gefühl vermittelt, jederzeit und ganz aktuell das Wichtigste zu erfahren. Von einem modernen Magazinprogramm wird – anders als in früheren Jahren – »Durchhörbarkeit« erwartet. Magazinformat ist heute eher ein Unterhaltungsformat mit knappen Informationsanteilen, nicht aber umgekehrt ein Informationsformat mit gelegentlichen (musikalischen) Unterhaltungselementen.

Von einem Informationsformat wird demgegenüber Hörsicherheit, d. h. eine klare Rasterung des Informationsangebots verlangt. Dies bedeutet nicht automatisch »Nachrichtenkanal«. Ein Informationsprogramm kann auch einen beträchtlichen Musikanteil haben, wenn der Hörer genau weiß, wann er – möglichst kompakt – Informationen erwarten kann. Die sinkende Akzeptanz traditioneller Magazinangebote belegt diese Entwicklung.

Companionship – der dritte Begriff – beschreibt eine Eigenschaft und zugleich eine soziale Funktion des Radios, die nicht hoch genug eingeschätzt werden kann. Seit 1968 werden sowohl in Europa als auch in Nordamerika systematisch die Motive für das Einschalten des Radios untersucht. Geradezu erschütternd hoch ist der Anteil derer, die Radio hören, weil sie sich einsam fühlen. Das Radio hat also eine parasoziale Funktion. Radiomacher mit Sensibilität gegenüber den Empfindungen ihres Publikums können dies aus eigener Erfahrung bestätigen. Für diese Hörer ist das Radio oft Kommunikationsersatz, der Zugang zu einer Welt, an der man selbst unbeabsichtigt oder auch beabsichtigt nicht oder nicht mehr teil hat.

»Kontaktherstellen« als journalistische Aufgabe gehört hierher, Kontakt nicht nur zwischen Sprecher, Moderator usw. und Hörer, sondern vor allem auch das Schaffen eines Kontakts zwischen Hörer und kompetenten Gesprächspartnern. Hier liegt z. B. die eigentliche große Chance des Radiointerviews. Viele Interviewer lesen sich zum Thema oberflächlich ein paar Begriffe aus einem Artikel in ihrer Lieblingszeitung an und versuchen dann mit dem Interviewpartner eine Art Fachgespräch zu führen – der Hörer wird dabei ausgegrenzt. Statt dessen sollte sich der Interviewer als Vermittler verstehen und die Chance nutzen, dem Hörer einen Gesprächspartner zu vermitteln, den dieser sonst nicht erreicht. Stellvertretend für den Hörer so zu fragen, daß Experten allgemeinverständlich antworten, ist eine Dienstleistung des Radios für sein Publikum und bringt Hörer. Pseudofachgespräche zwischen Journalisten und Experten grenzen aus und bestätigen das Vorurteil der Hörerferne des öffentlich-rechtlichen Rundfunks.

Radio-Journalisten genießen das Privileg, Zugang zu mehr oder weniger allen Ereignissen und Menschen zu haben. Es ist ihre Aufgabe, dieses Privileg nicht für sich zu behalten, sondern es zu teilen, zu teilen mit dem Publikum, den Hörern, die diese Zugänge nicht haben.
Über die Bedeutung des Radios in Krisenzeiten muß man eigentlich gar nicht sprechen. Es ist gewiß kein Zufall, daß während politischer Konflikte, zu Zeiten von Naturkatastrophen usw. der Verkauf von Batterien für tragbare Radios sprunghaft ansteigt.

Für viele ist das Radio als »companion« etwas so Selbstverständliches, daß es gar nicht mehr als solcher wahrgenommen wird. Der amerikanische Medienforscher Tony Schwartz schreibt in seiner Studie »The responsive chord«, daß die Menschen das Radio schon gar nicht mehr als Quelle von Unterhaltung und Information wahrnehmen, weil sie gar nicht bewußt zuhören. Ebenso wie wir uns des Atmens nicht bewußt sind, so sind wir uns der ständigen Präsenz des Radios nicht aktiv bewußt. Leicht ironisch sagt Schwartz wörtlich: »When you ask some people, if they listen to radio they say no. When you ask them, if

---

[1] Tony Schwartz »The responsive Chord« – How Radio and TV manipulate you. New York 1985

they drive to work with the radio on and they say yes, they don't listen to it, they sit in it.«.

1.3 Format und Profil

»Formatradio« gehört seit einigen Jahren zu den Reizwörtern in der ganzen Branche. Für die einen ist der Gebrauch des Begriffs eine Art Kriegserklärung an den seriösen Radiojournalismus, für die anderen bedeutet »Formatierung« die Zukunftsperspektive für das Medium.

Zu Beginn dieses Kapitels wurde bereits gesagt, daß die Zeit der traditionellen öffentlich-rechtlichen Mischprogramme vorüber ist. Wenn eine öffentlich-rechtliche Rundfunkanstalt heute bis zu acht Programme anbietet, dann müssen diese auf bestimmte Zielgruppen hin maßgeschneidert werden. Nur so macht die Vielzahl der Programme einen Sinn – aus Vielzahl muß Vielfalt werden. So wie sich ein Privatanbieter eine Marktlücke für seine einzelne oder inzwischen auch mehrere Wellen sucht, muß eine öffentlich-rechtliche Rundfunkanstalt Wege suchen, das bereits erwähnte »Angebot an alle« zu erreichen. »Angebot an alle, aber auf mehreren Kanälen« – so lautet die Zielbestimmung.

Dabei gibt es formatierte Programme und Programme, die zwar nicht formatiert sind, gleichwohl aber ein Profil haben. Format heißt, daß ein Programm rund um die Uhr zu jeder Stunde gleich strukturiert ist. Sowohl musikbetonte Wellen als auch zum Beispiel informationsbestimmte Programme können Formatprogramme sein. Ein Musikformatprogramm ist zunächst bestimmt durch die Musikfarbe. Diese muß unverwechselbar sein. Ohne Rücksicht auf Eitelkeiten von Programmgestaltern und auf die Interessen der Musikindustrie muß das Format auf der Basis eines möglichst kleinen Repertoires strukturiert werden (vergl. Kapitel »Musik«). Der Hörer muß ohne Moderationshinweise unmittelbar nach dem Einschalten erkennen, welchen Kanal er gewählt hat.

Konsequente Formatierung gilt auch für die Wortanteile dieser Kanäle. Welche Art Wortbeiträge auch immer in diesen Wellen laufen,

ihr Einsatz erfolgt zu jeder Stunde und nach dem gleichen Schema – und sei der Wortanteil auch noch so sparsam. Auch das Wort muß unverwechselbar sein und zur Identität der entsprechenden Welle beitragen.
Es gibt – jedenfalls im öffentlich-rechtlichen Rundfunk – neben den Formatwellen auch anders strukturierte Angebote. Es muß sie geben, und sie bedürfen der intensiven Pflege, denn sie sind die Basis des öffentlich-rechtlichen Rundfunks und damit die tragenden Säulen des Programmauftrags.

Diese Programme sind in der Regel keine Begleitwellen, sondern sogenannte Einschaltprogramme. Da sie sowohl inhaltlich als auch formal sehr unterschiedliche Angebote bereithalten, verbietet sich die Formatierung. Gleichwohl sollen und können diese Programme ein Profil haben. Dies bedeutet, daß die Angebote nicht mehr oder weniger willkürlich gemischt werden dürfen. Die unterschiedlichen Angebote müssen zu festgelegten und nicht ständig wechselnden Sendezeiten kommen. Nur so kann man Hörsicherheit erzeugen. Wichtigstes profilstiftendes Element ist natürlich der Inhalt. Diese Programm haben etwa ein Informationsprofil oder ein Kulturprofil.
Informationsprofil bedeutet jedoch nicht, daß es sich um einen Nachrichtenkanal handelt. Ein reiner Nachrichtenkanal ist eher ein Formatprogramm – vorausgesetzt, jede Stunde des Tages ist gleich strukturiert. Ein Informationsprofilprogramm wird sich demgegenüber von Stunde zu Stunde sowohl inhaltlich als auch formal in seinen Informationsangeboten unterscheiden. Von Tag zu Tag sollte die Struktur aber gleich sein. So entsteht Profil und damit Verläßlichkeit für das Publikum.

Entsprechendes gilt natürlich auch für kulturorientierte Programme.

1.4 Der öffentlich-rechtliche Rundfunk in der Konkurrenz – das duale System

Die 80er Jahre standen im Zeichen gewaltiger Veränderungen im Rundfunksystem der Bundesrepublik Deutschland. Das duale System, das heißt, das Nebeneinander von öffentlich-rechtlichem und privatem Rundfunk begann. Das öffentlich-rechtliche Monopol war zu Ende, die Landesrundfunkanstalten bekamen private, d.h. kommerzielle Konkurrenz. Daß das öffentlich-rechtliche System ein Monopol auf Zeit sein würde, konnte man bereits aus dem berühmten, ersten Fernsehurteil des Bundesverfassungsgerichts aus dem Jahre 1961 ablesen (BVerfGE 31/340).

Dieses Urteil führt als wichtigsten Grund dafür, daß der Rundfunk ausschließlich von öffentlich-rechtlichen Anstalten zu betreiben sei, den Umstand an, daß Sendefrequenzen nur in begrenztem Umfang zu Verfügung standen. Daraus läßt sich logischerweise der Schluß ziehen, daß das Monopol nicht mehr gilt, wenn sich die Frequenzsituation ändert. Dies ist inzwischen geschehen, das Bundesverfassungsgericht hat über die Jahre seine Rechtsprechung durch neue, wichtige Urteile ergänzt und letztlich die Basis für die Landesgesetzgeber geschaffen, Landesgesetze zur Etablierung von privatem Rundfunk zu verabschieden. Der öffentlich-rechtliche Rundfunk hat inzwischen nahezu überall in der Bundesrepublik Deutschland private Konkurrenten bekommen.

Landesgesetze ganz unterschiedlicher Ausprägung bilden die Rechtsgrundlage, man hat sich nicht auf ein einheitliches oder auch nur auf ähnliche Systeme in den Bundesländern verständigt, sondern die Konstruktion des Privatfunks (Hörfunk und Fernsehen) ist von Bundesland zu Bundesland sehr verschieden.

Auch der Erfolg der privaten Hörfunk-Anbieter ist unterschiedlich je nach Bundesland – Erfolg unter wirtschaftlichen Gesichtspunkten vor allem. Hohe Akzeptanz beim Publikum und wirtschaftlicher Erfolg in Bezug auf die notwendigen Einnahmen aus der Werbung haben vor allem die Anbieter, deren Programme landesweit ausgestrahlt werden. Sie sind auch die wichtigsten Konkurrenten der öffentlich-rechtlichen Rundfunkanstalten. Ihnen ist es zum Beispiel in Schleswig-Holstein, Niedersachsen, Bayern und Hessen gelungen, den öffentlich-rechtlichen Programmen beträchtliche Höreranteile abzunehmen.

Lokale oder regionale Privatanbieter tun sich indes schwer, es sei denn, sie senden in Ballungsräumen, in denen das potentielle Publikum groß genug ist, um trotz zahlreicher öffentlich-rechtlicher Angebote genügend hohe Einschaltquoten zu erzielen, die eine Sendestation für die werbetreibende Wirtschaft attraktiv machen. Es gibt freilich in Deutschland ebenso wie im Ausland private Anbieter, die mit lokalen bzw. regionalen Angeboten erfolgreich sind. Die Chancen sind dort besonders groß, wo der öffentlich-rechtliche Rundfunk die Regionen schlecht oder gar nicht bedient. Lokale bzw. regionale Privatanbieter stehen oft vor dem Problem, ein Vollprogramm mit den naturgemäß begrenzten Werbeeinnahmen nicht finanzieren zu können.

Radio ist ein Infrastrukturmedium – jedenfalls sind die öffentlich-rechtlichen Programme zu Teilen der Infrastruktur des täglichen Lebens geworden. Man schaltet den Empfänger ein, und zu jeder Tages- und Nachtzeit sind Programme vorhanden. Ein privater Anbieter kann angesichts der etablierten, öffentlich-rechtlichen Konkurrenz nur dann erfolgreich sein, wenn er auf einer Frequenz sendet, die 24 Stunden am Tag belegt ist, d.h. auf der ständig ein Programm ausgestrahlt wird. Oft übersteigt aber ein 24-Stundenprogramm die finanzielle und personelle Kapazität eines Radiounternehmens.

Das Problem läßt sich auf zweierlei Weise lösen. Entweder teilt sich ein Anbieter eine vorhandene Frequenz mit einem oder mehreren anderen Programmveranstaltern. Dieses Verfahren spart Kosten, weil man nur einige Stunden des Tages senden muß. Dennoch funktioniert das System des sogenannten Frequenzsplittings nur selten. Grund dafür ist, daß mehrere Anbieter unterschiedliche »Programm-Philosophien« haben und demzufolge unterschiedliche Zielgruppen ansprechen. Hätten sie die gleiche »Programm-Philosophie«, würden sie sich ja vermutlich zu einer Anbieter-Gemeinschaft mit einem einheitlichen Programm zusammenschließen. Verschiedene Programme auf einer gemeinsamen Frequenz zu verschiedenen Tageszeiten können indes nur sehr schwer Hörgewohnheiten schaffen, die Hörer werden durch abrupte Programmwechsel irritiert. In den seltensten Fällen wird die Hörerschaft vom neu beginnenden Programm ebenso angezogen wie von dem zuvor angebotenen. Man wird diese Frequenz verlassen, sich ein Programm suchen, das den eigenen Vorstellungen mehr entspricht.

Mit großer Wahrscheinlichkeit kommt der Hörer aber nicht zurück, denn der Wechsel von einem Programm zum anderen ist eher die Ausnahme – es sei denn, ein Programm hört auf, den Erwartungen zu entsprechen (etwa, wenn ein neuer Frequenzsplitting-Partner tätig wird) oder aber, wenn es sich um ein Einschaltprogramm handelt (siehe oben).

Die Produzenten von Einschaltprogrammen wie etwa der anspruchsvollen Kulturprogramme der öffentlich-rechtlichen Anbieter können darauf vertrauen, daß ihre Hörer gezielt bestimmte Angebote wahrnehmen, für die sie sich interessieren. Aber diese Programme sind damit automatisch Minderheiten-Programme, eine Tatsache, die eine öffentlich-rechtliche Rundfunkanstalt bewußt in Kauf nimmt und auch in Kauf nehmen kann. Für einen Privatanbieter, für den hohe Einschaltquoten eine Frage der wirtschaftlichen Existenz sind, ist dieser Weg jedoch nicht möglich.

Eine andere Lösung des Problems, daß ein 24-Stundenprogramm die Leistungsfähigkeit eines lokalen oder regionalen Radioanbieters überfordert, ist das System der sogenannten Mantelprogramme. Dieses Verfahren ist bei uns von den Zeitungen her bekannt. Lokale bzw. regionale Tageszeitungen beziehen oftmals den überregionalen Teil, den sog. »Mantel«, von einem größeren Verlag und gestalten den regionalen und/oder lokalen Teil selbst. Beim Radio ist dieses System in den USA weit verbreitet. Dort gibt es die großen sog. »Networks«, d.h. Firmen, die ein 24-Stunden-Radioprogramm mit allen Programmsparten anbieten, einschließlich überregionaler Informationen und überregionaler Werbung (zum Beispiel die kommerziellen Firmen CBS – Columbia Broadcasting System, ABC – American Broadcasting Corporation und NBC – National Broadcasting Corporation sowie die beiden nichtkommerziellen Unternehmen NPR – National Public Radio und APR – American Public Radio).

Diese Mantelprogramme werden im ganzen Land von kleineren lokalen oder regionalen Stationen, den sog. »Affiliates« übernommen. Sie fügen dann für ihren Bereich sog. »Fensterprogramme« hinzu, in denen regionale Informationen, gelegentlich regionale Unterhaltungsprogramme und vor allem regionale Werbung gebracht werden. Je finanzkräftiger eine solche Station ist, desto größer ist der eigen gestaltete Programmanteil und desto geringer ist der Anteil der vom »Network« übernommenen Programmflächen. Es gibt durchaus »Affiliates«, die sich darauf beschränken, vom »Network« die überregionalen Informationen und die überregionale Werbung zu übernehmen.

Derartige Mantelprogramme könnten – wie gesagt – die Probleme kleinerer Privatanbieter auch in Deutschland lösen. Eine Lösung kann das nordrhein-westfälische Modell eines in einer privat-/öffentlich-rechtlich kombinierten Form angebotenen Mantelprogrammes sein.

Radio muß sich, soll es Erfolg haben, stets als ein »Angebot an alle« verstehen – unabhängig davon, daß natürlich jedes Programm letztlich nur eine mehr oder weniger kleine Gruppe des Gesamtpublikums erreicht. Dies schließt nicht aus, daß bestimmte Programme (zum Beispiel Kulturprogramme, Informationsprogramme, Musikprogramme für junge Leute usw.) auf ein bestimmtes Publikum zielen – sie verstehen sich dennoch nicht so, daß sie andere Hörer ausgrenzen. Deshalb hat »Gruppenradio« auch kaum eine Chance.

Im Zeitalter zunehmender Frequenzen gibt es zwar Möglichkeiten, auf begrenztem Raum ein sehr begrenztes Publikum zu erreichen. Hier sind jedoch angesichts des technischen Aufwandes für die Installation und den Betrieb einer Radiostation und angesichts der Bedingungen, die für die Zuteilung einer Frequenz zu erfüllen sind, andere Verbreitungsmedien geeigneter. Man denke nur an geschlossene Kabelanlagen in Krankenhäusern, Wohnheimen usw.

Zunehmend in die Diskussion kommen Programme, die über sog. »offene Kanäle« verbreitet werden. In den Bundesländern werden inzwischen die gesetzlichen Voraussetzungen für sogenannte »Bürgerradios« geschaffen. Im westeuropäischen Ausland gab es solche Projekte bereits vor Jahren. Sie sind so gut wie alle gescheitert. Dafür gab es im wesentlichen zwei Gründe. Einmal bevorzugen Hörer -zahlreiche Studien beweisen dies, so zum Beispiel die Untersuchung der »Network-Medienkooperative Frankfurt« aus dem Jahre 1985 – ein professionell gemachtes Programm. Journalistischer Dilettantismus wird zwar kurze Zeit als interessant und vor allem unterhaltend empfunden. Nach einiger Zeit kehrt der Wunsch nach Professionalität zurück. Die Behandlung bürgernaher Themen wird verlangt, man erwartet aber, daß dies nicht durch die Bürger selbst geschieht.

Das zweite Problem, das sich beim »offenen Kanal« ergibt, ist die Frage, wer welches Programm anbieten soll und darf. Diese Frage wird von den Initiatoren derartiger Projekte stets spontan in dem Sinne beantwortet, daß jeder seine Themen präsentieren darf und daß der Auftritt in der Reihenfolge des Erscheinens erfolgt, nach dem Prinzip also »wer zuerst kommt, mahlt zuerst«. Dieses Verfahren wirkt auf den ersten Blick sehr demokratisch. Die Begeisterung läßt aber in der Regel rasch nach, wenn man die Initiatoren darauf hinweist, daß man dann konsequenterweise auch Akteure am offenen Mikrofon akzeptieren muß, die sehr extreme Positionen vertreten.

Bislang haben die offenen Kanäle meist eine politische Alibifunktion gehabt – sie wurden, wie gesagt, nach mehr oder weniger kurzer Zeit wieder eingestellt.

Das duale Rundfunksystem in der Bundesrepublik Deutschland hat zu einer Neudefinition des Programmauftrags geführt, festgeschrieben wurde erneut der in den Landesrundfunkgesetzen und Staatsverträgen fixierte Programmauftrag des öffentlich-rechtlichen Rundfunks, der aus den Komponenten Information, Bildung und Unterhaltung besteht. Die Rechtsprechung des Bundesverfassungsgerichts überträgt dem öffentlich-rechtlichen Rundfunk die sogenannte Grundversorgung der Bürger mit Radio- und Fernsehprogrammen.

Unter Grundversorgung versteht man – in Übereinstimmung mit dem Bundesverfassungsgericht – alle drei Teile des Programmauftrags, also Information, Bildung und auch die Unterhaltung.

Die Privatanbieter sind demgegenüber nicht zur Grundversorgung verpflichtet, sondern sie liefern zusätzliche Angebote, was umfassende Angebote im Sinne von Vollprogrammen selbstverständlich einschließt. Das Bundesverfassungsgericht weist in seiner Rechtsprechung überdies ausdrücklich darauf hin, daß die Voraussetzung für die Programme privater Veranstalter ebenso wie für die öffentlich-rechtlichen Rundfunkanstalten darin besteht, daß sie von ihrer Organisationsform hinreichend Gewähr dafür bieten, daß alle gesellschaftlich relevanten Kräfte zu Wort kommen und die Freiheit der Berichterstattung gewährleistet ist.

Die Gesetze, die in den Bundesländern die Rechtsgrundlage für den Privatfunk bilden, enthalten denn auch Mindestvoraussetzungen für die Programmveranstaltung. Ein wesentlicher Unterschied zwischen den Rechtsnormen für den öffentlich-rechtlichen und den privaten Rundfunk besteht jedoch in der Ausprägung des sog. Pluralitätsgebotes. Für den öffentlich-rechtlichen Rundfunk gilt die sog. Binnenpluralität, das heißt, eine Anstalt muß innerhalb ihrer eigenen Programme die Pluralität sicherstellen.

Für Privatanbieter gilt demgegenüber in der Regel die sog. »Außenpluralität«, das heißt, die Privatanbieter im Geltungsbereich eines Gesetzes müssen in ihrer Gesamtheit das Pluralitätsgebot erfüllen.

1.5 Der Hörer das unbekannte Wesen

Die Programmverantwortlichen beim Hörfunk stehen vor dem Problem, zu wenig über ihr Publikum, über seine Hörgewohnheiten und seine Programmwünsche zu wissen. Im Gegensatz zum Fernsehen, für das täglich Einschaltquoten und Bewertungen der Programme ermittelt werden, erhält der Hörfunk nur selten Aufschluß darüber, wie Programme beim Hörer »ankommen«. Die hohen Kosten für zuverlässige Untersuchungen und die Vielfalt der Programme lassen demoskopische Studien nur in größeren Zeitabständen zu. Maximal zweimal im Jahr liefert die große Media-Analyse (MA) Aufschluß über die Akzeptanz der Programme. Einige Rundfunkanstalten lassen außerdem viermal im Jahr sogenannte Trend-Untersuchungen anstellen. Einzelstudien zu speziellen Fragen ergänzen das Bild. Dennoch ist die Zahl der Untersuchungen – aus finanziellen Gründen – zu gering. Dies ist um so bedauerlicher als die Medienforschungsabteilungen der Häuser heute über ein beachtliches wissenschaftliches Niveau verfügen.

Glücklicherweise gibt es seit 1998/99 ein neues groß angelegtes Forschungsprojekt, die Lebensstiltypologische Studie von ARD und ZDF, von der später noch die Rede sein wird. Außerdem sind viele Umfragen im Blick auf die Werbesendungen vor allem darauf aus, die Einschaltquoten zu ermitteln und weniger die detaillierte Bewertung durch die Adressaten. Auch in der Wirkungsforschung wird vergleichsweise wenig getan.

Der BBC-News-Guide, ein Handbuch, das die Arbeitsgrundlage für Nachrichtenredakteure der British Broadcasting Corporation darstellt, bemerkt zum Thema »Hörerschaft«:

»Wir können nicht, wie die TIMES oder THE SUN ihre Leser unser Hörerpublikum genau einordnen. Unsere Hörerschaft besteht aus allen Arten von Menschen, mit allen Arten von Interessen, aus den verschiedensten Berufen und mit ganz unterschiedlicher Ausbildung. Wie auch immer ihre persönlichen Verhältnisse und ihr Bildungsgrad sein mögen, die Menschen interessieren sich für Nachrichten vor allem, wenn sie davon persönlich betroffen sind – zum Beispiel durch ihre Geldbörsen (im Falle einer Steuererhöhung) oder mit ihren Gefühlen (ein mißhandeltes Kind). Sie sind von den Fakten ebenso betroffen wie von den Gründen. In der Hauptsache geht es ihnen um das 'was', aber in zunehmendem Maße müssen wir das ,warum' erklären. Alle Hörer schenken uns ihre Aufmerksamkeit, wenn wir mitteilen, daß die Ölpreise steigen. Viele von ihnen werden uns auch aufmerksam zuhören, wenn wir die politische Lage im mittleren Osten erläutern, die den Hintergrund für die Preiserhöhung bildet.«

Man mag diese Hinweise für Selbstverständlichkeiten halten, unbewußt richtet sich aber vermutlich jeder Redakteur nach diesen Grundsätzen. Es geht aber darum, sich die Gesetzmäßigkeiten des Mediums Radio bewußt zu machen, damit man seine Möglichkeiten richtig einsetzt, um eine möglichst große Wirkung zu erzielen.

Im Bereich der Informationsprogramme ist es vermutlich noch am ehesten möglich, den Publikumserwartungen zu entsprechen. Die richtige Mischung aus Informationen, die »wichtig« sind, und solchen, die »interessant« sind, läßt sich sicherlich in der Regel finden. Schwieriger wird es schon, wenn es um die Länge und die Form von Informationsprogrammen geht. Fragen wie: »Wieviele Minuten Information sind bei einem sogenannten Begleitprogramm vertretbar?« oder: »Wieviel Musik verträgt ein Informationsprogramm, ohne daß es aufhört, ein solches zu sein?« sind schon schwerer zu beantworten. Sicher ist nur, daß jedes Programm ein klares Profil haben muß. Mischprogramme, deren Konzept darin besteht, daß sie keines haben, können in der heutigen Radiolandschaft nicht mehr bestehen.

Es wurde schon gesagt, daß ein Radioprogramm. sich heute nach den Tagesabläufen des potentiellen Publikums richten muß. Die Zeiten, in denen Menschen ihren Lebensrhythmus nach den Angeboten des Radios gestalteten, sind lange vorbei – selbst für das Fernsehen gilt dies nur noch zum Teil. Ein Radioprogramm muß den Zuhörer gleichsam dort abholen, wo er sich befindet – und dann wendet er dem Programm oftmals nur seine geteilte Aufmerksamkeit zu, das heißt, Radiohören ist eine Tätigkeit neben anderen.

Ein Programm muß sich am Bedarf des Hörers orientieren, es muß von Nutzen sein, um akzeptiert zu werden. Dieser Bedarf ist aber noch zu wenig erforscht. Die meisten Untersuchungen liefern – weil in der Regel von der Funkwerbung finanziert und deshalb auf Programme ausgerichtet, die die Hauptwerbeträger sind – fast nur Informationen über Einschaltquoten. Qualitative Daten, das heißt Aussagen über Programminhalte, sind eher die Ausnahme. Deshalb ist es für die Programmacher auch so schwer, in vertretbarer Zeit auf Publikumswünsche zu reagieren. Ob ein Programm den Vorstellungen der Hörer entspricht (oder nicht), läßt sich fast nur an der Einschaltquote messen. Geht diese zurück, weiß man zwar, daß etwas geändert werden sollte, man hat aber keine Informationen darüber, was sinnvollerweise umgestaltet werden sollte. Man kann es also nur mit Erfahrung und persönlichen Einschätzungen versuchen.

Die nächste Einschaltquoten-Analyse zeigt dann zwar, ob die Änderung richtig war – sinken die Hörerzahlen weiter, so weiß man allenfalls, daß diese Umgestaltung vermutlich falsch war. Was man Statt dessen besser getan hätte, weiß man natürlich nicht. Es fehlen auch Untersuchungen, die Auskunft darüber geben, wie sich das viel zitierte »Nebenbei-Hören« tatsächlich vollzieht, sind die Auswahl- und Wahrnehmungskriterien, die Themenpräferenzen die gleichen, ob man ein Einschaltprogramm wählt und gezielt ein Programm verfolgt oder ob man nebenbei hört, sich von Musik berieseln läßt und gelegentlich einen kurzen Wortbeitrag »mitnimmt«. Auch die Frage, ob man es sich als Programmverantwortlicher leisten kann, bei Begleitprogrammen lediglich auf das Tolerieren durch das Publikum zu zielen, im Gegensatz zum Akzeptieren von Einschaltprogrammen, ist weitgehend unerforscht.

Die Jahre 1998/99 brachten – wie gesagt – in der Medienforschung für Radio und Fernsehen bedeutende Veränderungen.
Auf der Basis einer Repräsentativbefragung von 3000 Personen in Deutschland wurden neun Typengruppen nach Lebensstilmerkmalen herausgefunden.
Sie heißen: Junge Wilde, Erlebnisorientierte, Leistungsorientierte, Neue Kulturorientierte, Unauffällige, Aufgeschlossene, Häusliche, Klassisch Kulturorientierte und Zurückgezogene.
Die genaue Beschreibung dieser Gruppen würde sicherlich hier den Rahmen sprengen. Aber die bloße Benennung der Gruppen zeigt bereits, daß diese Studie, die in Zukunft regelmäßig fortgeschrieben werden soll, sehr viel mehr Möglichkeiten für die Radiomacher bietet als die auf den traditionellen demographischen Kriterien beruhenden Untersuchungen. Erstmals erhalten die Programmverantwortlichen ein genaues Bild der unterschiedlichen Bevölkerungsgruppen einschließlich deren Mediennutzungsgewohnheiten. Die Radioplaner tun gut daran, sich eine, maximal zwei Gruppen auszusuchen und ihr Programm auf deren Lebensvorstellungen, Wünsche und Bedürfnisse hin zu konzipieren. Öffentlich-rechtliche Rundfunkanstalten haben jetzt auch die Möglichkeit, ihren diversen Wellen bestimmte Zielgruppen zuzuordnen und dann den Programmen entsprechendes Profil zu geben – sowohl inhaltlich als auch formal. Mit dem neuen Instrumentarium läßt sich so ein bisher häufig gemachter Fehler vermeiden, daß nämlich zu viele Wellen ein und desselben Hauses die selben Hörergruppen ansteuern.

Der Schweizer Mediensoziologe Ulrich Saxer spricht vom »einohrigen Hören«, das erforscht werden müsse. Beim einohrigen oder Nebenbeihören spielen ähnlich wie beim Fernsehen die Fernbedienung, die Stationstasten und der Sendersuchlauf bei Autoradios eine Rolle. Nicht oder wenig untersucht ist auch die Akzeptanz von Sprechern und Moderatoren. Außer Höreranrufen und -briefen gibt es in diesem Bereich keinerlei Rückmeldungen. Jeder Programmverantwortliche weiß aber aus Erfahrung, daß »Fanreaktionen« am wenigsten zur tatsächlichen Einschätzung von Programmakzeptanz geeignet sind. Natürlich gibt es bei den Rundfunkanstalten Untersuchungen, die erheblich über das bloße Abfragen von Einschaltquoten hinausgehen. Sie können jedoch wegen der damit verbundenen beträchtlichen Kosten nur selten erstellt werden.

Wenig ist auch – insbesondere bei den Machern der Radioprogramme über die Wirkung ihrer Produkte vor allem in politischen Bereichen bekannt. Erwähnt seien hier nur einige Stichworte aus der Kommunikationsforschung, mit denen sich Radiojournalisten zumindest in den Grundzügen beschäftigen sollten:

»Wenn man den regelmäßigen Beschwerden, direkten oder indirekten Interventionen und Pressionsversuchen von Politikern gegenüber Programmverantwortlichen in den Funkhäusern steht, dann müßten die politischen Entscheidungen des Bürgers ausschließlich von dem abhängen, was er aus Hörfunk und Fernsehen erfährt. Untersuchungen haben inzwischen gezeigt, daß aber Wählerentscheidungen weit weniger von den Medien beeinflußt werden, als mancher annimmt. Sieht man die Literatur zur Medienforschung durch, so reichen die Ergebnisse von »Allmacht der Medien« bis »Ohnmacht der Medien«. Man bewegt sich also auf wissenschaftlich nicht sehr sicherem Boden. Sicher ist aber, daß die Wirkungen der Massenmedien immer im Zusammenhang mit anderen gesellschaftlichen Faktoren gesehen werden müssen. Das gesellschaftliche Umfeld, in dem sich der Konsument von Radio- und Fernsehprogrammen befindet, muß bei der Beurteilung der Medienwirkung auf jeden Fall mit berücksichtigt werden. Die historische Entwicklung im jeweiligen Kulturkreis, das politische, wirtschaftliche und publizistische System des jeweiligen Landes sowie die aktuellen Zeiterscheinungen (Kriege, Krisen, Armut, Reichtum, Stabilität usw.) sind weitere wichtige Komponenten. Das Individuum ist in mannigfache Sozialbindungen eingebettet, die eine totale und umfassende Beeinflussung durch die Medien nicht ermöglichen, sondern lediglich Detailfragen und Spezialprobleme in der intendierten Richtung verändern können. Dies gilt allerdings nicht für politische Systeme, in denen lediglich eine Meinung Niederschlag in den Medien findet.«[2]

Der Soziologe Joseph Th. Klapper kam schon vor Jahren zu folgenden Ergebnissen:

»Massenkommunikation verstärkt für gewöhnlich die bei den einzelnen Mitgliedern des Publikums bereits vorhandenen Einstellungen, Meinungen und Verhaltensweisen. Massenkommunikation führt in den seltensten Fällen zur Umkehr von Einstellungen. Modifikation von Einstellungen ist aber häufiger zu beobachten. Bei Themen, die für das Publikum bislang keine Rolle gespielt haben, hat sich Massenkommunikation als sehr wirksam erwiesen. ... Die wichtigsten Vermittler sind selektive Zuwendung, selektives Verhalten und selektive Aufnahme. Dazu kommen als gleichgewichtig die Gruppe und ihre Normen sowie der persönliche Einfluß.«[3]

Die amerikanische Kommunikationswissenschaft bezweifelt im übrigen auch, daß die elektronischen Massenmedien in der Lage sind, diejenigen zu »politisieren«, die außerhalb des politischen Systems stehen beziehungsweise sich nicht für Politik interessieren.

Der amerikanische Kommunikationswissenschaftler Paul Lazarsfeld schreibt, daß die ungeheure Nachrichtenversorgung in unserer Zeit nur zu einer oberflächlichen Beschäftigung mit den Problemen der Gesellschaft führe und daß diese oberflächliche Beschäftigung oft nur die Apathie der Massen verdecke. »Es kann« – so sagt er wörtlich – »sein, daß er von der Flut der Informationen, der er sich aussetzt, eher betäubt als zur Aktivität angeregt wird... Der interessierte und informierte Staatsbürger kann sich seiner Interessiertheit und Informiert-

---

[2] Josef Hackforth, Die Wirkung der Massenmedien, in: Media-Perspektiven, 11/1976
[3] Joseph T. Klapper, Massenkommunikation – Einstellungskonstanz und Einstellungsänderung, in: Aufermann, Bohrmann, Sülzer, Gesellschaftliche Kommunikation und Information, Frankfurt 1973

heit rühmen und dabei übersehen, daß er sich vor Entscheidung und Handlung gedrückt hat. Mit einem Wort, für ihn ist dieser unmittelbare Kontakt mit der politischen Realität, sein Lesen, Zuhören und Nachdenken ein stellvertretender Akt. Er verwechselt das Wissen um die entsprechenden Tagesprobleme mit dem entsprechenden Handeln. In dieser Hinsicht kann man die Massenmedien jedenfalls zu den respektabelsten und wirksamsten gesellschaftlichen Narkotika rechnen. Sie können in solchem Maß wirken, daß der Süchtige seine eigene Krankheit gar nicht erkennt.«[4]

Diese narkotisierende Wirkung dürfte beim Radio stärker sein als beim Fernsehen. »Beim Radioempfang werden wir, vor allem durch die begleitende Musik, zu einem stimulierten Zuhören veranlaßt. Wir werden von den Schallerlebnissen umhüllt, geraten in eine gewisse Aufnahmebereitschaft und werden als individuelle Partner zu einer relativ bereitwilligen Annahme von Botschaften veranlaßt. Die Voraussetzungen beim Fernsehempfang sind grundsätzlich andere. Die optische Dimension ist eine weitere Dimension der Realität, an der wir teilhaben, unser Miterleben ist wesentlich weniger fiktiv als beim Empfang der Radioprogramme.«[5]

Der amerikanische Sozialpsychologe Leon Festinger bewies vor Jahrzehnten durch seine Experimente, daß wir bei der Aufnahme von Informationen über die Umwelt jene auswählen, die unseren bereits vorgefaßten Meinungen am ehesten entsprechen. Man ist eher bereit, die Information unbewußt zu verfälschen als seine Meinung zu ändern. Daraus hat Festinger die Theorie der »Kognitiven Dissonanz« entwickelt. Sie geht davon aus, daß es Informationen gibt, die der Mensch als mißtönend, das heißt dissonant zu seiner eigenen Vorstellung über einen Sachverhalt empfindet. In diesem Sinne wird nach Festinger zunächst schon eine Auswahl unter den zur Verfügung stehenden Medien getroffen. Man kauft also nach Möglichkeit die Zeitung oder man hört die Sender, von denen man erwartet, daß sie die eigene, vorgefaßte Meinung ebenfalls vertreten. Eine entsprechende

---

[4] Paul Lazarsfeld, Am Puls der Gesellschaft – zur Methodik der empirischen Soziologie, Wien, Frankfurt, Zürich 1968, S. 73 ff.
[5] Emil Breisach, Die Angst vor den Medien, Graz 1978, S. 38/39

Vorauswahl wird dann auch bei den publizistischen Inhalten getroffen. Man hört oder liest aus einer Information das heraus, was die eigene Meinung trifft und verdrängt das, was nicht in das eigene Bild paßt. In einer dritten Phase kann dann der geschilderte Vorgang so weit gehen, daß die »dissonante« Nachricht im eigenen Sinne umgedeutet wird.

In diesem Zusammenhang drängt sich geradezu der Vergleich mit der Werbung auf Die Werbung zielt – so Lazarsfeld[6] – typisch auf eine Kanalisierung von schon vorher vorhandenen Verhaltensformen oder Einstellungen. Sie versucht nur selten, neue Einstellungen oder grundlegend neue Verhaltensformen zu popularisieren. Werbung macht sich bezahlt, weil sie es im allgemeinen mit einer einfachen psychologischen Situation zu tun hat. Wenn sich einmal die ungefähre Verhaltensform eingebürgert hat, kann die Kanalisierung in diese oder jene Richtung erfolgen. Der Widerstand ist gering.

Elisabeth Noelle-Neumann hat seit Jahren ebenfalls die Wirkung der Medien, insbesondere der elektronischen Massenmedien untersucht. Ein Ergebnis ihrer Forschung ist die Theorie der Schweigespirale[7]. Danach ist wesentlicher Antrieb für das soziale Verhalten von Menschen der Wunsch, sich in der sozialen Umwelt nicht zu isolieren. Um Isolation zu vermeiden, tendieren Menschen dazu, ihre eigene Meinung zu verschweigen, wenn sie die Mehrheitsmeinung gegen sich glauben. Umgekehrt tendieren Menschen, die glauben, die Mehrheit auf ihrer Seite zu haben, dazu, ihre eigene Position auch öffentlich zu vertreten. Daraus folgt, daß die größere Meinungsfraktion immer stärker erscheint als sie wirklich ist und die abnehmende Meinungsfraktion immer schwächer.

»Die Massenmedien stellen in diesem Zusammenhang bestimmte Standpunkte stärker heraus als andere. Und liefern dafür sprachliche Darstellungen, so daß denjenigen Menschen, die diese Standpunkte selbst vertreten, die Artikulation im sozialen Kontext leichter fällt, als

---

[6] Paul Lazarsfeld, ebenda, S. 82-83
[7] Elisabeth Noelle-Neumann, Die Schweigespirale – öffentliche Meinung, unsere soziale Haut. München 1980

den Mitgliedern der Meinungsfraktion, die diese Artikulationshilfe von den Massenmedien nicht hat. ... Die Wirkungsmöglichkeiten der Massenmedien sind in diesem Prozeß dann besonders groß, wenn die Medieninhalte stark konsonant sind. ... Auf diesem Wege erhält der Berufsstand der Journalisten einen erheblichen Einfluß auf den Prozeß der öffentlichen Meinung, und Veränderungen in sozialen und politischen Meinungen und Einstellungen werden wesentlich von den Intentionen einer Berufsgruppe bestimmt.«[8]

Dieser – zugegebenermaßen fragmentarische Überblick – über die Medienwirkungsforschung zeigt, daß die Wirkung der Massenmedien recht unterschiedlich eingeschätzt wird. Konsequenz für Radiojournalisten sollte deshalb sein, mit dem ihnen anvertrauten Medium verantwortungsbewußt umzugehen.

---

[8] Wolfgang Donsbach, Die Theorie der Schweigespirale, in: Michael Schenk (Hrsg.), Medienwirkungsforschung, Tübingen 1987

Kapitel 2:
Kurze Geschichte des Radios

2.1 Die Anfänge und der Mißbrauch durch die Nazis

»Achtung, Achtung, hier ist die Sendestelle Berlin im Vox-Haus auf Welle 400 Meter. Meine Damen und Herren, wir machen Ihnen davon Mitteilung, daß am heutigen Tag der Unterhaltungs-Rundfunk-Dienst mit Verbreitung von Musikvorführungen auf drahtlos – telefonischem Wege beginnt. Die Benutzung ist genehmigungspflichtig. Hören Sie ein Eröffnungskonzert, ein Cello-Solo mit Klavierbegleitung Andantino von Kreisler, gespielt von Herrn Kapellmeister Otto Urack und Fritz Goldschmidt ... «.

So begann am 29. Oktober 1923 um 20 Uhr der Rundfunk in Deutschland.

Nach dem Programm lautete die Absage: »Wir wünschen Ihnen eine gute Nacht. Vergessen Sie bitte nicht, die Antenne zu erden.«

Und: Während der ersten Sendung hörte man auch den Satz »Zur Begleitung wird ein Steinway-Flügel benutzt« – Sponsoring oder Productplacement also bereits 1923.

In den USA gab es zu dieser Zeit bereits über eine Million Rundfunkhörer. Dort wie auch in Großbritannien waren schon 1920 lokale Rundfunksender mit Mischprogrammen entstanden.

Die Deutsche Reichspost hatte 1919 eine Abteilung »Funk-Telegrafie« gegründet. Hans Bredow, der Mann, der bis in die Zeit des Nachkriegs-Rundfunks in Deutschland wesentlich zur Entwicklung des Mediums beitrug, wurde Leiter der neugeschaffenen »Reichsfunk-Betriebsverwaltung«, die zunächst der Reichsregierung, später dann dem Reichs-Postminister unterstellt wurde. Anträge, Rundfunksender zu betreiben, hatte es schon ein Jahr vor dem eigentlichen Sendebeginn gegeben. Die Firmen Lorenz und Telefunken wollten in mehreren deutschen Städten Programme anbieten.

Die erste »Genehmigung zur Errichtung und zum Betrieb einer Rundfunkempfangsstelle des Reichspostministerium lfd. Nr. 1 « bekam am 31. Oktober 1923 Herr Wilhelm Kollhoff in der Berliner Turmstraße, und sie kostete 350 Milliarden Mark. Ein Jahr später, nach dem Ende der Inflation, wurden die Rundfunkgebühren auf 2 Mark festgelegt und blieben so bis zum Jahr 1970.

»Den Rundfunk haben nicht Politiker oder Publizisten oder Künstler entdeckt oder gar erfunden. Es war vielmehr die Technik, die zunächst für den Hörfunk ... ein völlig neues Kommunikationsmittel angeboten und damit auch zweifellos eine neue kommunikative Dimension eröffnet hat, ohne freilich das »Gutenberg-Zeitalter« zu beenden. Die technische Innovation »Rundfunk« hat sich von Anfang an »an alle« gewandt und deshalb nicht nur fernmelderechtliche, sondern auch politisch-gesellschaftliche Fragen aufgeworfen, die erst im Laufe eines historischen Prozesses in das Bewußtsein der Gesellschaft eingedrungen sind. Ein Mann wie der Staatssekretär und Rundfunkkommissar des Reichspostministers, Hans Bredow, sah in den 20er Jahren den Rundfunk in erster Linie als neuen Dienstleistungszweig der Reichspost ähnlich dem Telegrafenwesen. Besuche in Progmmangelegenheiten verbat er sich. Damit konnte der Rundfunk in der Weimarer Republik sich nicht zum selbständigen publizistischen Instrument entwickeln, sondern blieb mehr oder weniger unter der Fuchtel des Staates. Für die Nationalsozialisten war der Rundfunk propagandistisches Führungsmittel, selbstverständliches Attribut der Macht, die sie übernommen hatten.«[9]

Der Rundfunk, ein staatliches Instrument, wandte sich an alle. Seine Dezentralisierung hatte ausschließlich technische Gründe. Schon 1925 wurden zahlreiche Unternehmen gegründet: Die Funkstunde AG, Berlin; die Südwestdeutsche Rundfunkdienst AG, Frankfurt; die

---

[9] Winfried B. Lerg, Rundfunkpolitik in der Weimarer Republik, in: Rundfunk in Deutschland, Bd. 1, hrsg. v. Hans Bausch, München 1980, S. 136 ff.

Deutsche Stunde in Bayern; die Ostmarkenrundfunk AG, Königsberg (ORAG); die Nordische Rundfunk AG, Stuttgart (SÜRAG); die Schlesische Funkstunde AG, Breslau und die Westdeutsche Funkstunde AG (WEFAG).

Ein Jahr später erhielten all diese Funkgesellschaften vom Reichspostministerium ihre Sendegenehmigung und wurden in der RRG, der Reichsrundfunkgesellschaft, zusammengefaßt. Das Postministerium hielt 51 % der Anteile, Hans Bredow wurde Rundfunkkommissar.

Die Sendegesellschaften wurden vom Staat kontrolliert und, obwohl zunächst ausschließlich mit Privatkapital gegründet, mußten sie ihre Anteile bereits 1932, noch vor der Machtübernahme durch die Nationalsozialisten am 30. Januar 1933, an den Staat verkaufen. Und dies sei vorweggenommen: Auch aus diesem Grund war es für die Nationalsozialisten so leicht, diesen Apparat zu übernehmen.

Es war kein Zufall, daß der Rundfunk sich am Anfang als reines Unterhaltungsmedium verstand. Das erwähnte Vox-Haus in Berlin, von dem aus die erste deutsche Radiosendung in den Äther ging, war das Gebäude der Schallplattenfirma Vox. Informationen wurden im Radio zunächst gar nicht und auch später nur sehr sparsam übermittelt. Erst die Nationalsozialisten entdeckten die Möglichkeit des Radios als Nachrichtenmedium und Propaganda-Instrument. Musik machte den überwiegenden Teil der Programme aus. Lediglich in Berlin wurde durch die Gesellschaft DRADAG ein aktueller Nachrichtendienst angeboten. Einige regionale Radiostationen brachten gelegentlich Nachrichten, die aus Tageszeitungen vorgelesen wurden.

Die DRADAG war schon 1923 gegründet worden. Ein Gruppe von Persönlichkeiten des politischen Lebens hatte sich zusammengefunden, um eine Gesellschaft zu etablieren, die beim Reichsinnenministerium für die »Organisation und Verbesserung der parlamentarischen Berichterstattung eines Nachrichten-Schnelldienstes durch telefonischen Rundspruch« 100 Millionen Mark aus dem »Fond zum Schutz der Republik« beantragte. Hieraus wurde die DRADAG (Drahtloser Dienst AG), die in den darauffolgenden Jahren, lavierend zwischen Staats- und Privatinteresse, die Sendegesellschaften mit Nachrichten versorgte. Und es war den Nationalsozialisten sicherlich hochwillkommen, daß 1932 das Kapital aller Sendegesellschaften in Staatsbesitz überging. Und dies zu einem Zeitpunkt, da die Wahlen zum 6. Reichstag im Juli zu einem überwältigenden Erfolg der NSDAP geworden waren. Mit 37,4% (gleich 230 Sitzen im Reichstag) war sie nun eindeutig die stärkste politische Kraft.

Wie schon gesagt: Die Vorbereitungen zu einem »Deutschen Reichsrundfunk« waren in vollem Gange. Immerhin war der Rundfunk ein (fast) offizielles Organ der Reichsregierung, ein Regierungsfunk also, der von den Nationalsozialisten angegriffen wurde, weil nach ihrer Meinung nach noch zu viele Juden und Sozialdemokraten dort tätig waren. Und die Rundfunkabteilung der Reichsleitung der NSDAP untersuchte akribisch: genau die Vormittagsprogramme der preußischen Rundfunkgesellschaften und stellte fest, daß 22% der Programme kommunistisch, 40% sozialdemokratisch und 25% sonstig »gefärbte« Stoffe verrnittelten, während sich 12,5% der Programme deutschnationalen Anliegen widmeten und nur 0,5% nationalsozialistisch argumentierten.

Am 20. Oktober 1932 wurde Joseph Goebbels, der spätere Reichspropagandaminister, zum Vorsitzenden des Reichsverbandes Deutscher Rundfunkteilnehmer gewählt. Am 25. November protestierte er in einem Telegramm an die deutsche Reichsregierung:

»Namens der Nationalsozialistischen Deutschen Arbeiterpartei erhebe ich vor der deutschen Öffentlichkeit schärfsten Einspruch gegen die endgültige Verabschiedung der Rundfunkrichtlinien unter der geschäftsführenden Regierung Papens und gegen jede Absicht, die auf eine Auslieferung des Reichssenders auf dem Wege über finanzielle Beiträge an die Länder hinzielt. Das stärkste Instrument der öffentlichen Meinung, das keine Landes- und Stammesgrenzen kennt, gehört unbedingt in die Hände der Reichsführung. Die endgültige Reform des Rundfunks und der Aufbau der Reichssender sind Sache einer kommenden Hitlerregierung.«[10]

---

[10] Zitiert nach Lerg, S. 499

Die »personelle Reinigung des Rundfunks« schritt zügig voran, nicht nur im Programmbereich, sondern auch in Technik und Verwaltung. Die Betroffenen wurden zum Teil »auf eigenen Wunsch« beurlaubt, zum Teil von heute auf morgen entlassen. Aus rassischen oder politischen Gründen zumeist.

Der Rundfunk war »gleichgeschaltet«, der Volksempfänger wurde geboren. Radio für jedermann – Goebbels wußte, wie man Menschen beeinflussen kann, und er wollte es ihnen leicht machen: Deshalb kostete der Volksempfänger VE 301 nur 76 Reichsmark, und der DKE 301, der Deutsche Kleinempfänger – im Volksmund auch »Goebbels-Schnauze« genannt – nur 35 Mark. Die Typenbezeichnung beider Geräte sollte auf den 30. Januar 1933 hinweisen, den Tag der Machtübernahme.

Mit diesen Geräten konnte man den eigenen Sender recht gut empfangen, daheim und beim »Gemeinschaftsempfang« in Schulen, Firmen und Behörden – mit ausländischen Sendern war das schon schwieriger. Aber die sollte man ja ohnehin nicht hören und – lange würde es auch nicht mehr dauern durfte sie auch nicht hören.

Die Programme und ihre Inhalte waren streng reglementiert, nichts war mehr zugelassen, was nicht in irgendeiner Weise – wie es hieß – der kulturellen und politischen Erneuerung des deutschen Volkes diente.

Im zweiten Weltkrieg hatte der Rundfunk in Deutschland zwei Funktionen: Zum einen diente er den Nazis als Propaganda-Instrument. Zum anderen war er für die Bevölkerung ein Instrument, das buchstäblich für das Überleben notwendig war. Über das Radio wurde nämlich vor den von Westen heranfliegenden Bomberverbänden der Alliierten gewarnt. Man sagt sogar, daß derjenige, der über ein aufwendigeres und damit teureres Empfangsgerät verfügte, eine längere Vorwarnzeit hatte, um sich in den Luftschutzbunker zu begeben, weil er bereits die Warnungen von Sendern im äußersten Westen des Deutschen Reiches empfangen konnte.

Aufwendigere Geräte – das bedeutete auch den Empfang ausländischer Stationen, vor allem der BBC in London. So erfuhren viele Menschen in Deutschland, wie es wirklich um sie stand, daß der Krieg in einer vernichtenden Niederlage enden würde. Aber: Wer beim Abhören sogenannter Feindsender ertappt wurde, konnte mit dem Tode bestraft werden.

Der zweite Weltkrieg ging zu Ende, Deutschland lag in Schutt und Asche. Aber es gab nicht einen einzigen Tag Funkstille. Am 4 Mai 1945 meldete sich zum ersten Mal Radio Hamburg, ein Sender der britischen Militärregierung. Am 13. Mai 1945 beendete der Reichssender Flensburg sein Programm. In anderen Teilen Deutschlands verlief der Übergang ähnlich fließend. Unter der Kontrolle der Besatzungsmächte wurde der Sendebetrieb unmittelbar nach dem Ende des Reichsrundfunks in Köln, Bad Nauheim bei Frankfurt, Stuttgart, München, Bremen, Koblenz und Berlin (unter sowjetischer Aufsicht) wieder aufgenommen. RIAS-Berlin (Rundfunk im amerikanischen Sektor) und Stationen unter französischer Aufsicht in Baden-Baden und Saarbrücken kamen 1946 hinzu.

2.2 Rundfunk im Nachkriegs-Deutschland – vom Besatzungsrundfunk zum öffentlich-rechtlichen System

Rundfunk in den drei westlichen Besatzungszonen Nachkriegsdeutschlands und der späteren Bundesrepublik Deutschland bedeutete bis in die Mitte der 80er Jahre ausschließlich »öffentlich-rechtlicher Rundfunk«. Erst in den 80er Jahren wurden in den einzelnen Bundesländern schrittweise die Rechtsgrundlagen für die Zulassung privater Anbieter von Hörfunk und Fernsehen geschaffen.

»Öffentlich-rechtlicher Rundfunk« – wohl kaum ein Begriff spielt in der Politik, zumindest in der Medienpolitik, eine größere Rolle. Die Geschichte seiner Entstehung ist zugleich ein Spiegelbild der Entstehung unseres Staates. Nach den schlimmen Erfahrungen der Nazizeit ging es darum, einen unabhängigen Rundfunk zu schaffen. Allerdings – und das darf man bei der Betrachtung der Wiedererstehung des

deutschen Rundfunks nach dem Zweiten Weltkrieg nicht übersehen –
sahen viele deutsche Politiker auch den neuen Rundfunk als eine Einrichtung des Staates, verstanden ihn weitgehend in der Tradition der Weimarer Republik.

Hans Bausch beschreibt diese Zeit der Auseinandersetzungen, in denen es darum ging, welches Rundfunksystem den Deutschen »beschert« werden solle:

»Nur wer die politischen Gegebenheiten in den drei Besatzungszonen zwischen 1945 und 1948/49 völlig außer acht läßt, kann die unrealistische Frage stellen, warum beim Wiederaufbau versäumt wurde, den Rundfunk der späteren Bundesrepublik Deutschland nach einem kühnen Gesamtplan zu organisieren, etwa durch die Gründung von fünf gleich großen Anstalten unter dem Dach einer nationalen Führungsspitze, nach welcher idealtypischen Vorstellung in späteren Jahren immer wieder als scheinbar versäumter Gelegenheit gerufen wurde. Zunächst erfüllten die Sender der Militärregierung zu einer Zeit, in der Zeitungen im Umfang von vier Seiten nur zweimal wöchentlich in begrenzter Auflage erschienen, eine wichtige kommunikative Aufgabe für die um ihr Existenzminimum besorgte Gesellschaft. Die von Briten, Amerikanern und Franzosen eingestellten deutschen Mitarbeiter übernahmen die Programmgestaltung in immer stärkerem Maße, blieben allerdings einer internen Vorzensur unterworfen.«[11]

Nun ging es darum, den Rundfunk aus der Verantwortung der drei westlichen Besatzungsmächte wieder in deutsche Verantwortung zu übertragen. Am intensivsten wurde dies von den Amerikanern und den Briten betrieben. Beide Besatzungsmächte ließen keinen Zweifel daran, daß sie einem zentralistisch gesteuerten deutschen Rundfunk niemals zustimmen würden. Als einzige staatliche Funktion wurde zunächst der Gebühreneinzug durch die Post akzeptiert. Dieser wurde jedoch ab Januar 1976 durch die zu diesem Zweck gegründete rund-

---

[11] Hans Bausch, Rundfunkpolitik nach 1945, 1. Teil: 1945-1962, in: Rundfunk in Deutschland, Bd. 3, hrsg. v. Hans Bausch, München 1980, S. 10

funkeigene Gebühreneinzugszentrale (GEZ) von den Landesrundfunkanstalten übernommen. Allein das System der Rundfunkübertragungsleitungen liegt bis zum heutigen Tag in der Verantwortung der Deutschen Bundespost.

Anders als zur Zeit des Reichsrundfunks gestaltete sich die Zuständigkeit für die Sendeanlagen. In der Bundesrepublik werden die Hörfunksender von den Landesanstalten selbst installiert und auch betrieben. Die Sendeanlagen für das Fernsehen werden, soweit es sich um das ARD-Gemeinschaftsprogramm handelt, ebenfalls von den Rundfunkanstalten aufgebaut und technisch betreut. Nur die Sendeanlagen für das ZDF und die Dritten Programme der Landesrundfunkanstalten sowie für Privatanbieter werden von der Post betrieben und von den Rundfunkanstalten beziehungsweise -stationen kostenpflichtig gemietet.

Doch noch einmal zurück ins Nachkriegsdeutschland. Die Briten schufen für ihre Besatzungszone eine einzige große Rundfunkanstalt, den Nordwestdeutschen Rundfunk (NWDR), der später – Anfang 1956 – in den Norddeutschen Rundfunk (NDR) und den Westdeutschen Rundfunk (WDR) aufgegliedert wurde. Die Übergabe des NWDR aus der Verantwortung der Besatzungsmacht in deutsche Hand erfolgte bereits zum Jahreswechsel 1947/48.

Bei den Amerikanern dauerte diese Phase etwas länger, genauer gesagt bis Anfang 1949. Sie installierten in ihrer Besatzungszone insgesamt vier Rundfunkanstalten: den Bayerischen Rundfunk, den Hessischen Rundfunk, Radio Bremen und den Süddeutschen Rundfunk.

In der französischen Besatzungszone war mit einiger Verzögerung erst Ende März 1946 eine zentrale Rundfunkanstalt entstanden, der Südwestfunk, der dann ebenfalls im Jahre 1949 (zumindest teilweise) in die Verantwortung der Deutschen entlassen wurde.

Der Saarländische Rundfunk und der Sender Freies Berlin zählen aufgrund der besonderen politischen Umstände, die sich als Folge des Zweiten Weltkriegs im nun französisch besetzten Saargebiet beziehungsweise in Berlin ergeben hatten, nicht zu dieser »Generation der ersten Stunde«: Der SFB, aus den Wurzeln des NWDR hervorgegangen, wurde im November 1953 mit der Verabschiedung des entsprechenden Rundfunkgesetzes zu einer Rundfunkanstalt des öffentlichen Rechts. Der SR, der bereits seit 1951 als GmbH existierte – allerdings mit französischer Beteiligung – erhielt erst am 1. Januar 1957 seine völlige Selbständigkeit.

Die unterschiedlichen Verfahrensweisen der drei westlichen Besatzungsmächte bei der Schaffung von Rundfunkanstalten erklärt auch die heute für manchen schwer verständliche uneinheitliche Gliederung der ARD, der 1950 gegründeten Arbeitsgemeinschaft der öffentlich-rechtlichen Rundfunkanstalten in der Bundesrepublik Deutschland.

Vorgabe in allen Besatzungszonen war ein Rundfunk, dezentral organisiert und unabhängig vom Staat. Es wäre durchaus logisch gewesen, wenn jede der drei westlichen Besatzungsmächte versucht hätte, das Rundfunksystem ihres Landes in Deutschland einzuführen.

Das französische System verbot sich jedoch von selbst, da es sich um ein staatliches Rundfunksystem handelte und sich die Besatzungsmächte auf einen staatsfreien Rundfunk geeinigt hatten.

Ebensowenig versuchten die Amerikaner, das in ihrem Land gut funktionierende kommerzielle Rundfunksystem in Deutschland einzuführen. Es ist nicht auszuschließen, daß hierbei die Tatsache eine Rolle gespielt hat, daß man in einem völlig darniederliegenden und wirtschaftlich erst im Aufbau befindlichen Land für ein kommerzielles Rundfunksystem ohnehin keine Chance sah.[12]
So hatte es das britische System leicht, sich in Deutschland durchzusetzen. Man schuf ein öffentlich-rechtliches Rundfunksystem nach dem Vorbild der BBC, der British Broadcasting Corporation, die über eine gute und lange Tradition verfügte. Entscheidend war neben der Staatsferne und der dezentralen Organisation die öffentliche, das heißt gesellschaftliche Kontrolle.

---

[12] Hans Bausch, ebenda, S. 18

Die Rechtsgrundlagen für die öffentlich-rechtlichen Landesrundfunkanstalten, für die sich die Besatzungsmächte entschieden hatten, wurden durch die Landtage in den Jahren 1948 und 1949 geschaffen. Ein Problem war und blieb die unterschiedliche Größenordnung der Landesrundfunkanstalten, das heißt insbesondere das unterschiedlich hohe Gebührenaufkommen in den einzeln Ländern. Dies machte bereits nach vergleichsweise kurzer Zeit einen Finanzausgleich zwischen den Rundfunkanstalten erforderlich.

Die unterschiedliche Größe der Landesrundfunkanstalten führt auch immer wieder zu Diskussionen unter Politikern, die Rundfunklandschaft in der Bundesrepublik Deutschland zu verändern.

Daß der Rundfunk in der Bundesrepublik, so wie es das Grundgesetz vorsieht, Ländersache ist, scheint inzwischen von allen Medienpolitikern akzeptiert zu sein. Zumindest seit der damalige Bundeskanzler Konrad Adenauer im Jahre 1961 mit seinem Versuch scheiterte, dem Bund Kompetenzen in Rundfunkangelegenheiten zuzuweisen, hat es keine ernstzunehmende Vorstöße mehr gegeben, den Rundfunk zu einer Angelegenheit des Bundes zu machen. Adenauer hatte 1960 versucht, eine zentrale Fernsehanstalt zu schaffen, die Deutschland-Fernsehen-GmbH. Die Folge war eine Auseinandersetzung zwischen einigen Bundesländern und der Bundesrepublik Deutschland vor dem Bundesverfassungsgericht. Den Höhepunkt dieser Auseinandersetzung bildete 1961 das berühmte erste Fernsehurteil des Bundesverfassungsgerichts in Rundfunkangelegenheiten, das für die Medienpolitik der folgenden Jahrzehnte richtungsweisend sein sollte.

Im Jahre 1963 kam es schließlich zur Gründung des Zweiten Deutschen Fernsehens. Hier ist aber zu beachten, daß es sich bei dieser Fernsehanstalt, obwohl sie eine bundesweit tätige Einrichtung ist, nicht etwa um eine Fernsehanstalt nach Bundesrecht, sondern um eine solche nach Länderrecht handelt. Die Rechtsgrundlage für das ZDF ist ein Staatsvertrag zwischen den Bundesländern der Bundesrepublik Deutschland.

Auch die Existenz der Rundfunkanstalten nach Bundesrecht, Deutsche Welle (seit 1953) und Deutschlandfunk (seit 1962), steht nicht im

Widerspruch zu der Tatsache, daß der Rundfunk in der Bundesrepublik Ländersache ist, da beide Anstalten im wesentlichen einen ganz anderen Auftrag erfüllen als die Landesrundfunkanstalten. So hat die Deutsche Welle (DW) die Aufgabe, das europäische und überseeische Ausland mit Berichten über Deutschland sowie das jeweilige Zielgebiet zu versorgen. Die Übertragung der Programme erfolgt über Kurzwelle und in insgesamt 34 Sprachen. Der Deutschlandfunk (DLF) hatte hingegen einen gesamtdeutschen Auftrag und sendete darüberhinaus auch in zehn Sprachen für das europäische Ausland. Aufgrund dieses gesamtdeutschen, das heißt auch auf die Bundesrepublik bezogenen Auftrags, der ihn zum »Konkurrenten« der einzelnen Landesrundfunkanstalten macht, war der DLF jedoch bereits bei seiner Gründung unter den Medienpolitikern der Parteien heftig umstritten.

2.3 Die deutsche Wiedervereinigung und die vertanen Chancen

Eine intensive Diskussion über die Rundfunkordnung in Deutschland entstand im Zuge der Wiedervereinigung. Die damals verantwortlichen Politiker aller Parteien haben letztlich eine historische Chance vertan, nämlich die – wie gesagt – durch die damaligen Besatzungszonen geprägten Sendegebiete der öffentlich-rechtlichen Rundfunkanstalten neu zu ordnen und so sinnvolle Größenordnungen zu schaffen, um die Finanzierung der jeweiligen Anstalten durch ein entsprechendes Gebührenaufkommen sicherzustellen. Das Ergebnis der Wiedervereinigung ist zum einen das Entstehen von zwei neuen öffentlichrechtlichen Anstalten, des überproportional großen Mitteldeutschen Rundfunks (MDR), der die drei Länder Sachsen, Sachsen-Anhalt und Thüringen zu versorgen hat, und des zu kleinen ostdeutschen Rundfunk Brandenburg (ORB), der mit dem Gebührenaufkommen des kleinen Bundeslandes Brandenburg eher schlecht als recht zu finanzieren ist. Das Land Mecklenburg-Vorpommern hat das ohnehin recht große Sendegebiet des Norddeutschen Rundfunks (NDR) nochmals vergrößert. Doch zwischen dem rundfunkpolitisch Sinnvollen und dem machtpolitisch Gewollten klafft hier eine große Lücke.

Auch der Deutschlandfunk geriet im Zuge der Wiedervereinigung Deutschlands erneut in die Diskussion. Eigentlich war der im Gesetz über den Deutschlandfunk normierte Programmauftrag erledigt, da die DDR nicht mehr existierte. Gleiches galt für den Rundfunk im amerikanischen Sektor von Berlin (RIAS) und den Kultursender der früheren DDR (DS-Kultur).

Den verantwortlichen Politikern fehlte jedoch 1989/90 der Mut oder die Vision, einen sinnvollen historischen Schnitt zu machen, d. h. alle drei Sendeanstalten aufzulösen und die qualifizierten Mitarbeiter im Bereich der Gesamt-ARD unterzubringen. Statt dessen schuf man das »Deutschlandradio« mit Sitz in Köln und Berlin. Beide Häuser unter einer Verwaltung senden nun zwei Programme: ein Informationsprogramm aus Köln, vom früheren Deutschlandfunk nicht zu unterscheiden, sogar der Name wurde erhalten, und ein eher kulturorientiertes Programm unter dem Namen »Deutschlandradio Berlin« aus Berlin.

Kapitel 3:
Journalistische Berufe beim Hörfunk

3.1 Der Radiojournalist – bewundert und zugleich verachtet

Vorangestellt werden einige Bemerkungen zum journalistischen Selbstverständnis der Radiomacher. Radiojournalisten sind ständig der Gefahr ausgesetzt, sich selbst zu überschätzen und dadurch in Schwierigkeiten zu geraten. Ihnen wird oft eine völlig unbegründete Bewunderung entgegengebracht, gelegentlich auch Mißtrauen – es überwiegt aber doch ein gewisser Respekt vor denen, die über Mikrofon und Kamera, vor allem aber über Sendezeit verfügen und oft auch einen gewissen Bekanntheitsgrad erlangt haben. Wer die entgegengebrachte Bewunderung auf die eigene Person bezieht, hat bereits einen wesentlichen Denkfehler begangen, denn es ist natürlich die Institution, deren Mikrofon man hält, der der Respekt gilt. Eine wie geringe Rolle die Person spielt, merkt der Betreffende spätestens dann, wenn er einmal nicht mehr über das besagte Mikrofon »gebietet«.

Um Fehleinschätzungen und Schaden zu vermeiden, lohnt es, über das berufliche Selbstverständnis von Radiomachern – dies gilt für Medienschaffende generell – nachzudenken.

Beim Rundfunk kommt es vor allem auf die Qualität der Programmacher an. Manche von ihnen halten sich in maßloser Selbstüberschätzung für die Elite der Nation. Natürlich sind sie es nicht, aber es wird ihnen nicht immer leicht gemacht, das einzusehen. Grundsätzlich kann man sagen, daß Radiomacher, wie auch ihre Kollegen vom Fernsehen, extrovertierte Menschen sind. Viele von ihnen besitzen einigen Spieltrieb und das Bedürfnis nach Selbstdarstellung. Der Beruf verlangt von ihnen, daß sie sich schnell auf Menschen und Situationen einstellen, daß sie zum Beispiel bei Interviews von der betreffenden Materie zumindest ein wenig verstehen, eben um sinnvolle Fragen stellen zu können.

Ironisch könnte man sagen, die Hörer wissen, daß der Journalist unbestechlich prüft, gnadenlos fragt, viel weiß. Wie eine Aura umgibt ihn der Glanz der Omnipotenz. Er weiß, wie die Koalition zwischen Grün und Rot wirklich entstand, er ist darüber informiert, wie es auf dem linken Flügel der bulgarischen KP zu der folgenschweren Spaltung kam, notfalls unterrichtet er seine Hörer auch darüber, warum die Plattenumsätze irgendeines Popstars sinken.
Das alles führt dazu, daß man ihm glaubt. Auch dann, wenn man gut daran täte, es zu lassen. Der Journalist kann oftmals nichts dafür. Er soll Chronist sein, Beschreiber, Bewerter, er soll – wie schon gesagt – unbestechlich sein, allwissend, nicht ohne Verständnis, mutig, wach. Ein bißchen viel verlangt, denn er ist kein Halbgott. Größte Zweifel sind angemeldet.

Ungeachtet eines vergleichsweise hohen Sozialprestiges werden Journalisten vielfach der Zunft der Künstler oder Gaukler zugerechnet und – was noch schlimmer ist – Journalisten gelten gelegentlich als unseriöse Zeitgenossen. Dieses Bild wird geprägt durch Leute, die sich ebenfalls Journalisten nennen, deren berufliche Leitsätze aber zu lauten scheinen: »Ich werde mir doch meine Vorurteile nicht wegrecherchieren« oder »Verschonen Sie mich doch bitte mit Fakten, das nimmt mir nur meine Unbefangenheit gegenüber dem Thema« oder gar »Das Wenige, das ich lese, schreibe ich mir selbst«.

Bedauerlicherweise gibt es Leute mit dieser Grundhaltung auch in den Funkhäusern, obgleich sie zum Glück immer mehr durch wachsenden Professionalismus verdrängt werden. Dennoch sehen zu viele Redakteure ihr Publikum so, wie sie es sich von einem pädagogischen Standpunkt aus wünschen. Und manche bringen Informationen oder andere Inhalte weniger mit Blick auf ihr Publikum als auf Kollegen.

Daß Journalisten der Gefahr der Geschwätzigkeit erliegen, ist leider eine weitverbreitete Krankheit der Branche. Fehlende Information wird oft – und zwar bewußt oder unbewußt – durch einen Wortschwall ersetzt, im Vertrauen darauf, daß der Hörer wegen der Flüchtigkeit des akustischen Mediums die Schwächen der Form und des Inhalts nicht erkennt. Bei effektiver Informationsvermittlung kommt es jedoch auf präzise Recherche, klare Gliederung und knappe Darstellung an. Manche Rundfunk-Journalisten verschütten dagegen die eigentlichen Informationen durch eine Vielzahl von Worthülsen. Auch ein- und nachgeschobene Meinungsäußerungen sind gelegentlich nur dazu da, den Mangel an tatsächlichen Informationen zu verdecken.

Der Rundfunk-Journalismus bei uns geht, und hier ist die Wurzel manchen Übels zu sehen, fälschlicherweise davon aus, daß Meinung profiliert, Faktenvermittlung dagegen nicht. Dies bedeutet, daß Journalisten, die kommentieren oder als Moderatoren ihre Meinung verbreiten, in der Öffentlichkeit vermeintlich ein höheres Ansehen genießen als solche, die sich als Berichterstatter um die bloße Vermittlung von Fakten bemühen.

Eine Untersuchung des Kommunikationswissenschaftlers Wolfgang Donsbach kommt zu dem auch in der Praxis immer wieder bestätigten Ergebnis, daß bei nicht wenigen deutschen Journalisten die Kritik und das Aufdecken von Mißständen im Vordergrund stehen, während die englischen Journalisten es als ihre Hauptaufgabe ansehen, zu informieren.[13]

Es soll hier keineswegs bestritten werden, daß die Kontrolle des gesellschaftlichen Lebens durch die Medien notwendig ist, nur sollte diese Kontrolle – jedenfalls in den öffentlich-rechtlich verfaßten Medien – nicht zur Systemkritik an sich werden.

Ein Radiojournalist sollte sich jedoch keinesfalls als Hilfsorgan der Staatsanwaltschaft, als oberster Richter der Nation oder gar als »Vollstrecker des Volkswillens« verstehen. Die sensationelle »Enthüllungsgeschichte« sollte nach dem BBC-Grundsatz behandelt werden: »The BBC does not embark on crusades – Die BBC bricht nicht zu Kreuzzügen auf«.

---

[13] Wolfgang Donsbach, Legitimationsprobleme des Journalismus, Freiburg, München 1982, S. 177 ff.

Zu einem zentralen Thema im Medienbereich ist in den letzten Jahren die Behandlung von Ermittlungsverfahren der Justizbehörden geworden. Dabei geht es in erster Linie um das Problem der »Vorverurteilung«. Es ist schon bedenklich, wie die Medien mit prominenten und weniger bekannten Zeitgenossen umgehen, die in den Verdacht strafbarer Handlungen geraten sind. Zwar sind die Betroffenen noch längst nicht verurteilt, manchmal ist noch nicht einmal ein Verfahren eröffnet, aber die öffentliche Vorverurteilung ist bereits erfolgt. Eifrige Staatsanwälte, die immer mehr auf Publizität aus zu sein scheinen, liefern Informationen. Die Medien spielen – oft genug auf spektakuläre Weise – mit. Weit weniger spektakulär wird dann meist berichtet, wenn sich Vermutungen und Verdächtigungen später als haltlos erweisen.

Daß der Journalist generell drei Funktionen hat, nämlich Informationen im weitesten Sinne zu vermitteln, die Handlungen der Akteure des gesellschaftlichen Lebens zu kritisieren und auch Kontrolle auszuüben über die Aktionen und Verhaltensweisen derer, die Mandate auf Zeit haben oder auf andere Weise Macht ausüben, ist unbestritten. Strittig ist jedoch, wie bei diesen drei Aufgaben die Gewichte verteilt sind, wie die Akzente gesetzt werden.

Insbesondere die elektronischen Medien liefern ihren Kritikern immer wieder Argumente, weil sie im Gegensatz zu früher die auch bei uns lange Zeit gültigen Grundsätze des Journalismus in Großbritannien, USA und Kanada nicht immer erst nehmen. So hat im angelsächsischen Journalismus, und hier vor allem in Radio und Fernsehen, nach wie vor die Vermittlung von Informationen den höchsten Stellenwert. Folglich genießen auch die Nachrichten- bzw. Informationsjournalisten das meiste Ansehen, während Kommentatoren und Moderatoren in diesen Ländern erheblich geringere Bedeutung haben, und dies sicherlich zu Recht.

Die Überbewertung des Kommentars oder der kommentierenden Moderation hängt gewiß auch damit zusammen, daß die Präsentation der eigenen Meinung vom Arbeitsaufwand her sehr viel einfacher ist als das Verfassen eines sauber recherchierten Berichts oder einer Nachricht.

Die bloße Information über Fakten wird von manchen Kollegen häufig als Zustimmung zum Bestehenden, als »affirmativer« Journalismus disqualifiziert. Es gibt allerdings ein probates Mittel, Journalisten mit einer solchen Grundhaltung zu begegnen, indem man sie zwingt, eine politische Veranstaltung, welcher Art auch immer, nicht zu kommentieren oder in einem Magazingespräch darüber zu fabulieren, sondern eine fünfzehn Zeilen lange Nachrichtenmeldung über dieses Ereignis zu verfassen. Für angelsächsische Journalisten ist das kein Problem, sie müssen stets – wenn sie überhaupt jemals kommentieren – zunächst Nachrichten liefern.

Ein Thema wird im Zusammenhang mit dem Beruf des Rundfunkjournalisten immer wieder erörtert: Kann und sollte man für das Radio und das Fernsehen, also bimedial, arbeiten. Zunächst ist anzumerken, daß die journalistische Arbeit bei beiden Medien völlig verschieden ist. Entsprechend unterschiedlich ist auch die Ausbildung. Redaktionsarbeit bimedial ist deshalb und auch mit Blick auf innerbetriebliche organisatorische Probleme schwierig. Im Bereich der Berichterstattung, vielleicht auch in der Präsentation (Moderation) ist es vorstellbar, daß ein Journalist für beide Medien arbeitet – natürlich nicht gleichzeitig, sondern zeitversetzt.

3.2 Redakteur

»Die wichtigste Person im Radioprogramm neben dem Produzenten, aber in der Öffentlichkeit kaum bekannt«, so könnte man den Radioredakteur beschreiben. Allenfalls »Redakteur im Studio« oder »Redakteur am Mikrofon« sagt dem Zuhörer etwas über das Berufsbild des Redakteurs – und letzteres ist auch noch falsch. Daß Redakteure auch am Mikrofon (und beim Fernsehen vor der Kamera) arbeiten, trifft oftmals zu, aber Redakteursfunktion und Präsentationsfunktion haben nur sehr bedingt miteinander zu tun. Redakteure fahren in Ausübung journalistischer Tätigkeit auch Dienstwagen, gleichwohl wäre die Bezeichnung »Redakteur am Lenkrad« zumindest mißverständlich...

Worauf es ankommt: Redakteur ist der (oder die) Verantwortliche für Inhalt und Form einer Sendung, nicht mehr, aber auch nicht weniger.

Aber das ist viel mehr als dem Laien bewußt ist – auch wenn man den Redakteur zumindest in seiner Redakteursfunktion im Radio nicht hört. Bei der Zeitung ist der Redakteur derjenige, der redigiert. Beim Radio werden zwar gelegentlich auch Manuskripte redigiert, aber dies ist nur der kleinere Teil der journalistischen Tätigkeit in einer Rundfunkanstalt. Daß dieser Teil oft von den sogenannten »Funkhaus-Hierarchen« überbewertet wird, liegt daran, daß diese gelegentlich wegen ihrer Herkunft zu wenig vom Radio verstehen und wegen ihrer Entfernung zum Programmgeschehen auch nichts dazulernen.

Der Radioredakteur redigiert also nicht in erster Linie, er plant eine Sendung, entwirft eine formales und inhaltliches Konzept, wählt Autoren, Reporter, Sprecher, Moderatoren, Produzenten usw. aus. Schließlich sorgt er dafür, daß die ausgewählten Mitarbeiter das Konzept umsetzen, d.h. daß daraus die Sendung wird, die sich der Redakteur vorgestellt hat. Im Idealfall kalkuliert der Redakteur auch die Kosten für ein Programm so, daß sein Etat am Jahresende nicht überzogen ist. Überdies ist der Redakteur für den Inhalt seiner Sendung verantwortlich – zumindest innerhalb der Funkhausstrukturen. Nach den Rundfunkgesetzen und Rundfunkstaatsverträgen für die öffentlich-rechtlichen Rundfunkanstalten ist nämlich für jede Sendung eigentlich der Intendant verantwortlich. Naturgemäß muß dieser aber die Verantwortung auf Direktoren, Hauptabteilungsleiter, Abteilungsleiter und Redakteure delegieren, was seine formale Verantwortung nach außen nicht tangiert.

Diese pauschale Definition der Redakteurs-Tätigkeit muß differenziert werden. Das skizzierte Beispiel betrifft etwa Feature-Redakteure, Hörspiel-Redakteure – aber auch Redakteure aktueller Magazine, die noch dazu unter erheblichem Zeitdruck Sendungen planen und bis zur live-Ausstrahlung für alles verantwortlich sind.
Ein wichtiger Redakteurstyp ist der oft und fälschlicherweise unterschätzte Nachrichten-Redakteur. Für den Nachrichtenredakteur beim Radio sind zwei Grundsätze maßgebend, die ihm zur »zweiten Natur« werden müssen: die ständige Wachsamkeit gegen Meinungsjournalismus und die nie nachlassenden Bemühungen, mit kritischer Sichtung, Auswahl und Formulierung dem Hörer zu Verständnis und eigener

Meinungsbildung zu verhelfen. Er muß also gewissermaßen ein »Objektivitätsfanatiker« sein, obwohl er weiß, daß es die objektive Nachricht nicht gibt.

Daß es in der Nachrichtenarbeit keinen Stoff gibt, der dem Redakteur nicht täglich begegnet, zeigen die Sendungen selbst. Von der Politik über Wirtschaft, Kultur und Sport mit allen ihren Randbereichen bis hin zum sogenannten »Bunten« reichen die Angebote, die der Redakteur verstehen und bewerten muß.

Bewertet wird überdies, wie bereits weiter vom erwähnt, nicht nur die eigene Sendung, sondern auch im Hinblick darauf, ob andere Ressorts angeregt werden müssen, ihrerseits aktiv zu werden. Dieses Mit- und Vorausdenken für andere Programmbereiche setzt beim Nachrichtenredakteur eine fundierte Allgemeinbildung voraus. Er darf nicht nur Spezialist auf seinem eigentlichen Gebiet (meist der Politik) sein. Auch mit dem sogenannten Allround-Journalismus ist es nicht getan. Vielmehr muß er gründliche Kenntnisse auf möglichst vielen Gebieten haben.

Es ist sicher kein Zufall, daß in Nachrichtenredaktionen der Anteil an Mitarbeitern mit umfänglichen und vielseitigen Studiengängen groß ist. Hinzu kommen meist eine langjährige Erfahrung und das Wissen um die Öffentlichkeitswirkung der Arbeit. Dies alles gibt dem Nachrichtenredakteur sein Selbstbewußtsein, ohne daß er lautstark darauf hinweist, und ohne daß sein Bewußtsein um die Bedeutung seiner Arbeit zu Eitelkeit oder Überheblichkeit fährt. Seine Tagesarbeit ist unter erschwerten Bedingungen wie Schichtdienst, unregelmäßige Arbeitszeit und damit verbundene Einschränkung des Privatlebens, voller Einsatzbereitschaft zu jeder Tages- und Nachtzeit und permanentem Zeitdruck zu leisten. Die psychische Belastung, gleichsam zu jeder Stunde Premiere zu haben und mit allen damit verbundenen Risiken zu leben, insbesondere der Möglichkeit, Schaden für die Institution Rundfunk anzurichten oder für Fehlverhaltensweisen der Öffentlichkeit verantwortlich zu sein, muß hoch veranschlagt werden.

Hinzu kommt, daß der Redakteur zu vielen Zeiten (nachts, frühmorgens, am Wochenende) in seiner Verantwortung zunächst allein steht.

In der ersten Phase eines dramatischen Ereignisses – und solche Ereignisse pflegen sich weder vorher anzukündigen noch nach den Arbeitszeiten zu richten muß der Redakteur selbst entscheiden, ob etwas besonderes zu geschehen hat, und wenn ja, was. Er trägt die Verantwortung zunächst ohne Rückversicherung bei Kollegen und Vorgesetzten. Auch sein geschärftes Bewußtsein für die Fehlermöglichkeiten bei den Informationsquellen kann nicht verhindern, daß er gelegentlich auch »mit der Falschmeldung leben muß«.

Falschmeldungen, wer immer sie letztlich verursacht hat, sind offenbar nie ganz zu vermeiden. Was sie so folgenschwer macht, ist der Umstand, daß sie von vielen Menschen geglaubt werden und daß sie nicht selten zu schlimmen Fehlverhalten führen. Grundsatz einer seriösen Nachrichtengebung ist es, eine unrichtige Meldung mit aller Deutlichkeit richtig zu stellen. Dabei ergibt sich im Gegensatz zur Zeitung das Problem, daß man mit großer Wahrscheinlichkeit dasselbe Publikum nicht wieder erreicht.

Angesichts der Risiken, denen der Redakteur stets ausgesetzt ist, und der Anforderungen, die an sein Urteilsvermögen und an seine journalistische Qualifikation zu stellen sind, genügen die bereits erwähnte theoretische und praktische Ausbildung nicht. Nur regelmäßige Fortbildung kann den vorhandenen Standard erhalten beziehungsweise noch verbessern und das Bewußtsein immer wieder schärfen für die Schwierigkeiten der Wahrnehmung gesellschaftlicher Wirklichkeit.

Nachrichtenredakteure brauchen, um ihre Aufgaben zuverlässig zu erfüllen, einen journalistischen Freiraum. Derzeit ist er vorhanden, ihn zu erhalten, ist dringend geboten. Das Prinzip der delegierten Verantwortung ist beim Nachrichtenredakteur konsequent verwirklicht. Der nach dem Rundfunkgesetz allein für das Programm verantwortliche Intendant hat über einige Rangstufen (Programmdirektor, Ressortchef) die Verantwortung für die Nachrichtengebung an den Redakteur delegiert; ein seltener Fall, da in den meisten anderen Programmsparten wichtige Entscheidungen nicht so schnell und gegebenenfalls nicht ohne Rücksprache mit Vorgesetzten fallen müssen. Einzige und wichtige Sicherung gegen Fehlentscheidungen bei ungewöhnlichen

Ereignissen ist neben der Qualifikation der Mitarbeiter das System des »roten Lichts«, d.h. des Alarmgebens nach oben.

Hier von Zensur zu sprechen, was gelegentlich, allerdings nicht Nachrichtenredakteure, sondern Leute tun, die Berichterstattung mit Missionsarbeit verwechseln, disqualifiziert allenfalls den Urheber einer solchen Bemerkung. Man sollte sich auch davor hüten, bei bisweilen vielleicht etwas übertriebener Vorsicht eines Kollegen sogleich von »Selbstzensur« zu sprechen. Natürlich können mehr oder minder direkte Eingriffs- und auch Einschüchterungsversuche von Interessenvertretern, meist sind es Politiker, irritierend wirken. Dies darf aber nicht dazu führen, daß in solchen Fällen nicht nur vorsichtig, sondern manchmal geradezu grotesk formuliert wird. Es häufen sich dann in Meldungen übertriebene Distanzierungen, Mehrfachhinweise darauf, daß es sich um ein Zitat und nicht um eine Tatsachenbehauptung handelt, Ausdrücke »wie es heißt«, »so wörtlich« und Mehrfachkonjunktive. Seriöse Politiker sind es sicher nicht, die versuchen, Nachrichtenredakteure, die bewußt niemanden bevorzugen oder benachteiligen, in ihrer Arbeit zu verunsichern, und als Folge davon Nachrichten für den Hörer unverständlich machen.

Der Nachrichten-Redakteur arbeitet in der Regel allein oder allenfalls mit weiteren ein bis zwei Kolleginnen oder Kollegen. Ein Mitglied dieses kleinen Teams ist der »Chef vom Dienst«, der »Dienstleiter« oder »Schichtleiter«, d.h. der verantwortliche Redakteur. Demgegenüber hat es der Redakteur der meisten anderen Programme meist mit einer Gruppe von Mitarbeitern zu tun, die (siehe oben) noch dazu ganz unterschiedliche Funktionen haben. Zu diesen journalistischen Funktionen kommt nämlich auch noch der unmittelbare Kontakt zur Technik und gelegentlich sogar zur Verwaltung eines Funkhauses (Kostenkalkulation, Organisation von Reisen und sei es in die Nachbarschaft).

Bei all diesen Tätigkeiten, die auch zur Herstellung einer Sendung gehören, kommt das journalistische Element gelegentlich zu kurz, zum Beispiel die intensiven Vorgespräche mit Autoren, Reportern, Präsentatoren und vor allem mit externen Informanten und Gesprächspartnern. Letzteres kann dann zu Fehleinschätzungen von Themen und Personen, zu unzutreffenden oder einseitigen Informationen und damit nicht nur zu einer journalistisch unbefriedigenden Sendung führen, sondern unter Umständen zu einer, die auch noch Ärger macht.

»Redakteur« ist also eine Funktion und weder eine Hierarchiestufe in einem Funkhaus noch unbedingt mit dem vermeintlichen Statussymbol der Festanstellung verbunden. Daß es Redakteure gibt, die sich wie »Hierarchen« fühlen und auch so handeln und daß Redakteure in den meisten Fällen festangestellte Journalisten sind, ist nur ein scheinbarer Widerspruch.

Zunächst zum Stichwort »Hierarchie«: Da der Redakteur für die Form und den Inhalt einer Sendung verantwortlich zeichnet, hat er naturgemäß einen beträchtlichen Entscheidungs- und Gestaltungsspielraum. Bis zu einem gewissen Punkt wird ein guter Redakteur auch mit allen, die an einer Sendung mitwirken, über Inhalt und Form diskutieren. Es gibt aber dann einen Zeitpunkt, zu dem der Redakteur (möglichst auf der Basis der vorausgegangenen Diskussion) entscheiden muß. Redakteurs-Entscheidung heißt, sowohl »ja« als auch »nein« zu sagen. Dies gilt für den Nachrichtenredakteur, der über das Bringen oder Nichtbringen von Meldungen entscheidet ebenso wie für einen Magazinredakteur, der Beiträge von Mitarbeitern akzeptiert oder nicht und einen Feature- oder Hörspielredakteur, der ein Manuskript annimmt oder ablehnt.

Diese Entscheidungsfreiheit ist zugleich eine Entscheidungsverpflichtung. Natürlich bedeutet sie auch ein Stück Macht, die allerdings professionell und damit verantwortungsvoll ausgeübt werden muß. Es ist allerdings völlig abwegig, von »Zensur« zu sprechen, wenn ein Redakteur einen Beitrag oder Teile eines solchen nicht akzeptiert. In letzter Konsequenz würde ein solches Verlangen die Abschaffung von Redaktion, d.h. auch von Verantwortung bedeuten, und binnen kürzester Zeit zum Programmchaos führen, da das Akzeptieren aller angebotenen Beiträge eine massive Kollision mit dem 24-Stunden-Tag bedeuten würde. Verantwortungsbewußte Redakteure verursachen Enttäuschungen und Frust – bei den Betroffenen entsteht manchmal der Eindruck von Macht oder gar Machtmißbrauch. Da diese Betroffenen meist freie Mitarbeiter sind, verstärkt die Sorge um die materielle

Existenz naturgemäß solche Eindrücke. Viele, wenn nicht gar alle Rundfunkanstalten, müssen wegen fehlender Planstellen für festangestellte Redakteure freie Mitarbeiter im Redaktionsdienst einsetzen. Dies ist zwar im Hinblick auf die juristische Programmverantwortung nicht unproblematisch, aber unausweichlich.

Wenn freie Mitarbeiter die gleiche journalistische Qualifikation, d.h. eine entsprechende Ausbildung und Berufserfahrung haben, spricht in der Sache nichts gegen den Einsatz freier Mitarbeiter als Redakteure – die möglicherweise auftauchenden juristischen Probleme lassen sich durch spezielle Bindung ständiger freier Mitarbeiter an eine Rundfunkanstalt (z.B. Tarifvertrag) oder zumindest durch formale Beaufsichtigung ihrer Arbeit regeln.

Private Rundfunkstationen, insbesondere kleinere, arbeiten naturgemäß unter völlig anderen Voraussetzungen. Dort ist wegen der geringen Mitarbeiterzahl eine Trennung der verschiedenen journalistischen Funktionen oft nicht möglich. Der diensthabende Redakteur ist zugleich der Präsentator des Programms. Außerdem realisiert er Beiträge, zum Beispiel live geführte oder zuvor aufgezeichnete Interviews. Je größer eine Privatstation ist, desto ähnlicher werden die Redaktionsstrukturen denen der öffentlich-rechtlichen Anstalten. Sobald ein Privatanbieter ein Vollprogramm sendet, ist auch eine Arbeitsteilung bei der Gestaltung dieses Programms unvermeidbar. Es gibt dann Redakteure, die für größere Programmflächen die Verantwortung tragen, andere gestalten die Nachrichten oder aktuelle Magazine. Fachredakteure wie bei den öffentlich-rechtlichen Rundfunkanstalten gibt es bei den meisten privaten Radiostationen nicht – sieht man vom Sport ab. Da es sich in der Regel um Musikwellen handelt, deren Wortanteil sich auf Kurznachrichten, Moderation und eher unterhaltende Beiträge beschränkt, sind Fachredakteure für Kultur, Bildungsprogramme, Rechtsfragen, Wirtschaft usw. gar nicht erforderlich. Gefragt ist vielmehr der aus Nordamerika bekannte »Broadcaster«, ein Rundfunkjournalist, der von der redaktionellen Gestaltung über die Präsentation, die Herstellung von Beiträgen bis hin zur Bedienung einer einfachen Technik alles selbst macht.

Die Frage, ob Redakteure auch technische Aufgaben übernehmen sollen, ist in den öffentlich-rechtlichen Rundfunkanstalten zumeist aus berufspolitischen Gründen heftig umstritten. Bei Privatstationen im In- und Ausland sind die Verrichtung zumindest einfacherer technischer Arbeiten durch Journalisten selbstverständlich. Es ist eine Frage der Zeit, daß Journalisten überall sog. Selbstfahrerstudios im Sendebetrieb bedienen und einfache Beiträge auch technisch produzieren, zumal das moderne Studioequipment immer einfacher zu bedienen ist, so daß Nichttechniker (ohne vom Hörer wahrnehmbare Qualitätsverluste) damit umgehen können.

Der eingangs erwähnte Begriff »Redakteur im Studio« hat mit der eigentlichen Redaktionstätigkeit nichts zu tun, es sei denn es handelt sich um den »Broadcaster« in einer Privatstation, also um denjenigen, der alle Funktionen in einer Person vereinigt. Wenn ein Rundfunkmitarbeiter, der eigentlich als Redakteur arbeitet, ausnahmsweise oder auch regelmäßig am Mikrofon arbeitet, dann ist er in dieser Funktion Moderator, Präsentator oder Sprecher, aber kein Redakteur mehr. Es ist eher die Ausnahme, daß ein Journalist, der eine größere Sendung redaktionell gestaltet und verantwortet, diese auch selbst am Mikrofon präsentiert.

Schließlich stellt sich noch die Frage, welche Voraussetzungen ein Redakteur mitbringen sollte. Im Journalismus gibt es keine festgelegten Laufbahnen, der Beruf gilt insofern als freier Beruf. Das mag man einerseits bedauern, weil viele – salopp gesagt – ohne Nachweis einer Qualifikation in den Beruf »hineinscheitern« – andererseits liegt aber auch darin die nicht zu unterschätzende Chance, qualifizierte Seiteneinsteiger zu entdecken, die oft ein Gewinn für das Programm sind. Gleichwohl ist beides nicht die Norm, sondern als Voraussetzung werden heute ein abgeschlossenes Hochschulstudium und eine praktische Ausbildung gefordert.

Hier kann nicht der Ort sein, um die Eignung von Studiengängen für den Journalistenberuf darzustellen. Gesagt sei aber, daß die Möglichkeit, geeignete Studienfächer zu wählen, außerordentlich vielfältig ist – sieht man einmal von zukünftigen Fachjournalisten ab, die sinnvollerweise das entsprechende Fach (Wirtschaft, Literaturwissenschaften usw.) studieren. Von Jahr zu Jahr werden auch die lange Zeit von Journalisten gepflegten Vorurteile gegenüber den publizistischen und kommunikationswissenschaftlichen u.ä. Studiengängen immer mehr abgebaut. Die praktische Ausbildung findet nach dem Studium (gelegentlich auch parallel dazu) in den Medien, d.h. Redaktionen statt. Ob es sich dabei formal um ein Volontariat handelt, oder um ein »Hineinwachsen« in die Praxis, ist grundsätzlich gleichgültig. Man sollte nur nicht den Fehler begehen, einen Journalisten, der jahrelang etwa Beiträge für eine Redaktion liefert, deshalb für geeignet als Redakteur halten. Ein Redakteur braucht Redaktionstraining und -erfahrung. Diese Erfahrung – betrachtet man die Tätigkeit eines Redakteurs – ist eine ganz spezielle, die man nicht durch die noch so gute Gestaltung von Beiträgen erlernt. Deshalb sind auch über lange Jahre erfolgreiche Reporter oft keine guten Redakteure, es sei denn, sie haben während ihrer Ausbildung das »Redakteurshandwerk« gelernt.

Ähnliche Ursachen haben – im öffentlich-rechtlichen Rundfunk – die Fehlbesetzungen in der Hierarchie. Ein guter Korrespondent, Kommentator oder Reporter ist zwar denen, die Positionen zu besetzen haben, oftmals bekannt. Deshalb ist er oder sie noch lange nicht geeignet für die Position eines Chefredakteurs, Programmdirektors oder gar Intendanten. Ein Sportwagenhersteller würde wohl kaum einen bekannten Rennfahrer – obwohl er für das Image des Unternehmens sicherlich wichtig ist – zum Vorstandsvorsitzenden machen.

3.3 Reporter

Der Reporter, der Berichterstatter ist zum einen der Beschaffer von Informationen für ein Radioprogramm, soweit sie direkt beschafft werden und nicht aus zweiter Hand (Agenturen, Pressediensten usw.) stammen. Zum anderen ist der Reporter der Journalist, der Reportagen liefert, d.h. »echte« Reportagen, jenes gesprochene Radiostück, das lange Zeit so gut wie nicht mehr existierte, das aber glücklicherweise wieder an Bedeutung gewinnt. Diese typisch radiophone Form journalistischer Arbeit wird im Zusammenhang mit der »Reportage« ausführlich behandelt. Auch Kurzberichte, sog. Reporterstatements und die sog. »gebauten« Beiträge, d.h. die Mischung aus Originaltönen und journalistischem Text, werden von Reportern hergestellt.

Recherche und radiojournalistische Umsetzung von Informationen sind die Haupttätigkeiten des Radioreporters. Wer nicht extrem neugierig ist und diese Neugierde durch zuverlässige Faktenrecherche befriedigen möchte und wer lieber ausgefeilte Manuskripte schreibt, statt mit ein paar Stichworten flüssig einen Bericht formuliert, sollte lieber nicht Reporter werden. Radio ist nicht verlesene Tageszeitung – auch wenn viele Sendungen so klingen.

Reporter in Funkhäusern sind zumeist freie Mitarbeiter, die für ihre gelieferten Beiträge Honorare erhalten. Sie schlagen entweder einer Redaktion Themen vor oder aber sie erhalten Aufträge ihrer Redaktion(en), Themen zu realisieren.

Spaß an der Recherche ist eine der Grundvoraussetzungen, eine Tugend, die beim Radio weniger verbreitet ist als bei der Zeitung. Beim Radio wird sehr viel mit Agenturmaterial gearbeitet, nicht nur in den Nachrichten, sondern auch in anderen Bereichen. Agenturen liefern oft den Hinweis auf Themen, die dann allerdings weiter recherchiert werden. Man sucht in der Regel Gesprächspartner, um dem Zuhörer eine authentische Aussage im Originalton zu vermitteln. Nicht selten werden im aktuellen Radioprogramm bereits bekannte Themen mit den Mitteln des elektronischen Mediums nachgearbeitet.

Es sind meist Reporter, die dann diese Interviews führen bzw. Statements einholen. Das völlig neue, eigenständige Thema mit ausführlicher Recherche, bei der sich wirklich Neues ergibt, (z.B. eine sog. Enthüllungsstory) ist im aktuellen Radioprogramm die Ausnahme. Die Redaktionen, die unter dem Druck der Tages-, ja Stundenaktualität stehen, sind meistens personell nicht so ausgestattet, daß sie ein oder gar mehrere Reporter für längere Zeit auf ein einzelnes Thema ansetzen können. In Redaktionen, die mittel- oder langfristig arbeiten, ist das anders. Hier beschäftigen sich Reporter bzw. Feature-Autoren mit einem Thema in der gewohnten Gründlichkeit.

Zum Spaß an der Recherche muß der Spaß am Medium Radio hinzukommen. Der gute Reporter recherchiert, notiert ein paar Stichworte und »reportiert«, sei es über das Telefon oder über eine Rundfunkübertragungsleitung möglichst live in eine laufende Sendung. Er liefert also einen Reporterbericht. Wenn etwas mehr Zeit zur Verfügung steht und die technischen Möglichkeiten gegeben sind (Aufnahmegerät, Schneidemöglichkeit) liefert er einen Bericht mit O-Tönen, d.h. entweder einen »gebauten« Beitrag (siehe unten), der fertig produziert wird, oder aber er berichtet live und läßt vorher aufgezeichnete Originaltöne einspielen.

Die schönste, aber zugleich schwierigste Form ist die »klassische« Reportage. Sie besteht darin, daß der Reporter live oder auch auf Band ein Ereignis aus eigener Beobachtung, aus eigenem Erleben schildert, und zwar zeitgleich zu dem Ereignis selbst (dazu unten bei den journalistischen Handwerksformen mehr). Besonders gepflegt wurde immer und wird bis heute die klassische Reportage in Sportsendungen.

3.4 Autor

Die Grenze zwischen Reporter und Autor ist beim Radio fließend. Ein Reporter, der einen gebauten Beitrag liefert, der aus Originalton und geschriebenen Texten besteht, ist gewiß ebenso ein Autor wie derjenige, der ein Feature mit O-Tönen und Texten liefert; der Unterschied liegt allenfalls in der Länge des Beitrags. Ein Reporter, der einen Bericht von ein bis zwei Minuten telefonisch übermittelt, ist gewiß ebenso ein Autor wie ein Journalist, der eine Theaterkritik am Telefon oder im Studio verliest, die für ein Kulturmagazin gedacht ist.

Umgekehrt haben Hörspielautoren, wenn sie besonders gut mit den stilistischen Mitteln des Mediums arbeiten (O-Töne usw.) und Stücke liefern, die nahe an der Dokumentation liegen, durchaus etwas mit Reportern gemeinsam. Mit anderen Worten: Der aus der Literatur und aus der Zeitung stammende Begriff des Autors, existiert auch beim Radio, die Definition ist rein akademisch – es sei denn, man würde

»Autor« und »Reporter« oder »Berichterstatter« unter dem Aspekt des Sozialprestiges unterscheiden, eine wenig sachdienliche, wenn auch durchaus realistische Definition.

Gemeinsam haben aber alle erwähnten Berufe, daß sie oft von freien Mitarbeitern ausgeübt werden.

3.5 Producer

Wenn Radioleute aus Großbritannien, den USA oder Kanada in deutsche Funkhäuser kommen, dann vermissen sie oft den »Producer«, den Produzenten der jeweils laufenden Sendung. Was in angelsächsischen Radiostationen selbstverständlich ist, ist bei uns eher die Ausnahme. Dort werden Radioprogramme generell als Einheit gesehen, sie müssen durchhörbar sein, ein klares Profil haben (damit der Hörer sie jederzeit identifiziert), und zwar ohne Rücksicht darauf, ob es sich um ein Begleitprogramm zum Nebenbeihören handelt oder um ein Einschaltprogramm, wie etwa einen der im Ausland überaus erfolgreichen Informationskanäle.

Damit nicht, wie in Deutschland immer noch üblich, willkürlich und oft sinnlos, Programmkästchen hintereinander gesendet werden, ist der Producer notwendig. Der Producer ist für einzelne Sendungen, insbesondere für längere Programmstrecken verantwortlich, und zwar nicht inhaltlich (dies ist die Verantwortung von Redakteuren), sondern bezüglich der Gestaltung und des Ablaufs. Der Produzent stellt auch die Verbindung her zwischen der Redaktion bzw. den Redaktionen und der Technik. Nicht selten übernimmt er auch technische Funktionen im Produktions- bzw. Sendestudio. Der Producer sorgt zum Beispiel für die Balance von Wort und Musik im Magazin. Er kalkuliert die Zeitrelationen von Musik, Reporterberichten und Moderation. Er sorgt in Zusammenarbeit mit dem Techniker im Studio dafür, daß die von einer Redaktion geplante Sendung genau nach dem verabredeten »Sendefahrplan« (siehe unten) in den Äther geht. Er ist gleichsam der Ablaufregisseur einer Sendung und sendungsübergreifend eines ganzen Programms.

An den Producer in einzelnen Sendungen hat man sich in Deutschland hier und da bereits gewöhnt – mit sehr gutem Erfolg übrigens. Der Producer für viele Stunden eines Programms – in angelsächsischen Ländern eine Selbstverständlichkeit – ist bei uns im Kommen. Daß dies noch nicht die Regel ist, liegt daran, daß zu viele Verantwortliche in Funkhäusern zu wenig von Programmgestaltung verstehen und in Zeitungskategorien bzw. zu stark in den Kategorien des Mediums Radio als Transportmittel mehr oder weniger hochkarätiger Inhalte denken. Ihnen ist nicht klar, daß ein Radioprogramm ein lebendiger Organismus ist, der sich von Minute zu Minute ändert, der von Minute zu Minute aufs Neue um die Gunst seines Publikums ringen muß. Dies kann man nicht einem Techniker mit Sendefahrplan und einem Berg von Tonbändern überlassen. Hier ist der Producer gefordert, der dafür sorgt, daß das Programm lebendig wird und lebendig bleibt. Es ist kein Zufall, daß in den Programmteams großer angelsächsischer Radioveranstalter der Producer eine Schlüsselrolle einnimmt; die Qualifiziertesten sind gerade recht, um als Producer zu arbeiten, die Bezahlung und ihr professionelles Prestige sind entsprechend.

Die Funktion des Producers wird sich mittelfristig auch bei uns durchsetzen (müssen), denn sonst können sich die größtenteils unbeweglichen und zum Teil schwer hörbaren Programme der öffentlich-rechtlichen Anbieter gegenüber der wachsenden und immer professioneller arbeitenden privaten Konkurrenz nicht behaupten. Anspruchsvolle Inhalte in radiophoner Form darzubieten – das ist die Aufgabe des Producers.

Die Arbeit des Producers ist keine Tätigkeit für Anfänger, sie erfordert – soll sie professionell ausgeübt werden viel Erfahrung und zwar am besten als Reporter und in der Redaktion.

Hinzukommen muß ein ausgeprägtes Verständnis für technische Zusammenhänge. Für den Produzenten in der Sendung, dessen Funktion oben beschrieben wurde, hier nur einige Regeln, die im Zusammenhang mit technischen Fragen wichtig sind. Es geht hier um die Produktion (Senderegie) in journalistischen Live-Sendungen und nicht um künstlerische Regie bei Aufnahmen:

- Vorbereitung ist alles. Im Kontakt mit Redaktion und Technik erstellt der Producer einen genauen Ablaufplan, der Inhalt, Form, Zeit und Autor der Beiträge enthält und aus dem sich Reihenfolge von Berichten, Musikeinblendungen usw. ergeben. Alle Änderungen werden allen Beteiligten mitgeteilt, damit alle den gleichen »Fahrplan« benutzen.

Der Producer muß freundlich aber bestimmt klare Anweisungen an Technik und Moderator geben. Unklare Kommandos führen zu Mißverständnissen und damit zu Fehlern.

- Zeitdisposition ist eine der wichtigsten Aufgaben des Producers. Ein korrekter Zeitplan und ein entsprechender Ablauf der Sendung geben allen Beteiligten die erforderliche Ruhe und Gelassenheit. Dies fördert die Konzentration im Studio. Ein guter Producer sorgt für eine gute Zeit-Balance, d.h. die Zeiteinteilung bei einer Sendung ist von Anfang an ausgewogen. Dies bedeutet, daß während die Sendung läuft, kontinuierlich »Zwischenbilanz« mit der Stoppuhr gezogen wird. So erreicht man, daß sich eine Sendung nicht am Anfang »zieht« durch lange Musikpassagen und langatmige Moderationen, während am Schluß wegen Zeitmangels hektisch gekürzt, hart geschnitten und unsachgemäß geblendet wird. Wenn Zeit eingespart werden muß – etwa weil zusätzlich weitere Beiträge ins Programm genommen werden müssen – dann sollte das »Sparen« spätestens in der Mitte der Sendung beginnen, damit die Sendung insgesamt ausgewogen bleibt und nicht alle fehlenden Sendeminuten am Schluß eingespart werden müssen und man hektisch buchstäblich aus der Sendung »heraus stolpert«.

Moderationen wie »wir müssen jetzt leider abbrechen, denn unsere Sendezeit geht leider zu Ende« sind Zeichen von fehlender Professionalität. Jede Sendung geht nämlich zu Ende, und zwar zu einem festgelegten Zeitpunkt. Dies muß man von Anfang an einkalkulieren.

- »Fly the aircraft« ist eine Regel aus der Fliegerei. Wenn während eines Fluges technische Probleme auftreten, kann es ein tödlicher Fehler sein, wenn sich alle Mitglieder der Cockpit-Besatzung mit der Behebung der Schwierigkeiten befassen und dabei vergessen wird, das Flugzeug weiterhin zu steuern. Deshalb: Wenn während einer Live-Sendung Probleme auftauchen, was absolut keine Ausnahme ist, dann muß die Sendung weitergefahren werden, während sich ein Mitglied des Teams um das Problem und seine Lösung bemüht.

- Radiomachen, insbesondere die Produktion von Live-Sendungen, hat viel mit Improvisation zu tun. Das macht für viele den Reiz dieser Arbeit aus. Aber: Improvisation darf nicht zum Prinzip erhoben werden. Das endet rasch im Chaos. Radioleute müssen die Fähigkeit zur Improvisation haben, um mit unvorhersehbaren Situationen fertig zu werden. Die Improvisation im entscheidenden Augenblick ist aber nur möglich, wenn eine Sendung insgesamt gut geplant ist. Eine präzise Planung schafft den im Sonderfall notwendigen Spielraum für die Improvisation. Auf das Improvisieren zu setzen, ist riskant und führt meistens zu unbefriedigenden Ergebnissen, d.h. zu schlechten Sendungen.

3.6 Regisseur

Regisseure gibt es beim Radio in zwei Bereichen, im künstlerischen und journalistischen, wobei die Grenzen, wie so oft beim Radio, auch hier fließend sind.

Zunächst sind da die Hörspielregisseure, meist freie Mitarbeiter mehrerer Rundfunkanstalten. Oft sind sie auch Festangestellte der jeweiligen Hörspielabteilungen. Ihnen obliegt die künstlerische Umsetzung eines Hörspielmanuskripts in ein sendefertiges Hörspiel, Ähnliche, aber einfachere Aufgaben hat der Aufnahmeleiter zu erfüllen. Aufnahmeleiter sind – kurz gesagt – dafür verantwortlich, Manuskripte von Features, Hintergrundberichte mit Originaltönen, unter Umständen mit Musikeinspielungen zu produzieren, d.h. gemeinsam mit einem Techniker aus dem Manuskript und dem vorhandenen Bandmaterial eine Sendung herzustellen.

Dabei finden – ebenso wie beim Hörspiel – intensive Gespräche mit den Sprechern statt, die den Text lesen sollen. Man sieht also, daß die Grenze zwischen Regisseur und Aufnahmeleiter schwer zu ziehen ist bzw. immer ungenau sein wird. Dies liegt mit daran, daß es zum einen Features gibt (vgl. unten »Radiojournalistische Formen«), die formal an den Anspruch des Hörspiels heranreichen, und daß zum anderen ein Hintergrundbericht, der von zwei Sprechern gelesen wird und der allenfalls noch einen Originalton enthält, keine künstlerische Regieleistung erfordert.

Im Zusammenhang mit dem »Producer« (vgl. oben) wurde gesagt, daß dieser auch eine Art »Ablaufregisseur« ist. Er gestaltet ein Programm, er setzt ein redaktionelles Konzept radiophonisch um. Beim Fernsehen spricht man ebenfalls vom »Ablaufregisseur«. Die Beschreibung von Producer und Regisseur zeigt, wie nahe auch diese Berufe beieinander liegen, so unterschiedlich die zu vermittelnden Inhalte auch sein mögen. Ob es sich um ein künstlerisch-literarisch anspruchsvolles Hörspiel handelt oder um aktuelle journalistisch aufbereitete Inhalte, ob es sich um eine längere Produktion wie beim Hörspiel handelt, die auch Bestand hat als künstlerisches Werk, oder um den Ablauf eines Tagesprogramms: Es geht immer darum, Inhalte ganz unterschiedlicher Art unter Ausnutzung aller Mittel des Mediums Radio zum Adressaten, d.h. zum Hörer zu bringen und diesen damit an ein bestimmtes Programm zu binden.

3.7 Moderator

Nichtfachleute halten die Moderatoren für die Stars des Radioprogramms, die alles wissen, alles können, die vor allem all das, was eine Sendung ausmacht, selbst machen. Daß die Präsentatoren von Radioprogrammen wichtig sind, ist unbestritten: Gute Moderatoren erzeugen Sympathie und damit Akzeptanz beim Publikum. Schlechte, d.h. eitle, überhebliche, schlecht informierte und gerade deshalb oft besserwisserisch wirkende Moderatoren stoßen ab. Noch so gute Inhalte werden vom Publikum nicht akzeptiert, wenn es einem Moderator an Gespür dafür fehlt, wie man sich als Gast in einer fremden Wohnung – und ein solcher ist man nun einmal als Radiomacher – benimmt. Später, im Kapitel »Radiojournalistische Formen« wird die Moderation ausführlich behandelt. Hier soll nur auf das Berufsbild »Moderator« eingegangen werden.

Man kann zwischen Unterhaltungsmoderatoren und journalistischen Moderatoren unterscheiden, wobei auch hier die Grenzen fließend sind. Viele Programme – in Zukunft werden sich die deutschen Radiostationen darauf einstellen müssen – verlangen den Journalisten, der seriöse Information in unterhaltender Form darbietet. Unterhaltungsmoderatoren präsentieren einzelne Sendungen oder größere Sendeflächen, meist Musikprogramme, in die unterhaltende Wortbeiträge eingestreut sind. »Unterhaltende Wortbeiträge« – dies schließt einen Informationsgehalt natürlich nicht aus. Es ist höchste Zeit, Abschied von der überholten Vorstellung zu nehmen, Information sei in erster Linie politische Information, »seriöse« Information und der Rest sei unseriös, unwichtig und damit Sache der Unterhaltung. Es gibt noch immer borniert Polit-Journalisten, für die Unterhaltung eine Sache des Teufels ist. Daß mit Unterhaltung aber oft das Publikum für die sogenannte »seriöse« Information gewonnen werden muß, ist nicht nur ein Faktum, sondern eine große Chance des Radios. »Unterhaltender Journalismus« ist ein Stück Zukunftsperspektive des Radios, und dieser wird nicht zuletzt von guten Unterhaltungs-Moderatoren ins Programm eingebracht. Unterhaltungs-Moderation ist mehr als Witze erzählen und das Vorlesen der Texte auf Schallplattenhüllen. Unterhaltungs-Moderation gehört mit zu den schwierigsten Tätigkeiten beim Radio. Manche Kritik aus den Reihen der »Seriösen« hat deshalb gewiß viel mit Neid gegenüber denen zu tun, die gefällig, geschliffen und intelligent mit dem Hörer plaudern.

Ein gewisses Maß an Naturtalent braucht der Unterhaltungs-Moderator. Dazu eine umfassende Allgemeinbildung und einen hervorragenden aktuellen Informationsstand – und dann natürlich: eine gründliche Vorbereitung auf die Themen der zu präsentierenden Sendung. Eine Ausbildung zum Unterhaltungs-Moderator gibt es nicht. Viele sind gelernte Journalisten, andere sind Schauspieler und gar nicht so wenige arbeiten in anderen Berufen und betrachten ihre Radioarbeit als (ernstes) Hobby.

Anders ist es bei journalistischen Moderatoren – aber noch einmal: Die Trennung zwischen beiden Moderatorentypen bleibt immer ungenau. Es gibt exzellente Moderatoren, die in journalistischen Sendungen ebenso auftreten wie im Unterhaltungsprogramm. Soweit Moderatoren nur in reinen Informationssendungen arbeiten, sind sie – und das macht einen Unterschied zu den Unterhaltungs-Moderatoren aus – keinesfalls ausschließlich als Moderatoren tätig. In erster Linie sind sie Journalisten, d.h. Redakteure oder Reporter. Zusätzlich übernehmen sie noch Moderatoren-Tätigkeit, und zwar niemals gleichzeitig.

Der Moderator ist in einer Sendung nur in dieser Funktion tätig. Als Redakteur arbeitet er in der Regel in einer anderen Sendung, gleiches gilt für den Moderator, der von Hause aus Reporter ist. Dies bedeutet: Journalistischer Moderator ist kein Beruf, sondern eine Tätigkeit, die zeitweise bzw. zwischendurch von Journalisten ausgeübt wird, die üblicherweise als Redakteure oder Reporter oder auch Producer andere Aufgaben haben.

3.8 Sprecher

Der Radiosprecher tritt traditionell in zwei Varianten für den Zuhörer in Erscheinung, als Nachrichtensprecher und als Programmsprecher, also als derjenige, der im Laufe eines Programm-Tages Sendungen präsentiert. Erfahrungsgemäß gibt es über den Beruf des Nachrichtensprechers in der Öffentlichkeit und leider auch in den Funkhäusern keine präzisen Vorstellungen. Für viele ist er zugleich der »Macher« der Nachrichten, für andere liest er mehr oder weniger mechanisch die von Redakteuren geschriebenen Texte herunter und löst zwischen zwei Sendungen Kreuzworträtsel.

Vielmehr hat der Sprecher aber eine ganz spezifische Vermittlerrolle zwischen Redaktion und Hörer. Eine Redaktion kann sich noch so viel Mühe bei der Gestaltung einer Nachrichten-Sendung gegeben haben, wenn der Sprecher dieses Qualitätsniveau auf seiner Seite nicht erreicht, war vieles vergebens. Die oft bewunderte »gute, wohlklingende Stimme« ist sicherlich eine wichtige Voraussetzung für einen guten Sprecher. Mindestens ebenso wichtig ist aber die Fähigkeit,

Texte, die sich mit vielerlei verschiedenen Themen beschäftigen, sehr schnell, kurz vor oder gar während der Sendung zu verstehen, inhaltlich zu durchdringen und sinngerecht zu verlesen.

Überdurchschnittliche Allgemeinbildung, Fremdsprachenkenntnis, mitdenken können in redaktionellen Kategorien und eine gute sprechtechnische Ausbildung sind die Forderungen an den Nachrichtensprecher. Persönliches Engagement in der Sache hat zurückzutreten hinter dem Objektivitätsanspruch des Nachrichtentextes. Die Erwartungen an einen Sprecher, der Nachrichtentexte richtig, verständlich und überzeugend vortragen kann, zugleich aber wertfrei, sind also groß.

Zwischen den Nachrichtensendungen haben die Sprecher neben der Vorbereitung auf die nächste Sendung noch zahlreiche weitere Aufgaben. Sie arbeiten für viele Funkressorts: vom politischen Kommentar über Dokumentation, über Wirtschaftsbeiträge bis zu Sendungen über Kultur-, Religions- und Bildungsfragen.

Die Funktion des Nachrichtensprechers kommt ebenso wie die des Programmsprechers immer wieder in die Diskussion, d.h. die Frage wird diskutiert, ob man den »Nur-Sprecher« überhaupt noch brauche. Eine eindeutige Antwort auf diese Frage ist deshalb nicht möglich, weil nicht eindeutig feststeht, was unter einem »Nur-Sprecher« zu verstehen ist. Der »Nur-Vorleser« fremder Texte ist in journalistischen Programmen sicherlich auf Dauer nicht mehr erforderlich, wenn es ihn überhaupt noch gibt. Der sprecherisch geschulte Präsentator größerer Programmflächen wird nicht nur noch gebraucht, er wird vermutlich in Zukunft die Programme bestimmen.

Entscheidend ist, welche Qualifikation außer der sprecherischen noch vorhanden ist. Am besten ist hier zweifellos eine journalistische Ausbildung. Daß zunehmend Journalisten am Mikrofon arbeiten, ist gut. Ein guter Journalist ist aber noch lange kein Präsentator, der beim Publikum ankommt und das Image eines Gesamtprogramms positiv beeinflußt. Früher durfte so gut wie kein Journalist ans Mikrofon, ohne Rücksicht darauf, ob er vielleicht ein glänzender Sprecher war. Heute drängt sich gelegentlich der Eindruck auf, daß jeder ans Mikrofon darf, wenn er nur Journalist ist – ohne Rücksicht auf die sprecherische Qualifikation. »Sprecherische Qualifikation« bedeutet hier nicht Ausbildung als Berufssprecher, sondern die Fähigkeit, Inhalte glaubwürdig und sympathisch im Sinne eines vorgegeben Programmprofils zu präsentieren.

Die Zukunft wird beim Radio deshalb bestimmt sein vom sprecherisch (präsentatorisch) geschulten Journalisten und vom journalistisch geschulten Sprecher. Also: Die Zukunft gehört dem »Broadcaster«, dem Radioprofi, der das Medium sowohl inhaltlich als auch formal beherrscht. Berthold Brecht, der sehr viel über das Radio geschrieben hat, sagt nicht zufällig: »Ein Journalist muß deutlich sprechen können – das ist aber nicht nur eine Frage von Vokalen und Konsonanten, sondern auch eine Frage des Sinns.«

3.9 Korrespondent

Ebenso wie »Moderator« gehört »Korrespondent« zu Traumberufen beim Radio. Dabei ist Korrespondent kein Beruf, sondern eine Tätigkeit, die ein Radiojournalist in der Regel auf Zeit ausübt. Folglich gibt es keine Ausbildung zum Korrespondenten. Normalerweise kommt ein Korrespondent, der ins Ausland oder auf einen wichtigen Platz im Inland, d.h. zumeist in die Bundeshauptstadt geschickt wird, aus einer Redaktion eines Funkhauses. Der Korrespondenten-Tätigkeit geht nach Studium und journalistischer Ausbildung üblicherweise eine jahrelange Tätigkeit in einer Politikredaktion, einer Magazinredaktion oder einer Nachrichtenredaktion voraus, oft sogar eine Arbeit in mehreren aktuellen Redaktionen. Nach einigen Jahren als Korrespondent kehrt der Mitarbeiter auch wieder in eine dieser Redaktionen zurück, seltener ist die Entsendung auf einen anderen Korrespondentenplatz.

Voraussetzung für eine vorübergehende Korrespondenten-Tätigkeit (das Maximum sind in der Regel fünf Jahre) sind Sprachkenntnisse, die über das übliche Maß hinausgehen.

Bei den öffentlich-rechtlichen Rundfunkanstalten gibt es drei Typen von Korrespondenten: Das ist einmal der ARD-Korrespondent, der für alle ARD-Rundfunkanstalten arbeitet. ARD-Korrespondenten gibt es an Plätzen, an denen die Zahl der zugelassenen Korrespondenten beschränkt und/oder an denen die Unterhaltung eines Korrespondentenplatzes sehr teuer ist oder aber, die nicht so viele Berichterstattungsgegenstände bieten, daß sich die Entsendung mehrerer Korrespondenten lohnt (z.B. Moskau, Tokyo oder Nordafrika). Es gibt ferner den Gruppen-Korrespondenten, der für einige Rundfunkanstalten tätig ist.

Ähnlich wie beim ARD-Korrespondenten hat eine der Anstalten, die »Federführung« für einen Korrespondentenplatz, d.h. in diesem Funkhaus findet die administrative Betreuung eines Korrespondenten statt. Vor allem organisiert diese Anstalt die Übermittlung der Berichte des Korrespondenten und verteilt die Beiträge innerhalb der ARD weiter. Schließlich gibt es den Einzel-Korrespondenten, der nur für eine Rundfunkanstalt arbeitet.

Die Arbeitsgemeinschaft der öffentlich-rechtlichen Rundfunkanstalten unterhält ein dichtes und sehr aufwendiges Korrespondentennetz, das alle Teile der Welt umspannt. Einen solchen Aufwand betreiben private Radiostationen naturgemäß nicht. Die Privatradios bieten meist Musikprogramme mit sparsamen Informationen, so daß der Bedarf an Korrespondenten-Berichten erheblich geringer ist als bei der Vielzahl der öffentlich-rechtlichen Rundfunkanstalten, von denen jede mehrere Programme anbietet. Auch der Kostenfaktor spielt hier eine Rolle. Die ARD-Anstalten gemeinsam können ein Korrespondenten-Netz unterhalten, das eine einzelne, private Radiofirma nicht bezahlen kann und auch gar nicht zu unterhalten braucht. Man bedient sich entweder freier Journalisten, die es an den wichtigsten Plätzen der Welt gibt, oder aber man bezieht die Korrespondenten-Beiträge von Agenturen.

3.10 Musikprogrammgestalter

Musikgestaltung gehört vermutlich zu den schwierigsten Aufgaben beim Radio. Grund dafür ist neben einer Reihe objektiver fachlicher Probleme der sog. »Deutsch-Aufsatz-Effekt«. Dieser Begriff meint, daß in der Abiturprüfung alle – auch der Physiklehrer – über den Deutschaufsatz mitdiskutieren, weil von Deutsch ja vermeintlich jeder etwas versteht, daß aber beim Thema »Physik« nur die Fachleute mitreden.

Beim Rundfunk reden alle mit, wenn es um Musik geht. Die Wirtschaftsredaktion würde sich aber energisch wehren, wenn sich ein Musikredakteur in Fragen der Wirtschafts-Berichterstattung einmischte.

Musikredaktionen und damit auch die Redakteure werden, traditionell in »E« (= ernste Musik) und »U« (= Unterhaltungsmusik) unterteilt, ohne Rücksicht darauf, daß die Grenze zwischen E-Musik und U-Musik nicht definiert ist und vermutlich auch nicht definiert werden kann. Musikredakteure haben in der Regel eine musikwissenschaftliche Ausbildung und/oder sie haben Erfahrungen als Musikausübende oder Musikpädagogen. Anspruchsvolle Musikprogramm-Gestaltung ist ambitioniert – wie jedes anspruchsvolle Programm. Ambition der Macher und Publikumsgeschmack sind natürlich nicht immer deckungsgleich. Hier einen Kompromiß zu finden, ist schwer.

Computer-gestützte Musikprogramm-Gestaltung ist gewiß ein Weg in die richtige Richtung – natürlich nur im Bereich der Unterhaltung.

Im Zeitalter formatierter Radioprogramme ist die Musikgestaltung auf der Basis eines festgelegten Repertoires und seiner Plazierung von Musiktiteln mit Hilfe elektronisch überwachter sogenannter Stundenuhren geradezu zwingend. Ein Formatprogramm ist um so erfolgreicher je unverwechselbarer es ist. Unverwechselbar im Klang kann aber ein Radioprogramm nur sein, wenn es nicht zu sogenannten "Ausreißern" kommt, d. h. wenn Titel vermieden werden, die nicht zum Wellenformat passen. Tageszeiten, Jahreszeiten, Stimmungslagen etc. spielen eine wichtigere Rolle als musikpädagogische Vorstellungen und Befindlichkeiten von Musikprogrammgestaltern. Der Hörer erwartet die gewohnte Klangfarbe "seiner" Welle. Diese Erwartung muß von professionellen Radiomachern erfüllt werden – ohne Rücksicht auf eigene Musikpräferenzen.

Musikredakteure, insbesondere bei der Unterhaltung, stellen übrigens nicht nur Sendungen zusammen, sie betreuen beispielsweise auch aktuelle Live-Magazine im Studio, d.h. sie sind anwesend und können aufgrund ihrer Repertoirekenntnisse ad hoc musikalisch auf aktuelle Ereignisse reagieren. So wird auch verhindert, daß nach einer aktuellen Berichterstattung eine unpassende Musik läuft. Auch müssen aus aktuellem Anlaß – wegen des Todes eines prominenten Politikers oder nach einer Katastrophe – kurzfristig ganze Programmtage bezüglich der Musikfarbe verändert werden. Zur Funktion der Musik in journalistischen Programmen vergleiche unten »Die Inhalte des Radioprogramms«.

3.11 Redaktions-Sekretärin

»Ohne Redaktions-Sekretärinnen würden kaum Sendungen laufen« – dieser in Funkhäusern oft zu hörende Satz ist weder eine Kapitulation von Seiten der Redakteure noch der taktisch zu verstehende Spruch eines Intendanten , um die Sekretärin über eine nicht stattfindende Gehaltserhöhung hinwegzutrösten. Viel Wahres liegt in dem Satz, denn Redaktions-Sekretärinnen haben vor allem die Aufgabe, Ordnung in oftmals chaotische Redaktionen zu bringen.

Journalisten – Redakteure ebenso wie freie Mitarbeiter – neigen insbesondere in den hektischen Zeiten unmittelbar vor Sendungen zum Chaos. Sekretärinnen, die eigentlich eher Redaktions-Assistentinnen genannt werden sollten, sind jedoch nicht nur für diese »Krisenzeiten« da. Sie haben in den Redaktionen eines Funkhauses vielfältige, unmittelbar programmbezogene Aufgaben. Sie sind zum Beispiel verantwortlich für die Disposition von Produktionskapazitäten (Studios, Übertragungswagen, Aufnahmegeräte usw.). Sie bestellen Leitungen zur Überspielung von Beiträgen. Dies alles geschieht im ständigen Kontakt mit Technik und einer Reihe von Verwaltungsstellen eines Funkhauses.

Radiojournalisten, insbesondere wenn sie noch wenig Erfahrung haben, tun deshalb gut daran, sich die Erfahrungen der Redaktions-Sekretärinnen zu Nutze zu machen und diese als Partner bei der Gestaltung von Sendungen zu betrachten – sie sind es wirklich.

3.12 Neue Aufgaben

Auf die Radioredakteure sind in den letzten Jahren ständig neue Aufgaben zugekommen. Dieser Trend wird weitergehen. Von der technischen Entwicklung in Hörfunk-Studios und beim mobilen Equipment wird noch die Rede sein, gleiches gilt für die Digitalisierung (vgl. Kapitel 7 »Radio hat viel mit Technik zu tun«).

Journalisten bedienen nicht mehr nur, wie es jahrzehntelang üblich war, tragbare Aufnahmegeräte und schneiden ihre Aufnahmen selbst, vielmehr ist das komplexe Selbstfahrerstudio, in dem ohne Unterstützung durch technisches Personal komplexe Sendungen gefahren werden, in vielen Funkhäusern zur täglichen Routine geworden.

Völlig neue Aufgaben kommen aber auf die Radiojournalisten im Bereich der Online-Dienste zu. Der Computer als Arbeitsinstrument ist in den meisten Redaktionen seit vielen Jahren vertraut. Nachrichten werden seit langem aus Großspeichern abgerufen, selektiert und auf dem Bildschirm bearbeitet.

Aber auch die Möglichkeiten, die das Internet bietet, werden inzwischen von immer mehr Redaktionen genutzt. Dabei sollte man den Nutzen der Recherche im Internet für den aktuellen Betrieb nicht überschätzen. Das hat nichts mit den Systemen zu tun, sondern ganz einfach mit der Tatsache, daß Redakteure in den aktuellen Bereichen auch ohne Internet sehr wenig recherchiert haben. Dazu besteht in der Tagesroutine und angesichts des permanenten Zeitdrucks so gut wie keine Zeit.

Natürlich bieten die neuen Techniken für nicht tagesaktuell arbeitende Fachredakteure beträchtliche Möglichkeiten, die sicherlich zu einer Qualitätsverbesserung bei den Programmangeboten führen.

Die eigentliche Innovation im Zusammenhang mit dem Internet bedeuten die Online-Dienste der Rundfunkanstalten selbst. Hier spielt sich eine rasante Entwicklung ab, deren Perspektiven man allenfalls erahnen kann, die aber auf jeden Fall für die Radiojournalisten neue Arbeits- und Entfaltungsmöglichkeiten bringen werden.

Am Anfang waren es ausschließlich programm-begleitende Informationen, die über das Internet verbreitet wurden. Für den Hörfunk war und ist dies eine große Chance, dem Publikum Informationen über attraktive Programmangebote zu liefern. Dies ist besonders deshalb wichtig, weil sich die Programmzeitschriften fast ausschließlich auf das Fernsehen konzentrieren und das Radio hier eher ein Schattendasein führt. Diese Zusatzangebote hatten recht bald eine beachtliche Resonanz, was Redaktionen veranlaßte, auf diese Dienste wachsende Sorgfalt zu legen. Es entstanden Online-Redaktionen, die den Internet-Auftritt der Rundfunkanstalten gestalten und pflegen.

Immer mehr Funkhäuser gehen jedoch dazu über, ganze Programme «RealAudio», d. h. über den PC des Adressaten hörbar, im Internet zu verbreiten. Am Anfang standen hier naturgemäß die Jugend- und Popwellen. Zum einen haben junge Menschen leichter Zugang zu PC und Internet und zum anderen empfiehlt sich angesichts der noch unbefriedigenden Übertragungsqualität zunächst noch der Verzicht auf die Einstellung von Radioprogrammen ins Internet, bei denen es auf höchste Klangqualität ankommt. Aber zum Beispiel für Informationsprogramme bietet das Internet beachtliche Möglichkeiten. Mit der Online-Verbreitung von ganzen Hörfunkprogrammen ergeben sich allerdings auch einige schwerwiegende Probleme, die die Radiomacher und natürlich die Verantwortlichen in den Funkhäusern noch lange beschäftigen werden.

Da ist zunächst die Frage, ob Radiohören am PC wirklich eine Zukunft hat. Es ist zumindest fragwürdig, denn es ist ja gerade die Stärke des Mediums Radio, überall verfügbar zu sein (vgl. oben «Portability«).

Der Erfolg des Radios in den letzten 20 Jahren beruht zum großen Teil auf der Möglichkeit des mobilen Empfangs, nicht etwa nur im Auto, sondern in der häuslichen Umgebung, am Arbeitsplatz und in der Freizeit. Radiohören etwa über eine stationäre Anlage ist eher die Ausnahme. Der PC entspricht aber gewiß eher einer stationären Empfangsanlage. Allenfalls junge Leute, die ohnehin am Computer arbeiten oder spielen, mögen als Adressaten Frage kommen. Zu bedenken ist auch, ob Arbeitgeber, die heutzutage oft und aus gutem Grund das Radiohören am Arbeitsplatz erlauben, dies auf Dauer auch tun, wenn das «Arbeitswerkzeug» PC auf diese Weise zweckentfremdet wird.

Ein weiteres Problem birgt das Urheberrecht. Es ist weitgehend ungeklärt, wie die Abgeltung von Autoren-, Komponisten-, Arrangeurs- und Produzentenrechten zu regeln ist.

Fraglich ist auch, ob es einen Bedarf geben wird an zusätzlichen Radioprogrammen, die über das Internet zu empfangen sind. Die üblichen Programme – und das Angebot ist riesig – sind mit einem kleinen tragbaren Radio besser und bequemer zu empfangen. Weltweites Radiohören ist jedoch eine Sache von kleinen Fangruppen und scheitert nicht selten bereits an den fehlenden Sprachkenntnissen.

Dennoch: die Entwicklung ist schwer abzusehen. Entscheidungen sind wohl erst möglich, wenn das Ganze den Reiz des Neuen verloren hat und man weiß, wie hoch der Nutzungsgrad tatsächlich sein wird. Sicher ist jedenfalls, daß die neuen Systeme für Journalisten zusätzliche Arbeits- und Entfaltungsmöglichkeiten bieten.

Kapitel 4:
Die Inhalte des Radioprogramms

4.1 Organisationsstrukturen kann man nicht senden

Die Frage der Programminhalte ist – zumindest in Deutschland – eng verknüpft mit Redaktionsstrukturen. Insbesondere die öffentlich-rechtlichen Rundfunkanstalten leiden oft darunter, daß Programme den nicht selten längst überholten Redaktionsstrukturen angepaßt werden, obwohl der umgekehrte Weg der richtige ist. Ein Radioprogramm ist ein lebendes Gebilde. Die Organisation der Macher muß sich diesem kontinuierlich und flexibel anpassen. Statt dessen wird beim öffentlich-rechtlichen Rundfunk hier und da immer noch – aus politischen Gründen, aus Bequemlichkeit oder weil den Verantwortlichen die Fachkompetenz fehlt – eher ein nicht mehr zeitgemäßes Programm gesendet, als daß man sich Gedanken um zeitgemäße Strukturen macht. Privatanbieter haben es hier leichter, weil sie zum einen neuer sind und keine »Altlasten« mitschleppen müssen und weil bei ihnen Personalentscheidungen nur nach dem Leistungsprinzip erfolgen, weil sonst der Programmerfolg, der hier gleichzusetzen ist mit wirtschaftlichem Erfolg, ausbleibt.
Im angelsächsischen Radio gilt ebenfalls eine pragmatische Grundeinstellung, dies bedeutet Flexibilität in den Organisationsstrukturen – der Erfolg gibt diesen Systemen recht. Klare Verantwortlichkeiten führen zu besseren Leistungen – Kreativität wird nicht verhindert, sondern gefördert.
Die Defizite des deutschen Rundfunks haben natürlich ihren Grund. Radio begann – wie bereits dargelegt – in Deutschland in den 20er Jahren als Unterhaltungsmedium. Andere Inhalte kamen in größerem Umfang erst hinzu, als die Nazis den Rundfunk übernahmen und für ihre propagandistischen Zwecke mißbrauchten. Nach dem zweiten Weltkrieg gab es zwar den beschriebenen demokratischen Neubeginn. Man schuf aber keine Organisationsstrukturen für das neue, elektronische Medium, sondern orientierte sich im publizistischen, d.h. im

redaktionellen Bereich an den Strukturen der Zeitung. Manche Organisationsstrukturen der Programmbereiche in öffentlich-rechtlichen Funkhäusern belegen dies noch heute.
Das »Kästchen-Schema« vieler Radioprogramme hat hier seine Ursache. Dort, wo man erkannt hat, daß mit einem solchen Schema kein modernes Radio zu machen ist, sondern allenfalls eine gesprochene Wochenzeitung, die von Konzertveranstaltungen unterbrochen wird, suchte man nach Kornpromissen. Sie wurden gefunden, in dem man neben den gewachsenen und längst überholten Organisationsstrukturen die »autonomen« Programme (meist die dritten Hörfunk-Programme) etablierte. Diese wirken, da die alten Strukturen weiter bestehen, natürlich wie »Radio im Radio« und führen zu beträchtlichen Reibungsverlusten in Funkhäusern.
Drei Organisationssysterne treffen in öffentlich-rechtlichen Funkhäusern oftmals aufeinander und vermischen sich nicht selten sogar. Traditionell waren die Funkhäuser hierarchisch gegliedert.
Über allem stand und steht der Intendant. Dies ist gut so und sollte niemals geändert werden. Ein starker Intendant mit möglichst vielen Kompetenzen ist der beste Garant für die Unabhängigkeit einer Rundfunkanstalt.
Ihm untersteht für den Hörfunk-Bereich der Programm-Direktor »Hörfunk«. Die Hörfunk-Direktion ist dann traditionell in Hauptabteilungen gegliedert, in denen bestimmte Programmsparten (Politik und Zeitgeschehen, Kulturelles Wort, Bildung und Erziehung, Musik, Unterhaltung usw.) verantwortet werden.
Die Hauptabteilungen gliedern sich in Abteilungen, d.h. Fachredaktionen. Im Falle der Hauptabteilung »Politik und Zeitgeschehen« können dies zum Beispiel sein: Nachrichten, Politik, Magazine, Wirtschaft, Sport, Gesellschaftspolitik usw.

Die Bezeichnungen sind von Rundfunkanstalt zu Rundfunkanstalt unterschiedlich, die Inhalte aber im wesentlichen gleich.
Diese traditionelle Gliederung der Hörfunkorganisation war unbestritten, so lange eine Rundfunkanstalt ein oder maximal zwei Programme ausstrahlte. Mit der Zunahme der Programmangebote wurde aber über andere Programm-Organisationsstrukturen nachgedacht, es entstanden die erwähnten sogenannten »autonomen« Programme mit eigenen Programmchefs. Diese Struktur brachte zwar für das betref-

fende Programm eine klare Ordnung, aber die traditionellen Strukturen des Funkhauses wurden zum Teil in Frage gestellt. Es entstanden Mehrfach-Organisationen mit zusätzlichen Kosten. In vielen Häusern ist die Entscheidung zwischen sogenannten »Programmchef-Modellen« und dem klassischen »Hauptabteilungsleiter-Modell« noch nicht entschieden. Ziel muß sein, einerseits klare Wellenverantwortungen zu schaffen, zugleich aber die Fachredaktionen zu erhalten, die dann möglichst formatgerecht allen Wellen zuliefern. Als positives Beispiel gilt hier das Modell des Hessischen Rundfunks.

Diese Beschreibung ist zum Verständnis der Redaktionsstrukturen wichtig. Radiojournalisten, insbesondere jüngere Kollegen, sollten sich mit den Strukturen vertraut machen, weil sonst die Zusammenarbeit mit Redaktionen immer wieder auf Schwierigkeiten stößt. Wenn nun nachfolgend Inhalte des Radioprogramms nach Sparten beschrieben werden, so werden nur inhaltliche Bereiche dargestellt, ohne Rücksicht darauf, ob das jeweilige Themenfeld im Organisationsschema des entsprechenden Funkhauses als Hauptabteilung, als Abteilung oder als Sachgebiet ausgewiesen ist oder ob eine Welle über eine eigene interne Redaktionshierarchie verfügt. Es geht wirklich nur um die Inhalte. Diese werden nämlich gesendet, nicht die Organisationskästchen. Organigramme eignen sich nicht zum Senden, sie sollen das Programm erleichtern. Leider bewirken sie oft das Gegenteil.

4.2 Aktuelle Information

Eine der drei »Säulen« des Programmauftrags der öffentlich-rechtlichen Rundfunkanstalten ist der Informationsauftrag. Auch private Anbieter verstehen sich – wenn auch in anderer Gewichtung und anderer Form – als Lieferanten von Informationen. Der Informationsbegriff unterliegt indes einem rasanten Wandel, der bei der Betrachtung von Informationsprogrammen im Radio eine wichtige Rolle spielen muß.

Informationen breiten sich in der Welt aus wie eine Epidemie – aber niemand kennt den Virus. Man spricht von einer Informationsexplosion, aber wenn man die unüberschaubare Informationsmenge auf konsumierbare Informationen reduziert, dann ergeben sich drei Kategorien:

1) Ereignisinformationen,
2) Service-Informationen,
3) Wissensinformationen, also solche,
   die die Kenntnisse der Adressaten erweitern.

Ursache für die Flut der Informationen ist nicht zuletzt die Tatsache, daß die sogenannten »non-event«-Informationen dominieren. Jeder Journalist, der sich professionell mit Informationsauswahl zu befassen hat, leidet darunter. Zu oft werden allerdings »non-event«-Informationen aus politischen Gründen als nachrichtenwerte Informationen betrachtet, eines der zentralen Probleme der heutigen Nachrichtengebung – insbesondere in Deutschland.

Der amerikanische Medienforscher Tony Schwartz hat in seinem Buch »The Responsive Chord«[14] die Frage der Informationsvermittlung durch das Radio unter einem neuen, bemerkenswerten Aspekt betrachtet. Er fragt, wie Menschen entscheiden, was sie von dem was sie hören, tatsächlich wahrnehmen, da der Mensch die Ohren nicht wie die Augen verschließen kann.

Schwartz sagt weiter, daß der Hörer nicht gelegentlich eine Botschaft durch das Radio empfängt, sondern vielmehr Signale, die die Informationen reflektieren, die er bereits im Kopf hat. Das Radio bewirkt also eine Art Interaktion zwischen den Informationen, die durch den Äther kommen und denen, die im Gehirn bereits gespeichert sind.

Man hört – wie die Erfolge der sogenannten Hörfunkbegleitprogramme beweisen -oft nur unbewußt und nebenbei, bis der Impuls kommt, d.h. die Information, die Vorhandenes aktiviert und den Hörer zum Zuhörer macht. Es wird also bei der Informationsvermittlung auf der Seite des Senders immer wieder darauf ankommen, einen attraktiven Impuls auszusenden, um den Hörer zu gewinnen und aus der allenfalls geteilten Aufmerksamkeit die volle Aufmerksamkeit zu machen.

Nicht zuletzt weil viele Menschen das Radio über lange Zeit eingeschaltet lassen und nebenbei hören, ist es das Medium, aus dem man viele wichtige Informationen zuerst erfährt. Dies gilt sogar für die USA, das klassische Land des totalen Fensehkonsums. So haben 56 % der Amerikaner zum erstenmal vom Kernkraftwerksunglück in Har-

---

[14] Tony Schwartz, ebenda

risburgh aus dem Radio erfahren, 23 % von Familienmitgliedern und Freunden und nur 14 % aus dem Fernsehen. »Nachrichten für den Augenblick« als erste Information, aber auch, um zum Beispiel im Katastrophenfall ständig auf dem laufenden zu sein. Hier liegt die Stärke des Radios.

Die Hintergrundinformationen werden – von Ausnahmen abgesehen vom Fernsehen und vor allem von der Zeitung vermittelt. Die Radionachricht ist – so wurde in der Frühzeit des Rundfunks gesagt – mit einem Telegramm zu vergleichen, in dem neben einer kurzen präzisen Information geschrieben steht »Brief folgt«. Der Brief ist dann die Zeitung am nächsten Morgen. Der amerikanische Journalist Emerson Stone, langjähriger Nachrichtenchef der Rundfunkanstalt CBS, bezeichnete einmal das Schreiben von Radionachrichten als »the first rough draft of history«, also einen ersten groben Entwurf der Geschichtsschreibung.

»Informationen im Radio« – das bedeutet, ähnlich wie in anderen Medien, heute mehr als politische Informationen. In den angelsächsischen Ländern, die bekanntlich fast immer die Wegbereiter von Entwicklungen in den elektronischen Medien sind, geht der Nachrichtenbegriff seit langem über das bloße Widerspiegeln von politischen Ereignissen und politischen Äußerungen hinaus. »News you can use« – so formulieren es nordamerikanische Medienforscher – »Nachrichten mit Gebrauchswert«.

Damit ist das weite Feld der Informationen gemeint, die der Mensch in seinem Alltag braucht und die ihm das Radio schnell und zuverlässig vermittelt: Zum Beispiel Verkehrsinformationen, Gesundheits-, Renten- und Versicherungstips, Reisehinweise, Wetterinformationen. Kurzum das, was man im besten Sinne als »Lebenshilfe« bezeichnen kann. Nicht selten werden derartige Informationen von Journalisten diskreditiert, in deren Augen nur die politische Information zählt, oftmals sogar nur die eigene politische Botschaft ohne Rücksicht auf die Bedürfnisse des Publikums.

Diese Haltung erklärt auch, weshalb in Deutschland so viele Radioberichte durch kommentierende Schlenker mißbraucht werden, um persönliche Meinung und oft auch persönliche Betroffenheit zu transportieren. Betroffenheit ist wichtig im Radioprogramm, aber die des Publikums, nicht die der Macher.

»A network could bring the world into your home but it could not tell you which roads are flooded on your way to work«, sagte einmal ein kanadischer Radiojournalist. »Das Radio kann die weite Welt ins Haus bringen, aber einem nicht sagen, welche Straße auf dem Weg zur Arbeit überflutet ist«.

Freilich darf sich das Radio nicht auf reine Service-Informationen beschränken. Schon gar nicht in einem öffentlich-rechtlichen System. Es darf aber auch nicht ohne Rücksicht auf die Bedürfnisse des Publikums als Information nur das anbieten, was politische Journalisten für wichtig halten.

Die Mitglieder unser Gesellschaft haben immer mehr Fragen zu stellen. Das gesellschaftliche Leben wird immer komplizierter. Hier hat das Radio eine ganz wichtige Aufgabe zu erfüllen, nämlich – wie bereits dargestellt im wahrsten Sinne des Wortes Lebenshilfe zu geben. Dabei dürfen die Radiomacher jedoch nicht der Gefahr erliegen, alle gestellten Fragen selbst beantworten zu wollen. Das wäre nicht nur anmaßend, sondern hätte auch wegen der oftmals fehlenden Kompetenz unter Umständen fatale Folgen. Vielmehr muß das Radio seine Aufgabe in diesem Zusammenhang darin sehen, den Bürgern kompetente Gesprächspartner zu vermitteln, die sie andernfalls nicht erreichen können.

Die Informationsvermittlung durch das Radio schließt selbstverständlich das Praktizieren eines kritischen, aber distanzierten Journalismus ein.

»Ein freies Volk muß sicher sein, angemessen informiert zu werden, will es eine freie Regierung erfolgreich kontrollieren können. Es ist eine unerläßliche Aufgabe des zwanzigsten Jahrhunderts, die Voraussetzungen dafür zu schaffen.« Die Journalisten Walter Lippman und Charles Merz formulierten dies im Jahre 1920 in einer Studie zur Berichterstattung der New York Times über die sowjetische Oktoberrevolution.[15] Information, d.h. Vermittlung von Fakten und relevanten Meinungen zur Bildung eines eigenen Urteils – heute ergänzt durch Informationen mit Gebrauchswert. So muß sich der Informationsteil eines Radioprogramms heute darstellen. Vermittlung von Informationen und Hintergründen ist wichtiger als Bewertungen, d.h. journalistische Meinung. Sir Hugh Carleton Greene, britischer Chiefcontroller

---

[15] Walter Lippman und Charles Merz, A Taste of News, in: The Republic, 7/1920

und von 1946 bis 1948 erster Generaldirektor des damaligen Nordwestdeutschen Rundfunks, später Generaldirektor der BBC in London und einer der Väter des öffentlich-rechtlichen Rundfunks in Deutschland, schrieb 1970: »Das wirkliche Ziel des Rundfunks ist keine Bekehrung, sondern eine Beseitigung von Schranken, damit diejenigen, die unterschiedliche Ansichten haben, die Haltung der anderen Seite besser kennenlernen und verstehen. Das Hauptziel des Rundfunks ist keine Polemik, kein Austausch kluger Argumente und nicht Erringung von Siegen, sondern jeder Seite sollte die Möglichkeit gegeben werden, sich in umstrittenen Fragen eine bessere Kenntnis von der Haltung der anderen Seite zu verschaffen«.[16]

Die Informationsvermittlung erfolgt in den öffentlich-rechtlichen Rundfunkanstalten meist durch die Fachredaktionen. Die sogenannten »autonomen Programme« verfügen demgegenüber über ressortübergreifende »Tages-Redaktionen«, d.h. ein oder mehrere Redakteure betreuen eine Sendefläche – ohne Rücksicht auf die konkreten Inhalte. Die Informationsbeiträge, die in diesen offenen Programmen laufen, werden günstigenfalls von den Fachredaktionen zugeliefert, oft aber auch eigenständig disponiert. Dies bedeutet, daß Fachredaktionen offenbar nur die sogenannten Einschaltprogramme bedienen, während die »durchhörbaren« flächenorientierten Begleitprogramme entweder ihre eigene Informations-Infrastruktur besitzen oder sich gelegentlich der Kompetenz der Fachredaktionen bedienen. Die unklaren und dadurch oft teuren Konstruktionen führen nicht selten zu einem Nebeneinanderherarbeiten von Redaktionen, die nur bedingt voneinander wissen. Fachredaktionen im engeren Sinne besitzen die meisten – zumindest kleineren – Privatanbieter nicht. Hierher gehört auch die Frage, ob Informationen besser in kompakter Form angeboten werden oder in Magazinform, d. h. in Sendungen, in denen Wort und Musik einander abwechseln.

Die Frage »Kompaktsendung oder Magazinform?« sollte man stets mit »sowohl als auch« beantworten. Das Programmumfeld und der Gegenstand müssen entscheidend dafür sein, welche Form man wählt. Sogenannte »Einschaltprogramme« sollten sich Kompaktsen-

---

[16] Sir Hugh Carleton Greene, Entscheidung und Verantwortung, Perspektiven des Rundfunks, Hamburg 1970

dungen ohne eingestreute funktionale Musik leisten, bei »Begleitprogrammen« ist die Magazinform geeigneter. Dennoch können auch Kompaktsendungen im Begleitprogramm ihren Sinn haben, ebenso wie es Magazine in Einschaltprogrammen gibt. Beides ist aber die Ausnahme.

Kompaktsendungen erfordern nicht nur den Hörer, sondern den Zuhörer. Es genügt nicht, nebenbei zu hören, sich von Musik unterhalten zu lassen und gelegentlich eine Information »mitzunehmen«. Deshalb müssen die Redakteure von Kompaktsendungen sehr genau überlegen, welche Länge sie ihrem Publikum zumuten. Sieht man einmal von Hörspielen und sehr gut gestalteten, von radiophonen Formen bestimmten Features ab, dann dürften dreißig Minuten die Obergrenze für eine Wortsendung sein. Dies gilt auch für aktuelle Informationsssendungen in kompakter Form.

Viele öffentlich-rechtliche Rundfunkanstalten bieten unter unterschiedlichen Titeln Tagesüberblicke an: »Tageschronik«, »Heute aktuell«, »Themen des Tages«, »Tribüne der Zeit« usw. Hier werden in zwanzig bis dreißig Minuten die wichtigsten Themen eines Tages abgehandelt. Dies geschieht meist in Form von verlesenen Korrespondenten-Berichten, gelegentlich erscheinen Interviews und gebaute Beiträge. Die Themen werden vom Sprecher oder einem Redakteur angesagt. Diese sehr tradtionellen Formen werden nur noch von Hörern akzeptiert, die ein ausgeprägtes Interesse an intensiver Radioinformation haben und die sich mit solchen nicht radiophonen Formen zufrieden geben. Jingles zwischen den Beiträgen machen alleine aus den verlesenen Texten noch kein radiophones Ereignis. Die Hörerzahlen sind deutlich sinkend. Sendungen dieser Art sind Minderheiten-Angebote, die sich nur öffentlich-rechtliche Anstalten leisten können. Privatanbieter, die Begleitprogramme und keine Einschaltprogramme senden, bringen ohnehin keine kompakten Wortsendungen, sondern großflächige Magazine. Die Magazinflächen in den Hauptinformationsprogrammen – sie sind immer Einschaltprogramme – der öffentlich-rechtlichen Rundfunkanstalten, unterscheiden sich von den Magazinen der Begleitprogramme durch ihre Informationsdichte. Diese Magazinsendungen haben einen Wortanteil von mehr als fünfzig Prozent. Die Musik ist auf reine Trenn- bzw. Verbindungsfunktionen reduziert. Manche Begleitprogramme bieten statt großflächiger Magazine zu bestimmten Tageszeiten kompakte

Informationssendungen an, die allerdings die Länge von zehn bis fünfzehn Minuten nicht überschreiten. Der Grund dafür ist, daß man auf diese Weise größere Musikflächen von Wortbeiträgen freihält und nicht wie in Magazinen die Musik sehr oft durch Informationen unterbricht.

Das Magazin hat in der jüngeren Geschichte des Radios eine besondere Bedeutung gewonnen. Aktuelle Magazine sind nicht ressortgebunden, man findet sie in nahezu allen Fachgebieten, vom Sport über die allgemeine aktuelle Tagesberichterstattung bis hin zur Kultur.

Die ursprüngliche Idee bei der Schaffung der aktuellen Hörfunkmagazine war, Informationen und Unterhaltung zu mischen, um so dem Hörfunk neue Teilnehmer zu erschließen. Insofern war die Einführung der Magazine die erste echte Abwehrmaßnahme gegen das Fernsehen, das in den sechziger Jahren dem Radio sein Publikum entzog. Es gab übrigens – dies wird gelegentlich vergessen – bereits Magazinformen, lange bevor diese für die aktuelle Tagesberichterstattung eingeführt wurden. Schon lange vorher hatte der Sport diese Mischform praktiziert, das heißt, aktuelle Reportagen in Unterhaltungsmusik eingebettet. Anfang der sechziger Jahre kam dann der neue Typ des Magazins auf, die Aktualität, die Information vor dem Hintergrund unterhaltender Musik. Sendungen von zwei bis zweieinhalb Stunden Dauer mit zehn bis zwölf aktuellen Einschüben. Diesen Sendungstyp findet man heute bei nahezu allen Rundfunkanstalten. Zweifellos stellt diese Form einen Ausbruch aus dem Schematismus vorfabrizierter Programme dar. Die Programmstrukturen des aktuellen Wortes waren zweifellos auch, beeinflußt durch die technischen Möglichkeiten des Tonbandes, zu einer gewissen Erstarrung gelangt, und die neue Form des Magazins bedeutete einen Schritt zur Wiedergewinnung der Lebendigkeit und der Unmittelbarkeit.

Bis in die Mitte der siebziger Jahre war die Funktion der Magazine die oben geschilderte, das heißt sie haben dazu beigetragen, daß das Radio wieder ein attraktives, publikumswirksames Medium ist, das seinen festen Platz neben dem Fernsehen hat. Daß heute mehr Radio gehört wird als je zuvor, hängt auch mit der Pionierarbeit zusammen, die die aktuellen Magazine geleistet haben. Sie werden auch in Zukunft ein wichtiger Bestandteil der Radioprogramme sein, vorausgesetzt es wird erkannt, daß diese Sendeform ihre ursprüngliche Aufgabe erfüllt hat und sich nun inhaltlich und formal auf neue Aufgaben vorbereiten muß. Wichtig ist, herauszuarbeiten, was Magazinsendungen wollen, was sie sollen und können und auch, was sie nicht tun sollen.

»Das Magazin speichert und vermittelt Informationen, keine Nachrichten (im engeren Sinne). Es will mit Informationen unterhalten beziehungsweise unterhaltend informieren.

Eine Magazinsendung kann und will nur punktuell im Sinne eines positiv verstandenen »Stichflamrnenjournalismus« informieren. Ein gut gemachtes Magazin wird daher nicht in erster Linie versuchen, Nachrichten zu »machen«, was wegen der zwangsläufigen Vermischung von Fakten und Meinungen ohnehin problematisch wäre. Es wird sich vielmehr mit der Faktendimensionierung, das heißt dem Aufzeigen von Zusammenhängen beschäftigen. Eine wohl einmalige Chance haben die aktuellen Magazine auch in der funkischen Dokumentation von Tagesereignissen. Originaltöne, Interviews und dergleichen – also typische Hörfunkformen – bieten sich geradezu an.

Viele Magazine werden ihrer Hauptaufgabe auch gerecht, das heißt, sie betreiben Faktendimensionierung und hellen Hintergründe auf. Nicht selten leiden Magazine aber darunter, daß nahezu alle Beiträge zu Gesprächen unter Journalisten werden, daß heißt, der Moderator unterhält sich mit einem Korrespondenten.

Magazinredaktionen sollten mehr »echte« Gesprächspartner in die Sendungen einbeziehen, das heißt Politiker, Wissenschaftler, Künstler, usw. und sich nicht so oft mit dem vermittelnden Journalisten begnügen. Die Möglichkeit der Authentizität -eine große Chance des Radios – wird zu selten genutzt.

Magazine sind von ihrer Struktur, ihrem Programmauftrag und auch von ihrer Funktion in den Funkhäusem gehalten, möglichst auch das sogenannte »Sensationelle« aufzuspüren. Das ist gut so, denn wie zur Zeitung die »vermischte« Seite oder die Rubrik »Aus aller Welt« gehört, so braucht ein Rundfunkprogramm das Magazin, das thematisch nicht festgelegt und formal offen aktuell über alles berichtet, was den Hörer interessieren könnte.

Im Gegensatz zu allen anderen Sendesparten – von dem Sonderfall der »flächendeckenden« Nachrichten einmal abgesehen – braucht sich ein Magazin keine thematische Beschränkung aufzuerlegen. Hier kann die große Chance des Hörfunks, schnell, unmittelbar und authentisch zu berichten, voll genutzt werden. Diese Aufgabenstellung des Maga-

zins birgt natürlich auch die Gefahr, daß in der Berichterstattung sehr leicht die Akzente verschoben werden von dem, was wichtig ist, zu dem was, nur interessant ist.
Die Magazine sind einmal geschaffen worden, um von den nicht mehr zeitgemäßen »Programmkästchen« wegzukommen. Solange diese Kästchen eine inhaltliche Strukturierung eines Programms bedeuten und damit eine Orientierungshilfe für den Hörer sind, haben sie eine wichtige Funktion bis auf den heutigen Tag. Wenn sie aber dazu dienen, daß sich Redaktionen auf Kosten des Hörers selbst verwirklichen, dann sind sie sinnlos. Nicht einmal in sogenannten Einschaltprogrammen kann man es sich leisten, eine gesprochene Fachzeitung nach der anderen, das heißt ein Fachkästchen hinter dem anderen anzubieten. So werden Interessengruppen und »Fan-Gemeinden« bedient, das viel wichtigere allgemeine Publikum wird ausgegrenzt. Die berühmte »Flut von Briefen«, das heißt zehn bis zwanzig Zuschriften ist nicht der Gegenbeweis, denn Interessengruppen melden sich sofort, wenn es um ihre Sache geht.
Vorteil der »Kästchen« war und ist, daß der Hörer weiß, was ihn zu welcher Zeit und auf welchem Kanal erwartet. Der Nachteil der Magazine ist, daß man nicht weiß, was wann gesendet wird. Ein Festhalten am Kästchenprinzip löst dieses Problem allerdings nicht. Auch in wortbetonten Einschaltprogrammen wird man auf Dauer vom Kästchenschema abgehen müssen. In Rundfunkanstalten, in denen zukunftsorientierte Profis das Sagen haben, ist dies längst geschehen. Wo dies nicht der Fall ist, werden sinkende Einschaltquoten dazu zwingen, denn ein Programm, das nur von Machern und Verantwortlichen akzeptiert wird, ist auf Dauer auch mit dem öffentlich-rechtlichen Programmauftrag nicht zu begründen. Deshalb werden die Magazine der Zukunft mit Sicherheit anders aussehen, als die herkömmlichen, in denen in loser Folge aktuelle Beiträge und Unterhaltungsmusik gemischt werden. Einige Rundfunkanstalten haben bereits begonnen, ihre Magazine umzubauen. Sie gehen von der Erkenntnis aus, daß die gegenwärtigen Magazinsendungen oft als nicht durchstrukturierte Sendungen zu lang, zum sinnvollen Strukturieren aber meist zu kurz sind. Die Strukturierüberlegungen bestehen darin, daß man dem Hörer nicht länger zumuten will, seinen Appetit zu wecken, um ihm dann die Mahlzeit selbst über längere Zeit vorzuenthalten. Man will vermeiden, dem Hörer immer wieder sagen zu

müssen, was er in diesem Augenblick leider (aus guten Gründen) nicht erfährt. Kurzum, diese neuen Magazine verfügen über feste Programmfelder. Ein Moderator betreut die drei bis vier Stunden dauernden Sendungen, die aber in sich eine klare Gliederung haben. Zu bestimmten Zeiten kommen Informationen, zu anderen eine bestimmte Art von Musik, zu wieder anderen folgen unterhaltende Wortbeiträge wie Quizspiele und dergleichen. Der Moderator und eine sorgfältige Musikprogrammgestaltung sorgen dafür, daß ein solches Magazin nicht in die herkömmlichen Kästchen zerfällt, sondern eine Einheit bildet, die dennoch dem Hörer, der gezielt hören will, genügend Orientierungshilfen gibt.

Die Information zu bestimmten Zeiten zwingt auch zur besseren Aufbereitung des Materials. Die Versuchung, Informationen ohne Nachrecherche und ohne sorgfältige Formulierungsüberlegungen ins Programm zu bringen, ist geringer. Auch die Gefahr, zuviel zu machen, dadurch oberflächlich zu werden und schließlich Kenntnis durch Routine zu ersetzen, ist bei einer solchen Struktur kleiner. Diese Magazine können erneut das tun, was die heutigen Magazine einmal getan haben, nämlich Pionierarbeit bei der Weiterentwicklung des Radios leisten.

Auch Kompaktsendungen können »Magazinform« haben, das heißt, sie müssen nicht aus verlesenen Ansagen und vorproduzierten Beiträgen bestehen. Auch kompakte Informationssendungen können und sollten radiophon gestaltet sein. Zum Beispiel können Gesprächselemente (Studiogäste), Beteiligungselemente (Höreranrufe) und auch Musik, die nicht reine Funktionsmusik ist, sondern einen eigenständigen Programmbestandteil bildet, dazu beitragen, daß längere informative Wortsendungen für den Hörer zum Radioerlebnis werden. Gute Beispiele gibt es unter den aktuellen Kulturmagazinen. In einigen werden neben den aktuellen Beiträgen Studiogespräche mit Literaten und Musikern, Literaturlesungen und Musikelemente angeboten, die zu Beiträgen passend ausgewählt werden. Auch die »Newsshow«, eine in den angelsächsischen Ländern seit vielen Jahren gepflegte Form der Information im Radio, kommt inzwischen hier und da in deutschen Radioprogrammen ansatzweise vor. Die Newsshow – der Begriff ist ins Deutsche übersetzt mißverständlich – hat Ähnlichkeit mit den bereits dargestellten O-Ton-Nachrichtensendungen. Sie ist aber meist länger und enthält Unterhaltungselemente.

Diese Sendeform geht von dem im Abschnitt »Nachrichten« beschriebenen, erweiterten Informationsbegriff aus. Informationen dürfen nicht länger vorrangig als politische Informationen definiert werden. Hinzu kommen müssen in großem Umfang die bereits mehrfach erwähnten »Lebenshilfe-Informationen« (»News you can use«), aber auch unterhaltende Elemente. Damit sind hier »bunte« Informationen gemeint, im Sinne eines positiv verstandenen Boulevard-Journalismus. Gemeint sind Themen, die nicht aus dem Bereich der Politik und der Serviceinformation kommen und über die man im Alltag spricht. Boulevard-Zeitungen bestimmen mit ihrer Schlagzeile, über welches Thema an diesem Tag überall dort gesprochen wird, wo Menschen zusammentreffen, ob »ernsthafte« Journalisten dies wahrhaben wollen oder nicht. Der Erfolg von gut gemachten »Newsshows« besteht darin, solche Themen ebenfalls aufzugreifen und sich seriös mit ihnen zu beschäftigen, als zusätzliche unterhaltenden Teile im Rahmen eines Informationsprogramms, das ansonsten im wesentlichen mit dem Element der O-Ton-Nachrichten arbeitet. Bei solchen Sendungen muß auch die Moderation auf die Mischform »Information und Unterhaltung« Rücksicht nehmen. Dies dürfte ein Grund dafür sein, weshalb es die echte Newshow in Deutschland bisher allenfalls in Ansätzen gibt. Wir neigen dazu, entweder ganz ernst Informationen zu vermitteln oder aber platte Unterhaltung anzubieten. Der amerikanische Begriff »Infotainment« wird bei uns bestenfalls belächelt, oft aber diskreditiert. Hier liegt aber vermutlich ebenfalls eine der Zukunftsperspektiven des Radios.

Politik ist gewiß ein wesentlicher Bestandteil des Informationsprogramms einer Rundfunkanstalt, aber keinesfalls der einzige. Die politischen Sendungen haben in modernen, gut geführten Funkhäusern längst aufgehört, eine quasi-»diplomatische« Berichterstattung zu pflegen, indem die Ereignisse in den politischen Zentren der Welt minutiös referiert werden und regelmäßig in Kommentaren mehr oder weniger prominenter Publizisten im Stile von Zeitungsartikeln Meinung transportiert wird. In manchen Funkhäusern wird Politik-Vermittlung leider auch heute noch so gesehen.
  Die Entwicklung des Mediums Radio ist aber längst darüber hinweggegangen. Das Radio als Nebenbeimedium verlangt andere Formen der Politik-Berichterstattung und vor allem einen anderen Sende-

rhythmus. Der politische Kommentar als »krönender« Abschluß eines Tages mag im Fernsehen noch sinnvoll sein. Das Radioprogramm braucht viele Höhepunkte, und zwar über den ganzen Tag hinweg. Politik ist nur in radiophonen Formen zu vermitteln und nicht in Form verlesener Zeitungen.

Politische Redaktionen in Funkhäusem arbeiten naturgemäß fachressortübergreifend. Sie müssen Ereignisse aus allen Bereichen der Politik spiegeln, sei es nun Wirtschaftspolitik, Sozialpolitik, Frauenpolitik, Umweltpolitik usw. Dabei bedienen sich Politikredaktionen oft der Experten aus den Fachressorts als Mitarbeiter.

Erste und wichtigste Aufgabe ist die Beschreibung politischer Vorgänge. Dies geschieht zunächst in den Nachrichten. Darüber hinaus findet sie detailliert in den sogenannten Komplementär-Sendungen statt. Komplementär-Sendungen liefern Erklärungen, Interpretationen und schließlich Kommentare, also Meinungsbeiträge. Es geht dabei um die Faktendimensionierung, um die Ergänzung der knappen Nachricht über einen politischen Gegenstand durch Beiträge unterschiedlicher journalistischer Form, die dem Hörer das Verstehen der Zusammenhänge erleichtern.

Komplementär-Sendungen im Bereich der Politikvermittlung können ganz unterschiedliche journalistische Formen haben. Sehr häufig wird die Form des Berichts gewählt, d.h., ein Journalist schreibt einen Beitrag, den er selbst am Mikrofon oder am Telefon spricht.

Viele politische Sendungen bestehen aus einer Aneinanderreihung von derartigen Beiträgen. Dies führt nicht selten zu formal unattraktiven Sendungen. Deshalb werden diese zunehmend durch Beiträge in anderer Form, z.B. Berichte mit Originalton-Einblendungen, durch Interviews oder Reportagen ergänzt.

Der reine Bericht führt oft zur Vermischung von Information und Meinung, was nach den Rundfunkgesetzen und Staatsverträgen eigentlich nicht zulässig ist. Insbesondere bei Korrespondenten-Berichten wird oftmals diese Trennung nicht mehr scharf vollzogen. Darin liegen Gefahren. Der Begriff »kommentierender Bericht«, der dann gelegentlich verwendet wird, dokumentiert das Dilemma, gibt aber zugleich einen Hinweis darauf, daß oft – vielleicht zu oft – die Vermischung von Information und Meinung toleriert wird.

Interview, Diskussion und Feature sind ebenfalls häufig genutzte Formen zur Faktendimensionierung im Rahmen der Berichterstattung.

Sowohl die Interview-Form als auch die Diskussion sind in den letzten Jahren zunehmend Gefahr gelaufen, zu viel »Polit-PR« zu transportieren: Radioredaktionen lassen sich dazu mißbrauchen, Public Relations-Bemühungen von Parteizentralen und einzelnen Politikern – oftmals ungewollt – zu unterstützen.

Die beiden journalistischen Formen, sowohl das Interview als auch die Diskussion, sind typische Radioformen. Oftmals bleibt aber bedauerlicherweise der Inhalt auf der Strecke. Es sind immer dieselben Politiker und Funktionäre, die interviewt werden oder in Diskussionsrunden sitzen. Auch als tatsächliche oder als selbsternannte Experten hört man immer dieselben Personen. Hier wird allzu oft nach Eloquenz, Verfügbarkeit und nicht selten danach ausgewählt, ob die zu vermutenden Aussagen in ein vorher festgefügtes Urteil passen.

Das Ergebnis solcher Interviews und Diskussionen ist dann gelegentlich nicht der Transport von Informationen oder die Aufhellung von Hintergründen oder Zusammenhängen, sondern die Verbreitung politischer Positionen. Es ist interessant zu beobachten, daß Journalisten, die den Public Relations-Bemühungen von Finnen äußerst kritisch und skeptisch gegenüberstehen, auf die PR-Tricks der Politik ständig hereinfallen – sich vielleicht sogar gerne hereinlegen lassen. Nicht alles, was Politiker sagen, hat Informationswert. Es ist deshalb wichtig, für Interviews und Diskussionen Gesprächspartner ausschließlich danach auszuwählen, ob sie Interessantes und Neues zu sagen haben, was den Kenntnisstand der Hörer erweitert.

Die geschilderten Gefahren sind beim politischen Feature geringer. Hier wird schon allein deshalb journalistischer gearbeitet, weil in der Regel mehr Zeit zur Verfügung steht und weil ein korrekt arbeitender Feature-Autor stets unterschiedliche Positionen darstellt. Es kommt kaum vor, daß ein Politiker, der sich nur geschickt genug in Szene zu setzen vermag, »einmal eben ins Programm genommen wird«. Die Flüchtigkeit des Mediums Radio verhindert in vielen Fällen, daß Sendungen mit Politiker-Äußerungen massiv kritisiert werden. Oftmals werden Inhalte beziehungsweise das, was dafür ausgegeben wird, kaum wahrgenommen und entziehen sich damit der Sachkritik.

Zur Faktendimensionierung im weitesten Sinn gehört auch der Kommentar. Ebenso wie die hier erwähnten anderen Komplementärsendungen wird auch diese Sendeform im Kapitel »Radiojournalistische Formen« ausführlich dargestellt. Hier sei aber bereits gesagt, daß der

Kommentar, wenn er seiner Funktion der Faktendimensionierung gerecht werden will, dem Pluralitätsgebot unterliegt. Der Kommentar im öffentlich-rechtlichen Rundfunk – im Privatfunk kommt er kaum vor -hat die Funktion, beispielhaft journalistische Meinung, also die Interpretation aktueller Themen zu liefern. Er dokumentiert nicht die politische Position einer Rundfunkanstalt, die es nach den Rundfunkgesetzen nicht geben darf. Deshalb gilt -wie gesagt für Kommentare das Pluralitätsgebot, und zwar nicht für den einzelnen Kommentar, sondern für Kommentarsendungen über einen gewissen, nicht allzu langen Zeitraum. Gut funktionierende Kommentarredaktionen in Funkhäusern beschäftigen deshalb auch so oft wie möglich Kommentatoren von außen, freie Publizisten und Mitarbeiter anderer Medien, um so Pluralität zu praktizieren.

Politik-Redaktionen, die die erwähnten Sendeformen als Programme zur Faktendimensionierung verantworten, arbeiten in vielen Funkhäusern in Konkurrenz zu den sogenannten »aktuellen« Redaktionen bzw. zum »Zeitfunk«. In manchen Fällen ist diese (alles andere als) Ideal-Konkurrenz dadurch gelöst, daß die »aktuellen«, die notwendigerweise oft kurzatmige aktuelle Berichterstattung wahrnehmen, während die Politik-Redaktionen – ebenfalls meist auf den Tag bezogen – »nacharbeiten«, somit analytisch arbeiten, Hintergründe aufhellen, also im besten Sinne des Wortes »Faktendimensionierung« betreiben. Das ergibt Sinn und vermeidet Doppelarbeit, Leerlauf, Frust und zusätzliche Kosten. Die Organisation des Programm nach Wellen – möglichst unter Beibehaltung zuliefernder Fachredaktionen – hat allerdings zu deutlich erkennbaren Verbesserungen geführt. Wichtig ist insbesondere auch das Bemühen von vielen Funkhäusern, auch in den formatierten sogenannten Massenprogrammen Informationsangebote zu machen. Im Idealfall werden sie von den Fachredaktionen formatgerecht zugeliefert. In vielen Fällen entwickeln die Wellen hier ein problematisches Eigenleben und gestalten die Berichterstattung selbst – nicht selten mit beträchtlichen Qualitätseinbußen.

4.3 Wirtschaft

Als »Spezialisten« für das Alltägliche hat Jürgen Eick (Frankfurter Allgemeine Zeitung vom 21. März 1989) einmal die Wirtschaftsjournalisten bezeichnet. Diese auf die Zeitung bezogene Definition kann man auch auf den Hörfunk übertragen. Jeder Mensch hat mit Wirtschaft zu tun. Er ist zumindest von den Vorgängen der Wirtschaft betroffen. Deshalb geht es darum – und hier unterscheidet sich die Wirtschaftsberichterstattung großer Zeitungen von der im Radio – das komplexe Thema »Wirtschaft« einem allenfalls durchschnittlich informierten und auch nur durchschnittlich interessierten Publikum nahe zu bringen.
Das Wirtschaftsfunk-Verständnis früherer Jahre ist überholt, das die Fachkästchen-Programme »Wirtschaft« als ähnliches Angebot verstand wie den Wirtschaftsteil einer bedeutenden Tageszeitung. Es wurde bereits gesagt, daß auch Sendungen, die sich mit Wirtschaftsthemen befassen, ein Angebot an alle zu sein haben. Es kommt nicht darauf an, mit der Themenauswahl und der Art der Präsentation Fachleute zu beeindrucken, die ohnehin über andere, detailliertere Informationsquellen verfügen. Vielmehr geht es darum, Wirtschafts-Informationen, soweit sie für den Normalbürger von Bedeutung sind, zu »übersetzen«.
»News you can use« (Nachrichten mit Gebrauchswert) – dieser Grundsatz gilt ganz besonders für das Thema Wirtschaft. Wirtschafts-Journalisten in Rundfunkredaktionen müssen einerseits Fachleute sein, damit sie von ihren Informanten, ihren Gesprächspartnern in der Wirtschaft ernst genommen werden und deren Ausführungen verstehen. Zum anderen müssen sie in hohem Maße die Fähigkeit besitzen, die Ergebnisse ihrer Fachgespräche für ein allgemeines Publikum radiophon umzusetzen. Dabei kommt es vor allem darauf an, Wirtschaft in Zusammenhängen darzustellen und nicht etwa als geschlossenen Themenkomplex für sich zu betrachten.
Wirtschaft hat viel mit Politik zu tun und natürlich auch mit Verbraucherfragen und Fragen, die den eigenen Beruf, den eigenen Arbeitsplatz betreffen. Deshalb muß der Wirtschafts-Journalist beim Hörfunk diese Verbindungen herstellen, auf persönliche Betroffenheiten eingehen und vieles erklären.

Viele, vielleicht sogar die meisten Zuhörer kapitulieren vor Wirtschaftsthemen und schalten das Radio ab, weil sie die Beiträge ganz einfach nicht verstehen. Es wird zu viel als bekannt vorausgesetzt und in einer Sprache berichtet, die sich an Fachleute und Kollegen richtet, nicht aber an die Normalverbraucher.
Ein schlimmes Beispiel dafür ist die regelmäßige Berichterstattung aus Brüssel. Meist sind die Berichte im sprichwörtlichen »Euro-Chinesisch« abgefaßt, das vermutlich manchmal selbst die Redakteure nicht verstehen. Korrespondenten übernehmen ohne den Versuch der Übersetzung in »Klartext« die Sprache der Fachleute. Das mag bedeutend klingen und wird dann von Redaktionen oft aus Alibigründen ins Programm übernommen. Für den Hörer bleibt oftmals keine für ihn nützliche Information. Es werden vielmehr Signale gesetzt, das Radio abzuschalten. Es ist kein Zufall, daß in den USA und Kanada Radiojournalisten geradezu zu Stars geworden sind, die Wirtschaftsthemen populär darzustellen verstehen.
Man muß auch fragen, ob Wirtschaftsthemen überhaupt in Spezialsendungen dargestellt werden sollten. Der Komplex Wirtschaft ist viel zu wichtig, und zwar für alle Menschen, als daß er irgendwo ein »Sendekästchen«-Dasein fristen müßte. Vielmehr müßte das Thema Wirtschaft – in geeigneter radiophoner Präsentationsform natürlich – in allen Informationsprogrammen auftauchen, auch in den Nachrichten, in denen die Wirtschaft meist viel zu kurz kommt. Das Projekt eines speziellen populären Wirtschaftskanals beim Hessischen Rundfunk läßt hoffen.
Wirtschafts-Berichterstattung wird oft diskreditiert, hier finde ohnehin nur die Weitergabe von PR-Aktivitäten von Firmen und Verbänden statt. Hinter solchen oft zu hörenden Äußerungen verbirgt sich oft nichts anderes als bare Ideologie. Wie eben dargelegt, ist es in viel stärkerem Maße die Polit-PR, der die Journalisten erliegen, als die Wirtschafts-PR. Hier wird – meist aus politischen Gründen – lediglich mit unterschiedlichem Maß gemessen.
Natürlich gehört Firmenberichterstattung in ein zuverlässiges Informations-Programm einer Rundfunkanstalt, und zwar nicht nur die Berichterstattung über echte oder vermeintliche Skandale. Niemand wird bestreiten, daß eine spektakuläre Pleite oder ein Umweltskandal, in den ein Unternehmen verwickelt ist, Gegenstand ausführlicher, aber seriöser, gründlicher Berichterstattung sein muß. Zur Berichter-

stattung gehört aber ebenso die Information über neue, wichtige Produkte oder strukturelle Entwicklungen in einem Unternehmen. Wenn eine Firma, um nur ein Beispiel zu nennen, ein neues Produkt vorstellt, das ein Exportschlager zu werden verspricht, dann ist dies für viele Menschen unter Umständen von elementarer Bedeutung. Der Erfolg eines Produkts ist für den Arbeitsmarkt möglicherweise wichtiger als die Erklärung irgendeines Funktionärs.

Wirtschafts-Berichterstattung, das bedeutet zugleich Informationen über Wirtschaftspolitik und Sozialpolitik. Diese wichtigen Themenbereiche müssen in allen aktuellen Sendungen des Hörfunks berücksichtigt werden. Allgemeine Politik, Wirtschafts- und Sozialpolitik sind nicht voneinander zu trennen.

In vielen Funkhäusern werden zu viele Informationen als reine Fachinformationen behandelt und in überkommenen Sendekästchen versteckt. Dadurch werden sie oft auch nur von kleinen Gruppen fachlich besonders interessierter und entsprechend vorinformierter Hörer wahrgenommen. Fachleute berichten für ein Fachpublikum (wenn es dies überhaupt noch gibt). Normalbürger, die Informationen aus Wirtschaft usw. benötigen, werden oft nicht ausreichend informiert, weil die Fachbeiträge für sie oft nicht verständlich sind und im falschen Programmumfeld laufen. Sie benötigen als Umfeld populäre Sendungen.

Die Vermittlung von Wirtschaftsinformationen muß sich auch keinesfalls auf aktuelle Sendungen beschränken. Auch in nicht tagesbezogenen Hintergrundsendungen, ja sogar in Unterhaltungsprogrammen können Wirtschaftsthemen Platz finden. In einem Gespräch mit einem Menschen aus der Wirtschaft im Rahmen einer Unterhaltungssendung kann möglicherweise mehr zum Thema Wirtschaft vermittelt werden als in einem in Fachsprache geschriebenen und trocken verlesenen Bericht von drei oder vier Minuten Dauer.

Wichtig ist in all den Fällen, in denen das Thema Wirtschaft in populären Programmen behandelt wird, daß Fachjournalisten an diesen Sendungen beteiligt werden. Sie müssen allerdings – wie oben dargelegt – in der Lage sein, sich dem Programmumfeld anzupassen und komplexe Vorgänge populär »zu übersetzen«.

4.4 Sport

In Funkhäusern finden immer wieder Diskussionen statt, ob Sport im Hörfunk noch den heutigen Gegebenheiten entspricht und vor allem, ob das Publikum überhaupt noch ein Interesse an Sportsendungen im Hörfunk hat. Die Frage ist im Zeitalter der fast totalen Sportberichterstattung des Fernsehens sicherlich berechtigt.

Im Jahre 1990 wurde das Radionutzungsverhalten der Sportinteressierten in einer Repräsentativerhebung »Freizeit-Sport-Medien/Mediatrend 1990« erhoben. 2 356 Personen ab 14 Jahren wurden befragt, und zwar generell, ein Teil der Befragung bezog sich auf den Hörfunk. Daraus ergibt sich, daß das Radio als Informationsquelle über Sport nach der Tageszeitung und dem Fernsehen an dritter Stelle steht.

Fast ein Viertel aller Befragten erfahren »viel bzw. sehr viel« über Sport aus dem Radio. Bemerkenswert ist, daß junge Menschen ihre Sportinformationen in besonders hohem Maße aus dem Hörfunk beziehen. Für 16 Prozent der 14- bis 19jährigen ist das Radio sogar die Hauptinformationsquelle über Sport. Sie ist zum Beispiel für diese Gruppe wichtiger als die Tageszeitung. Mit diesen Daten ist die Grundsatzfrage nach dem Sport im Hörfunk wohl hinlänglich beantwortet.

Am liebsten werden im Radio Berichte über Fußball gehört. Weiterhin beliebt sind Tennis, Leichtathletik und Motorsport.

Sportsendungen unterscheiden sich in reine Informationssendungen (Sportberichte, Nachrichten usw.) und großflächige Übertragungen, die neben Informationswert natürlich auch hohen Unterhaltungswert haben.

Allgemein sind »Meldungen und Berichte zum Sport« im Radio etwas beliebter als »Sportübertragungen«. Übertragungen sind übrigens nach der zitierten Untersuchung bei Männern beliebter als bei Frauen, die ihrerseits Sportmeldungen bevorzugen.

Festzuhalten ist also, daß Sport im Radio eine beträchtliche Akzeptanz beim Publikum hat und daß der Informationswert von Sportsendungen höher bewertet wird als der Unterhaltungswert. Die Rundfunkanstalten tun also gut daran, Sportsendungen im Programm zu lassen bzw. einzufügen. Wichtig ist auch, Sportinformationen in den formatierten Massenprogrammen anzubieten.

Moderne Sportredaktionen tun im übrigen gut daran, die Sportberichterstattung nicht als reine Ereignis- bzw. Ergebnisberichterstattung zu verstehen. Sport als gesellschaftliches Phänomen muß ebenso Gegenstand von Sportsendungen sein. Diese Themen öffnen Sportsendungen nicht nur für ein an Sportereignissen interessiertes, sondern auch für ein allgemeines Publikum.

An Sportjournalisten im Radio werden besonders hohe Anforderungen gestellt, denn in kaum einem anderen Ressort kommen Journalisten in die Situation, gleichsam alle Funktionen zu erfüllen, d.h. sowohl als Redakteure, als Moderatoren, als Reporter oder auch als Produzenten tätig zu sein. Nicht zufällig kommt der Nachwuchs der aktuellen Magazinredaktionen oftmals aus dem Sport.

Sportsendungen haben zunächst ihre traditionellen Plätze am Wochenende. Sie sind bestimmt von den Spielen der ersten und zweiten Bundesliga im Fußball. Die zunehmende Kommerzialisierung des Sport bringt aber Großereignisse wie Fußballspiele, Tennisturniere, Welt- und Europameisterschaften inzwischen fast an allen Wochentagen. Insofern ist es sinnvoll, bei der Entwicklung von Programmkonzepten diese Tatsache einzuplanen. Am besten läßt sich auf aktuelle Sportereignisse reagieren, wenn man das Gesamtprogramm so flexibel wie möglich gestaltet, damit ein aktuelles Fußballspiel nicht ein ganzes Schema durcheinander bringt.

Öffentlich-rechtliche Funkhäuser tun sich mit der Flexibilität oft etwas schwer. Aber angesichts der Popularität von Sportberichten wäre es ein Fehler, diesen nicht genügend Raum zu geben. Ein wichtiger Aspekt bei der Gestaltung von Sportereignissen ist auch die Abkehr von der Berichterstattung ausschließlich über Massensportarten. Auch weniger in Massenveranstaltungen dargebotene, aber für viele Menschen interessante und wichtige Sportarten werden berücksichtigt. Gleiches gilt auch für regionale Sportereignisse.

Über die journalistischen Stilelemente, die auch bei der Sportberichterstattung angewandt werden, wird im Kapitel »Radiojournalistische Formen« ausführlich berichtet.

4.5 Kultur

Kultur im weitesten Sinne gehört zum Programmauftrag des öffentlich-rechtlichen Rundfunks. Neben Informationen und Unterhaltung stellt Kultur die »dritte Säule« des Programmauftrags dar. Auch in den Rechtsnormen, die für private Anbieter gelten – zumindest in denen für landesweit sendende – spielen Kulturprogramme eine Rolle, allerdings wird man hier immer von einer sehr viel sparsameren Kulturberichterstattung auszugehen haben. Demgegenüber rechtfertigen öffentlich-rechtliche Rundfunkanstalten – und dies sicherlich zu Recht – ganze Programme, ganze Wellen mit dem Kulturbegriff, die naturgemäß äußerst geringe Einschaltquoten erzielen.

Kultur im Radio bedeutet zweierlei, zum einen Berichterstattung über Kulturereignisse sowie die »Aufführung« von Kultur, etwa Konzerte, Lesungen usw., und zum anderen die eigenständige Schaffung von Kultur im Sinne von Hörspielen oder musikalischen und literarischen Auftragsproduktionen einer Rundfunkanstalt, wobei dies nur öffentlich-rechtliche Häuser tun.

Eine Analyse der Hörfunkprogramme des Hessischen Rundfunks hat übrigens ergeben, daß Kulturprogramme im Radio nicht in erster Linie von Menschen eingeschaltet werden, die »schon wissen«, also denen, die sich ohnehin mit kulturellen Themen befassen, sondern eher von solchen, die »wissen wollen«, also von denen, die sich vom Radio anregen lassen wollen, sich mit Kultur zu beschäftigen. Dies mag die Macher mancher Kultursendungen im Radio enttäuschen, weil sie möglicherweise lieber für »ihresgleichen« arbeiten. Aber die Erkenntnisse aus der genannten Untersuchung zeigen, daß das Radio eine große Chance hat, Kultur wirklich zu vermitteln. Der Grund dafür, daß eher »kulturelle Anfänger« Kultursendungen einschalten, liegt auf der Hand. Diejenigen, die – um in der Formulierung der hr-Untersuchung zu bleiben – »schon wissen«, haben regelmäßig primäre Kulturerlebnisse: Sie gehen ins Konzert, ins Theater usw. Die anderen lassen sich aber möglicherweise durch eine Sendung im Radio dazu anregen.

Kulturabbildung und Kulturschöpfung – so könnte man stark vereinfacht die Gegenstände kultureller Sendungen im Radio nennen. Christoph Buggert, der Hörspielchef des Hessischen Rundfunks, hat sich in einem Aufsatz unter der Überschrift »Medienkultur – Kultivierung

der Medien?« ausführlich mit der Kultur im Radio auseinander gesetzt. Nachfolgend einige kurze Auszüge aus dieser Publikation:
»Beim Entwurf neuer Programmstrukturen wird die Kultur zwar berücksichtigt, ausführlich und freigebig sogar, trotzdem sind die Sorgen der Kultur nicht die Sorgen der Medien. Wenn aber der Satz stimmt, daß Kultur nicht isolierbar ist, daß sie stirbt, wenn sie zu einer Disziplin unter anderen Disziplinen wird, statt ein allerorten wirkendes Prinzip zu sein, dann ist die Domestizierung der Kultur-in-den-Medien zur Programmfarbe unter einer Vielzahl anderer Farben der erste Schritt in die wahrscheinliche Kulturlosigkeit zukünftiger Mediengesellschaften gewesen.
Hauptziele des heutigen Rundfunks sind, schon in der quantitativen Bemessung: Information, Unterhaltung, Berieselung. Die Kulturprogramme haben sich, beispielsweise in der Zuordnung von Frequenzen oder Sendezeiten, diesen Zielen unterzuordnen. Die für einen selbstbewußten Kulturbegriff unverzichtbare Attitüde: Kultur hat die höheren Ziele, sie ist zeitloser und zukunftsentscheidender, daher wichtiger als anderes – diese Attitüde wäre in einem Rundfunkhaus tödlich. Derjenige Kulturredakteur, der ihr frönt (und es gibt solche liebenswerten Kollegen), landet leicht in der Selbstisolation, letztlich also schadet er dem ihm anvertrauten Ressort.
Auch wenn einige Sender in jüngster Zeit begonnen haben, Wort und Musik auf verschiedene Wellen zu plazieren: In der Regel bieten die täglichen Kulturprogramme eine Kombination aus Wort und Musik. Letztere reicht von den Anfängen der europäischen Kompositionskunst bis zur sogenannten großen Klassik, von Ausflügen in die ethnologische Musik bis zur klassischen Moderne und avantgardistischem Experiment. Das Wortangebot setzt folgende Schwerpunkte: Wahrung und Wiederentdeckung der Tradition (Lesung); wertende Spiegelung des künstlerischen, wissenschaftlichen, kulturpolitischen Geschehens außerhalb der Rundfunkhäuser (Kritik und Kommentar, Reportage, Interview, Magazin, Literaturstudio); informierende Vermittlung neuer geistiger Strömungen (Abendstudio, Essay, Radiovortrag, Gespräch); didaktische Abbildung von Geschichte und Gegenwart (Schulfunk); spielerisch-imaginative Nutzung des radiophonen Ausdrucksinstrumentariums (Hörspiel).
Trotz all dieser Verdienste aber bleibt unbestritten, daß aus der Kultur-in-den-Medien nie eine spezifische Medienkultur geworden ist. Die

heutigen Kulturwellen haben dem Programmfluß einzuverleiben, was außerhalb der elektronischen Medien an Kultur passiert. Daneben gibt es – zum Beispiel im Hörspiel, im Studio für Neue Musik oder im Literaturstudio – ein wenig Primärkultur. Jedem Versuch einer Kultivierung der Medien insgesamt jedoch sind enge Grenzen gesetzt. Wenn es richtig ist, daß Kultur die Aufgabe hat, die gesellschaftliche Selbstorientierung unerbittlich und an jedem Ort voranzutreiben, wenn es weiterhin richtig ist, daß Kultur die Gründe zu gesellschaftlicher Selbstachtung mehren und den Verfall erreichter geistiger Standards verhindern muß – dann hat die Kultur in den Medien schlichtweg versagt. Nicht weil es ein entsprechendes Verfassungsurteil gibt, muß die Kultur-in-den-Medien erhalten bleiben, sondern weil wir alle uns anschicken, in eine elektronisch total medialisierte Gesellschaft hinüberzuwechseln. Wäre das eine Gesellschaft ohne Kultur, würde sie wohl nicht lange überleben.

Allerdings: Ein bißchen weniger selbstzufrieden könnte die Kultur in den Medien schon sein. Auch ein wenig bitterer könnte sie ruhig schmecken. Vielleicht machen die sich ankündigenden Notzeiten sie ja erfinderisch.«[17]

In den Bereich der Kultur, in die Ressorts »kulturelles Wort« der öffentlich-rechtlichen Rundfunkanstalten gehört in der Regel auch der Kirchenfunk. Die Kirchenfunk-Redaktionen gestalten üblicherweise zwei Typen von Sendungen: Die sogenannten Verkündigungssendungen und die redaktionell gestalteten Sendungen, also journalistische Programme. Erstere sind Gottesdienst-Übertragungen oder im Studio gestaltete religiöse Feiern. Hinzu kommen Andachten, die sogenannten »Zusprüche« usw. Derartige Sendungen werden von den Kirchen gestaltet und verantwortet. Allerdings leisten die Fachredakteure des Kirchenfunks dabei durchaus Hilfestellung. Die journalistischen Sendungen der Kirchenfunk-Redaktionen unterscheiden sich von denen anderer Ressorts nur durch die Inhalte. Dabei geht es aber keineswegs nur um rein kirchliche Informationen, sondern es wird auch das weite Feld gesellschaftlicher Entwicklungen – meist unter sozialen Aspekten – behandelt.

---

[17] Christoph Buggert, Medienkultur – Kultivierung der Medien?, in: Bernd-Peter Arnold, Siegfried Quandt (Hg.), Radio heute, Frankfurt 1991, S. 203

4.6 Hörspiel

Das Hörspiel ist bis auf den heutigen Tag die einzige publizistische Form, die eigens für das Radio entwickelt worden ist. Alle anderen – journalistischen und künstlerischen – Darstellungsformen sind für andere Medien bzw. Verbreitungsformen, zum Beispiel Zeitung, Theater oder Konzertsaal, entwickelt worden und wurden dann in mehr oder weniger veränderter Form vom Radio übernommen. Natürlich dauerte es nach dem Start des Radios in Deutschland Anfang der 20er Jahre einige Zeit, bis sich das Hörspiel als eigenständige Kunstform entwickelt hatte. Zunächst waren es die Bühnenklassiker, die für das neue elektronische Medium »eingerichtet« wurden.
Aber schon bald gab es, und zwar in Frankfurt, einen Mann, der zu den Pionieren des Rundfunks zählte und der dem Hörspiel den Weg bereitete: Hans Flesch, bis 1929 künstlerischer Leiter des »Südwestdeutschen Rundfunkdienstes«. Er sagte, Hörspiel sei weit mehr als »umgetopftes Theater«. Am 24. Oktober 1924 wurde sein Werk »Zauberei auf dem Sender« ausgestrahlt. Fachleute sagen, dies sei das erste Hörspiel, das diesen Namen verdiene.
Während der Nazizeit, als das Radio fast nur noch im Dienste der Propaganda stand, konnte sich das Hörspiel kaum entwickeln. Aber nach dem Zweiten Weltkrieg erfuhr das Hörspiel einen ungeahnten Aufschwung. Viele bedeutende Schriftsteller der vierziger, fünfziger und sechziger Jahre schrieben auch für den Rundfunk. Es entwickelte sich eine bemerkenswert umfangreiche Hörspielliteratur.
Das Hörspiel als typische und originäre Radioform wurde bis auf den heutigen Tag erhalten. Eine Vielzahl von Hörspielen – seien es klassische Action-Hörspiele oder experimentelle Stücke, sind regelmäßig in den Programmen. In diesem Buch, also in journalistischem Zusammenhang, spielt vor allem das dokumentarische Hörspiel eine Rolle, der Typ von Hörspiel also, der vom Feature schwer abzugrenzen ist. Viele Hörspiele bedienen sich heute des Originaltons und kommen damit in die Nähe der Dokumentation. Gleichwohl bleibt ein wesentlicher Unterschied: Das Hörspiel ist auch in diesem Fall ein Radiokunstwerk, das in erster Linie nicht Abbildung von Realität sein kann und will, sondern Fiktion. Das Feature, die Radiodokumentation ist

demgegenüber keine Kunstform, sondern ein journalistisches Werk. Es wird deshalb auch im Zusammenhang mit den radiojournalistischen Formen erörtert.

4.7 Bildungsprogramme

Daß das Element »Bildung« zum Programmauftrag des öffentlich-rechtlichen Rundfunks gehört, ist unbestritten. Bildungsprogramme stehen in den Gesetzen und Staatsverträgen, die diesen Programmauftrag dokumentieren, gleichrangig neben der Information und Unterhaltung.
Traditionsreiches und bis auf den heutigen Tag populäres Bildungsangebot des Radios ist der Schulfunk, der bis heute – wenn auch oft unter anderer Bezeichnung und in modernen radiophonen Formen – in vielen Funkhäusern produziert wird. Wichtig ist aber, daß sie sich auch an das allgemeine Publikum wenden und auch bei Erwachsenen auf hohe Akzeptanz stoßen. Außerdem gibt es zahlreiche Sendungen, die ausdrücklich als Programme der Erwachsenenbildung ausgewiesen sind. Die Themenpalette ist praktisch unbegrenzt.
Besonders erwähnt werden muß im Bereich der Bildungsprogramme das »Funkkolleg«. Dieses Programm wurde im Jahre 1966 vom Hessischen Rundfunk entwickelt. Im Laufe der Zeit schlossen sich zahlreiche Rundfunkanstalten dem Projekt an. Auf Universitätsniveau werden Jahr für Jahr wichtige Wissensgebiete in radiogerechter Form behandelt.
Einige Beispiele: Geschichte, Recht, Erziehungswissenschaft, Politik, Literatur, Umwelt, Moderne Kunst, Religion, Wirtschaft, Musik, Medien und Kommunikation usw. Es handelt es sich um ein Angebot im Medienverbund, d.h., zu den Radiosendungen gibt es ausführliches gedrucktes Material sowie Begleitseminare. Auf diese Weise können sich Interessenten aktiv an den Kollegs beteiligen. Ein Funkkolleg kommt durchaus auf 25 000 bis 40 000 aktive Teilnehmer. Sie können sogar Zertifikate erwerben, die von den Kultusministerien anerkannt werden, sei es im Bereich des sogenannten »zweiten Bildungsweges« als auch als Leistungsnachweis beim Studium der entsprechenden Fächer an Hochschulen.

Zunehmend werden auch im Bildungsbereich unkonventionelle Programme angeboten. Häufig von jungen Journalisten für junge Hörer gemacht, wollen diese Sendungen nicht nur informieren, sondern auch zum Mitmachen animieren. Dabei bedeutet Mitmachen nicht die üblichen Hörerspiele, sondern die Auseinandersetzung über Themen mit Worten, oftmals intelligent und frech. Hier werden auch neue journalistische Formen für das Radio erprobt. Der Titel einer solchen Sendereihe z.B. im Hessischen Rundfunk ist zugleich Programm. Er lautet »Radio unfrisiert«. Den Machern geht es darum, junge Menschen mit Kultur im weitesten Sinne zu konfrontieren. Ziel ist dabei nicht die Abbildung kultureller und allgemein gesellschaftspolitischer Ereignisse, sondern die aktive Auseinandersetzung mit diesen Themen und das Abbauen von Berührungs- und Schwellenängsten.

4.8 Unterhaltung

Unterhaltung ist wohl das Schwierigste beim Radiomachen, egal ob es um die Unterhaltungsmusik, die sogenannte U-Musik, geht oder die Wortunterhaltung. Vieles ist hier sehr stark geschmacksabhängig, es gibt kaum handwerkliche Kriterien, dafür aber um so mehr Leute, die den Machern in ihre Arbeit hineinzureden versuchen, weil fast jeder glaubt, etwas von Unterhaltung zu verstehen. Zu Zeiten eines neuen, erweiterten Informationsbegriffes (siehe oben »Information«) spielt auch der unterhaltende Journalismus eine große Rolle. Die Vermittlung von Informationen mit den Mitteln der Unterhaltung ist ein wichtiges Element der sogenannten Begleitprogramme. Aber auch Einschaltprogramme bringen unterhaltende Sendungen mit hohem journalistischem Anspruch.
Unterhaltung, so kann man verkürzt sagen, ist weniger eine Sache des Inhalts als eine Sache der Form.
»All das ist Unterhaltung: Leichte Klassik, Musical, Operette, gehobene Unterhaltungsmusik, deutsche und ausländische Schlager, Bigbandmusik, Folklore, Liedermacher, Rock, Hardrock, Pop, Jazz, Volksmusik und Blasmusik. Aber Musik allein ist selbstverständlich noch nicht alles, zur Unterhaltung gehört natürlich auch der Wortbereich:

Science-Fiction-Hörspiele und Krimis, Unterhaltungs-Features, Portraits, öffentliche Veranstaltungen mit Spielcharakter und vieles, vieles mehr. Unterhaltung kennt im Gegensatz zu den anderen, meist festumrissenen Ressorts keine inhaltlichen Grenzen, bei ihr ist es vor allem die Form, in der etwas präsentiert wird. Überspitzt formuliert: Alles kann Unterhaltung sein, wenn es nur richtig aufbereitet wird. Eine Fürstenhochzeit ebenso wie ein Staatsbegräbnis, eine Militärparade ebenso wie ein Familiendrama. So muß die Unterhaltung viele Formen erfinden, um ihre Produkte zu verkaufen, mit ernsthaftem Unernst, schnell und immer wieder, denn der Bedarf ist riesengroß.

Sehr früh schon interessierten sich andere Bereiche für das Unterhaltungsdesign und nutzten es nach Kräften. Viele Sendungen anderer Ressorts werden heute bei den Rundfunkanstalten mit Elementen der Unterhaltung »verkauft«, und die Unterhaltung läuft permanent Gefahr, von den anderen als Designer genutzt zu werden und ihre eigenen Aufgaben zu vernachlässigen. Ihr Eigenleben ist in Gefahr. Dies wird dadurch gefördert, daß das Ansehen der Unterhaltung innerhalb der Anstalten nicht allzuhoch ist: Die Gaukler müssen wohl sein. «[18]

Immerhin, man hatte schon in den Anfangsjahren des Rundfunks seine Probleme mit der Unterhaltung. Die Bedeutung dieses Bereichs im Radio ist in den letzten Jahren ständig gewachsen. Der Grund dafür ist, daß sich die Programmverantwortlichen immer mehr Gedanken darüber machen, wie man durch zeitgemäße Vermittlungsformen den Programmauftrag, Informationen zu vermitteln, noch besser erfüllen kann. Logischerweise werden dabei Anleihen bei der Unterhaltung gemacht. Man bedient sich der Stilmittel der Unterhaltung bis hin zu Sendungen, in denen Unterhaltung und Information ineinander fließen. Gerade solche Sendungen bedürfen natürlich besonderer Sorgfalt, da nirgendwo stärker als hier die Gefahr besteht, daß die gesetzliche Forderung nach strikter Trennung von Information und Meinung nicht mehr erfüllt wird. Außerdem gilt hier ebenso wie beim Feature und beim Hörspiel, daß für die Aufnahme von Informationsbestandteilen in Unterhaltungssendungen dieselben journalistischen

---

[18] Bernd-Peter Arnold, Hans Verres, Radio, München 1989

Kriterien (Sorgfalt der Recherche, keine politische Einseitigkeit usw.) beachtet werden müssen wie bei reinen Informationssendungen. Zugleich aber sollte man nicht in den Fehler verfallen, jede Unterhaltungssendung zugleich zu einem Informationsprogramm zu machen. Unterhaltung darf auch »nur Spaß machen«. Ein Radioprogramm darf sich nicht ausschließlich als Transportmittel für Information verstehen. Unterhaltungsformen werden zur politischen Beeinflussung übrigens andernorts auf viel subtilere Weise benutzt als dies in den elektronischen Medien geschieht.

Publizistik, gleich welcher Form, ist stets auf die Erzielung einer bestimmten Wirkung gerichtet. Sie ist nie Selbstzweck. Das gilt auch für die Unterhaltungspublizistik, deren Zweck zwar – wie gesagt – die bloße Unterhaltung sein kann, deren Ziele aber oft weit darüber hinausgehen. Selbst der Unterhaltungsroman, von dem man im allgemeinen meint, er habe mehr den Charakter eines Märchens, einer schönen Geschichte, mit deren Figur man sich zwar gern identifiziert, der aber sonst eben »reine« Unterhaltung ist, wird oft als Transportmittel für Politik verwendet. In vielen Fällen weist er ganz direkte Aktualität auf, ganz direkte Zeitbezüge.

Es kann deshalb bei Informationen durch oder in Unterhaltungssendungen nicht darum gehen, dem Publikum die Politik gewissermaßen »heimlich unterzujubeln«. Diese Art von Indoktrination – und um nichts anderes handelt es sich dabei – ist schon deshalb abzulehnen, weil dabei nicht nach journalistischen Kriterien verfahren wird. Es ist zum Beispiel nicht vertretbar, wenn in einer Unterhaltungssendung geschickt verpackt ein Antikernkraft-Kommentar läuft, ohne daß sichergestellt wird, daß in einer vergleichbaren Sendung auch einmal die Gegenposition auftaucht. Die Gefahr besteht darin, daß ein interessantes Thema aus der Politik, weil es dafür besonders geeignet ist, in entsprechend guter Form in eine Unterhaltungssendung eingebaut wird. Dort erreicht der Beitrag ein Publikum, das sich normalerweise nicht für eine solche Thematik interessiert. Bleibt es bei diesem mehr oder weniger zufällig eingestreuten Beitrag, dann erfährt der Hörer, der überwiegend derartige Sendungen hört, nie, daß man zu dem betreffenden Gegenstand vielleicht auch anderer Meinung sein kann, daß es vielleicht auch andere Informationen gibt. Es fehlt eben die kontinuierliche Behandlung derartiger Stoffe, die dem Hörer aber erst das gesamte Bild vermittelt.

Deshalb sollte die Unterhaltung als Vermittlungsinstrument für Informationen anders eingesetzt werden. Einmal – das ist nicht neu – sind attraktive Unterhaltungssendungen »Lokomotiven« für nachfolgende Informationsprogramme. Sie führen den Hörer an die Information heran. Voraussetzung für den Erfolg dieser Methode ist aber, die Informationssendung formal so zu gestalten, daß der Hörer nicht trotz der zugkräftigen Lokomotive abschaltet oder einen Sender sucht, der ihm weiter Unterhaltung bietet. Die andere Möglichkeit ist die Integration, die Gestaltung von Informationssendungen mit Stilmitteln der Unterhaltung.

Es geht also darum, Informationen nicht stets nur mit herkömmlichen Methoden zu vermitteln, sondern zu versuchen, erfolgreiche und publikumswirksame Unterhaltungsformen auch für die Information des Publikums nutzbar zu machen. Werner Höfer hat einmal gesagt, seine Devise im Internationalen Frühschoppen sei immer gewesen »Demokratie bedeutet Regierung durch Diskussion und Unterhaltung«.

Die Unterhaltungsressorts bestreiten heute – sieht man einmal von den ausgesprochenen Kulturwellen ab – den größten Anteil der Radioprogramme, schon allein wegen des hohen Musikanteils.

4.9 Musik

Der Satz »ohne Musik geht im Radio überhaupt nichts« wurde in früheren Jahren von Hörfunk-Journalisten oft belächelt. Musik galt zum einen als Kunst und wurde diesem Anspruch auch in der Regel gerecht. Programme mit sogenannter klassischer Musik wurden von allen öffentlich-rechtlichen Rundfunkanstalten angeboten – der Programmauftrag erfordert dies bis zum heutigen Tag. Zum anderen war Musik Bestandteil des Unterhaltungsangebots und insofern auch Bestandteil des Programmauftrags. Musik im Radio hat folgende Wirkungsfunktionen:

- »Parasozialer Kontakt«:
  Die Musik – und damit das Hörfunkprogramm insgesamt – vermittelt dem Hörer bzw. der Hörerin das Gefühl, nicht allein zu sein:

»Ohne Musik komme ich mir oft einsam und verlassen vor«, »Ohne Musik wäre die Stille im Haus oft nicht zu ertragen«.
- »Distanz«:
Man hat kein Verhältnis zur Musik, empfindet sie eher als störend, toleriert sie allenfalls als dezente Hintergrundmusik: »Ich nehme Musik eigentlich nur wahr, wenn sie nicht stört.«
- »Kontakt-Förderung«:
Musik bildet einen als positiv empfundenen Hintergrund für Gespräche oder menschliche Kontakte allgemein: »Mit Musik im Hintergrund sind Gespräche lockerer und entspannter«, »Bei Musik kommt man sich näher«.
- »Stimulation«:
Musik dient zum Aufbau einer positiven Stimmung. Sie belebt, befreit, schafft Ausgeglichenheit. Auch hier geht es um zwischenmenschliche Kontakte, jedoch mit stärkerer Stimulansfunktion: »Musik belebt meine Phantasie«, »Musik hilft mir, zu mir selbst zu finden«.
- »Funktionalität«:
Musik hilft, mit Routinearbeiten, mit langweiligen oder gar unangenehmen Tätigkeiten fertig zu werden. Sie verhindert zugleich negative Stimmungen: »Mit Musik nimmt man Dinge in Angriff, die man sonst gerne vor sich herschiebt«, »Mit Musik geht die Arbeit leichter von der Hand«.[19]

Radiojournalisten sollten sich bei der Gestaltung von Informationssendungen, die Musik enthalten, zwar der Unterstützung von Musikredakteuren bedienen, egal ob es sich um die erwähnte U-Musik oder gelegentlich auch E-Musik (»Ernste« Musik) handelt. Aber die oben geschilderten Publikumsbedürfnisse, -empfindungen und -erwartungen sollte man stets bedenken.

Eine wichtige Regel für Radiojournalisten beim Umgang mit Musik, zum Beispiel in Magazinen: Man begehe nie den schlimmsten und folgenreichsten Fehler, nämlich Musik nach eigenem Geschmack zu spielen oder gar Musikredakteure zu drängen, dies zu tun. Eine solche Musik geht mit an Sicherheit grenzender Wahrscheinlichkeit am Publikumsgeschmack vorbei.

---

[19] zitiert nach Manfred Jenke, 9 Millionen Minuten – Die Bedeutung der Musik für das Radio und sein Publikum, in: ARD-Jahrbuch, Frankfurt 1986

Das Aufkommen der Magazinsendungen in den 60er Jahren und der Service-Wellen (Typ SWF3, B3, hr3) in den 70er Jahren brachte die Nutzung von Musik als rein funktionales Element. Funktionale Musik diente als "Transportmittel" für Informationen aller Art, zur Schaffung von Entspannungsphasen in einem Informationsprogramm, als Trenn- oder Verbindungselement oder auch zur Kennung einzelner Programmelemente in Form von sogenannten Jingles, d. h. kurzen musikalischen Akzenten meist mit Werbe- oder Ankündigungscharakter.

Spätestens seit der Einführung dieser funktionalen Musik ist Musik im Radio nicht mehr nur Sache der Musikprogrammgestalter, sondern auch der Journalisten. Radiojournalisten hatten lange Zeit ein eher distanziertes Verhältnis zur Musik in ihrem Medium. Im Zeitalter von Formatprogrammen gehören Kenntnisse im Bereich der Unterhaltungsmusik jedoch zum Basiswissen – sowohl auf die verschiedenen Repertoires bezogen als auch bezüglich des Einsatzes der Musik. Radiojournalismus bedeutet heute, das Denken in Gesamtprogramm-Kategorien. Im Zeitalter der Organisation des Hörfunks nach einzelnen Wellen, die sich gegenüber der Konkurrenz auf dem Radiomarkt behaupten müssen, sind Journalisten gefordert, alle Elemente eines Programms zu bedenken, nicht nur die herkömmlichen journalistischen Kategorien, d. h. die Wortbestandteile. Die Gestaltung eines Programms in all seinen Facetten, d. h. Wort-, Musik- und die sogenannten Verpackungselemente, ist Aufgabe von Radiojournalisten. Dieses neue Berufsbild wird auch in der Ausbildung berücksichtigt.

Der Radiojournalist wird so natürlich immer mehr zum Spezialisten. Ein Wechsel von einem Medium zum anderen, der in früheren Jahren sehr häufig stattfand, ist heute fast nicht mehr möglich.

Von sogenannten Einschaltprogrammen mit ihren wichtigen und anspruchsvollen Spezialangeboten einmal abgesehen, wird heute die Musik einer Welle durch das für einen längeren Zeitraum – meist viele Jahre – festgelegte Wellenformat bestimmt. Ein Wellenformat wird sinnvollerweise genau abgestimmt auf die Formate der anderen Wellen einer Rundfunkanstalt und natürlich auf die von konkurrierenden öffentlich-rechtlichen und privaten Radioanbieter in gleichen Sendegebiet. Ein genaues Programmformat erfordert ein klar definiertes, nicht zu großes Musikrepertoire. Um das Format unverwechselbar zu machen, dürfen nur die Titel aus diesem Repertoire gespielt werden. Die Mischung erfolgt durch feststehende sogenannte "Stundenuhren". So kann sichergestellt werden, daß die Musik Stunde für Stunde und Tag für Tag dem festgelegten Format entspricht – elektronische Rotationssysteme sorgen dafür, daß das Verfahren auch konsequent durchgehalten wird.

Funktionale Musik ist also ein wichtiges Thema bei der Gestaltung eines modernen Radioprogramms. Deshalb müssen sich Radiojournalisten heute auf diesem Gebiet auskennen, damit – wie gesagt – ein einheitlich klingendes Produkt eben die "Welle" entsteht.

4.10 Das Regionale

Immer mehr Rundfunk-Veranstalter – öffentlich-rechtliche ebenso wie private – erkennen die Bedeutung des Regionalen für ihre Programme. »Regionalisierung« und »Internationalisierung« sind in unserer Zeit die Perspektiven der elektronischen Medien. Fähige Radiomanager haben dies erkannt und die Weichen für die Zukunftsentwicklung ihrer Unternehmen entsprechend gestellt. Andere, weniger perspektivisch denkende Programmverantwortliche haben die Zeichen der Zeit nicht erkannt und vertrauen auf Programmstrukturen, die vor 25 oder gar 30 Jahren Erfolg hatten, die aber heute immer mehr Hörer verlieren. Auf Regional-Konzepte zu setzen bedeutet Akzeptanz beim Publikum. Viele Untersuchungen zeigen seit Jahren, daß Regional-Radio Zukunft hat.
Die überwiegende Mehrzahl der Menschen in unserem Lande hält es für wichtig, über das Bescheid zu wissen, was in der eigenen Region passiert und was Land und Bund mit dieser Region vorhaben. Diese Tatsache wird immer wieder durch Untersuchungen belegt und zeigt, wie richtig die Verfasser der deutschen Rundfunkgesetze in den späten 40er und 50er Jahren bereits lagen. Sie verknüpften nämlich die föderalistische Struktur des Rundfunks in der Bundesrepublik mit dem Auftrag zur Bedienung der Regionen. Es gibt Rundfunkanstalten, die die Regionalberichterstattung schon immer ernst genommen

haben. Über die Jahre haben auch hier Umfragen immer wieder bestätigt, daß der ständige Ausbau insbesondere der regionalen Nachrichtengebung eine Investition für die Zukunft war. Inzwischen versuchen nahezu alle Landesrundfunkanstalten, auf die Bedürfnisse der Hörer in der Region einzugehen.

Am Beispiel des Hessischen Rundfunks, der als eine der mittelgroßen ARD-Anstalten einen Flächenstaat einerseits mit ländlicher Struktur, zum anderen aber mit dem Ballungsraum Rhein-Main zu versorgen hat, läßt sich die Problematik besonders anschaulich darstellen. 72 Prozent der Hörer, die frühmorgens in Hessen ein Radiogerät einschalten, möchten auch Regionalinformationen hören.

Die Konstruktion des Rundfunks in der Bundesrepublik kommt dieser Erwartung des Publikums entgegen. Eine Landesrundfunkanstalt, die in unserem föderalistischen System einen bestimmten Bereich mit Programmen zu versorgen hat, muß und kann die regionalen Belange besonders sorgfältig pflegen. Der allgemeine Trend zur Regionalisierung auch bei den Zeitungen zeigt, daß der seit langem vom Rundfunk beschrittene Weg richtig ist. Entwicklungen in anderen europäischen Ländern und in den USA gehen in die gleiche Richtung.

Regionalinformationen unterliegen anderen Regeln als die sogenannten Weltnachrichten, nicht bei den allgemeinen Kriterien der Bewertung, der Auswahl und der Formulierung, sondern vielmehr bei der Berücksichtigung von Themen. Die persönliche Betroffenheit der Hörer spielt bei der Themenauswahl eine ebenso große Rolle wie der eigentliche Nachrichtenwert. Bemerkenswert sind die Themenpräferenzen des Publikums im Regionalbereich. Umwelt- und Gesundheitsthemen rangieren ganz weit vom. Probleme des öffentlichen Verkehrs und Arbeitsplatzthemen werden ebenfalls hoch eingeschätzt. Gleiches gilt für Heimatgeschichte und Brauchtum. Politik und kulturelle Themen sollten in der Regionalberichterstattung – aus der Sicht des Publikums – eher eine untergeordnete Rolle spielen. (Ergebnisse von Publikumsgesprächen der HR-Medienforschung im Jahre 1991).

Die Gründe für die Beliebtheit regionaler Informationen liegen auf der Hand. Mit der Entfernung nimmt naturgemäß der Anteil an außergewöhnlichen Ereignissen zu. Das Nachrichtenangebot ist automatisch größer.

Gleichzeitig sieht man in der Ferne nur grobe Konturen, während im Nahbereich viele Details erkennbar sind. Es entsteht für den Hörer ein besseres Verhältnis zur Wirklichkeit. Hinzu kommt, daß das Geschehen in der unmittelbaren Umgebung einen wesentlich höheren Grad von persönlicher Betroffenheit erzeugt als Ereignisse irgendwo sonst auf der Welt. Außerdem entsteht – als für die Programmverantwortlichen erfreulicher Nebeneffekt – ein viel engeres Verhältnis der Rundfunkanstalt zum Bürger. Dieses Verhältnis ist wechselseitig, die Rundfunkmitarbeiter integrieren sich stärker in die Region, über die und aus der sie berichten, ein wichtiger Schritt zum bürgernahen Rundfunk.

Ein Umdenken der Funkmitarbeiter ist eine der wichtigsten Voraussetzungen für eine stärkere Regionalisierung. Je globaler unser Weltbild gerade durch die Wirkung der Massenmedien wurde, je zentraler und je bürgerferner die Verwaltung, je programmierter die gesellschaftlichen Bezüge, je unüberschaubarer die Lebenszusammenhänge werden, umso deutlicher tritt der überschaubare Raum als Lebensnotwendigkeit und als erfahrbare Welt in den Blick der Bürger.
Es ist völlig klar, daß die Regionalisierung des Radioprogramms einhergehen muß mit der Entwicklung neuer Programmformen. Die Tatsache, daß man bei der ständigen Entscheidung über »Bringen« oder »Nichtbringen« von Informationen in der Region viel niedriger ansetzen muß, zwingt dazu, mangelnde Attraktivität des Inhalts gelegentlich durch einfallsreiche Präsentation auszugleichen.
Insbesondere der Hörfunk hat in der Region wichtige Aufgaben zu erfüllen und gute Chancen, damit eine neue Phase seiner Entwicklung zu beginnen. Schnelle, mobile Übertragungseinheiten machen es möglich, daß die Bürger in der Region des öfteren »ihren« Rundfunk zu Besuch haben, daß von den Ereignissen in der Umgebung berichtet wird. Neue Themenkreise müssen für die Regionalberichterstattung erschlossen werden. Themen, die bisher ausgespart werden mußten, weil sie nur die Menschen in der Region interessieren. Außerhalb der Regionalstudios kann es noch zu einer gleichsam ambulanten Subregionalisierung kommen, wenn nämlich die Sendestelle für ein Regionalprogramm gelegentlich an einen Platz »draußen«, an den Schauplatz eines Ereignisses verlegt wird. Probleme der Landwirtschaft lassen sich so zum Beispiel hautnah mit den Menschen auf einem Bau-

ernhof erörtern, der dann vorübergehend zum Rundfunkstudio wird. Die Journalisten in der Region sind auch in der Regel mehr gefordert als ihre Kollegen in einer Großstadt. Der unmittelbare Kontakt zu den Akteuren des politischen und sonstigen Geschehens macht sie naturgemäß zu begehrten Gesprächspartnern. Sehr rasch folgen dann Versuche der Vereinnahmung, sprich Beeinflussung, und es gehört viel journalistisches Einfühlungsvermögen dazu, diesen Versuchen zu widerstehen. Sehr schnell sind nämlich sonst die Informationsquellen verschüttet. Regionalberichterstattung zwingt zu ganz besonderer Sorgfalt. Alles, was der Journalist über den Sender veröffentlicht, ist nachprüfbar. Der Regionalberichterstatter unterliegt der permanenten Kontrolle durch die Betroffenen und auch die Nichtbetroffenen, die aber genau Bescheid wissen.

Sorgfältig müssen auch Funkhaushierarchen mit dem Regionalen umgehen. Das Regionale hat nämlich einerseits einen besonderen Stellenwert, andererseits gelten die üblichen journalistischen Kriterien. Vorsicht ist geboten bei der Konzeption von Regionalinformationen und ihrer Integration in das jeweiligen Programmumfeld. Anordnungen wie »jede Nachrichtensendung muß mit einer Regionalmeldung beginnen oder enden« oder »jede Nachrichtensendung muß mindestens eine Regionalmeldung enthalten« sind ebenso unprofessionell wie »am Anfang muß immer eine Meldung mit O-Ton stehen«. In den zurückliegenden zehn Jahren hat sich – dies belegen aktuelle Studien – das Verhältnis des Publikums zur Regionalberichterstattung verändert. Zwar hat Regionales im Radio bei den Hörern nach wie vor einen hohen Stellenwert. Die Nahwelt und die Berichterstattung darüber haben an Bedeutung nichts eingebüßt. Es genügt aber den Menschen in der Region, daß ihr Lebensumfeld wahrgenommen und wichtige Themen benannt werden. Man erwartet nicht mehr eine komplette journalistische Abbildung aller Ereignisse in der Region. Es genügt in vielen Fällen die »symbolische Geste«. Deshalb können z. B. vom Radio inszenierte Ereignisse in der Region – etwa die öffentliche Diskussion über ein wichtiges regionales Thema –, ohne daß das Ganze gesendet wird, wichtiger sein als eine Live-Übertragung. Im Radio genügen dann Hinweise auf die jeweilige Veranstaltung.

Kapitel 5:
Radiojournalistische Formen

5.1 Nachrichten

5.1.1 Einführung

Die Nachrichten gehören gewiß zu dem Teil nahezu aller Hörfunkprogramme, der mit am häufigsten diskutiert und auch wissenschaftlich untersucht wird. Dabei wird eine sehr grundsätzliche Frage- wenn überhaupt – eher am Rande behandelt. Die Frage nämlich, welche Rolle den Nachrichten im Radio überhaupt zukommt:

Sollten sie Ausdruck öffentlich-rechtlicher Informationskompetenz sein und erfüllen sie einen wesentlichen Teil des Programmauftrags? Wenn ja, dann muß sich die Frage anschließen, ob sie dieser Aufgabe wirklich noch gerecht werden, oder sind Nachrichten ein Teil der Vermarktungsstrategie privater Anbieter? Sind Nachrichten verkaufsfördernd oder nur imagebildend? Sind Nachrichten nur noch ein formales Strukturelement eines Radioprogramms? Werden sie gesendet, weil Nachrichten eben »dazugehören«? Sind sie vielleicht eher Störfaktor in bestimmten Programmen, nach der Devise: Es ist besser man merkt gar nicht, daß Nachrichten laufen? Extreme Kürze, unjournalistische Themenauswahl, unterlegte Musik und Layoutspielereien sprechen hier eine beredte Sprache.

Diese Fragen ließen sich ergänzen. Problematisch ist an diesen Fragen und den denkbaren Antworten vor allem, daß sie inzwischen nahezu alle auch für den öffentlich-rechtlichen Rundfunk und keinesfalls nur für den Privatfunk zu stellen sind. Wenn der öffentlich-rechtliche Rundfunk für sich eine besondere Informationskompetenz in Anspruch nimmt, dann sollte er alles tun, um zu beweisen, daß er sie auch heute noch besitzt. Viele Nachrichtenangebote in vielen Wellen belegen eher das Gegenteil. Qualitätsnachrichten ausschließlich in

Minderheitenprogrammen machen die Diskussion über den öffentlich-rechtlichen Rundfunk als gesellschaftlichen Wert immer mehr zu einer Diskussion aus einer selbstgeschaffenen Defensive heraus.

Die größte Revolution im Bereich der Information besteht vermutlich darin, daß die traditionellen und gründlichen »allgemeinen« Nachrichten einen großen Teil ihrer Bedeutung verloren haben. Sie haben ihn zum einen verloren an Informationen, die sehr spezialisiert und damit teuer sind und sich an ein klar definiertes und ganz speziell interessiertes und nicht an ein allgemeines Publikum wenden. Man denke zum Beispiel an Wirtschaftsinformationen. Zum anderen haben sie ihn verloren an Informationen, die stark von Unterhaltungselementen bestimmt sind und deshalb von einem breiten Publikum bevorzugt werden. Je spezialisierter eine Information ist, desto höher ist naturgemäß ihr Preis. Es besteht also die Gefahr, daß Qualitätsnachrichten immer mehr denjenigen vorbehalten sind, die sie sich leisten können. Hier könnte eine gesellschaftliche Funktion des öffentlich-rechtlichen Rundfunks liegen: Qualitätsangebote zu akzeptablen Preisen, nicht nur für Spezialisten und nicht Billigangebote, wie kommerzielle Anbieter dies vormachen.

Die gegenwärtige Entwicklung weist leider in die entgegengesetzte Richtung. Die Lücke zwischen den Konsumenten »allgemeiner« Nachrichten, die immer stärker von Infotainment-Elementen durchsetzt werden, und wohlhabenden Informationseliten, die sich die aufwendigen Spezialinformationen leisten können, wird – so scheint es – immer größer. Die Informierten werden immer informierter, und die Uninformierten sind immer weniger in der Lage, den Abstand aufzuholen. Im Gegenteil, er wird immer größer: Hier entsteht eine Zweiklassengesellschaft besonderer Art, die natürlich beträchtliche Auswirkungen auf unsere Sozialstrukturen haben wird.

Hinzu kommt, daß durch die Verfügbarkeit von Internet-Zugängen Nachrichten weltweit auch von Amateuren weitergegeben werden, denen die professionelle Verläßlichkeit bewährter Nachrichteninstitutionen wie der großen Weltagenturen fehlt.

Nachrichten sind also eine verderbliche Ware. Es gibt Fachleute, die sagen, Nachrichten seien so etwas wie der Sekundentakt der Weltgeschichte. Der langjährige Nachrichtenchef des amerikanischen Radiosenders CBS, Emerson Stone, bezeichnete die Nachrichten im Hörfunk einmal als einen ersten groben Entwurf der Geschichtsschreibung (vgl. S. 81).

Nachrichten sind Stichflammen, sie sind Momentaufnahmen der tatsächlichen oder auch der vermeintlichen Wirklichkeit. Sie werden immer stärker nachfrageorientiert, denn sie werden mehr und mehr mit Blick auf das vermutete Publikumsinteresse gestaltet – wobei sich hier die Nachrichten im öffentlich-rechtlichen Rundfunk noch immer schwer tun. Es wird noch zu oft das gesendet, was Redakteure auf Grund persönlicher Einschätzungen und auch Vorlieben für wichtig halten, und zu selten das, was für das Publikum vermutlich wichtig ist. Nachrichten mit Gebrauchswert (»News you can use«) finden erst allmählich Einzug in die Nachrichtensendungen.

Ein Mangel ist auch, daß Nachrichten, insbesondere politische Nachrichten, weder nach der Genesis noch nach den möglichen Folgen fragen.

Die Mehrzahl der Ereignisse werden überdies nicht registriert, weil sie Journalisten nicht zur Kenntnis gelangen. Die Mehrzahl der von Journalisten registrierten Ereignisse erreichen nicht das Publikum, weil sie der journalistischen Selektion zum Opfer fallen. Hinzu kommt: viele Nachrichten unterrichten (im Gegensatz zur Definition) eben nicht über die Realität, sondern über das Extraordinäre. Nicht die Normalität ist spannend, sondern die Krise. Nicht Frieden produziert Nachrichten, sondern Krieg. Die Wißbegier der Menschen richtet sich nicht auf das vertraute Alltägliche, sondern auf die Regelwidrigkeit. Der Normenbruch droht im Bewußtsein der Adressaten von Nachrichten zur Norm zu werden. Deshalb ist es so wichtig, bei der Berichterstattung über Regelverstöße darauf hinzuweisen, daß es sich um solche handelt. Dazu gehört auch folgender Problemkreis: das sogenannten Spotlightverfahren. Ein Thema entsteht, und alle Medien konzentrieren sich mit allen Mitteln darauf, aber nur für kurze Zeit und: in dieser Zeit treten fast alle anderen Ereignisse, noch dazu falsch gewichtet, in den Hintergrund. Nachrichtenkontinuität ist also nicht gewährleistet, es fehlen oft Hintergründe und Verläufe. Nachrichten vermitteln nur selten das Prozeßhafte, das aber zu den meisten Informationen gehört. Ein Mensch, der nach einem vierwöchigen Urlaub in einem fernen Land nach Hause zurückkommt und fragt, was er versäumt habe, müßte genaugenommen als Antwort bekommen: »ganz viele Nachrichten, aber sonst eigentlich nichts«.

Die Flut der Informationen wird immer größer, nur steigt die Zahl der wichtigen und nützlichen Nachrichten nicht im gleichen Maße. Für die meisten Menschen wird die Welt und das was in ihr geschieht, nicht mehr real und unmittelbar wahrgenommen, sondern indirekt über Informationen zum Geschehen. Wir leben weitgehend in einer vermittelten Welt. Die Menschen sehen nicht selbst, was in der Welt – und sei es auch nur im eigenen Umfeld – geschieht, sondern betrachten Bilder, Abbilder vom Geschehen in ihrer kleinen, ebenso wegen der »großen weiten Welt«. Gleiches gilt für das Wort – es wird kaum noch mit Menschen, sondern fast ausschließlich über Menschen gesprochen – vermittelt durch die Medien.

Es ist die Zeit der Kommunikatoren, der professionellen Vermittler, der Medienmacher, der Journalisten. Auf deren professionelle Zuverlässigkeit, Vertrauenswürdigkeit und Verantwortungsbewußtsein kommt es an. Es sind also Menschen, die die Informationen vermitteln und nicht Geräte. Letztere haben lediglich unterstützende Funktion. Und auf diese Menschen kommt es an, auf ihre Ausbildung, auf ihre Wertevorstellungen und auf ihre professionelle Redlichkeit.

In den 70er und frühen 80er Jahren gab es in Deutschland eine überwiegend von konservativen Politikern geführte Diskussion über die Journalisten im öffentlich-rechtlichen Rundfunk, denen pauschal Linkstendenzen und manipulative Absichten unterstellt wurden. Eine immer wieder vorgetragene These lautete: »Wenn die Bürger einmal per Computer direkten Zugang zu allen Informationen haben, dann werden sie die Journalisten entlarven, sie werden erkennen, daß sie manipuliert werden und deshalb die entsprechenden Medien nicht mehr nutzen.«

Diese damals weit verbreitete Position war eine der größten Fehleinschätzungen in der Mediengeschichte. Inzwischen weiß jeder, der sich mit Kommunikation beschäftigt, daß man zwar Zugang zu allen Datenbanken dieser Welt, zu allen Agenturen, Zeitungen und sonstigen Informationsquellen haben kann, aber ein Nichtprofi auf dem Gebiet der Nachrichtengebung wird, selbst wenn er täglich mehrere Stunden alle Angebote, die der Computer verfügbar macht, nutzt, am Ende keinen Überblick zum Beispiel über das aktuelle Tagesgeschehen haben. Er wird in der Flut der unendlich vielen Detailinformationen buchstäblich ertrinken. Es fehlen ihm der Überblick, die professionelle Selektion und die Gewichtung. Dieser Zeitgenosse ist »overnewsed but underinformed«.

Informationen, die Einzelinformationen bleiben, sind in der Regel nicht nützlich. Sie haben weder Gebrauchswert noch erhöhen sie tatsächlich den Wissensstand. Es fehlen die Verknüpfungen, die Einordnungen. Man verfügt über Segmente der Wirklichkeit, aber es fehlen Überblick und Zusammenhänge.

Im Journalismus kennt man unterschiedliche Informationsarten: (Vgl. auch Kapitel »Die Inhalte des Radioprogramms«).
Ereignisinformationen, Serviceinformationen und *Wissensinformationen.* Hinzu kommen die *Public Relations-Informationen.*
Ereignisinformationen treten immer mehr in den Hintergrund der Medienberichterstattung. An ihre Stelle treten nicht selten »Non-Event«-Informationen. Berichte über Pseudoereignisse, von denen später noch die Rede sein wird.
Service-Informationen werden immer wichtiger. Die Medien verstehen sich – zu Recht – immer stärker als Vermittler von Nachrichten mit Nutzeffekt, von Lebenshilfe im weitesten Sinne.
Wissensinformationen, das heißt Informationen, die den Kenntnisstand des Adressaten im Sinne von Bildung erhöhen und Informationen, die auf längere Zeit Bestand haben, werden immer weniger. Sie sind ein schwer konsumierbares Angebot und haben im Zeitalter der schnellen, oft oberflächlichen, nicht selten in Unterhaltungselemente verpackten Informationen kaum eine Chance.
Und schließlich die *Public Relations-Informationen.* Sie sind es, die wesentlich für die Überflutung der Gesellschaft mit Informationen

verantwortlich sind. Natürlich muß es Public Relations geben, ebenso wie es Werbung geben muß. Aber auch hier stellt sich die Frage von Professionalität und Verantwortung.
Von Kommunikatoren, d. h. Informationsprofis und nicht von der Wirklichkeit produzierte Informationen, nehmen immer mehr Einfluß auf unsere Gesellschaft. Sie tun dies, weil sie sich fast unbemerkt in den Vordergrund drängen. Sie verstopfen die Kanäle, so daß wirklich wichtige Informationen nicht mehr hindurchkommen. Sogar bei Menschen bereits vorhandene Informationen werden durch sie überdeckt. Und sie zwingen zu einer noch stärkeren Selektion, und jede Selektion birgt die Gefahr der Manipulation.

Der Konsument von Informationen kann diese nur verstehen, wenn er zunächst aus der Fülle des ihm Angebotenen das für ihn Wichtige auswählt, reflektiert und mit dem verknüpft, was er über das Thema bereits weiß. Während dies alles geschieht, läuft die Informationsmaschinerie jedoch weiter. Es werden unaufhörlich neue Informationen geliefert. Man steht vor der Wahl, permanent das Neueste aufzunehmen und folgerichtig bei der Einordnung früherer Informationen schneller, das heißt oberflächlicher und ungenauer zu verfahren. Die Alternative lautet, in der Verarbeitung der früheren Informationen fortzufahren und das Neue gar nicht zur Kenntnis zu nehmen. Dann gehen unter Umständen sehr wichtige Informationen völlig verloren.

Die hier beschriebene Situation ergibt sich täglich und stündlich für die professionellen Selektoren, die Gatekeeper, die Schleusenwärter, das heißt die Redakteurinnen und Redakteure bei Zeitungen, Radio und Fernsehen, die für die Auswahl dessen verantwortlich sind, was das Publikum erfahren soll. Eine größere deutsche Rundfunkanstalt sendet in ihren Hörfunknachrichten zum Beispiel zehn Prozent des von den Nachrichtenagenturen gelieferten Materials. 90 Prozent wandern, nach Sichten und Überprüfen auf Relevanz für den Radiohörer in den elektronischen »Papierkorb«.

Der Begriff der Nachricht im engeren Sinne orientiert sich stark am britischen, von der »British Broadcasting Corporation« (BBC) geprägten Nachrichtenverständnis. In einer Studie der BBC vom Mai 1976 findet sich die Definition:
Nachrichten sind neue sowie wahrheitsgemäß und sorgfältig wiedergegebene Informationen, die:

- aktuelle Ereignisse aller Art überall in der Welt zum Gegenstand haben;
- gegenübergestellt werden anderen wahrheitsgemäß und sorgfältig erarbeiteten Hintergrundinformationen, die zuvor jedoch wie Nachrichten behandelt werden müssen;
- auf faire Weise von ausgebildeten Journalisten ausgewählt werden, dies jedoch ohne künstliches Ausbalancieren und ohne persönliche politische Motivation oder redaktionelle »Einfärbung«;
- in eine Nachrichtensendung aufgenommen werden, weil sie interessant, von allgemeiner Bedeutung oder aber in den Augen der erwähnten Journalisten für die Zuhörer von persönlichem Belang sind;
- ohne Furcht objektiv gestaltet werden mit Blick auf die geltenden Gesetze und auf die Programmgrundsätze der BBC bezüglich gutem Geschmack und journalistischer Grundsätze.

Ungeachtet aller Bemühungen, neue Informationsformen für das Radio zu entwickeln, hat die klassische Nachricht stets ihre Position behauptet. Es gibt sogar Rundfunksysteme, zum Beispiel in den USA, die jahrelang ihre Nachrichtensendungen mit vielfältigen akustischen Effekten (O-Töne, Jingles, Sprecherwechsel usw.) versehen hatten und die nun zur traditionellen Form, somit zur klassischen, von einem Sprecher verlesenen Nachrichtensendung zurückkehren.

Von Nachrichten wird verlangt, daß sie *aktuell, umfassend* und *objektiv* sind. Alle drei Begriffe bedürfen der Erläuterung und der Relativierung.

»Aktualität« bedeutet, daß eine Information, die eine Redaktion beispielsweise von einer Nachrichtenagentur erhält, nach sorgfältiger Prüfung und Formulierung unverzüglich an den Adressaten, den Radiohörer, weiter gegeben wird. Dies heißt aber nicht, daß über das betreffende Ereignis aktuell berichtet worden wäre. Oft kommt es vor, daß zwischen dem Ereignis und dem Zeitpunkt, zu dem es den Medien zur Kenntnis gelangt, eine erhebliche Zeitspanne liegt, man denke zum Beispiel an eine Naturkatastrophe in den Anden. Möglicherweise ist eine Ortschaft, die von einem Erdbeben betroffen wurde, zunächst tagelang von der Außenwelt abgeschnitten und keine Information dringt nach draußen. Man weiß allenfalls, daß die Nachrichtenverbindungen unterbrochen sind. Wenn dann die Katastrophe in

der Welt bekannt wird, kann von aktueller Berichterstattung im eigentlichen Sinne nicht mehr gesprochen werden.
Ähnlich ist es mit der Forderung, Nachrichten sollten »umfassend« sein. Eine Information kann nur so umfassend sein, wie Journalisten in der Lage sind, ungehindert zu recherchieren. »Umfassend« ist weniger eine Frage von Sendezeit als vielmehr eine Frage des freien Zugangs zu Informationen. Länder, in denen strenge Zensurbestimmugen gelten, verhindern eine umfassende Nachrichtengebung, zum Beispiel eine Reihe totalitärer Staaten, aber auch Israel.
Natürlich wird jeder Nachrichtenredakteur so viel über ein Thema berichten, wie es die ihm zur Verfügung stehende Sendezeit zuläßt. Aber: Man kann auch nur so umfassend berichten, wie Material vorhanden ist. Hier sind aber Zweifel an dem Attribut »umfassend« angebracht. Nachrichtenbeschaffer, meist die Mitarbeiter von Nachrichten-Agenturen, sind oftmals auf offizielle Informationen und allenfalls punktuelle eigene Beobachtungen oder Recherchegespräche angewiesen. Insofern ist es oft schwer, sich ein umfassendes Bild von einer Sache zu machen. Große Nachrichtenredaktionen (zum Beispiel die in den größeren Rundfunkanstalten) haben meist die Dienste mehrerer Agenturen abonniert. In diesen Fällen ist die Chance für eine umfassende Berichterstattung vergleichsweise groß. Gleichwohl muß man bedenken, daß nicht selten alle Agenturen ihre Informationen aus denselben Quellen beziehen.
Schließlich sollen Nachrichten – wie es heißt – *»objektiv«* sein. Objektivität ist einer der mißverständlichsten und am häufigsten mißbrauchten Begriffe im Journalismus, insbesondere wenn es um Nachrichten geht. Man muß ganz einfach bedenken, daß jede Art von Nachrichtenweitergabe eine Kette von subjektiven Entscheidungen, d.h. Auswahlentscheidungen erfordert (vergleiche unten »Nachrichtenauswahl«). Informationsauswahl, Gewichtung und Formulierung von Informationen werden nie objektiv sein können. Objektivität kann deshalb allenfalls eine Zielvorstellung sein. Man sollte deshalb besser statt von »Objektivität« von »journalistischer Redlichkeit« sprechen.

Es gibt im Prinzip vier Arten von Nachrichten:
1) Nachrichten, die erwartet, vermutet, geplant entstehen, beispielsweise Sportereignisse, Gedenktage, Gipfelkonferenzen oder Kulturereignisse.

2) Nachrichten, die unerwartet, unvermutet, ungeplant entstehen. Beispiele sind hier Verbrechen, Unglücke, Katastrophen, Rücktritte usw.
3) Nachrichten, die durch journalistische Recherche entstehen. Leider sind diese viel zu selten.
4) Und schließlich Nachrichten, die durch die Public Relations-Industrie produziert werden.

Die Nachrichtengebung – insbesondere beim Radio – ist heute von vier Faktoren bedingt:

1) Die immer größer werdende *Nachrichtenflut* stellt Redaktionen vor immer schwerer zu lösende Probleme. Durch verbesserte Übermittlungstechniken kommt das Agenturmaterial, das den mit Abstand größten Teil aller Informationen ausmacht, immer schneller in die Redaktionen. Die größeren Übermittlungskapazitäten verführen auch zur Übermittlung von zusätzlichem Material, wodurch aber der Anteil von nachrichten-relevanten Informationen nicht unbedingt steigt.
Da sich immer mehr Institutionen, Behörden und Firmen journalistischer Profis als Öffentlichkeitsarbeiter bedienen, wächst der Ausstoß an Pressetexten, von denen die großen Nachrichtenagenturen geradezu überflutet werden.

Da die Übertragungsleitungen zwischen Agenturen und Kunden, Zeitungen und Rundfunkanstalten über genügend Kapazität verfügen, werden viele dieser Veröffentlichungen zu Nachrichten verarbeitet, die früher, zu Zeiten knapperer Kapazitäten, vermutlich in den Papierkorb gefallen wären.

Erschwerend kommt hinzu, daß durch die Entwicklung neuer Nachrichtentechniken, wie Telefax, Mailbox-Systeme usw., viele Absender von Pressetexten sich direkt an die Redaktionen wenden. Zwar wächst dadurch nicht unbedingt der Anteil verwertbarer Meldungen, aber bevor man als Redakteur über »Bringen« oder »Wegwerfen« entscheidet, muß man dieses Material zumindest oberflächlich lesen.

2) Der wachsende Bedarf an sogenannter *Faktendimensionierung* stellt Nachrichtenredakteure vor zusätzliche Aufgaben. Er bedeutet aber zugleich einen neuen journalistischen Reiz.

Nachrichten bedürfen – in unserer Zeit großer Reiz- und Informationsüberflutung – der Erläuterung von Hintergründen, der Einordnung. Insbesondere die elektronischen Medien liefern Nachrichten in immer kleineren Dosen und nach dem Prinzip der Gießkanne werden von vielen Radioprogrammen zwar viele Einzelthemen über die Hörer ausgeschüttet, es fehlen aber zum wirklichen Verständnis die erforderlichen Hintergrundinformationen. Wie bereits an anderer Stelle gesagt, hat die amerikanische Medienforschung dieses Phänomen längst erkannt. Man spricht von »over-newsed but under-informed«.

Faktendimensionierung findet natürlich in großem Umfang in den sogenannten Komplementärsendungen statt, das heißt in Magazinen, Kommentar- und Reportagesendungen. Aber damit allein ist das Problem nicht gelöst, denn längst nicht jeder Hörer, der Nachrichten hört, schaltet auch Komplementärsendungen ein. Es kommt vielmehr darauf an, Faktendimensionierung innerhalb der Nachrichtensendungen selbst anzubieten. Eine Möglichkeit besteht darin, Nachrichten so zu schreiben, daß eine knappe Hintergrunderläuterung im Text selbst steht. Es sollte also nicht genügen, in einer Meldung zu sagen:

»Im zentralafrikanischen Staat XY hat es einen Militärputsch gegeben. Eine Offiziersjunta unter Anführung von Oberst A hat die Macht übernommen. Der bisherige Präsident B hat in der französischen Botschaft um Asyl nachgesucht.«

Diese Meldung – und so wird leider oft in Radionachrichten berichtet – erfordert einige Sätze zur Erklärung, zum Beispiel über die politischen und wirtschaftlichen Verhältnisse in dem betreffenden Land und über seine internationalen Beziehungen. Dafür muß Sendezeit zur Verfügung stehen. Ist dies nicht der Fall, dann sollte man lieber auf die Meldung ganz verzichten und statt dessen ein Thema bringen, das sich in dieser Kürze verständlich darstellen läßt. Die oben erwähnte fiktive Nachricht schadet zwar niemanden, sie ist aber von Nutzen allenfalls für einige Fachleute. Für die Redaktion bedeutet sie rein formal die Erfüllung des Informationsauftrages.

Neben dem erläuternden Zusatz innerhalb einer Meldung kann Faktendimensionierung auch durch die Einblendung von Originaltönen in Nachrichtensendungen oder durch Hintergrunderläuterungen zu einzelnen Meldungen (aber als reine Information und nicht in Form von Kommentaren) erfolgen.

3) Ein weiterer Faktor, der die Nachrichtengebung im Hörfunk heute bestimmt, ist die wachsende Abhängigkeit von den traditionellen *Nachrichtenquellen*, die Nachrichtenagenturen.

Bedingt durch den oben bereits geschilderten ständig wachsenden Nachrichtenstrom muß das Agenturmaterial heute stärker als früher selektiert und bearbeitet werden. Die Nachrichtenauswahl, deren Kriterien später ausführlich dargestellt werden, wird immer schwieriger, da das ständig umfangreicher werdende Material vom selben Personal bewältigt werden muß. Die Gefahr von Qualitätseinbußen ist nicht zu übersehen.

4) Der vierte Faktor, der heute für die Nachrichtengebung von Bedeutung ist, ist der wachsende *Bedarf an regionalen Informationen.*

Oben wurde im Zusammenhang mit dem Kapitel »Inhalte des Radioprogramms« ausführlich die Bedeutung des Regionalen für ein modernes Radioprogramm dargestellt. Dies gilt auch und gerade für die Nachrichten. Regionale Nachrichten sind wichtig, sie müssen aber im richtigen Umfeld erscheinen. Dies bedeutet, daß sie entweder von erstrangiger Bedeutung sind, wie zum Beispiel der Rücktritt des Oberbürgermeisters einer großen Stadt oder eine wichtige Landtagsentscheidung. Dann gehören sie in den Rahmen der allgemeinen Nachrichten. Haben sie aber regionale oder gar sub-regionale Bedeutung, dann ist ihr Platz in einem der von vielen Rundfunkanstalten inzwischen angebotenen Regional-Fenster.

Auch wenn in Funkhäusern gelegentlich aus Unkenntnis von Kollegen und auch Vorgesetzten anders geredet wird: Der wichtigste Teil jedes Informationsprogramms sind und bleiben die Nachrichten. An ihnen wird die Informationskompetenz und die Informationsqualität einer Rundfunkanstalt gemessen. Es wird im Zusammenhang mit der Nachrichtenauswahl noch vom Begriff »Agenda-Setting-Function« des Nachrichtenredakteurs die Rede sein. Der Nachrichtenredakteur bestimmt durch seine Auswahlentscheidung, was auf die »Agenda«, auf die »Tagesordnung« kommt, kurzum was zum Thema wird, worüber man in der Öffentlichkeit spricht.

Die »Agenda-Setting-Function« gilt auch innerhalb eines Funkhauses. Was die Nachrichten nicht zu einem Thema gemacht haben, hat in den sogenannten Komplementärsendungen in der Regel keinen Sinn. Die Hörer wüßten kaum etwas damit anzufangen. Nachrichten müssen auch jedes wichtige und interessante Thema behandeln. Von Nachrichtensendungen muß das erwartet werden, was die angelsächsischen Journalisten »over-all-coverage« nennen. Komplementärsendungen wie zum Beispiel Magazine berichten punktuell, sie wählen wichtige und interessante Themen aus. Sie erheben aber nicht den Anspruch, jedes wichtige Thema zu behandeln. Für die Nachrichten ist das – wie gesagt – zwingend.

Die Nachrichtensendungen bilden also gleichsam das Informationsgitter des Radioprogramms. Seit es Nachrichten im Radio zu jeder Stunde gibt, sind sie auch zugleich Strukturelement des Gesamtprogramms.

An den Nachrichten scheiden sich in einem Funkhaus auch insofern die Geister, weil der Nachrichtenjournalismus oft als altmodischer Deskriptionsjournalismus diskreditiert wird, während doch der moderne Transformationsjournalismus der eigentliche, der wahre Journalismus sei.

Man kann diese wissenschaftliche Formulierung auch vereinfachen: Es geht um den Versuch der Missionare, die reinen Berichterstatter zu diskreditieren. Grund dafür ist einmal ein falsches Journalismus-Verständnis und oftmals die eigene Unfähigkeit. Es sind meist die Betroffenheitsjournalisten, die nicht fähig sind, auch nur eine kurze Nachrichtenmeldung über einen komplizierten Sachverhalt zu formulieren. Der Kommentar, die Darstellung der persönlichen Meinung fällt demgegenüber um so leichter.

Es geht um disziplinierte, faire Berichterstattung in den Nachrichten, um nicht mehr, aber auch um nicht weniger.
Der Nachrichtenredakteur hat bei seiner Arbeit im Stundenrhythmus dreierlei zu tun: *auswählen, gewichten, formulieren.*
Diese drei wichtigen journalistischen Arbeitsbereiche sollen nun im einzelnen dargestellt werden. Die Regeln gelten übrigens nicht nur für die Nachrichtengebung im engeren Sinne, sondern auch für die anderen Formen der Informationsvermittlung.

5.1.2 Nachrichtenauswahl

Das Thema Nachrichtenauswahl gehört zu den Bereichen, die am intensivsten auch von der Wissenschaft beobachtet worden sind. Die »Gate-Keeper-Forschung«, die »News-Value-Forschung«, die »Bias-Forschung«, um nur einige Themenfelder zu nennen, haben inzwischen umfangreiche Materialien hervorgebracht.

Die Ansätze für die Selektionsforschung sind sehr unterschiedlich. Bereits in den 20er Jahren begann der amerikanische Publizist und Medienforscher Walter Lippmann mit der Untersuchung der sogenannten Nachrichtenwerte (News Values). Sein Buch »Public Opinion« ist zum Klassiker der Nachrichtenforschung geworden. Lippmann geht davon aus, daß es keine festen Regeln für die journalistische Informationsselektion gibt. Vielmehr gibt es Konventionen bezüglich des Nachrichtenwertes, es gibt eine standardisierte Routine und gemeinsame Vorstellungen von Journalisten über Nachrichtenwerte.[20]
Außer der Selektionsforschung von Walter Lippmann, die vom »News Value«, dem Nachrichtenwert ausgeht, gibt es in den 60er Jahren Forschungsansätze, die den Nachrichtenwert, also die Inhalte untersuchen.
1965 veröffentlichte Einar Östgaard seine Studie »factors influencing the flow of news«.[21] Hier geht es um Begriffe wie Simplifikation (ein-

---

[20] Walter Lippmann, Public Opinion, New York 1922/1949
[21] Einar Östgaard, Factors influencing the flow of years, in: Journal of Peace Research, 1965, S. 39 ff.

fache Sachverhalte werden bei der Auswahl komplexen vorgezogen, komplexe Sachverhalte werden vereinfacht usw.), Identifikation (geographisch, kulturell und zeitlich nähere Ereignisse haben höheren Nachrichtenwert als andere) und Sensationalismus (Unglücke, Kuriosa, Konflikte usw. werden als Informationen höher bewertet als »normale Ereignisse«).

Ähnlich wie Östgaards Studie geht auch der Forschungsansatz von Johan Galtung und Mari Holmboe Ruge[22] von einer eher negativen Einschätzung journalistischer Beurteilung der Nachrichtenwerte aus. Die zwölf Nachrichtenfaktoren, die Galtung und Ruge herausgefunden haben, lauten: Frequenz, d. h. kurzfristige Ereignisse erlangen eher Nachrichtenwert als solche, die sich langsam entwickeln; Schwellenfaktor, d. h. bevor ein Ereignis zur Nachricht wird, muß es beim auswählenden Redakteur eine Aufmerksamkeitsschwelle überwinden; Eindeutigkeit, d. h. ein klares, eindeutiges, einfaches Geschehen wird bevorzugt; kulturelle Bedeutsamkeit und Nähe, d. h. Ereignisse im eigenen Kulturkreis haben höheren Nachrichtenwert als andere; Überraschung, d. h. unerwartete und seltene Ereignisse werden eher zu Nachrichten; Kontinuität, d. h. »einmal Nachricht, immer Nachricht«, auch wenn die Bedeutung eines Ereignisses sinkt; Variation, d. h. Ereignisse, die einen Kontrast zu etwas Bekanntem bilden, haben Nachrichtenwert; »Elitenationen«, d. h. Ereignisse in bedeutenden Ländern werden höher bewertet als solche in weniger bedeutenden Ländern, ohne Rücksicht auf den Inhalt; »Elitepersonen«, d. h. bekannte Personen haben generell hohen Nachrichtenwert; Personalisierung, d. h. Nachrichten, die sich an Personen festmachen lassen, haben grundsätzlich eine größere Chance in den Medien als andere Themen, und schließlich Negativismus, d. h. hier geht es um das alte Vorurteil, daß nur Negatives berichtet werde, das Positive jedoch keine Chance habe. Profis wissen, daß man hier statt »Negatives« besser »von der Norm Abweichendes« sagen sollte.

Die Nachrichtenwertforschung ist, wie gesagt, inhaltlich bestimmt. Personenbezogen sind dem gegenüber die sogenannten Gatekeeper-Studien. Begründet wurde dieser Forschungsansatz von David Man-

---

[22] Johan Galtung und Mari Holmboe Ruge, The structure of foreign news in: Journal of Peace Research 2/1965

ning White.²³ Hier geht es um die Frage, welchen Einflüssen die Gatekeeper, die Schleusenwärter, d. h. die auswählenden Journalisten bei ihrer Arbeit ausgesetzt sind. Einflußquellen sind einmal die Journalisten selbst (politische Präferenzen, persönliche Zu- und Abneigungen, Marotten usw.), dann Eigentümer und Manager von Medienunternehmen, Werbekunden, politische Machtgruppen, wirtschaftliche Machtgruppen oder auch die Öffentlichkeit im Verbreitungsgebiet. Während der News-Value-Studien von den Informationsinhalten und die Gatekeeper-Studien von den Personen ausgehen, die die Nachrichten auswählen, verbinden die sogenannten Bias-Studien beide Elemente miteinander. Am Anfang der Forschung unter dem Stichwort »News Bias standen die Untersuchungen von Malcom W. Klein und Nathan Maccoby in den frühen fünfziger Jahren.²⁴ In der Bias-Forschung geht es – vereinfacht gesagt – um den Einfluß journalistischer Meinung auf die Nachrichtenauswahl.

Neueren Datums ist ein Forschungsansatz, der von Winfried Schulz begründet wurde. Seine Studie »Die Konstruktion von Realität in den Nachrichtenmedien – Analyse der aktuellen Berichterstattung«²⁵ gehört zu den grundlegenden Veröffentlichungen. Schulz schafft die Grundlagen für eine modernere, dem praktischen Journalismus sehr viel eher entsprechende wissenschaftliche Betrachtung der Nachrichtenselektion. Er kritisiert die frühere Forschung zu Recht als permanenten Falsifizierungsversuch, als stetigen Versuch, nachzuweisen, daß die Medienrealität nicht mit der faktischen Realität übereinstimme. Er sagt folglich, es sei plausibler, Nachrichten nicht als Abbild der Realität zu verstehen, sondern als mögliche Definition und Interpretation der Umwelt. Die Untersuchungsergebnisse von Wilfried Schulz werden durch die journalistische Praxis tagtäglich bestätigt.

---

[23] David Manning White, The gatekeeper – a case study in the selection of news, in: Journalism Quaterly 27, 1950, S. 338 ff.

[24] Klein, Maccoby, Objectivity in the 1952 campaign, in: Journalism Quaterly 31, 1954, S. 285 ff.

[25] Winfried Schulz, Die Konstruktion von Realität in den Nachrichtenmedien – Analyse der aktuellen Berichterstattung, Freiburg, München 1976

Sehr viel weiter als Schulz gehen die sogenannten radikalen Konstruktivisten. Die Thesen dieser Gruppe werden sehr stark bestimmt durch Siegfried Weischenberg.[26]

Weischenbergs wesentliche Thesen lauten:
- Eine konstruktivistische Medientheorie versteht Medien nicht als technische Einrichtungen, die Botschaften versenden oder Informationen transportieren, sondern als operativ geschlossene soziale Systeme, die nach ihren internen Strukturen Wirklichkeitsentwürfe anbieten. Journalismus ist en soziales System, das selbst organisierend und selbstbezogen arbeitet.
- Für die Beurteilung von Journalismus gibt es keine absoluten Maßstäbe.
- Journalistische Wirklichkeitskonstruktion geschieht nicht willkürlich oder bezugslos.
- Auch Journalisten konstruieren Wirklichkeit autonom im Rahmen der Bedingungen von Journalismussystemen.
- Auch Journalisten können nur Tatsachen erkennen, die sie selbst machen.
- Für die Wirklichkeitsentwürfe, die sie anbieten, sind die Journalisten verantwortlich.

Diese Thesen erscheinen fragwürdig, vor allem wenn man bedenkt, daß Journalisten, die sich nicht als Vermittler von Informationen, sondern als Akteure des gesellschaftlichen Lebens verstehen, diese als wissenschaftliche Bestätigung für ihr Handeln verstehen und möglicherweise mißbrauchen. Der radikale Konstruktivismus wird denn auch sowohl von nachdenklichen Journalisten, als auch von ernst zu nehmenden Wissenschaftlern massiv kritisiert.

Der Schweizer Medienwissenschaftlicher Ulrich Saxer setzt den Thesen von Siegfried Weischenberg folgende Argumente entgegen:[27]
- Die Grundthese von der »erfundenen Wirklichkeit« verdankt ihren Achtungserfolg der Tatsache, daß unsere Gesellschaft Theoriedefi-

---

[26] Siegfried Weischenberg, Der Konstruktivismus, eine Theorie für die Praxis, Vortrag Frankfurt 13.12.1991

[27] Ulrich Saxer Thesen zur Kritik des radikalen Konstruktivismus, Vortrag Frankfurt a. M. 13.12.1991

zite hat und einfache Denkmodelle bevorzugt, die sich öffentlichkeitswirksam verkaufen lassen.
- Der radikale Konstruktivismus öffnet journalistischem Schlendrian im Umgang mit Fakten und journalistischer Rechthaberei Tür und Tor.
- Er deckt argumentativ die Selbstzentriertheit journalistischer Milieus auf Kosten ihrer Zuwendung zum Publikum.
- Er anerkennt journalistische Manipulation als Normalität und
- er rechtfertigt theoretisch den durch Medien mitverursachten kollektiven Wirklichkeitsverlust in komplexen Gesellschaften.

Die Nachrichtenauswahl ist also ein zentrales Thema und bedarf sowohl in Bezug auf die Nachrichtenpraxis als auch seitens der Wissenschaft sorgfältiger Beobachtung. Hohe Qualität der Nachrichtengebung hängt wesentlich von sorgfältiger Informationsauswahl ab. Politische Einseitigkeit, Nachrichten, die an den Hörern vorbeigehen, Nachrichtenverdruß, insbesondere bei jungen Menschen, haben ihre Ursache meist in nicht sachgerechter Selektion. Wenn die Themenauswahl und auch die Auswahl der Einzelheiten innerhalb eines Themas nicht stimmen, helfen alle modischen Verpackungselemente nicht – die Nachrichten erreichen das Publikum immer weniger. Die meisten Fehler werden nämlich bei der Selektion und beim Thema Verständlichkeit gemacht.

In der Praxis läuft die Nachrichtenauswahl folgendermaßen ab:

Der Praktiker unterscheidet Nachrichten der ersten, zweiten und dritten Kategorie – sieht man einmal von der vierten Kategorie ab. In diese gehören die Meldungen, die der auswählende Redakteur nicht verwendet und wegwirft. Auf Kategorie 4 entfallen bei einer größeren Rundfunkanstalt mit dem üblichen Nachrichtenangebot ungefähr 90 % des von den Nachrichtenagenturen gelieferten Materials. Zum Vergleich: Bei den großen Tageszeitungen sind dies etwa 75 %, d.h. 25 % der Nachrichten werden gebracht. Dabei ist aber zu berücksichtigen, daß Zeitungen in der Regel weniger Agenturen abonniert haben als Rundfunkanstalten.

Kategorie 1:
Hierher gehören Meldungen, an denen kein Redakteur vorbeigehen kann, zum Beispiel die Wahl des Bundeskanzlers, ein Kanzlerrücktritt, eine Papstwahl, ein Attentat auf einen prominenten Politiker. Auch das Ergebnis des Endspiels um die Fußballweltmeisterschaft gehört in Kategorie 1.

Ein Nachrichtenredakteur muß bei der Nachrichtenauswahl stets darauf achten, daß er sowohl »wichtige« als auch »interessante« Themen in die Nachrichtensendung aufnimmt. So ist zum Beispiel die Rede des deutschen Außenministers vor der Generalversammlung der Vereinten Nationen über ein Europa-politisches Problem ein wichtiges Ereignis und gehört in die Nachrichten, obwohl dies für die meisten Menschen sicherlich nicht besonders interessant ist.

Das Ergebnis des Endspiels der Fußballweltmeisterschaft ist wahrscheinlich keine wichtige Information. Sie ist aber sicherlich für Millionen Menschen sehr interessant. Deshalb wird das Ergebnis in eine gut gemachte Nachrichtensendung aufgenommen. Neben den beschriebenen wichtigen, aber nicht interessanten und interessanten, aber nicht unbedingt wichtigen Informationen gibt es noch solche, die sowohl wichtig als auch interessant sind, zum Beispiel eine Kanzlerwahl, ein neuer Papst usw.

Kategorie 2:
Nachrichten, die hier eingeordnet werden, haben ein etwas geringeres Gewicht als die der Kategorie 1. Sie haben aber eine gute Chance, in die Sendung aufgenommen zu werden, zum Beispiel Wahlen im Ausland, Bundestagsdebatten (außer den Parlamentssitzungen zu ganz zentralen Themen, wie Haushalt, Regierungserklärungen usw., die zur Kategorie 1 zählen).
Unterschiedliche Auffassungen zwischen verschiedenen Mitgliedern einer Nachrichtenredaktion gibt es bei Meldungen der Kategorie 2 nicht bezüglich der Frage, ob sie gebracht werden oder nicht, sondern allenfalls wie sie in der Sendung plaziert werden – am Anfang, am Schluß oder irgendwo in der Mitte. Das Thema »Gewichtung« von Nachrichten, also unter anderem ihre Plazierung wird später erörtert.

Kategorie 3:
In diese Kategorie fallen Nachrichten, die nur dann gebracht werden, wenn die beiden ersten Kategorien noch Platz lassen, da ja die Sendezeit für Nachrichten in der Regel begrenzt ist. Es kann also durchaus vorkommen, daß eine Sendung gar keine Meldungen der Kategorie 3 enthält.
Bei Kategorie 3 ist der Ermessensspielraum des auswählenden Redakteurs, also des Gate-Keepers, am größten. Hier können auch persönliche Interessen und Vorlieben, ja sogar Marotten von Redakteuren am ehesten zum Zuge kommen.
Es handelt sich um sogenannte »Kann-Meldungen«. Die Bandbreite ist in diesem Bereich sehr groß. Der eine Redakteur bevorzugt in Kategorie 3 Wirtschaftsthemen, ein anderer Sozialpolitik oder Kultur, der nächste hat eine Vorliebe für ganz spezielle Sportarten oder für bunte Meldungen:

Beispiele:
- »Kernkraftwerk wegen einer Routine-Untersuchung abgeschaltet«,
- »Trainerwechsel in der Bundesliga«,
- »Neue Exportzahlen eines Industrieunternehmens«,
- »US-Tanklastwagen rammt Straßenschild«.

Dies ist alles unproblematisch, solange dieser Bereich nicht für sehr persönliche Ambitionen mißbraucht wird, was bedauerlicherweise vorkommt. So wird z.B. mit Meldungen der Kategorie 3 manchmal ein allfälliger Anti-Amerikanismus gepflegt, indem Meldungen gebracht werden, die zwar unwichtig und sogar abwegig sind, die aber die Möglichkeit bieten, die politische Position durchscheinen zu lassen.
Es gibt keine dogmatischen Festlegungen über Nachrichtenwerte. Veränderungen in der Gesellschaft würden einen solchen Katalog auch immer wieder wandeln. Man kann aber in den verschiedenen Teilen der Welt von einem unterschiedlichen Nachrichtenverständnis ausgehen. Das Nachrichtenverständnis der westlichen Demokratien besagt, daß eine Information verbreitet wird ohne Rücksicht darauf, ob sie politisch in dem jeweiligen Land opportun ist oder nicht.
In totalitären Staaten werden demgegenüber Nachrichten (gezwungenermaßen) lediglich im Hinblick darauf gebracht, ob sie dem Regime bzw. der das Regime tragenden Partei nutzen.

Schwierig ist es mit dem Nachrichtenverständnis in den Ländern der sogenannten Dritten Welt. Hier werden Nachrichten oft als reine Staats-Public Relations mißverstanden. Immer wieder wird den europäischen und amerikanischen Nachrichtenmedien, vor allem den internationalen Agenturen vorgeworfen, sie berücksichtigten die Belange der Dritten Welt nicht genügend. Nachfragen ergeben dann, daß politische Erklärungen von Repräsentanten dieser Länder zum Beispiel vor UNO-Gremien vermißt werden. Es ist in solchen Fällen nur schwer verständlich zu machen, daß dies Themen sind, die in Europa und in Amerika wirklich keinen Menschen interessieren. Der Versuch, eine Dritte-Welt-Nachrichten-Agentur zu etablieren, ist nicht zuletzt an diesem Problem gescheitert.

Ein wichtiger Punkt bei der Nachrichtenauswahl ist der Zeitfaktor, der das Nachrichtenumfeld bestimmt. Dies bedeutet, daß ein Nachrichtenredakteur stets den Grundsatz vor Augen haben muß, der wie eine Binsenweisheit klingt:

»Heute ist heute, gestern war gestern und morgen wird morgen sein«, d.h. jede Information muß sich an ihrem Umfeld messen lassen. Bedingt durch die allgemeine Nachrichtenlage kann ein Thema, das heute die Aufmachermeldung einer Nachrichtensendung ist, morgen überhaupt nicht in den Nachrichten auftauchen. So hat zum Beispiel die Erklärung eines Politikers zum Boykott von Früchten aus Südafrika keine Chance auch nur beachtet, geschweige denn gesendet zu werden, wenn im Nahen Osten ein bewaffneter Konflikt tobt, im Bundestag um eine Steuererhöhung gestritten wird, der US-Präsident nach Moskau reist und bei Paris ein Verkehrsflugzeug abgestürzt ist. Politiker neigen dazu, sich in den Redaktionen zu beschweren, daß ihre bedeutungsschweren Äußerungen nicht in den Nachrichten gekommen seien, wo doch gestern die Erklärung eines anderen Politikers einer anderen Partei ausführlich gemeldet worden sei. Hier hilft nur der Hinweis auf das erwähnte Umfeld – aber nur für diesen einen Fall, denn der nächsten Beschwerde in ähnlicher Sache kann man sicher sein.

Es wurde bereits gesagt, daß sowohl über Fakten in Nachrichten berichtet wird als auch über Meinungen (Meinungen Dritter, natürlich nicht von Redakteuren). Fakten sind wichtiger. Fakten setzen neue Daten. Gerede darüber bleibt in den meisten Fällen völlig folgenlos.

Zitierte Äußerungen können wichtig sein und gehören dann in die Nachrichten, wie zum Beispiel Bundestagsdebatten, wo erst die Beschreibung von Rede und Gegenrede ein politisches Bild ergibt. Anders ist es meist bei Politikeräußerungen auf Parteiveranstaltungen, in Interviews usw. Solche Äußerungen gehören – wie oben bereits erwähnt – oft in die Kategorie »Polit-PR«. Sie erscheinen in Deutschland viel zu häufig in den Nachrichten.

Wichtig ist, daß Äußerungen von Personen und Gruppen nach rein journalistischen und nicht nach opportunistischen Kriterien ausgewählt werden. Es darf nur darauf ankommen, was für die Zuhörer interessant und wichtig ist. Zwar hat nicht alles, was etablierte Organisationen verlauten lassen, Nachrichtenwert. Dennoch verdient eine große Gewerkschaft wie die IG-Metall oder die ÖTV mehr Aufmerksamkeit als eine kleine Organisation. Dennoch müssen auch kleine Gruppen, ja sogar Minderheiten wie Bürgerinitiativen zu Wort kommen. Hier muß aber der über »Bringen oder Nichtbringen« entscheidende Redakteur sehr sorgfältig prüfen, ob das, was eine solche Gruppe zu sagen hat, für ein großes Publikum relevant ist oder nur für eine kleine Gruppe.

Ein elektronisches Massenmedium darf sich nicht als ein Vertreter der Interessen von Kleinstgruppen verstehen, so respektabel ihre Position auch sein mag. Dafür gibt es andere Medien. Die Gefahr von Betroffenheitsjournalismus ist in diesem Bereich besonders groß. Die persönlichen Maßstäbe, Vorlieben und Sympathien eines Redakteurs dürfen hier keine Rolle spielen.

5.1.3 Gewichtung

Sowohl innerhalb einer einzelnen Nachrichtenmeldung, vor allem aber in der gesamten Nachrichtensendung, kommt es auf die Gewichtung der Informationen an: Wieviel Platz wird also einem Thema oder dem Aspekt eines Themas eingeräumt und an welcher Stelle wird ein Teilaspekt in einer Meldung beziehungsweise eine Meldung in einer Sendung plaziert?

Zur Gestaltung einer Meldung wird später mehr gesagt werden. Zunächst zur Gewichtung innerhalb einer Nachrichtensendung:

Hier stellt sich die Grundsatzfrage, ob das Wichtigste oder Neueste am Anfang einer Sendung zu stehen hat, also das sogenannte »Aufmacherthema« ist. Diese Frage ist – im Gegensatz zur Zeitung – von Fall zu Fall unterschiedlich zu beantworten.

Der Grund dafür ist, daß eine Zeitung (ähnlich dem Fernsehen) mit seinen Hauptnachrichten einmal oder allenfalls zweimal täglich Redaktionsschluß hat. Redaktionsschluß beim Radio ist demgegenüber jede Stunde. Folglich wird ein Redakteur, wenn ein wichtiges Thema zum erstenmal auftaucht, dieses zum »Aufmacher« machen. Mehrere Stunden lang bleibt dieses Thema unter Umständen an erster Stelle der Nachrichten, wenn nicht inzwischen ein wichtigeres Ereignis gemeldet wird.

Nach einer gewissen Zeit – je nach Thema nach etwa drei bis vier Stunden – wird die Spitzenmeldung durch eine neue, unter Umständen weniger wichtige Meldung verdrängt. Sie rutscht in der Sendung nach hinten, bleibt aber im Programm. Jetzt steht also nicht mehr das Wichtigste vom, sondern das Neueste. Dabei darf es sich natürlich nicht um ein nebensächliches Thema handeln.

Grund dafür ist, die Hörer, die längere Zeit hintereinander mehrere Nachrichtensendungen hören, nicht zu langweilen, ihnen etwas Neues zu bieten, ohne denjenigen, die erst später einschalten, ein wichtiges Thema vorzuenthalten.

Bleibt ein Thema, weil es von außerordentlicher Bedeutung ist, längere Zeit das Spitzenthema und neuere Meldungen werden nicht nach vorne gezogen, dann ist es gut, innerhalb der Spitzenmeldung etwas neues voranzustellen. In der Regel entwickelt sich ein Thema, das zum Aufmacher geworden ist, weiter. Zu politischen Themen gibt es Reaktionen; bei kriegerischen Auseinandersetzungen entwickelt sich die militärische Lage weiter; zu einer Katastrophe gibt es neue Einzelheiten über Zahl der Opfer, Ursache usw., Diese neuen Aspekte werden dann an den Anfang der Meldung gestellt. So bleibt der Grundsatz, daß nach einer gewissen Zeit etwas Neues nach vorn gestellt werden sollte, gewahrt, obwohl das Aufmacherthema selbst gar nicht neu ist. Wichtige Themen können im Laufe eines Tages in den Nachrichten sogar ganz weit nach hinten, in die sogenannten »Zusammenfassungen«, rücken.

Durch den Stunden- und manchmal sogar Halbstundenrhythmus der Nachrichten entsteht der oben geschilderte Wechsel des Aufmachers natürlich mehrmals. Deshalb haben viele Redaktionen mehrmals täglich – vor allem abends -Zusammenfassungen eingeführt. Hier handelt es sich um Sendungen, die zunächst das Neueste bringen und dann im zweiten Teil einen Überblick über andere wichtige Themen bieten. Dieser Teil wird dann bewußt als Wiederholung deklariert, so daß der Hörer, der diese Informationen bereits kennt, nicht den Eindruck haben muß, ihm werde etwas als aktuelle Nachricht präsentiert, was er bereits vor Stunden zu erstenmal gehört hat.

Es kommt durchaus auch vor, daß ein Thema (Kategorie 2 oder 3), nachdem es einige Male oder auch nur einmal gelaufen ist, vorübergehend aus den Nachrichtensendungen verschwindet, um Neuerem und Wichtigerem Platz zu machen. Auch solche Meldungen tauchen oftmals in den erwähnten Zusammenfassungen wieder auf, weil diese zur jeweiligen Zeit einen Überblick, eine Art Zwischenbilanz des Tages geben sollen.

Neben der Aufmacherposition gibt es in einer Nachrichtensendung zwei weitere herausragende Stellen, die mit besonderer Aufmerksamkeit der Zuhörer rechnen können: Die zweite Position und der Schluß der Sendung.

Position zwei ist attraktiv, weil die Aufmerksamkeit des Hörers von der Aufmachermeldung her noch vorhanden ist und zumindest der Beginn der zweiten Meldung noch verfolgt wird – es sei denn, die Spitzenmeldung wäre extrem uninteressant. Dagegen hilft natürlich keine noch so gute Nachrichten-Dramaturgie.

Die letzte Position ist deshalb wichtig und hat mit großer Wahrscheinlichkeit die Aufmerksamkeit der Hörer, weil danach der Wetterbericht kommt. Nachrichtenredakteure mögen dies zwar bedauern, aber viele Hörer schalten die Nachrichten in erster Linie wegen des Wetterberichts ein.

Wichtig für die Informationsauswahl ist die Kontinuität. Das Publikum ist von den Medien zum »Häppchen-Hören« (bzw. -Lesen oder -Sehen) verleitet worden. Zu Beginn des Kapitels wurde im Zusammenhang mit der Faktendimensionierung dargelegt, daß es sinnvoller ist, über wenige wichtige Themen mehr und nicht über möglichst viele Themen so gut wie gar nichts zu berichten.

Gerade in der politischen Berichterstattung kommt es darauf an, das »Prozeßhafte« des politischen Geschehens deutlich zu machen. Die Nachrichtenmedien neigen oft zu einer Art »Stichflammen-Berichter-

stattung«: Ein Ereignis findet statt, wird kurz gemeldet und ist oft nach einigen Stunden, spätestens aber nach einigen Tagen wieder aus der Berichterstattung verschwunden.
Die häufig zu hörende Klage, daß zu viele Menschen sich gar nicht für Politik interessieren und die politischen Informationen oft nicht verstehen, hat hier ihre Ursache. Insbesondere Nachrichtenredakteure und Redakteure aktueller Magazine sind durch die schnelle Abfolge ihrer Programme und die gewaltige Informationsflut kaum noch in der Lage, bei der Informationsauswahl an politisch-historische Zusammenhänge zu denken. Der Augenblick entscheidet. Man kommt allenfalls noch dazu, ein Ereignis in den aktuellen Zusammenhang richtig einzuordnen, aber kaum in den historischen. Aber es ist gerade die historische Dimension, die politisches Verständnis schafft.
Die oben geschilderten Auswahlkriterien, die von der Wissenschaft erarbeitet worden sind, enthalten auch den Begriff »Kontinuität«. Natürlich hat ein Thema, das lange auf der »Agenda« steht, größere Chancen in den Nachrichten vorzukommen, als kurzfristige Ereignisse. Nur werden diese Themen nicht kontinuierlich beobachtet, sondern tauchen stets dann wieder auf, wenn »etwas passiert«.
Die heftige Diskussion über Kernenergie in den Jahren 1976 und 1977 wurde zum Beispiel von den Medien plötzlich nicht mehr wahrgenommen, obwohl das Thema keineswegs abgeschlossen war, sondern in den zuständigen Gremien intensiv weiterbehandelt wurde. Es mußte erst zur Katastrophe von Tschernobyl kommen, um die Problematik wieder auf die Agenda zu bringen, mehr jedoch unter politischen als unter fachlichen Aspekten. Auch nach Tschernobyl verschwand das Thema erstaunlich rasch wieder und tauchte erneut in den Medien auf, als man in der Phase der deutschen Vereinigung den katastrophalen Zustand der Kernkraftwerke in der damaligen DDR entdeckte.
Ein ähnliches Problem stellt sich immer wieder, wenn spektakuläre Themen von den Medien extrem »hochgefahren« werden, der weitere Verlauf aber allenfalls noch knapp registriert wird, weil die Entwicklung nicht den Erwartungen der sogenannten »Meinungsführer-Medien« (Spiegel, Stern, Fernsehmagazine) entspricht.
Ein interessantes Beispiel war die Affäre des früheren Bundeswirtschaftsministers Graf Lambsdorff. Als gegen ihn ein Ermittlungsverfahren wegen Steuerdelikten eröffnet wurde und eine Staatsanwalt-

schaft in einer gewiß nicht unproblematischen PR-Aktion ein Medienspektakel eröffnete, bestimmte der Fall wochenlang die Schlagzeilen. Das Urteil, das für viele Journalisten unerwartet milde ausfiel, wurde dann von vielen Medien nur noch an der Untergrenze der Chronistenpflicht registriert.

Josef Ohler[28] bemerkt dazu aus praktischer Erfahrung: »Kontinuität in der Berichterstattung gibt es gelegentlich schon, freilich immer nur für eine bestimmte Zeit – bis sich ein anderes Thema in den Vordergrund schiebt.« Diese Thematisierung gilt gleichermaßen für Auslands- wie Inlandsnachrichten. Mögliche Konsequenzen für den Nachrichtenredakteur:

- Er sollte sich durch »große« Themen nicht den Blick verstellen lassen für andere Dinge.
- Er sollte ab und zu die Gelegenheit wahrnehmen, den Hörern die »großen« Themen von gestern in Erinnerung zu rufen und in ihrer Weiterentwicklung vorzuführen.
- Er sollte sich selbst – soweit das möglich ist – über alle wichtigen Entwicklungen in der Welt auf dem laufenden halten, auch wenn sie im Augenblick unterhalb der Nachrichtenschwelle liegen. Er ist dann wenigstens ausreichend vorinformiert, wenn eine langfristige Entwicklung durch ein spektakuläres Ereignis plötzlich zum Thema wird.«

Das Thema »Gewichtung« von Informationen spielt, wie gesagt, eine Rolle innerhalb der einzelnen Meldungen und im Rahmen einer Nachrichtensendung. Auf die Gewichtung kommt es aber auch im Gesamtprogramm an. Es stellt sich immer wieder die Frage, ob – und wenn ja – wie weit eine Nachrichtensendung auf das Programm-Umfeld Rücksicht nehmen muß. Es wurde schon gesagt, daß Nachrichten das wichtigste Strukturelement des Radios sind. Hinzu kommt – wie die oben vorgestellte Präferenzliste belegt – daß Nachrichten für die wichtigsten Wortsendungen gehalten werden. Wegen der dichten Folge der Nachrichten nehmen die sogenannten Kornplementärsendungen auch oft Bezug auf diese. Ob dies ausdrücklich gesagt wird (»Wie sie

---

[28] Josef Ohler, in: Fest, Lumma, Ohler, Radionachrichten, Stuttgart, Frankfurt, Saarbrücken 1987

vorhin in unseren Nachrichten gehört haben ... « oder ähnlich) oder ob dies lediglich inhaltlich geschieht, indem ein Nachrichtenthema aufgegriffen und vertieft wird, spielt keine Rolle.

Jedenfalls bestimmen die Nachrichten stark die Thematik der Komplementärsendungen – die »Agenda-Setting-Function« des Nachrichtenredakteurs gilt also nicht nur für die öffentliche Diskussion, sondern auch für das Programm-Umfeld der jeweiligen Rundfunkanstalt. In diesem Zusammenhang taucht in Funkhäusern immer wieder die Frage auf, ob es zwischen Nachrichten- und Komplementärsendungen eine Wechselbeziehung gibt, ob sich eine Nachrichtenredaktion auch gegebenenfalls nach einer Komplementärsendung, zum Beispiel nach einem Magazin richtet.

Grundsätzlich müssen die Nachrichten – wie dargelegt – alle wichtigen Themen behandeln. Magazine usw. dürfen sich eine punktuelle Berichterstattung leisten. Sie müssen es oft sogar, weil sie nicht so oft im Programm sind. Hinzu kommt, daß sie die meisten Beiträge selbst in radiophoner Form realisieren und sich nicht auf das Verlesen von Meldungen beschränken. Somit wird es immer Themen geben, die zwar in Nachrichten, nicht aber in Komplementärsendungen auftauchen. Aber es kommt auch regelmäßig vor, daß Redakteure von Komplementärsendungen eigenrecherchierte Themen realisieren. In diesen Fällen ist es sinnvoll, mit der Nachrichtenredaktion zu kooperieren, so daß aus den Magazinthemen eigenständig von der einen oder der anderen Redaktion Meldungen für die Nachrichten formuliert werden.

Es gibt auch den Fall, der gelegentlich zu Kontroversen zwischen Redaktionen führt, daß eine Magazinredaktion oder auch eine Kommentarredaktion ein Thema behandeln möchte, das die Nachrichtenredaktion für ihre Sendung nicht oder nicht mehr vorgesehen hat. Wenn es sich zumindest um ein nachrichtliches »Kann-Thema« handelt, sollte eine Nachrichtenredaktion hier kooperationsbereit sein. Es sei denn, das Thema wäre völlig abwegig für eine Nachrichtensendung oder es wäre zeitlich überholt.

Grundsätzlich ist aber das Zusammenspiel aktueller Redaktionen notwendig. Es ist sinnvoll, wenn wichtige Themen, die in Magazinen oder Kommentarsendungen laufen, zuvor in den Nachrichten auftauchen. Das Problem ist ein typisch »öffentlich-rechtliches«. Private Radioan-

bieter sind einfacher organisiert, meist kleiner, und die Redakteure haben naturgemäß engeren Arbeitskontakt. Gelegentlich wird auch gefordert, die Informationsauswahl solle sich nach dem zu vermutenden Publikum richten, sie sollte zu verschiedenen Tageszeiten unterschiedlich sein.
Bei reinen Zielgruppensendungen könnte dies sinnvoll sein, zum Beispiel in Jugendsendungen, Kindersendungen usw., soweit diese überhaupt Informationen im Sinne von Nachrichten enthalten.
Es wäre aber nicht vertretbar, wenn man bei einem Programm, das sich an ein allgemeines Publikum richten muß, Unterschiede gemacht würden, zum Beispiel, ob man zu einer bestimmten Zeit eher ein Hausfrauen- und Rentnerpublikum erwartet oder überwiegend Berufstätige als Publikum vermutet. Es gibt zu allen Zeiten Gruppen, die stärker vertreten sind und solche, die eine Minderheit darstellen. Dies wechselt aber rasch und außerdem ist keinesfalls sicher, ob diese unterschiedlichen Gruppen auch unterschiedliche Informationsbedürfnisse haben.
Es gibt jedenfalls keine gesicherten Belege dafür und man sollte die Nachrichtenauswahl nicht ohne Not schwieriger machen, als sie ohnehin ist.

5.1.4 Die Nachrichtenmeldung – die journalistische Grundform

Der Nachrichtenredakteur hat bei seiner Arbeit den drei Grundmaximen
- Richtigkeit der Informationen,
- Schnelligkeit der Weitergabe an den Hörer,
- Präzision und Geschliffenheit der Formulierung zu genügen.

Da diese Reihenfolge verbindlich ist, wird es immer Kontroversen geben zwischen Wissenschaftlern, die in aufwendigen Nachuntersuchungen feststellen, daß diese oder jene Formulierung besser nicht gebraucht worden wäre und Nachrichtenredakteuren, die oft wenige Minuten vor Beginn oder sogar noch während der Sendung den Text einer aktuellen Meldung zu schreiben haben. Dennoch sind selbstverständlich dramaturgische und stilistische Grundsätze zu beachten:

Nachrichten werden im Lead-Satz-Stil geschrieben. Alle wichtigen Informationen sollten im Einleitungssatz einer Meldung enthalten sein.

Dieser Grundsatz gilt für die Nachrichtenarbeit allgemein, auch und gerade für Nachrichtenagenturen und Zeitungen. Bei Radionachrichten darf man nämlich durchaus von dieser Regel abweichen. Im ersten Satz müssen die allerwichtigsten Informationen stehen.
Aber auch im zweiten Satz können im Radiotext noch Informationen stehen, die ein Zeitungsredakteur noch im Leadsatz unterbringen würde. Der Grund: Leadsätze werden sonst mit Informationen überladen und dadurch zu lang. Sie sind damit (vergleiche unten »Fürs Mikrofon schreiben«) radio-ungeeignet.
»Wichtigste Informationen« – das ist die Antwort auf die berühmten sechs »W-Fragen«:
- Wer?
- Wann?
- Wo?
- Was?
- Wie?
- Warum?

Die Antwort auf die Fragen »Wie?« und »Warum?« sollten bei einer Radiomeldung aus den genannten Gründen im zweiten Satz stehen.

Beispiel:
»Der amerikanische Präsident Bill Clinton hat heute auf einer Kundgebung in Washington die Beseitigung der Energieknappheit in den USA innerhalb der nächsten drei Jahre angekündigt.«
In diesem Teil der Meldung sind die Anworten auf die ersten vier W-Fragen enthalten.
»Clinton sagte, nur durch drastische Einsparungen könne die Abhängigkeit des Landes von Ölimporten verringert werden.«
Dies ist die Antwort auf die Frage »Warum?«.
»Er sprach auf einer Veranstaltung des Verbandes der amerikanischen Automobilindustrie. In der anschließenden Diskussion äußerten Vertreter dieses Industriezweigs Bedenken gegen die Vorstellungen Clintons.«
Dieser Absatz geht auf die Frage »Wie?« ein.

Nach diesen drei Absätzen können in der Meldung dann noch weitere Einzelheiten über die erwähnte Veranstaltung in Washington und über die Rede des Präsidenten gebracht werden.
Denkbar wären weitere Einzelheiten über das Konzept von Präsident Clinton, Zitate aus möglicherweise gehaltenen weiteren Ansprachen oder die Mitteilung, wer sich unter den Zuhörern befand.
Wenn dann immer noch Platz und Sendezeit bleibt, dann können Hintergrundinformationen über die Energiesituation in den USA gegeben werden oder man kann zurückblicken auf frühere ähnliche oder gar andere Äußerungen des Präsidenten zu diesem Thema.
Die Meldung kann also je nach vorliegenden Informationen über ein Ereignis und je nach der zur Verfügung stehenden Sendezeit unterschiedlich lang sein.
Aber, und das ist eine wichtige Nachrichtenregel:
Die Meldung muß aufgebaut sein wie eine auf die Spitze gestellte Pyramide.
Sie muß Satz für Satz und sogar Absatz für Absatz gekürzt werden können, und zwar von unten.
Betrachtet man die oben genannten Beispiele unter diesem Aspekt, dann kann man den letzten Teil, also die Hintergrundinformationen streichen.
Auch die Einzelheiten der Veranstaltung könnten notfalls entfallen, ohne daß die Meldung unverständlich wird. Kürzt man weiter von unten nach oben, so bleibt schließlich nur noch der Leadsatz:
»Der amerikanische Präsident Bill Clinton hat heute auf einer Kundgebung in Washington die Beseitigung der Energieknappheit in den USA innerhalb der nächsten drei Jahre angekündigt.«
Würde die Meldung nur aus diesem Satz bestehen, so wäre sie dennoch verständlich. Das eigentlich Neue ist enthalten, ebenso die Angabe, wer dies mitgeteilt hat, sowie wann und wo dies geschehen ist. Natürlich fehlen dieser Kurzmeldung, die nur aus einem Satz besteht, interessante Einzelheiten und Hintergrundinformationen. Aber auch die Einsatz-Meldung ist sinnvoll. Die Pyramidenform macht es möglich, daß eine bereits fertige Meldung kurz vor oder sogar während der Sendung durch bloßes Streichen gekürzt werden kann, ohne daß die allerwichtigsten Informationen und die Verständlichkeit verloren gehen. Kurzfristig und unter Zeitdruck wäre ein Neuschreiben nicht möglich. Wird aber eine Kürzung in letzter Minute

notwendig, weil zum Beispiel wichtige neue Informationen hereinkommen, aber die Sendelänge für die Nachrichten feststeht, dann kann man eine andere Meldung nur in der beschriebenen Weise kürzen oder man müßte ganz auf sie verzichten.

Der Lead-Satz-Stil, der übrigens auch in den angelsächsischen Ländern von den Nachrichtenredakteuren gepflegt wird, geht also davon aus, daß das Wichtigste gleich im ersten Satz gesagt wird und daß alles andere danach kommt.

Man schreibt eine Meldung genau anders herum als man einen Kriminalroman schreiben würde. Im Krimi wird über viele Seiten eine Geschichte entwickelt, und erst am Schluß erfährt der Leser, wer zum Beispiel der Mörder ist. Wäre eine Nachricht zu dem entsprechenden Kriminalfall zu schreiben, so würde der Leadsatz lauten:

»Gestern hat in London der Gärtner A. seinen Arbeitgeber mit Zyankali umgebracht.«

Danach würde man mitteilen, wie es zu dieser Mordtat gekommen ist und wie sie im einzelnen vorbereitet und ausgeführt wurde.

Also: Im Krimi die Auflösung am Schluß. In der Nachricht das Wichtigste im Leadsatz, auch wenn dann die Spannung weg ist. Aber mit Nachrichten soll ja niemand spannend unterhalten, sondern es soll knapp und präzise informiert werden.

Nachrichten werden gegen den Zeitablauf, also nicht historisch geschrieben.

»Bei strahlendem Wetter startete heute morgen pünktlich um 8 Uhr 15 ein Airbus des Typs A-300-600 der Deutschen Lufthansa. An Bord befanden sich 156 Passagiere und dreizehn Besatzungsmitglieder. Das Ziel der Maschine war Las Palmas auf der spanischen Ferieninsel Cran Canaria. Der Flug verlief ruhig und planmäßig. Über der südfranzösischen Stadt Marseille mußte die Maschine fast eine Stunde kreisen, weil der spanische Luftraum wegen eines Fluglotsenstreiks überlastet war. Mit knapp einer Stunde Verspätung begann der Airbus seinen Landeanflug auf Las Palmas. Kurz vor Erreichen des Flughafens stürzte das Flugzeug aus bisher ungeklärter Ursache ins Meer. Die 169 Insassen kamen nach Mitteilung der spanischen Behörden ums Leben.«

So schreibt man vielleicht einen Schulaufsatz, einen Ferienbericht, aber keine Nachrichtenmeldung. Diese müßte lauten:

»Beim Absturz eines Lufthansa-Flugzeugs sind heute auf der spanischen Insel Cran Canaria 169 Menschen ums Leben gekommen. Die Maschine kam aus Frankfurt ... «.
Diese Meldung sagt im ersten Satz alles, was wichtig ist, und dieser Satz animiert auch zum Weiterhören. Es wäre sogar denkbar, den Leadsatz noch weiter zu verkürzen, um so auch den sprachlich nicht sehr schönen »Beim ... «-Satz zu vermeiden, etwa:
»Auf Cran Canaria ist ein Lufthansa Airbus abgestürzt. 169 Menschen kamen bei dem Unglück ums Leben ... «.
Oder nur: »Ein Lufthansa-Flugzeug ist abgestürzt ... «.
Man kann sicherlich davon ausgehen, daß diese knappen Leadsätze jeden Zuhörer weiterhören lassen, auch wenn der erste Satz nicht alle wichtigen Informationen enthält. Bei spektakulären Ereignissen kann man sicherlich so verfahren.
Die meisten Nachrichten enthalten aber »Normaleres«, und da sollte im Leadsatz alles Wichtige mitgeteilt werden. Nach dem Leadsatz sollte man sich als Redakteur fragen, was ein Hörer nun als Nächstes wissen möchte. Davon sollte man die Auswahl der weiteren Informationen für die Meldung abhängig machen und zwar so, wie man einem Bekannten die Geschichte erzählen würde. Man berichtet ja im persönlichen Gespräch auch so:
»Stell Dir vor, ein Lufthansa Airbus ist abgestürzt. Auf Cran Canaria. 169 Tote hat es gegeben. Aus Frankfurt kam die Maschine ... «
Niemals würde man wie in dem oben gegebenen fiktiven Negativbeispiel chronologisch den Flug des Airbus bis zum Absturz erzählen.
Für das Verfassen einer Meldung gelten selbstverständlich alle Regeln, die im Kapitel »Fürs Mikrofon schreiben« erläutert werden.

5.1.5 Nachrichtenquellen

Die Quellen der Nachrichten sind in der Regel die großen internationalen Nachrichten-Agenturen. Nachrichten-Agenturen sind Unternehmen, die weltweit oder in einzelnen Ländern Nachrichten mit Hilfe eigener Mitarbeiter oder auf der Basis von Vertragsagenturen sammeln, daraus einen regelmäßigen Dienst herstellen, den die Kunden (Radio-, Fernseh- und Zeitungsredaktionen) abonnieren. Die Kunden bezahlen einen Pauschalpreis und dürfen dann alle Informa-

tionen, die die Agentur liefert, für ihre eigenen publizistischen Produkte verwenden.
Auf dem deutschen Medienmarkt werden in deutscher Sprache folgende Agenturen angeboten:
DPA (Deutsche Presse Agentur) und DDP/ADN, zwei deutsche Agenturen. Die DPA liefert neben dem sogenannten Basisdienst mit einem weltweiten Nachrichtenangebot noch regionale Nachrichten in den eigenständig arbeitenden sogenannten Landesdiensten. Die DPA, eine GmbH, deren Anteilseigner die deutschen Zeitungen und die Rundfunkanstalten sind, hat ihren Sitz in Hamburg. DDP/ADN ist ein Zusammenschluß des früheren Bonner DDP (Deutscher Depeschendienst) und der früheren DDR-Agentur ADN (Allgemeiner Deutscher Nachrichten-Dienst).
Deutsche Dienste verbreiten außerdem die britische Agentur REUTERS, die in Berlin eine große Redaktion unterhält, und AP (Associated Press) mit ihrer Deutschland-Zentrale in Frankfurt am Main. Ebenfalls einen allgemeinen Nachrichtendienst in deutscher Sprache liefert die große französische Agentur AFP (Agence France Presse).
Zu diesen allgemeinen Nachrichtendiensten der großen Agenturen gibt es noch eine Reihe von Spezialdiensten:
SID (Sport-Informationsdienst), VWD (Vereinigte Wirtschaftsdienste), EPD (Evangelischer Pressedienst), KNA (Katholische Nachrichtenagentur).
Außerdem liefern Organisationen wie Parteien, Verbände usw. Nachrichten in regelmäßiger Folge im Abonnement. Hierbei handelt es sich aber um interessenbezogene Nachrichten, d.h. um Public Relations-Informationen.
Zur Eigenrecherche kommen Nachrichtenredakteure bei der Gestaltung der Weltnachrichten nur noch selten. Dabei handelt es sich dann um Nachrecherchen und nicht um Basisrecherchen (vgl. den Abschnitt über die Recherche).
Im Regionalbereich werden demgegenüber Nachrichten fast immer selbst recherchiert, weil das Angebot der Agenturen auf diesem Gebiet nicht ausreichend ist. Gelegentlich besuchen Nachrichtenredakteure Veranstaltungen wie Parteitage usw., um selbst für die Nachrichten zu berichten.
Daß der Nachrichtenfluß der Agenturen immer breiter wird und die Menge der einlaufenden Meldungen kaum noch zu bewältigen ist,

wurde zu Beginn des Kapitels über die Nachrichten bereits gesagt. Für den Nachrichtenredakteur stellt sich in der Praxis – neben der Nachrichtenauswahl aus der Vielzahl der aus den unterschiedlichsten Quellen kommenden Informationen – die Frage, wann die jeweilige Quelle genannt werden muß oder zumindest genannt werden sollte. Die Agenturen selbst nennen jede Quelle, aus der sie ihre Informationen beziehen, mit Ausnahme der wenigen Fälle, in denen aus Gründen des Informantenschutzes darauf verzichtet werden muß.
Der Grund dafür, daß Agenturen ihre Meldungen mit Quellenangaben versehen, besteht darin, daß die Benutzer der Dienste – das sind die Redakteure in Radio-, Fernseh- und Zeitungsredaktionen – die Meldungen bewerten und auch die Qualität der Quelle als Auswahlkriterium benutzen können. Dies bedeutet, daß der Nachrichtenredakteur in einer Rundfunkredaktion normalerweise die Originalquelle nennt.

Beispiel:
»Die russischen Truppen in Jugoslawien sollen nach Angaben des russischen Präsidenten Boris Jelzin in Kürze erheblich reduziert werden.«

Hier ist Jelzin die eigentliche Quelle der Nachricht. Er wird also genannt. Daß man diese Meldung von der Agentur REUTERS erhalten hat, wird normalerweise nicht gesagt. Davon gibt es aber Ausnahmen, so zum Beispiel:
- Die Quelle selbst hat Nachrichtenwert: »Der Papst schreibt eine Kolumne in einer deutschen Boulevardzeitung«.
- Die Meldung enthält (vermutlich) eine politische Tendenz: »Die Arbeitslosigkeit in den neuen Bundesländern wird in diesem Jahr die 50 %-Marke erreichen. Dies teilte der SPD-Pressedienst mit«.
- Der Zeitfaktor soll herausgearbeitet werden: »Die Arbeitslosenrate im Bauhauptgewerbe betrug im vergangenen Jahr 1,5 %. Dies teilte heute die IG-Bau/Steine/Erden in Düsseldorf mit.
- Eine besondere Leistung eines anderen Nachrichtenmediums soll erwähnt werden: »Die Frankfurter Allgemeine Zeitung bringt ein Interview mit dem irakischen Präsidenten Saddam Hussein unmittelbar nach der Niederlage seines Landes im Golfkrieg.«

- Und der wichtigste und häufigste Fall der Quellennennung: Man hat Zweifel an der Richtigkeit einer Meldung. Nur eine Agentur hat etwas Spektakuläres gemeldet. Es gibt keine offiziellen Bestätigungen, und man hat selbst im Augenblick nicht die Möglichkeit zur Nachrecherche.

Beispiel:
»DPA meldet den Rücktritt des russischen Präsidenten Boris Jelzin.«

5.1.6 Zitate

Die Technik des Zitierens wird im Abschnitt »Fürs Mikrofon schreiben« ausführlich dargestellt. Da ein großer Teil der Nachrichten – man mag dies bedauern – aus der Wiedergabe von Äußerungen besteht, muß ein Nachrichtenredakteur korrekt damit umgehen. Viele Äußerungen, die gebracht werden müssen, sind oft zu lang und dazu noch unverständlich. Sie müssen vom Redakteur gekürzt werden. Ob sie auch um der besseren Verständlichkeit willen im Radio bearbeitet werden dürfen, ist eine schwer zu beantwortende Frage:
So problematisch das Kürzen und Auswählen sein mag, wesentlich problematischer ist das Umsetzen, Verdeutlichen, Dolmetschen.
In vielen Fällen wird auch hier der Politiker Verständnis haben, dem Journalisten sogar dankbar sein, wenn es diesem gelingt, den Sinn seiner Äußerung schärfer herauszuarbeiten. Vielleicht ahnt er, daß er sich unklar, ungeschickt oder zu fachsprachlich ausgedrückt hat.
In anderen Fällen wird er über eine interpretierende Darstellung empört sein oder gar von Verfälschung sprechen und »Protest« rufen. Und er kann dann tatsächlich entgegenhalten: »So habe ich das nicht gesagt.«
Sei es, daß er bewußt stark differenziert hat, sei es, daß er dem Publikum absichtlich mit Fachwörtern imponieren wollte, sei es, daß er die Absicht hatte, durch eine eher nebulöse Formulierung eine Festlegung zu vermeiden. All das werden Reporter und Redakteure zu bedenken haben, wenn sie eine wörtliche Äußerung »sinngemäß« wiedergeben.
Eine brauchbare Formel könnte lauten: »Verdeutlichen ja – Verändern

nein! «[29] Erfahrene Redakteure und Reporter wissen im übrigen, welche Politiker und andere Personen des öffentlichen Lebens sich bewußt mißverständlich ausdrücken, um sich im Fall unerwünschter Reaktionen alle Optionen offen zu halten. In diesen Fällen sollte man wörtlich zitieren und nicht sinngemäß berichten. Oft ist eine andere Methode noch besser: Auf Berichterstattung ganz verzichten, denn wer sich absichtsvoll unklar ausdrückt, hat in der Regel nichts Wichtiges mitzuteilen und will die Medien lediglich politisch instrumentalisieren.

5.1.7 Sperrfristen

Sperrfristen sind in jeder Redaktion ein leidiges Thema. Nachrichten werden an Redaktionen verbreitet über Agenturen oder auch direkt von Parteien, Verbänden, Ministerien, Unternehmen, usw. Ihre Veröffentlichung wird aber bis zu einem bestimmten Zeitpunkt gesperrt. Es gibt Fälle, in denen Sperrfristen eingehalten werden müssen, es gibt solche, die man nicht beachten muß und es gibt Meldungen, bei denen ein sinnvoller Kompromiß möglich ist.

Fall 1:
Auf jeden Fall müssen Sperrfristen bei Reden beachtet werden. Erst wenn sicher ist, daß eine Rede auch tatsächlich gehalten ist, darf eine möglicherweise darüber vorher verbreitete Meldung gesendet werden. Die Freigabe muß man in diesem Fall auch deshalb abwarten, weil der Redner ja möglicherweise auch von dem vorher verbreiteten Text abgewichen ist. Außerdem könnte ein Redner aus vielerlei Gründen ganz an seinem Auftritt gehindert worden sein. Bei der meist vorher aufgezeichneten Weihnachtsansprache des Bundespräsidenten sollten die üblicherweise vorab gesendeten Meldungen darüber mit einem Zusatz versehen werden, wann die Rede ausgestrahlt wird. Kurios muten dann allerdings Meldungen an, die durchaus vorkommen:

---

[29] Josef Ohler, in: Fest, Lumma, Ohler, Radionachrichten, Stuttgart, Frankfurt, Saarbrücken 1987

»Der Politiker XY forderte vor den Delegierten des Kongresses eine Erhöhung der Bezüge der Beamten um mindestens 5%. Die Rede wurde mit anhaltendem Beifall bedacht. (Sperrfrist 13:00 Uhr)«.

Fall 2:
Sperrfristen, die nur gegeben werden, um bestimmten Medien und deren Journalisten Vorteile und Bequemlichkeiten zu verschaffen, müssen nicht eingehalten werden, zum Beispiel Berichte von Organisationen wie der *Deutschen Bundesbank* usw. Der Bericht ist lange vor der Pressekonferenz, auf der er präsentiert wird, an viele Redaktionen verschickt worden. Am Dienstag um 11:00 Uhr gibt es die besagte Pressekonferenz. Der Bericht ist gesperrt bis Mittwoch früh. So sollen insbesondere die Tageszeitungen und damit deren Wirtschaftsredaktionen die Möglichkeit haben, zuerst mit diesen Informationen auf dem Markt zu sein.

Das Verfahren widerspricht aber völlig dem normalen Rhythmus der Medienlandschaft. Es ist nun einmal so, daß über ein Ereignis von heute noch am selben Tag von Radio und Fernsehen berichtet wird und logischerweise erst am nächsten Tag in den Zeitungen. Das ist so, seit es elektronische Informationsmedien gibt.

Folglich kann eine Institution wie die Bundesbank nicht verlangen, daß Radio und Fernsehen die Informationen zurückhalten und nicht sofort darüber berichten, wenn eine Veröffentlichung vorliegt. Dies gilt um so mehr, als Behörden zur Auskunft und damit zur Information der Öffentlichkeit verpflichtet sind. Ein Privatunternehmen kann seine Informationspolitik selbst bestimmen und Informationen geben, wann und an wen es will. Die Medien sind dann ebenso frei, über ein solches Unternehmen zu berichten oder auch nicht.

Fall 3:
Es gibt Sperrfristen, die man nicht nur einhält, sondern die man unter Umständen aus Gründen der eigenen Sicherheit verlängert. Gemeint ist der Fall, daß Zeitungen oder auch Rundfunkanstalten über Exklusiv-Informationen oder Exklusiv-Interviews verfügen, die sie als Vorabmeldung an die Nachrichtenagenturen und zum Teil auch direkt an die Nachrichtenredaktionen des Rundfunks geben. Ziel sind natürlich Imagegewinn und Auflagensteigerungen.

Diese Meldungen werden oft, aber nicht immer, mit Sperrfrist versehen. Liegt eine Sperrfrist vor – sie bezieht sich dann auf den Erscheinungszeitpunkt der Information – dann ist sie einzuhalten. Die betreffende Zeitung oder Rundfunkanstalt will sich so das Erstveröffentlichungsrecht sichern, gleichwohl aber den Werbeeffekt erzielen, daß im nachhinein über die Exklusivstory mit Quellennennung berichtet wird.
Enthalten solche Vorabmeldungen keine Sperrfrist, dann ist zumindest Vorsicht geboten, denn man hat bei einer Vorab-Veröffentlichung keine Möglichkeit zu prüfen, ob die Vorausmeldung mit der tatsächlich gedruckten oder gesendeten Information oder Aussage übereinstimmt. Es gibt immer wieder Fälle, in denen dies nicht so ist.
Meldungen setzen – sei es aus politischer Absicht oder bedingt durch die Verkürzung einer längeren Geschichte zu einer Nachricht – durchaus gelegentlich die Akzente falsch. Man kommt als Nachrichtenredakteur durch solche Vorabmeldungen durchaus gelegentlich in Schwierigkeiten. Vorsicht ist also geboten. Manchmal lohnt die Nachrecherche. Es gibt aber auch viele Vorab-Veröffentlichungen, auf die man in den Nachrichten verzichten kann.

5.1.8 Wirkung bedenken

Das Radio genießt – und dies hat weitgehend historische Gründe – hohe Glaubwürdigkeit (vgl. den Abschnitt »Recherche«). Der Satz »Das Radio hat gesagt.« gilt für viele bis auf den heutigen Tag. Von den verschiedenen Radioprogrammen ist wiederum die Glaubwürdigkeit der Nachrichten am größten. Um so wichtiger ist es, hier die Wirkung, die Nachrichten auslösen können, zu bedenken. Zwar steht die Chronistenpflicht allem voran, aber dennoch muß man bei der Frage »bringen« oder »nicht bringen« in bestimmten Situationen nachdenken, ob eine Veröffentlichung unter Umständen soziales Fehlverhalten auslöst und damit Schaden entsteht.
Dies als Zurückweichen vor »Zensur« oder als »Selbstzensur« zu diskreditieren, ist ebenso töricht wie leichtfertig. Wenn sich ein Redakteur Gedanken darüber macht, ob er möglicherweise Schaden anrichtet,

dann verdient dies eher Respekt. Es gibt zwei Bereiche, in denen die mögliche Wirkung von nachrichtlichen Veröffentlichungen eine Rolle spielen kann:
1) Die Fälle, in denen Journalisten aus eigenem Antrieb über die Folgen ihrer Nachrichtengebung nachdenken und unter Umständen unsicher werden.
2) Die Fälle, in denen Redakteure von außenstehenden Personen oder Institutionen veranlaßt werden, die Wirkung von Nachrichten zu bedenken und evtl. auf eine Veröffentlichung zu verzichten.

Zum ersten Fall:

Beispiel A:
Frühmorgens erreicht die Nachrichtenredaktion einer Rundfunkanstalt eine Agenturmeldung, in einem Supermarkt der Stadt seien mit Quecksilber vergiftete israelische Orangen aufgetaucht.
Ein verantwortungsbewußter Nachrichtenredakteur wird bei dieser Meldung zwei mögliche Wirkungen bedenken. Hält er die Meldung zurück, dann vergibt er unter Umständen die Möglichkeit, Menschen davor zu warnen, sich zu vergiften. Sendet er die Meldung sofort, riskiert er, daß Menschen, die gerade israelische Orangen verzehrt haben, panisch reagieren, bis hin zum Selbstmord, um einem qualvollen Gifttod zu entgehen. Hinzu kommt der Schaden, der für die israelische Zitrusfrüchtewirtschaft entstehen kann – ein Aspekt, der allerdings keine Rolle spielen darf, wenn es um Menschenleben geht. Man kann sich in diesem Fall eigentlich nur falsch verhalten.
Es kann deshalb nur eine Lösung des Problems geben: Bevor man die Meldung bringt, muß eine sorgfältige Recherche erfolgen, bei der einige Fragen zu klären sind. Zum Beispiel: Handelt es sich um einen Einzelfall, hat sich zum Beispiel jemand mit einem Ladeninhaber einen üblen Scherz erlauben wollen, oder droht möglicherweise eine Serie von Giftanschlägen? Wie gefährlich ist Quecksilber für den menschlichen Organismus? Verfügt man über genügend zusätzliche Informationen, dann muß man die Meldung mit den entsprechenden Einschränkungen und Vorbehalten bringen.

Beispiel B:
Eine Nachrichtenredaktion erhält Kenntnis von bevorstehenden Ölpreiserhöhungen. Wird die Meldung gebracht, dann wird es mit einiger Wahrscheinlichkeit zu Hamsterkäufen kommen.
Dennoch muß die Nachricht veröffentlicht werden. Bloße wirtschaftliche Opportunitätsüberlegungen dürfen die Chronistenpflicht nicht in Frage stellen. Die Glaubwürdigkeit des Mediums würde überdies gefährdet.

Beispiel C:
Eine Großdemonstration wird angekündigt. Sie ist angemeldet und nicht verboten worden. Im Vorfeld gibt es eine Fülle von Aktionen, die auf die Veranstaltung aufmerksam machen sollen.
Grundsätzlich werden Demonstrationen nicht mit genauer Zeit- und Ortsangabe angekündigt.
Selbstverständlich wird über eine Demonstration unter Wahrung journalistischer Auswahlkriterien berichtet, auch wenn die Demonstration noch im Gange ist. Die Zurückhaltung bei Aufrufen zu derartigen Veranstaltungen oder bei Gerüchten, die als Aufruf mißverstanden werden könnten, kann jedoch schwer durchzuhalten sein. Dies ist dann der Fall, wenn im Vorfeld mit phantasievollen Aktionen scheinbar ohne direkten Bezug zur erwähnten Demonstration Werbung für das Anliegen gemacht wird. Grundsätzlich ist in solchen Fällen aber Zurückhaltung geboten.

Zum zweiten Fall:

Beispiel A:
Eine große Zahl von Menschen ist beim Abmarsch von einem Flugtag auf einer amerikanischen Luftwaffenbasis im Rhein-Main-Gebiet. Dort war es auch zu antiamerikanischen Demonstrationen gekommen. In diesem Augenblick läuft in den Redaktionen von Zeitungen und Rundfunkanstalten die Meldung ein, bei einem anderen Flugtag, etwa 30 km entfernt, sei bei einer Vorführung ein Militärflugzeug abgestürzt. Zwei Zuschauer seinen dabei getötet worden.
Wenn nun die Polizei mit der Begründung, man befürchte, daß sich die Masse von dem Großflugtag zur Unglücksstelle begebe und die Polizei in Schwierigkeiten bringe, um Nicht-Veröffentlichung der Mel-

dung bittet, dann gibt es nur eine Entscheidung: Einem solchen Ansinnen darf eine Redaktion natürlich nicht nachkommen.

Beispiel B:
Ganz anders sieht der Fall aus, wenn die Polizei bittet, eine Meldung von einem schweren Unglück vorübergehend zurückzuhalten und erst später zu senden. Begründung: Es besteht Gefahr, daß – durch die Radiomeldung animiert – viele Schaulustige zur Unglücksstelle fahren und dadurch Rettungs- und Einsatzfahrzeugen den Weg versperren, so daß Menschen in Gefahr geraten können. Hier muß man der Bitte der Behörden entsprechen. Menschenleben haben absolute Priorität, und es verstößt auch nicht gegen die Chronistenpflicht, wenn eine Unglücksmeldung zwei oder drei Stunden später läuft.

Beispiel C:
Im politischen Bereich wird diese Problematik noch deutlicher. Wenn zum Beispiel eine Redaktion am Rande von Koalitionsverhandlungen Kenntnis von der neuen Kabinettsliste erhält, so steht diese selbstverständlich zur Veröffentlichung frei. Auch wenn der Wunsch an die Redaktion herangetragen wird, mit der Veröffentlichung zu warten, bis die Beratungen beendet sind, ist dies kein Grund für den Verzicht auf Berichterstattung. Die Betroffenen können sich nur schützen, indem sie selbst dafür sorgen, daß dergleichen Informationen nicht nach draußen dringen.

Beispiel D:
Im Falle einer Kindesentführung und anschließender Großfahndung bittet die Polizei die Journalisten, bereits herausgefundene Informationen nicht zu verwenden. In diesem Fall muß man, um das Leben des entführten Kindes zu schützen, der Bitte der Polizei entsprechen.

Der Krieg am persischen Golf Anfang des Jahres 1991 hat die Medienlandschaft in allen Ländern, in denen es freie Berichterstattung gibt, geradezu in Aufruhr versetzt. Das Wort »Zensur« war in aller Munde. Natürlich wurden Berichte von Militärbehörden zensiert, das geschieht in vielen Ländern tagtäglich. Das ist zu bedauern, aber wichtiger als die Zensur im Golfkrieg war das, was fälschlicherweise ebenfalls unter diesen Begriff subsumiert wurde, nämlich eine Nachrichtensperre durch die verantwortlichen Politiker und Militärs. Dies ist aber ein Unterschied. Es ist etwas anderes, wenn man Zugang zu Informationen hat, an der Weitergabe aber durch Zensoren gehindert wird, oder ob man gar nichts erfährt und von den Ereignissen weitgehend ausgeschlossen wird.

Die Aufregung während des Golfkrieges war groß. Die Militärs begründeten ihre Nachrichtensperre mit Sicherheitsüberlegungen. Das wurde zunächst als vorgeschobenes Argument betrachtet und weitgehend kritisiert. Nun hat sich bekanntlich nach dem Ende des Krieges herausgestellt, daß ein großangelegtes Täuschungsmanöver des alliierten Oberkommandos zu einer raschen Beendigung der Kampfhandlungen führte. Diese Täuschung war natürlich nur durch die strikte Geheimhaltung möglich. Man muß fragen, was Journalisten, die sich über die Nachrichtensperre erregt haben, gesagt hätten, wenn aufgrund detaillierter Berichterstattung die Täuschung der Iraker nicht gelungen wäre und noch weitere Tausende von Soldaten ums Leben gekommen wären. Man hätte Politikern und Militärs vermutlich Versagen vorgeworfen. Im Kosovo-Konflikt des Jahres 1999 war es übrigens nicht anders.

Selbstverständlich muß man sich als Journalist gegen jede Beschneidung der Berichterstattungsfreiheit und dagegen, daß man instrumentalisiert wird, wehren. Aber es kommt auf eine sorgfältige Güterabwägung an.

Journalisten sind im übrigen, wenn sie parteipolitisch – im eigenen Sinne -instrumentalisiert werden, oftmals gar nicht so zimperlich.

Außerdem gehen wir fälschlicherweise davon aus, wir hätten bei uns im Normalfall Zugang zu allen Informationen. In Wirklichkeit glauben die meisten nur daran. Wenn zum Beispiel der Regierungssprecher vor die Bundespressekonferenz tritt, um über eine Sitzung des Bundeskabinetts zu informieren, dann sagt er beileibe nicht alles, was von der Regierung behandelt und entschieden wurde, sondern nur das, was an die Öffentlichkeit kommen soll. Auch auf Fragen erfahren die Journalisten nicht mehr, als sie erfahren sollen. Sprecher anderer Institutionen und von Firmen verhalten sich nicht anders.

Manch zusätzliche Nachricht kommt zutage durch sogenannte Vertrauensjournalisten. Es gibt Personen, Institutionen, Firmen usw., die bestimmten, von ihnen für besonders vertrauenswürdig gehaltenen, Journalisten exklusive Informationen beziehungsweise Hintergrund-

Informationen zukommen lassen. Das kann für einen Journalisten und seine Redaktion sehr nützlich sein. Man muß dabei aber auch die Gefahr sehen, daß man meistens instrumentalisiert wird und unter Umständen Verpflichtungen eingeht, aus denen man nur noch schwer herauskommt und die einen abhängig und damit unglaubwürdig machen. Der Umstand, daß nicht selten Parteibuch-Karrieren von Journalisten auf diese Weise gefördert werden, macht das ganze nicht besser, sondern dokumentiert die Führungsproblematik in manchen Funkhäusern.

5.1.9 Nachrichten mit O-Ton

Im Ausland, vor allem in den angelsächsischen Ländern, sind die Nachrichten mit Originalton-Einblendungen seit vielen Jahren eine Selbstverständlichkeit. Eine Nachrichtensendung schließt Originaltöne ein. Sie kann solche enthalten, dies muß aber nicht der Fall sein. In Deutschland waren Sendungen mit O-Tönen lange Zeit verpönt, sie galten als unseriös, als Sieg der Form über den Inhalt. Man bevorzugte die »klassische«, die vom Redakteur geschriebene und vom Sprecher verlesene Sendung. Das hat sich geändert. Nahezu alle deutschen Rundfunkanstalten haben heute O-Ton Nachrichten im Programm – selbstverständlich sind sie noch immer nicht. Sie werden zu bestimmten, festgelegten Zeiten gesendet und haben auch meist einen anderen Namen: »Radioreport«, »Telegramm«, »Kompakt«, »Aktuell« usw. Offenbar fühlt man sich noch nicht recht wohl dabei in den Nachrichtenredaktionen und glaubt, diese Programme von den eigentlichen Nachrichtensendungen abgrenzen zu sollen. An und für sich sollten O-Töne immer dann im Rahmen ganz normaler Nachrichten auftauchen, wenn es solche Beiträge gibt und nicht, wenn eine dafür vorgesehene Sendung im Programm steht. Die privaten Anbieter tun sich dabei sehr viel leichter. Allerdings müssen O-Töne in normalen Nachrichtensendungen auch »Nachrichten O-Töne« sein und nicht Korrespondentenberichte, die kommentierende Bemerkungen enthalten. Es gibt zwei Arten von Nachrichten O-Tönen: den »echten« und den »unechten« O-Ton. Beide sind in Nachrichtensendungen erlaubt.

Der echte O-Ton ist die Äußerung eines Akteurs des gesellschaftlichen Lebens, eines Politikers, Künstlers, Wirtschaftsexperten, Sportlers usw. Die Äußerung kann als Statement eigens für die Nachrichtensendung aufgenommen sein. Es kann sich dabei aber auch um den Ausschnitt aus einer Veranstaltung handeln, zum Beispiel aus einer Parlamentsdebatte, einer Pressekonferenz, einem Vortrag usw.
Unechte O-Töne sind journalistische O-Töne, Statements von Reportern oder Korrespondenten.
Beide Typen von O-Tönen bergen Probleme. Die größte Schwierigkeit bei den echten O-Tönen besteht darin, daß sie in der Regel (von eigens eingeholten Statements abgesehen) aus einem größeren Zusammenhang herausgeschnitten werden müssen. Die Gefahr der Manipulation, daß z. B., eine Äußerung aus dem Zusammenhang gerissen und dadurch verschärft, falsch akzentuiert oder gar verfälscht wird, ist groß.
Im Gegensatz zu einer geschriebenen Meldung, die man redigieren oder gegebenenfalls völlig umschreiben kann, müssen beim Schneiden von 0-Tönen technische Fragen bedacht werden. Man kann – ebenso wie bei anderen Sendeformen – nicht einfach an einem Satzende oder innerhalb eines Satzes schneiden. Voraussetzung ist zum Beispiel, daß der Sprechende die Stimme gesenkt hat, da sonst ein Schnitt hörbar wird. Man ist also beim Herausschneiden einer O-Ton-Passage aus einer längeren Aufnahme oftmals gezwungen, mehr Text zu verwenden, als man eigentlich für die Sendung braucht, weil eben ein Schnitt vorher nicht möglich ist. Auf diese Weise kommen Passagen in einen O-Ton, die man eigentlich gar nicht benötigt, die ihn verlängern, ohne daß der Inhalt umfänglicher wird. Es wird also unter Umständen der bloßen Form wegen Sendezeit vergeudet. Bei einer klassischen Nachrichtensendung mit geschriebenen Meldungen besteht diese Gefahr nicht. Gleichwohl hat der O-Ton, vor allem der sogenannte »echte«, einen hohen Reiz und erhöht die Authentizität einer Sendung.
Die Problematik des Schneidens gibt es auch bei den unechten, also journalistischen O-Tönen. Dieser O-Ton-Typ birgt darüberhinaus andere Probleme. Viele Radiokorrespondenten des öffentlich-rechtlichen Rundfunks sind es seit langen Jahren gewöhnt, längere Berichte

zu liefern, die noch dazu Meinungspassagen enthalten. Sie sind lange Zeit nicht gefordert gewesen, Nachrichtenbeiträge zu liefern. Zunehmend bieten sie den Redaktionen auch kurze Nachrichten-Statements an. Sehr oft schneiden Redaktionen aber Nachrichten O-Töne aus längeren Beiträgen heraus. Dies ist nur selten ein guter Weg. Diese Stücke sind unbefriedigend, denn sie stehen in einem Kontext, der beim Schneiden verloren geht. Hier ist die geschriebene Meldung im Zweifel besser als ein oft vom Zufall und den technischen Möglichkeiten bestimmter Ausschnitt aus einem längeren Korrespondenten-Bericht. Das Ziel sollte sein – und in den angelsächsischen Ländern ist dies tägliche Routine – daß Korrespondenten im In- und Ausland schon bei der Themenabsprache angehalten werden, außer kommentierenden Berichten und Moderatorengesprächen in einem Magazin auch einen Kurzbeitrag von 30 bis 45 Sekunden für die Nachrichten zu liefern.

Wenn O-Töne in Nachrichtensendungen verwendet werden, so haben diese bestimmte Funktionen. Sie dürfen niemals Selbstzweck sein. Dann sollte man – wie gesagt – lieber darauf verzichten. Ein Grund für die Verwendung von O-Ton ist die Dokumentation einer Originalaussage. Sie muß etwas Neues enthalten und nicht nur etwas Bekanntes bestätigen. Beim journalistischen O-Ton kommt es ausschließlich auf das Neue an.

Mit anderen Worten: Man muß jenen häufig gemachten Fehler vermeiden, den Antext zu einem O-Ton wie die Nachrichtenmeldung zu diesem Thema zu formulieren und dann einen O-Ton einzublenden, der jetzt »original« genau das Gleiche bringt. Dies ist eine unerwünschte Redundanz.

Der O-Ton ist Nachricht. Er bestätigt nicht eine Meldung oder wiederholt sie gar.

Nachrichten-O-Töne sollten auch unter einer Minute bleiben. Zwar lassen sich keine absolut gültigen Regeln für die Länge von Originalton-Einblendungen aufstellen. Aber über eine Minute bei einer in der Regel fünf Minuten langen Nachrichtensendung würde die Akzente stark verschieben, vor allem wenn der O-Ton sich nicht auf das

Spitzenthema, sondern auf ein nachrangiges Thema bezieht und das Spitzenthema »nur« in Form einer normalen Meldung auftaucht. Man sollte sich ohnehin darüber klar sein, daß die Verwendung von O-Tönen die Gewichtung einer Sendung verändert. Beim Zuhörer erhält das Thema, das mit O-Tönen dargestellt wird, sehr leicht ungewollt ein größeres Gewicht als eine geschriebene herkömmliche Meldung. Ist das Spitzenthema von extrem großer Bedeutung, es liegt aber kein O-Ton vor, so sollte man sich gut überlegen, ob man dann zu einem zweit- oder gar drittrangigen Nachrichtenthema einen O-Ton verwendet oder sich nicht besser für eine klassische Meldung entscheidet.
Die Einblendung kurzer O-Töne in Nachrichten macht die Sendung schnell. Der Ablauf erfolgt in einem anderen Rhythmus. Es ist deshalb wichtig, sich bei der Gesamtgestaltung der Sendung auf diesen Rhythmus einzustellen. Deshalb darf der Sendungsfluß nicht durch umständliche Antexte zu O-Tönen unterbrochen werden.

Beispiel:
Nicht:
»In New York ist der Sicherheitsrat der UNO zusammengetreten. Er berät die aktuelle Situation im Nahen Osten, nachdem die Truppen der Alliierten irakisches Gebiet verlassen haben und hinter die Linien vom 16. Februar zurückgegangen sind. Hören Sie aus New York einen Bericht unseres Korrespondenten Hans Meier ... «.

Besser:
»In New York ist der Sicherheitsrat der UNO zusammengetreten. Auf der Tagesordnung steht die aktuelle Situation im Nahen Osten. Dort haben sich die Truppen ... ; aus New York: unser Korrespondent Hans Meier.«
Die schnelle Abfolge von möglichst kurzen Antexten und O-Tönen verlangt knappe Formulierungen, um stilistische Brüche zu vermeiden.

5.1.10 Nachrichten-Manipulation durch Sprache

Die Bedeutung der Informationsauswahl, also die wichtige Rolle des »Gatekeepers« ist oben ausführlich dargestellt worden. Daraus ergibt sich, daß man über die Nachrichtenauswahl natürlich Nachrichten manipulieren kann: Kein seriöser Nachrichtenredakteur wird diese Möglichkeit bestreiten. Die Manipulation durch Auswahl ist die gefährlichste Form der Manipulationen, weil sie vom Zuhörer nur schwer zu erkennen ist, da er ja nicht weiß, welche Informationen der Redaktion vorlagen. Er hört nur, was gesendet wird. Allenfalls der kontinuierliche Vergleich mit anderen Medien könnte hier Klarheit verschaffen.

Im Gegensatz dazu ist die Manipulation durch die Sprache, insbesondere durch die Wahl nichtwertfreier Vokabeln, leichter zu erkennen. Man muß fairerweise sagen, daß diese Wortwahl weit seltener absichtsvoll als vielmehr gedankenlos erfolgt, indem Formulierungen aus PR-Texten (auf dem Weg über die Agenturen) in Nachrichtensendungen übernommen werden. Auch das Bemühen, den Ausdruck zu wechseln führt leicht zu ungewollter Kommentierung.

Beispiel:
Ein Vorgang aus der Geschichte mag zeigen, wie mit Worten manipuliert werden kann (nach Manfred Steffens »Das Geschäft mit der Nachricht«): So soll der offizielle französische »Moniteur« die Rückkehr Napoleons I. von Elba nach Frankreich mit täglich wechselnden Schlagzeilen begleitet haben:
- Der Menschenfresser hat seine Höhle verlassen.
- Das korsische Ungeheuer ist im Golf von Juan gelandet.
- Der Tyrann hat Lyon passiert.
- Bonaparte rückt rasch vor.
- Der Kaiser ist in Fontainebleau eingetroffen.
- Seine kaiserliche Majestät sind gestern inmitten seiner getreuen Untertanen ins Chateau des Tuileries eingezogen.

Ob sich im »Moniteur« tatsächlich vor mehr als 150 Jahren innerhalb von wenigen Tagen ein so krasser Sinneswandel vollzogen hat, mag dahingestellt bleiben. Jedenfalls macht dieses Beispiel deutlich, auf wie unterschiedliche Weise man ein und denselben Vorgang beschreiben kann. In unserer Zeit sind so extreme Fälle nur noch unter besonderen Umständen vorstellbar.

Daß aber auch heute durch die Wortwahl ein Ereignis oder eine Person gewertet werden kann – dazu Beispiele, die in der praktischen Nachrichtenarbeit entweder vorgekommen sind oder aber vorgekommen sein könnten:

Beispiele:
- Man sprach vom Franco-Regime in Spanien, aber von der Regierung in der Volksrepublik China.
- Der chilenische General Pinochet wurde als Juntachef, als Machthaber, als Diktator und auch als Regierungschef bezeichnet.
- Es war sicher ein Unterschied und ließ eine Bewertung erkennen, ob man von den »Machthabern« in Ostberlin oder aber von der »Regierung in der DDR« sprach.
- Viele Begriffe sind auch in der Nachrichtengebung einem Wandel unterworfen. Man denke etwa an politische Befreiungsbewegungen. Hier reicht die Skala von »Rebellen« über »Guerilleros« zu »Befreiungsbewegung«, »Gegenregierung« und so weiter bis schließlich zu »Regierung«. Die Sprache der Nachrichten paßt sich den tatsächlichen Gegebenheiten und Veränderungen an. In der jüngsten deutschen Geschichte gibt es ähnliche Beispiele. So hat es lange gedauert, bis bei uns offiziell von der »DDR« gesprochen wurde. Unzulässig ist es auch, eine Persönlichkeit in einer Nachricht so zu charakterisieren, wie sie einmal im Lichte der Öffentlichkeit gestanden hat, wenn der aktuelle Anlaß für die Meldung mit dem anderen Ereignis in keinem Zusammenhang steht. So darf eine Meldung über den Absturz eines Starfighters nicht durch den Hinweis ergänzt werden: »... im Zusammenhang mit der Beschaffung des Starfighters durch die Bundeswehr war auch der CSU-Vorsitzende Strauß ins Gerede gekommen.« Beide Fakten haben hier miteinander nichts zu tun, im richtigen Zusammenhang könnte die Ergänzung jedoch am Platze sein. In sehr vielen Fällen sorgt geschickte Öffentlichkeitsarbeit von Parteien, Gewerkschaften, Verbänden, Firmen und anderen Institutionen dafür, daß Vokabeln in die Medien

kommen und damit in den öffentlichen Sprachgebrauch aufgenommen werden, die Wertungen im Sinne der genannten Urheber enthalten.

Journalisten müssen hier kritischer sein als sie meist sind, sie dürfen sich nicht instrumentalisieren lassen. Mehr sprachlicher Ungehorsam ist ratsam.

Beispiele:
- Preiskorrektur: Gemeint ist immer eine Preiserhöhung. Eine Preissenkung würde man gewiß auch so nennen.
- Negatives Eigenkapital: Eine Umschreibung des Begriffs Schulden.
- Nullwachstum: So wird umschrieben, wenn ein Unternehmen entgegen den Erwartungen keine Gewinne macht, oder wenn eine Gewerkschaft bei Tarifverhandlungen nichts erreicht hat.
- Entsorgungspark: Der blanke Zynismus.
- Friedenspolitik: Dieser Begriff wird von bestimmten Gruppen gern gebraucht, um diejenigen, die eine andere Politik (im Zweifel auch für den Frieden) vertreten, zu diskreditieren.
- »An dem Streik beteiligten sich fast 10 000 Arbeitnehmer« oder »es beteiligten sich knapp 10 000«. Bei entsprechender Betonung entsteht hier ein klarer Kommentar. Richtig wäre: »Ungefähr 10 000« oder ähnlich.
- »Der Minister fehlte in der Runde«: Das ist nicht das gleiche wie »Der Minister war an der Teilnahme verhindert«.
- Auch der Versuch, die Verben »sagen« und »erklären« durch Synonyme zu ersetzen, führt leicht zu Bewertungen. »Betone«, »meinte« oder »bekräftigte« ist eben inhaltlich nicht identisch mit »sagte«.
- Seit einiger Zeit wird auch (und zwar mit Absicht) das Wort »Müll« durch das Wort »Abfall« systematisch ersetzt. Das Wort »Müll« wird vermieden, weil bestimmte Kreise befürchten, der Begriff könne durch Ausdrücke wie »Atommüll« oder »Müllverbrennung« negativ belegt sein.

Im Bereich der Sprache Genauigkeit zu fordern, mag kleinlich wirken. Aber den zum Teil subtilen Versuchen, Wertungen in Nachrichtensendungen zu lancieren, in dem die daran Interessierten auf die Gedankenlosigkeit (oder manchmal auch auf die Mitmach-Bereitschaft) von Redakteuren vertrauen, sollte man im Sinne eines soliden Journalismus begegnen und sie entlarven.

Zum Abschluß des Komplexes »Nachrichten« seien die »News-Standards« aus dem BBC-Handbuch für Radioredakteure im aktuellen Programm erwähnt (BBC Guidelines für Factual Programes):
- *Responsibility* (Verantwortlichkeit) – dem Publikum nicht nur geben, was es will, sondern was es erfahren soll.
- *Fairness* – es werden keine Opfer gesucht und verfolgt, es gibt keine Favoriten, wir brechen nicht zu Kreuzzügen auf.
- *Impartiality* (Unparteilichkeit) – die Anstalt hat keine eigene Meinung, sie nimmt nicht Partei, wir können auch keine nationalen Interessen akzeptieren.
- *Independance* (Unabhängigkeit) – wir widerstehen Pressionen, von welchen öffentlichen oder privaten Institutionen auch immer.
- *Sobriety* (Nüchternheit) – die Fakten sollen für sich selbst sprechen, wir bauschen sie nicht auf.
- *Accuracy* (Sorgfalt) – unser Ziel ist vollständige Korrektheit. Wir glauben nichts, wir prüfen und prüfen nochmals.
- *Good Taste* (Guter Geschmack) – wir respektieren unsere Hörer, und wir schockieren sie nicht unnötig.

5.2 Bericht

Der Bericht wird gelegentlich als der große Bruder der Nachricht bezeichnet. Beim Zeitungsjournalismus hat diese Definition sicherlich ihre Berechtigung. Wenn es um Berichte für das Radio geht, muß man differenzieren. Es haben sich nämlich unterschiedliche Berichtsformen entwickelt:
Das Reporterstatement, der Korrespondentenbericht, der Bericht in Form eines Magazingesprächs und der sogenannte »gebaute Beitrag«, ein Bericht mit eingebauten Originaltönen.
Grundsätzlich gelten für den Bericht – gleichgültig in welcher der genannten Formen er gegeben wird – alle Regeln des Schreibens für das Mikrofon (vgl. »Fürs Mikrofon schreiben«). Die Formen im einzelnen:

5.2.1 Das Reporter-Statement

Diese Form wird stets dann verwendet, wenn ein Beitrag kurz sein muß, wenn ein Gesprächspartner zum Interview nicht zur Verfügung steht und wenn es nicht möglich bzw. nicht erlaubt ist, O-Töne aufzunehmen. Ein Reporterbericht oder Reporter-Statement ist eine kurze, schnelle Form der Berichterstattung. Das Interview – es ist in der Regel die radiophonere Form – benötigt mindestens zweieinhalb Minuten oder drei Minuten Zeit, ein Reporter-Statement von einer Minute oder eineinhalb Minuten kann in einem aktuellen Magazin bereits eine Menge an Informationen vermitteln. Auch ein Bericht mit O-Tönen erfordert mehr Zeit - dazu später mehr. Oftmals ist es auch aus technischen oder juristischen Gründen nicht möglich, O-Töne aufzunehmen.

Technische Gründe:
- Gerät nicht vorhanden oder defekt.
- Man kommt an einen Sprecher nicht nahe genug heran.
- Nebengeräusche sind zu laut.
- Man möchte unter Umständen auch einmal als Reporter nicht erkannt werden. Heimliche Aufnahmen sind bekanntlich nicht erlaubt.

Juristische Gründe:
- Gesprächspartner besteht darauf, daß er nicht aufgenommen wird. Er gibt aber gleichwohl Informationen zur journalistischen Verwendung.
- Tonaufnahmen im Gerichtssaal sind grundsätzlich nicht erlaubt.
- Tonaufnahmen in Parlamenten sind ungeachtet der Tatsache, daß die Sitzungen öffentlich sind, nur mit ausdrücklicher Genehmigung des Parlamentspräsidenten erlaubt. Öffentlichkeit einer Veranstaltung allein bedeutet nicht automatisch das Recht auf Tonaufzeichnungen. Bei Parlamenten wurde früher oft das stillschweigende Einverständnis des jeweiligen Parlamentspräsidenten unterstellt. Die neuere Rechtsprechung hat hier aber Beschränkungen geschaffen. (BverwG-Entscheidung vom 3. August 1990, veröffentlicht in NJW 91/2).

Eine Empfehlung für die Praxis: Vor Beginn einer Sitzung den Parlamentspräsidenten rechtzeitig um Erlaubnis für Tonaufnahmen bitten. Sie wird in der Regel erteilt.

Das Reporter-Statement ist also ein Bericht ohne O-Töne, ein »Reporter-Solo« gewissermaßen. Vorher recherchierte Informationen werden zu einem – meist kurzen – Bericht verarbeitet. Auch Zitate von Gesprächspartnern oder aus Pressekonferenzen, Gerichtsverhandlungen, Parlamentsdebatten usw. werden eingefügt.
Der Reporterbericht wird vom dramaturgischen Aufbau gestaltet wie eine Nachrichtenmeldung. Also wird nach dem Leadsatz-Prinzip verfahren: Das Wichtigste und/oder das Neueste steht am Anfang.
Der Bericht enthält demnach keine längere Einleitung mit einer Situationsschilderung, das wäre eine Reportage. (vgl. unten den Abschnitt »Reportage«). Man kommt im Reporterbericht direkt zur Sache.
Also nicht: »Schon seit dem frühen Morgen standen hunderte von Menschen vor dem Gerichtsgebäude. Es war 8 Uhr 15, als bei wolkenverhangenem Himmel der Polizeiwagen mit dem Angeklagten vorfuhr. Anschließend drängten die Zuhörer in den Saal des Landgerichts. Nachdem sich die Unruhe gelegt hatte, verkündete der Gerichtsvorsitzende das mit Spannung erwartete Urteil: zehn Jahre Haft. Dieses Urteil ... «.
Sondern: »Zehn Jahre Haft für den Hauptangeklagten A. wegen mehrerer schwerer Rauschgiftdelikte, so lautete das Urteil des Landgerichts Köln. In seiner Begründung sagte der Vorsitzende der Kammer, ... das Gericht habe die Tat ...«.
Von einem Bericht werden sachliche, knappe Informationen erwartet, sonst nichts.
Wichtig ist im Falle eines Live-Berichts (und Reporter-Statements sind meist live), daß ein zumindest kurzes Vorgespräch mit Moderator oder Senderegie stattfindet. So kann man sicherstellen, daß ein sinnvoller Übergang zwischen Moderation und Beitrag entsteht. Es ist unprofessionell und peinlich, wenn der letzte Satz der Anmoderation und der erste des Beitrags wortgleich sind.
Es ist auch gefährlich (vgl. unten den Abschnitt »Moderation«), wenn der Moderator den Reporter mit einer Frage anspricht – es sei denn, dies wird genau abgesprochen. Die nicht abgesprochene Frage führt oft dazu, daß der Reporter, der auf einen anderen Beginn seines Berichts vorbereitet war, einen Punkt seines Beitrags nach vorne ziehen muß, den er später vorgesehen hatte. Damit kommt unter Umständen ein ganzes Konzept durcheinander. Außerdem kann eine Moderatorenfrage soweit an der Sache vorbeigehen, daß ein Reporter

30 Sekunden Sendezeit buchstäblich vergeuden muß, um den Sachverhalt wieder gerade zu rücken.
Empfehlung: Man bereite sich als Berichterstatter auf alles vor, vor allem auf törichte Moderatoreneinstiege. Es gibt hier nichts, was es nicht gibt – meist aus Eitelkeit.
Beim Reporter-Statement sollte man auch den Schluß mit der Senderegie oder dem Moderator genau absprechen. Entweder man gibt die eigenen Schlußworte vorher an, dann weiß die Sendemannschaft im Studio, wann der telefonisch oder vom Übertragungswagen übermittelte Beitrag zu Ende ist.
Oder man beendet den Bericht, indem man zurückgibt »ins Studio« oder »ins Funkhaus«. Eine weitere Möglichkeit, die in angelsächsischen Ländern oft vorkommt und die Tempo in eine Sendung bringt, besteht darin, daß der Reporter sagt: »Das war Franz Müller aus Hamburg für SWR 3« oder auch nur »Franz Müller aus Hamburg für SWR 3«.

5.2.2 Korrespondenten-Bericht

Der Korrespondenten-Bericht ist von seiner Struktur her keine eigene journalistische Form. Der Begriff hat eher mit journalistischen Inhalten zu tun (vgl. das Kapitel »Inhalte des Radioprogramms«).
Dennoch soll der Korrespondenten-Bericht erwähnt werden, weil sich in diesem Bereich oft verschiedene journalistische Elemente mischen. Oft sind die Beiträge der Auslandskorrespondenten (aber auch der Inlandskorrespondenten – Bonn, Landeshauptstädte) keine reinen Berichte, sondern es handelt sich um »kommentierende Berichte«, also eine Zwischenform, die so genannt wird, um der gesetzlichen Forderung nach Trennung von Information und Meinung gerecht zu werden.
Korrespondenten kommentieren, erläutern und analysieren mehr als daß sie berichten. In angelsächsischen Ländern waren und sind die Korrespondenten demgegenüber immer in erster Linie Nachrichten-Lieferanten. In Deutschland hat sich dies – aber nur ein wenig – geändert, seit die Rundfunkanstalten Nachrichten mit O-Tönen eingeführt haben. Seitdem liefern Korrespondenten, soweit sie Nachrichtenerfahrung haben, auch reine Berichte, die dann oft den Charakter der

oben dargestellten »Reporter-Statements« haben. Natürlich ist der kommentierende, analysierende Korrespondenten-Bericht wichtig. Er sollte aber nicht anstelle eines Kurzberichts bzw. -statements für die Nachrichten oder ein Magazin geliefert werden, sondern zusätzlich.

5.2.3 Bericht in Form des Moderatorengesprächs

Formal ist dieser Bericht ein Interview. Entstanden ist diese Berichterstattungsform in den 60er Jahren, als das Radio sein Publikum in immer stärkerem Maße an das Fernsehen verlor. Die neuentwickelten, übrigens dem Sportfunk entlehnten, aktuellen Hörfunk-Magazine sollten Publikum zurückgewinnen. So schuf man auch eine neue Form der Berichterstattung, das Magazingespräch.
Das Interview war eine seit langem bewährte Radioform. Dialogisches Radio war angesagt, und so dialogisierte man auch das Verhältnis zwischen Moderator und Berichterstatter. Diese Form hat zweifellos ihren Sinn, aber keinesfalls immer. Man sollte sie nur dort benutzen, wo sie sinnvoll ist. Wenn ein Reporter oder Korrespondent Augenzeuge eines Ereignisses war, dann ist ein Interview am Platze, weil der Moderator stellvertretend für die Hörer den Beobachter vor Ort befragt.
Das Interview hat auch Sinn, wenn ein Berichterstatter keine Zeit mehr hatte, vor der Sendung einen Bericht zu formulieren. Ein Magazingespräch kann man nur mit Stichworten bestreiten.
Unsinnig ist, wenn das Magazingespräch ein gekünstelter Dialog ist, wenn sich ein Reporter durch Moderatoren-Fragen die Informationen gleichsam »aus der Nase ziehen läßt«. Der Berichterstatter hat den Auftrag, zu recherchieren und zu berichten. Er wird deshalb keine Informationen zurückhalten, die dann der Moderator doch noch herauszuholen versucht. Dieses gar nicht so seltene Rollenspiel (verbunden mit möglichst häufiger Namensnennung der beiden Beteiligten) glaubt ohnehin kein Hörer. Es wirkt allenfalls peinlich.
Man muß beim Mikrofondialog zwischen journalistischen Kollegen ohnehin darauf achten, daß die Hörer nicht ausgegrenzt werden.
Also: Der Bericht in Form eines Magazingesprächs muß sachlich begründet sein. Normalerweise ist ein vom Moderator angekündigter Reporterbericht die bessere Form (für den Hörer!). Dies sollte eine

Moderatorennachfrage nicht ausschließen, um einen eventuell vergessenen Punkt noch anzusprechen oder einen wichtigen Aspekt zu vertiefen.

5.2.4 Der »gebaute« Beitrag

»Gebauter Beitrag« ist in den letzten Jahren zum Schlagwort für den Bericht mit »eingeblendeten Originaltönen« geworden. Diese journalistische Form verbindet den geschriebenen, ausformulierten Text mit dem O-Ton, also in der Regel mit authentischen Stimmen. Die Verbindung zeigt auch zugleich ein wichtiges Problem, das beim gebauten Beitrag entsteht, nämlich die Gefahr des stilistischen Bruchs zwischen dem geschriebenen und im Studio »trocken« aufgenommenen Text und dem O-Ton, der oft sehr viel Atmosphäre enthält. Doch dazu später mehr.

Der gebaute Beitrag besteht entweder in der besagten Mischung aus Text und O-Ton und ist vor der Sendung fertig auf Band produziert. Eine in aktuellen Sendungen und zu Zeiten knapper werdender Studiokapazitäten häufig gewählte Variante ist der Live-Bericht mit O-Ton Zuspielungen. Dabei handelt es sich im Prinzip um einen gebauten Beitrag, dessen Textteil nicht aufgenommen wurde, sondern der live während der Sendung gesprochen wird.

Grundsätzlich sollte man sich gut überlegen, ob der gebaute Beitrag für die Realisierung des gewünschten Themas wirklich die optimale Form ist. Der gebaute Beitrag als Form muß Sinn haben. Er darf nicht aus Bequemlichkeit oder aus Angst vor anderen, schwierigeren radiojournalistischen Formen gewählt werden. Man muß ganz einfach zur Kenntnis nehmen, daß der gebaute Beitrag eine typische Anfängerform ist.

Interview oder Reportage, ja sogar der reine Bericht sind die schwierigeren Formen. Sie erfordern mehr Erfahrung und größere journalistische Disziplin. Es ist ganz einfach leichter, zu einem selbst gewählten oder von einer Redaktion in Auftrag gegebenen Thema Originalaufnahmen herzustellen, diese in langwieriger Kleinarbeit zu bearbeiten, und dann mit viel Zeit Texte auf der Basis recherchierter Informationen »drum herum« zu schreiben und das ganze dann aufzuzeichnen. Die Vielzahl der Korrekturmöglichkeiten und die in der Regel zur Verfügung stehende Zeit machen den gebauten Beitrag zu einer für Anfänger besonders geeigneten Form. Ein Interview oder eine Reportage müssen eben sitzen, hier sind Korrekturen und langer zeitlicher Vorlauf kaum möglich. Anfänger und Radiojournalisten, die jahrelang nichts als gebaute Beiträge produziert haben, die sich sogar gern in die Form des gebauten Beitrags flüchten, tun sich mit Interview und Reportage, ja oft sogar mit der Nachrichtenmeldung sehr schwer.

Der gebaute Beitrag erfordert nach der Themenstellung eine sorgfältige Planung. Wie bei einem Feature erstellt man sinnvollerweise, und sei es auch nur in Gedanken, ein Exposé. Man muß sich darüber klar werden, welche Informationen verwendet werden sollen, woher man sie gegebenenfalls bekommt und wer in dem Beitrag im O-Ton vorkommen soll. Dabei ist wichtig zu entscheiden, ob die journalistisch, im Text zu vermittelnden Informationen Vorrang haben sollen, oder die in den O-Tönen zu vermittelnden Informationen.

Aber Vorsicht: Der gebaute Beitrag ist kein Ersatz für ein Interview. Die Tatsache, daß viele gebaute Beiträge als Interviews erscheinen (»mit XY sprach Hans Müller«), heißt nicht, daß dies in Ordnung wäre. Oft werden auf diese Weise »mißlungene« Interviews gerettet.

Man läuft, wenn man ein Interview zum gebauten Beitrag umgestaltet, also die Stichworte bzw. Fragen gleichsam später »nachspricht«, Gefahr, den empirischen Beweis zu führen, ein manipulierender Journalist zu sein. Also: Der gebaute Beitrag ist kein Interview-Ersatz, sondern eine eigenständige Form. Informationen kommen im Text und die O-Töne dienen dazu, diese zu belegen bzw. zu dokumentieren.

Natürlich kann im O-Ton auch völlig Neues kommen. Dann aber bitte nicht den Fehler machen, diese echte Information im Text mitzuteilen und im O-Ton dann nur zu bestätigen, sondern auf jeden Fall das Neue durch den O-Ton-Partner sagen lassen. Es werden im Radio ohnehin viel zu viele Informationen aus zweiter bzw. dritter Hand weitergegeben. Deshalb darf man sich die kleinen »Sternstunden«, die wirkliche Originalinformation, durch eigene Ungeschicklichkeit (oder Eitelkeit) nicht selbst kaputt machen.

Die Aufnahme der O-Töne muß sorgfältig geplant werden. Dies bezieht sich sowohl auf die Auswahl der Gesprächspartner als auch auf die genaue Absprache, wozu diese sich äußern sollen.

Hier gilt eine eiserne Regel, deren Nichtbeachtung immer wieder zu Ärger führt, den Journalisten berechtigterweise als Amateur erscheinen läßt und eine Rundfunkanstalt nicht selten sogar in juristische Schwierigkeiten bringt. Die Regel lautet:

»Jedem Gesprächspartner ist vor der Aufnahme in allen Einzelheiten mitzuteilen, was mit der Aufnahme geschehen soll.«

Um gleich allen möglichen Gegenargumenten vorzubeugen: Dies ist weder eine Beschränkung von journalistischen Freiheiten oder gar von sogenannter Selbstzensur, sondern ein Gebot journalistischer Fairneß. Bei jedem Gespräch, ob Recherchegespräch, O-Tonaufnahme oder Interview gilt der Grundsatz: Man muß sich auch nach der Sendung beim Gesprächspartner noch sehen lassen können. Dies ist kein Plädoyer gegen einen kritischen Journalismus, im Gegenteil. Wirklich kritischer Journalismus ist seriöser Journalismus, unbestechlich und unangreifbar.

Zurück zum gebauten Beitrag:
- Vorher festlegen, was vom O-Ton erwartet wird.
- Gesprächspartner bei der Verabredung über das Thema generell und über die speziellen Aspekte informieren, zu denen man eine Stellungnahme aufnehmen will.
- Dem Gesprächspartner mitteilen, daß es um O-Töne für einen gebauten Beitrag geht.
- Nicht so tun, als gehe es um ein Interview und hinterher die O-Töne herausschneiden. Der Ärger steht mit Sicherheit ins Haus. Für die seltenen Fälle, daß ein als Interview disponierter Beitrag aus guten Gründen zum gebauten Beitrag wird (Interview mißlungen, Redaktion mußte Sendung umdisponieren o.ä.), sollte man den Gesprächspartner darüber vor der Sendung informieren. Das schafft Vertrauen gegenüber dem Reporter (wichtig für das nächste Mal), gegenüber der Rundfunkanstalt (gegenüber der viele ohnehin ihre Vorurteile haben) und gegenüber den Journalisten allgemein (die bekanntlich ebenfalls nicht den besten Ruf haben).
- Manche Gesprächspartner geben ein Statement leichter, wenn sie vom Reporter eine Frage oder ein Stichwort erhalten. Dieser Bitte sollte man natürlich entsprechen, aber – um jedes Mißverständnis

auszuschließen – zugleich darauf hinweisen, daß die Frage in der Sendung nicht erscheint, da es sich ja nicht um ein Interview handelt.
- Nicht wesentlich mehr aufnehmen als hinterher verwendet werden soll. Hier gilt das gleiche wie bei einem zu O-Tönen verarbeiteten Interview: Man setzt sich zurecht dem Vorwurf der Manipulation aus. Die Länge des aufgenommenen Materials muß in einem vernünftigen Verhältnis zum verwendeten Material stehen.
- Es empfiehlt sich, dem Gesprächspartner vorher, bereits bei der Verabredung mitzuteilen, wie lang die Statements sein sollen. Dann kann sich der Gesprächspartner vorbereiten. Was jemand nicht sagen will, sagt er auch in einer halben Stunde und bei einem Überrumpelungsversuch durch den Reporter nicht.
- Bei der Aufnahme darauf achten, daß das Gerät etwas früher eingeschaltet wird als der Gesprächspartner zu reden beginnt und daß man nach dem letzten Wort das Band noch einen Augenblick (ca. 20 bis 30 Sekunden) laufen läßt. Auf diese Weise wird die Akustik des Aufnahmeortes mit aufgenommen, und man kann später im Studio Text und O-Ton besser mischen.
- Für die Aufnahmetechnik gilt übrigens alles im Abschnitt »Ein Minimum an Technik muß sein« Gesagte.
- Gleiches gilt für die Schnittvorbereitung: Die zu verwendenden O-Ton-Passagen werden vor dem Beginn der Studioproduktion festgelegt, damit nur diese vom Aufnahmeband auf das Montage- und Sendeband kopiert (umgeschnitten) werden müssen. So wird kostbare Studiozeit gespart.
- Die Texte müssen Sprechtexte sein. Beim gebauten Beitrag fällt es besonders unangenehm auf, wenn die Texte »Schreibe« sind, weil sie besonders dicht neben tatsächlicher »Spreche«, neben den O-Tönen stehen. Es wirkt peinlich, wenn mühevoll und kunstvoll Texte geschrieben werden, die gestelzt und unjournalistisch formuliert sind und auch so klingen, während die O-Ton-Partner völlig normal und locker sprechen.
Hier wird manche Realsatire gesendet. Wie bei allen Funkmanuskripten gilt die Regel: Nach dem Schreiben den Text laut lesen und sich selbst dabei zuhören. Manche Schreibtextpassagen werden dann deutlich und lassen sich noch in »Spreche« verwandeln. Die

»trockene« Studioatmosphäre trägt noch dazu bei, den Unterschied zwischen schlecht geschriebenem Radiotext und O-Ton besonders auffällig zu machen.
- Ob ein gebauter Beitrag gut klingt, hängt stark davon ab, wie die Übergänge von Text zu O-Ton formuliert werden. Das stereotype »dazu sagte der Vorsitzende des Industrieverbandes, Hans Meier, wörtlich ...« klingt spätestens beim zweitenmal steif und unbeholfen. Es klingt sehr viel mehr nach Spreche, wenn man Formulierungen gebraucht, wie zum Beispiel: »Hören Sie Hans Meier, den Vorsitzenden des ... «, oder: »Der Vorsitzende des Industrieverbandes weiter oder: »Noch einmal Hans Meier ... «, oder: »Dazu Hans Meier ... «, oder auch nur: »Hans Meier ... «.
- Auf keinen Fall darf der O-Ton mitten im Satz beginnen, d.h. der Gesprächspartner setzt gleichsam einen Satz des Reporters fort. Beispiel: (Text) »Die Lage in den neuen Bundesländern ist schwierig«. Dann der O-Ton eines Gesprächspartners: »Und im übrigen sind die Leistungen der Bundesregierung weit hinter den Wahlversprechen zurückgeblieben.«
Diese Form zeigt, wie leicht man beim gebauten Beitrag in den Bereich der Manipulation gerät. Außerdem ist für den Hörer ein so abrupter Stimmenwechsel oftmals nicht nachzuvollziehen. Mißverständnisse sind die Folge.
Ein O-Ton sollte in einem drei bis vier Minuten langen Beitrag die Länge von 45 bis 60 Sekunden nicht überschreiten, wobei 60 Sekunden schon die Ausnahme sein müssen. Kürzere O-Töne als 25 bis 30 Sekunden sind deshalb problematisch, weil für den oberflächlichen Hörer leicht ein Stimmenwirrwarr entsteht, der das Verstehen von Informationen erschwert.
- Ein gebauter Beitrag von drei bis vier Minuten Länge sollte nicht weniger als zwei und nach Möglichkeit nicht mehr als drei O-Töne enthalten. So ist (vergleiche oben den Abschnitt »Nachrichten mit O-Ton«) eine vernünftige, gut anzuhörende Balance zwischen Text und O-Ton zu erreichen.
- Der erste O-Ton in einem gebauten Beitrag sollte nicht zu spät kommen. O-Töne haben in der Regel beim Hörer höhere Akzeptanz als Reportertexte. Deshalb sollt man nicht zunächst den Eindruck vermitteln, es handele sich um einen »langweiligen« Reporterbericht, sondern man sollte die »Attraktion« möglichst früh bringen. Hier

lassen sich keine Sekundenregeln geben. Entscheidend ist der subjektive Höreindruck.

Seit einiger Zeit ist es Mode geworden, Beiträge mit einem O-Ton zu beginnen und auch mit einem solchen enden zu lassen. Es mag hier und da gute Gründe dafür geben, zum Beispiel, daß der Moderator nach seinem Antext sofort den »knackigen« O-Ton einspielen möchte bzw. daß man am Schluß eines Beitrags den »sensationellen« O-Ton für sich stehen lassen möchte und die Sendung gleich mit Musik fortsetzt. Meist ist dies aber – wie so vieles im Radio – der »Spaß für die Macher«, aber nicht der »Spaß für die Hörer«.

Für die Grundregel, nicht mit O-Ton zu beginnen oder zu enden, gibt es Gründe: Beginnt ein Beitrag nach der Anmoderation mit O-Ton, dann muß der Moderator sagen, wer der O-Ton-Sprecher ist. Danach kommt dann der Autor des Beitrags mit seinen Zwischentexten. Auf diese Weise bleibt es für den Hörer, der die »Spiele« hinter den Kulissen nicht kennt, unklar, wer welche Funktion hat. O-Ton am Schluß eines Beitrags mit nachfolgender Musik klingt ohne Zweifel flüssig, das Verfahren ist aber einmal mehr der Sieg der Form über den Inhalt. Wenn Journalisten schon mit der Nennung des eigenen Namens und der Namen von Kollegen besonders großzügig sind, was oft genug zur Peinlichkeit gerät, so sollten sie bei externen Gesprächspartnern wirklich großzügig sein. Nicht jeder Hörer verfolgt zum Beispiel eine Sendung oder einen Beitrag kontinuierlich von Anfang bis Ende. Oftmals wird man durch eine Stimme oder eine interessante Äußerung erst mitten in einem gebauten Beitrag oder einem Interview zum Zuhören animiert. Da ist es hilfreich, wenn am Schluß noch einmal gesagt wird, wer der Gesprächspartner war. In einem gebauten Beitrag genügt es, wenn der Reporter dies in einem Satz oder gar einem Halbsatz sagt. Gegebenenfalls kann dies auch der Moderator der Sendung tun.

Inhaltlich bietet der gebaute Beitrag den Vorteil, daß man selbst in einem relativ kurzen Bericht unterschiedliche Positionen darstellen kann, eine Chance, die noch stärker genutzt werden sollte. Dabei kommt es auf eine faire Behandlung der Gesprächspartner an. Es geht dabei nicht etwa um eine zeitliche Ausgewogenheit, denn es gibt Leute, die ihre Position in zwanzig Sekunden brillant darstellen können und andere, denen dies in 60 Sekunden nicht gelingt. Es geht vielmehr darum, daß die unterschiedlichen Aussagen inhaltlich deutlich werden und daß sich der Reporter nicht verführen läßt, einzelne Aussagen in seinem Zwischentext zu kommentieren. Der gebaute Beitrag ist ein Bericht, in dem Informationen vermittelt werden und nichts sonst. Er ist kein Kommentar.

Zur fairen Behandlung gehört bei Gesprächspartnern mit unterschiedlichen Standpunkten auch die Reihenfolge der O-Töne. Geht es um die bloße Darstellung politischer Positionen, dann ist die Reihenfolge gleichgültig. Man sollte journalistisch gewichten, das Neueste und das Interessanteste nach vorne setzen oder die Reihenfolge vom Konzept des Beitrags, der Textdisposition usw. abhängig machen. Schwieriger wird die Gewichtung, die Reihenfolge der O-Töne, wenn in dem Beitrag Gesprächspartner zu Wort kommen, die in der öffentlichen Diskussion (nicht im Beitrag vom Journalisten) kritisiert werden, oder andere, die Kritik üben. Dann gilt auch hier der gute Rechtsgrundsatz, daß der »Beschuldigte« (hier also der Kritisierte) das letzte Wort hat. Es ist auch ein Tabu, in solchen Fällen journalistisch nachzukommentieren, sowohl im Reportertext als auch in einer Abmoderation. Der Hörer ist meist klüger als Moderatoren glauben und kann sich sein Urteil selbst bilden, wohingegen die Meinung des Moderators in der Regel überhaupt nicht interessiert und die Hörer allenfalls verärgert.

Wenn ein Gesprächspartner nicht bereit ist, ein Statement für einen gebauten Beitrag abzugeben, diese Äußerung aber eigentlich für die Behandlung des Themas wichtig ist, so muß man – will man nicht auf den Bericht verzichten -dem Hörer sagen, daß man angefragt und eine Absage erhalten hat. Dieser Hinweis muß sachlich und ohne kommentierende Bemerkungen erfolgen. Meist ist die Absage als solche bereits genug Kommentar. Allerdings muß der Gesprächspartner eine wirkliche Chance gehabt haben, sich zu äußern. Ein Anruf fünf Minuten vor der Live-Sendung oder ein Versuch am Wochenende, ohne den Gesprächspartner zu erreichen, genügen nicht. Die Absage sollte auch nicht provoziert werden. Wenn ein gewünschter Gesprächspartner aus Termingründen o.ä. nicht zur Verfügung steht, sollt man sich um einen Vertreter bemühen. Wenn er sich nicht äußern will, was das gute Recht eines jeden Menschen ist, dann sollte man es den Hörern in der geschilderten Form sagen. Diese Regeln gelten übrigens ebenso für das Radiointerview.

In Ausnahmefällen kommt es vor, daß beim »gebauten Live-Beitrag«, das ist ein Live-Reporterbericht mit Zuspielungen, ein O-Ton ebenfalls live eingespielt werden muß. Dies geschieht, wenn man zum Beispiel einen oder zwei O-Töne vorher aufgenommen hat, ein dritter aber aus Aktualitätsgründen live per Telefon oder Übertragungsleitung eingeholt werden muß. In einem solchen Fall entstehen leicht politische »Schieflagen«, denn der Live-O-Ton-Partner hat natürlich die Möglichkeit, die anderen O-Töne vorher zu hören und sie unwidersprochen zu kommentieren. Das kann ausnahmsweise gewollt sein, dann muß man dem Hörer aber sagen, daß die anderen Partner vorher aufgenommen wurden und sich aktuell nicht mehr äußern können. Die bessere Methode ist aber, den Live-Partner zuerst in die Sendung zu nehmen und danach die aufgezeichneten Äußerungen einzuspielen. Auch solche Fairness zahlt sich auf Dauer aus.

Ein bißchen Manipulation im Sinne der eigenen politischen Position bringt einen Journalisten nicht nur langfristig in ein schiefes Licht, sondern nährt auch Zweifel an seiner Professionalität.

Geräusche in Radiosendungen vermitteln Atmosphäre, sie entsprechen naturgemäß dem akustischen Medium. In Features und Reportagen ebenso wie in Hörspielen richtig eingesetzt, bringen sie eine Bereicherung für den Hörer. In gebauten Berichten können sie problematisch sein. Man sollte sich sehr gut überlegen, ob man in einem gebauten Beitrag Geräusche verwendet und sich im Zweifel dagegen entscheiden.

Anfänger neigen dazu, aus einem gebauten Beitrag ein kleines Hörspiel zu machen. Sie sind dann oft bitter enttäuscht, wenn das Werk nicht ankommt. Grund dafür ist, daß viele Geräusche, wenn sie von Journalisten oft mit untauglichen Mitteln aufgenommen worden sind, eher als Störgeräusche und nicht als Tondokumente wirken. Viele Alltagsgeräusche sind als Bandaufnahme nicht oder nur schwer identifizierbar, zumal sie in einem Kurzbericht in der Regel nur wenige Sekunden lang eingespielt werden können. Muß der Reporter sie erst erläutern, dann haben Geräusche keinen Sinn mehr. Überdies lenken unklare Geräusche den Hörer von Informationen im Text oder im O-Ton ab.

Natürlich gibt es Ausnahmen: Wenn man das große »Reporterglück« hat, einen Vulkanausbruch, einen Flugzeugabsturz, eine Schiffsexplo-

sion oder die Glocken bei der deutschen Vereinigung aufzunehmen, dann gelten andere Regeln.
Andere Regeln als für das Geräusch gelten auch für die Atmosphäre. Oft ist es schade, wenn man in einem gebauten Beitrag die Hintergrund-Atmosphäre der O-Töne hört, diese dann abreißt und der Reportertext trocken im Studio geprochen wird. Wann immer es möglich ist, sollte man diese Atmosphäre, wenn der O-Ton nicht gerade in einem Büro aufgenommen wurde, dessen Atmosphäre sich nur unwesentlich von der in einem Studio unterscheidet, für den ganzen Beitrag einfangen. Aber dabei darf nicht gemogelt werden. Also nicht zusätzlich zu dem O-Ton, der vor einer interessanten Geräusch-Kulisse, zum Beispiel der eines Flughafens aufgenommen wurde, noch ein paar Minuten Atmosphäre aufnehmen und im Studio dann den Text damit unterlegen. Erstens ist das Manipulation und zweitens hört ein Fachmann oder ein geübter Hörer heraus, daß hier geschwindelt wurde.
Ein Reporter vor Ort mit dem Mikrofon in der Hand spricht nun einmal anders als im Studio – selbst wenn der Text derselbe ist.
Aber es gibt auch eine ehrlichere Methode, die noch dazu besser klingt: Man schreibt, um beim Flughafen-Beispiel zu bleiben, nach der O-Tonaufnahme rasch am Ort die Zwischentexte, nachdem man ja im Hinblick auf die O-Töne den Beitrag vorher bereits stichwortartig konzipiert hatte. Nun spricht man in der Flughafen-Atmosphäre, dort wo auch die O-Tonaufnahme stattgefunden hat, diese Texte. Später im Studio werden O-Töne und Texte umgeschnitten, man nimmt kleine Pegelkorrekturen vor, die einzelnen »Takes« werden in die richtige Reihenfolge gebracht, das Band wird sauber geschnitten, die Nahtstellen zwischen O-Tönen und Text werden »gesäubert«, und man hat einen gebauten Beitrag, der, ohne manipuliert zu sein, wie eine lebendige Reportage klingt.
Reporter mit Erfahrung gehen noch einen Schritt weiter. Sie skizzieren ihren Beitrag in Stichworten und gehen mit ihrem O-Ton-Gesprächspartner (Beispiel Flughafen) »vor« die gewünschte Atmosphäre, etwa eine Besucherterrasse. Dort sprechen sie nach Stichworten ihren Text, sprechen zwischendurch ihren Gesprächspartner an, der zwei oder drei Statements abgibt. Einen solchen Beitrag braucht man im Studio fast nur noch umzuschneiden. Diese Form erfordert allerdings viel Übung, journalistisch ebenso wie radiohandwerklich. Aber das Ergebnis steht dafür.

Der gebaute Beitrag hat – wie eingangs gesagt – seine Funktion und seinen Reiz. Er sollte nur nicht als Verlegenheitsform mißbraucht werden. Das Interview ist meist authentischer als ein gebauter Beitrag, weil hier mehr von der Persönlichkeit des Gesprächspartners vermittelt wird als in kurzen O-Tönen. Die Persönlichkeit ist dabei in vielen Fällen ein wichtiger Teil der Information. Ein Reporterbericht ohne O-Töne ist oft journalistischer als ein gebauter Beitrag. Man kann in einem bloßen Bericht Informationen nicht nur vermitteln, man ist auch freier in der Gewichtung und in der Einordnung als beim gebauten Beitrag. Dieser ist nämlich, ob man es will oder nicht, stark von den O-Tönen bestimmt.

Die Gefahr, daß man von der Regel »erst den Beitrag insgesamt zu konzipieren und dann die O-Töne einzuholen« abweicht, ist groß. Die Neigung, erst nach der Aufnahme von O-Tönen einen Beitrag zu planen, ist bei vielen Radiojournalisten vorhanden. Bei einem rein journalistischen Reporterbericht stellen sich diese Probleme nicht. Inhaltliche Rücksichtnahmen auf die Dramaturgie sind nicht erforderlich.

Eine hervorragende Alternative zum gebauten Beitrag ist die Radioreportage – die Reportage im engeren Sinne. Ein in der geschilderten Weise hergestellter Beitrag ist natürlich auch eine Art Reportage, aber eben nur »eine Art« Reportage.

5.2.5 Reportage

Um Mißverständnissen von vornherein vorzubeugen: Es geht in diesem Abschnitt um die Radioreportage im engeren Sinne. Zeitungs-Reportagen, Fernseh-Reportagen, Bücher im Reportagestil – all dies ist etwas anderes.

Auch im Radio werden gelegentlich Beiträge als Reportage bezeichnet, in denen zwar auch »reportiert« wird, in denen auch Reporter auftauchen. Die beiden wichtigsten wurden oben dargestellt: Der Reporterbericht (auch »Reporter-Statement«) und der gebaute Beitrag. Hier soll es aber um die Reportage als ganz eigenständige Radioform gehen: um die Originalreportage, nicht um die geschriebene Reportage (überwiegend bei der Zeitung) oder die produzierte Reportage (gebauter Beitrag oder Feature).

Schon vor der Nachrichtenmeldung liegt das, was zur Nachricht wird, nämlich das Ereignis selbst, über das dann berichtet wird. Soweit es sich akustisch fassen läßt, vermittelt der Hörfunk dieses Ereignis durch die Originalübertragung einer Rede, einer Debatte und dergleichen. Dort aber, wo sich das Geschehen nicht mehr unmittelbar und allein akustisch fassen läßt, setzt eine typische Form der Hörfunkberichterstattung ein, die Reportage.
Der Reporter beobachtet das Geschehen und übersetzt es »simultan« für den Hörer. Das Fernsehen kennt den Reporter in diesem Sinne nicht. Statt dessen wird bei diesem Medium der Kommentator eingesetzt, der das Bild kommentiert und – im Idealfall – nur dann Erläuterungen gibt, wenn die Information durch das Bild allein nicht ausreicht. Dieser Idealfall wird jedoch oft nicht erreicht. Allzu häufig sind die Fälle, in denen der Fernsehkommentator im Stile eines Hörfunkreporters beschreibt, was er sieht, und dabei vergißt, daß dem Adressaten ein Bild des Geschehens zur Verfügung steht. Der eigentliche Reporter des Fernsehens – so kann man sagen – ist der Kameramann. Die Reportage gehört ebenso wie die Nachricht zu den klassischen Formen der Rundfunkberichterstattung. Sie verlor in der Zeit an Bedeutung, als das Fernsehen aufkam und man glaubte, angesichts der Möglichkeiten der aktuellen Bildberichterstattung sei die gesprochene Reportage tot. Doch nach Jahren stellten die Verantwortlichen fest, daß man ein wichtiges Element des Radios hatte sterben lassen. Es dauerte lange Zeit, bis man sich klar machte, daß die Hörfunkreportage nicht eine Fernsehreportage ohne Bild ist, sondern eine eigene Form mit eigenen Gesetzen, mit einer besonderen Dramaturgie, die auch beim Hörer nach wie vor große Faszination hervorruft. Ungeachtet der Tatsache, daß man im Blick auf das Fernsehen die Radioreportage in fast allen Sparten für tot erklärte, haben sich die Sportredaktionen in den Funkhäusern nie davon abbringen lassen, Reportagen zu senden. Wer eine spannende Konferenzreportage von vier oder fünf Fußballplätzen gleichzeitig und von guten Reportern gesprochen hört, wird sich der Atmosphäre kaum entziehen können, die plötzlich über den Äther vermittelt wird – selbst wenn er sich gar nicht unbedingt für Fußball interessiert.
Die Reportage ist zum guten Teil auch tot geredet worden. Das Argument »Fernsehen« hatte vielfach Alibifunktion. Es war allzu bequem, auf die Reportage, die zu den schwierigsten Formen der Radiobe-

richterstattung gehört, zu verzichten. Statt dessen flüchtete man sich, insbesondere in den Magazinen, in das Gespräch zwischen zwei Journalisten. Die Berichterstattung wurde zum bloßen Interview-Journalismus. Immer dann, wenn bei der heutigen Berichterstattung für eine Rückblende Tonmaterial aus dem Archiv verwendet wird, merkt man, was für die Programmgestaltung verloren gegangen ist.
Glücklicherweise kehrt man in immer mehr Funkhäusern zur Reportage zurück. Sendeplätze gibt es genügend – in Magazinen, aber auch in mittelfristigen Hintergrundsendungen. Gemeinhin denkt man bei der Reportage an die große oder kleine Live-Reportage. Der Reporter schildert vom Ort des Geschehens was er erlebt, er läßt es den Hörer miterleben. Diese Form der Berichterstattung müssen viele Rundfunkjournalisten erst wieder lernen. Wie wenig die Kunst der Reportage noch beherrscht wird, zeigt sich am besten, wenn ein Großereignis, wie zum Beispiel ein Staatsakt, übertragen wird. Vielen Reportern gelingt es zwar, eine einminütige Einleitung zu sprechen und auch von einer Rede zur anderen überzuleiten. Doch wenn aus irgendeinem Grund der vorgesehene Ablauf durcheinander gerät, wenn ein längerer Zeitraum überbrückt werden muß, wird es für manchen schon schwierig. Manche Reporter sind dann nicht in der Lage, mit einer informativen Schilderung den Hörer miterleben zu lassen, was geschieht oder was auch nicht geschieht.
Das Radio kann auch hier seine Möglichkeiten des schnellen Berichtens, des unmittelbaren Dabeiseins nutzen. Möglichkeiten, die es dem Fernsehen voraus hat. Zur Reportage gehört oftmals nichts weiter als ein guter Reporter »vor Ort«, der über ein normales Telefon seine Eindrücke schildert.
Im Gegensatz zum Fernsehen verfügt das Radio über die Möglichkeit zur Abstraktion. Der Reporter kann in die Schilderung eines Geschehens andere, bereits abgeschlossene Ereignisse, Äußerungen von Personen, Ergebnisse von vorausgegangenen Recherchen etc. in eine Reportage einbauen.
Eine Reportage sollte, muß aber keinesfalls live gesprochen werden. Es gibt Redakteure, die es mangels eigener Erfahrung und in Unterschätzung des Stilmittels Reportage ablehnen, die von einem Reporter aufgenommene »Solo-Schilderung« eines Ereignisses zu senden. Sie bestehen Statt dessen auf O-Tönen oder auf einem Reporterstatement im Studio, oder noch schlimmer: auf einem Magazingespräch Repor-

ter contra Moderator. So verspielt das Radio oft die Möglichkeit der Unmittelbarkeit, über die kein anderes Medium verfügt.
»Das ist Radio der 50er oder 60er Jahre« ist oft nichts als eine Ausrede, weil viele das Handwerk der Reportage nicht beherrschen. Die Beliebtheit von Sportreportagen ist der beste Beweis für die Akzeptanz der Reportage beim Publikum. Stets dann, wenn wie oben geschildert, durch äußere Umstände – zum Beispiel wegen des verspäteten Beginns einer Veranstaltung, wegen der Verspätung eines Gesprächspartners – ein Reporter mit einer eigenen Schilderung längere Zeit überbrücken muß, begeistern sich auch skeptische Redakteure für die Reportageform, vorausgesetzt, ihnen kommt es nicht aus ideologischen Gründen ausschließlich auf den Inhalt an und die Reportage ist gelungen.
Das Fernsehen ersetzt die Radioreportage, wie gelegentlich behauptet wird, nicht. Zum einen braucht der Radioreporter nur ein Telefon oder ein kleines Aufnahmegerät. Wenn der Fernseh-Übertragungswagen eintrifft, sollte der Radioreporter längst wieder abgefahren sein. Zum anderen ist die spannende Radioreportage durch nichts zu ersetzen. Überdies kann nicht jeder Mensch überall und zu jeder Zeit fernsehen. Es gibt allerdings Reportagethemen, die man heutzutage besser dem Fernsehen überläßt, zum Beispiel die Eröffnung einer Kunstausstellung. Das Radio bringt hier besser einen Bericht über die Veranstaltung oder eine Kunstkritik, aber versucht sich nicht in der Beschreibung der Werke. Das wiederum kann das Fernsehen besser.
Die echte Reportage setzt voraus, daß ein Reporter rechtzeitig am Ort des Geschehens ist. Dies ist keine Binsenweisheit, denn bei der Reportage kommt es darauf wirklich an. Für einen Bericht kann man demgegenüber auch noch recherchieren, wenn das Ereignis bereits vorüber ist und am Ort des Geschehens nichts mehr stattfindet. Aber es gibt genügend Gelegenheiten für die echte Reportage.
Zum einen gibt es planbare Ereignisse. Dazu gehören Sportereignisse, Volksfeste, Flugtage, Staatsbesuche, Trauerzüge, Krönungen etc. Es gibt Ereignisse, die zwar überraschend eintreten, die aber über einen längeren Zeitraum dauern, so daß ein Reporter noch hingeschickt werden kann (zum Beispiel eine Naturkatastrophe, ein Großfeuer, eine Massendemonstration etc.). Denkbar sind auch echte Reportagen von Ereignissen, die zwar vorbei sind, wenn ein Reporter eintrifft, wo es aber am Ort noch viel zu sehen und damit zu schildern gibt.

Das Ereignis selbst muß dann innerhalb einer Reportage als »historische« Rückblende dargestellt werden. Dieser Fall gehört zu den häufigsten.
Beispiele: Absturz eines Flugzeuges, Massenunfall auf der Autobahn, Eisregen verursacht Verkehrschaos usw.
Schließlich können auch echte Reportagen entstehen, wenn sich ein Reporter zufällig dort befindet, wo sich etwas »Reportageträchtiges« ereignet. Dies bedingt, daß der Reporter entweder über genügend Kleingeld und gegebenenfalls eine Telefonkarte verfügt, damit er telefonisch reportieren kann. Dies setzt allerdings auch eine in Funkhäusern oft nicht vorhandene Flexibilität bezüglich redaktioneller Disposition und technischer Aufnahmemöglichkeit voraus. Oder aber der Reporter verfügt an Ort und Stelle über ein Aufnahmegerät. Gute Reporter sollten ohnehin stets ein betriebsbereites Aufnahmegerät im Auto haben, gute Ärzte führen auch einen Notfallkoffer mit sich.

Hier nun die wichtigsten Handwerksregeln:

Kaum eine radiojournalistische Form bedarf so intensiver Übung wie die Reportage: drei, vier oder mehr Minuten lang ein Ereignis flüssig, lückenlos und inhaltsreich schildern. Anfängern kann man nur empfehlen, mit dem Aufnahmegerät hinauszugehen und immer wieder zu üben, bis man vor allem die Hemmschwelle überwunden hat, die darin besteht, allein mit einem Mikrofon in der Hand inmitten von Menschen zu stehen und zu sprechen, und zwar ohne einen Gesprächspartner neben sich zu haben. Auch die Reportage bedeutet in erster Linie Handwerk, das man lernen kann. Folglich gibt es auch für die Reportage Handwerksregeln:
- Man lasse sich niemals in Versuchung führen, den Text einer Reportage auszuformulieren und aufzuschreiben. Trotz aller Atmosphäre am Ort des Geschehens hört man, daß dies ein verlesener Text, aber keine Reportage ist.
- Aufschreiben darf und sollte man Stichworte, und zwar nicht mehr als auf eine Karteikarte DIN A5 oder zwei Karten DIN A6 passen. Notiert werden nur: Punkte, die man auf keinen Fall vergessen will (Besonderheiten, die nicht ganz augenfällig sind, Namen, Zahlen, Daten und Fakten, die man zuvor recherchiert hat, Äußerungen von

Informanten, mit denen man gesprochen hat) – aber alles nur stichwortartig.
- Auf den Stichwortzettel (Karte ist besser, weil sie bei windigem Wetter leichter zu handhaben ist) gehört außerdem eine ganz grobe Gliederung der Reportage; die Stichworte werden in eine sinnvolle Reihenfolge gebracht.
- Anfänger sollten sich ein Einstiegs- und ein Schlußstichwort notieren, aber keine Einleitungs- oder Schlußformulierungen. Den Wechsel vom freien Sprechen nach Stichworten zum Ablesen kompletter Textpassagen kann man nämlich deutlich wahrnehmen.
- Es erleichtert dem Anfänger die Arbeit, wenn er sich ein paar treffende, farbige Vokabeln notiert. Hier dürfen es ausnahmsweise einmal Synonyme sein, die ja in der Radiosprache sonst verpönt sind. Eine farbige Reportage gelingt aber mit Synonymen besser.
- Eine große Hilfe ist das Notieren von Verben. Bei einer unmittelbaren Beschreibung eines Ereignisses fallen einem zwar viele Substantive und Prädikate ein, weil man ja ein Ereignis beobachtet. Eine Auswahl von Verben fällt einem im Zweifel nicht ein. Verben machen aber eine Reportage lebendig.
- Es ist wichtig, am Ort des Geschehens zu recherchieren, Zusammenhänge zu erfahren und historische Aspekte herauszufinden. Diese Hintergrundinformationen werden in die aktuelle Schilderung eingebaut. Man unterbricht dazu an geeigneter Stelle die Szenenschilderung. Etwa: »Gestern hatten die Zeitungen berichtet ... «, oder: »Das in Flammen stehende Gebäude stammt aus dem 19. Jahrhundert. Erst vor drei Jahren war es völlig restauriert worden. Zehn Millionen Mark hatte die Stadt investiert... Noch immer schlagen Flammen aus dem Dachstuhl. Inzwischen bekämpft die Feuerwehr die Flammen von drei Seiten, wie es scheint ohne Erfolg ...«.
- Auch Äußerungen aus Gesprächen, die man am Ort vor Beginn der Reportage geführt hat, werden in die Schilderung eingebaut, zum Beispiel: »Immer wieder versuchen die Rettungsmannschaften, an das brennende Flugzeugwrack heranzukommen. Wegen des Rauchs müssen sie zwischendurch zurückweichen. Offenbar rechnet man auch damit, daß die Tanks in den Tragflächen explodieren könnten. Vor ein paar Minuten sagte mir der Einsatzleiter der Rettungsdienste, man versuche jetzt von hinten in die brennende Kabine vorzudringen. Von einem Vertreter der Fluggesellschaft habe ich vorhin

erfahren, daß 60 Passagiere und sieben Besatzungsmitglieder an Bord waren. Man kann sich kaum vorstellen, daß irgend jemand diese Katastrophe überlebt hat. Dort drüben tragen aber jetzt – ich kann es wegen des Rauchs nur schwer erkennen – allem Anschein nach Sanitäter Verletzte zu den Krankenwagen ... «.
- In der Reportage kann es innerhalb der Schilderung auch zu einem Szenenwechsel kommen. Der Reporter schildert einen Vorgang, zum Beispiel bei einem Volksfest ein attraktives Karussell, das umlagert ist und geht dann über zu einer Trachtenkapelle, die an einer anderen Stelle spielt. Diesen Wechsel muß der Zuhörer mitvollziehen können. Man muß mitteilen, wo was stattfindet, um niemanden zu verwirren.
- Der Reporter kann auch mit den Augen und damit in seiner Schilderung einen Standortwechsel vornehmen. In der Realität sollte er aber den Standort nicht wechseln. Bei einer Live-Reportage scheitert dies oft sowieso an der Länge von Mikrofon- und Kopfhörerkabel. Es sei denn, er verfügt über ein drahtloses Mikrofon. Dies muß aber vorher an jedem gewünschten Standort ausprobiert werden, damit die Reportage nicht unterbrochen wird. Funkübertragungen sind im Bereich von Großereignissen, an Flughäfen usw. oft nur eingeschränkt möglich, weil dort Polizei, Ordnungsdienste, Privatleute usw. »herumfunken«, die sehr leicht die drahtlosen Mikrofone stören.
Aber auch bei einer mit dem Reportergerät aufgenommenen Reportage ist der Standortwechsel »mit dem Auge« besser als der tatsächliche. Sonst muß man, während man sich von einem Platz zum anderen bewegt, das Gerät abschalten. Es entsteht hinterher eine Art »Zeitraffer-Reportage«, die für den Zuhörer leicht unlogisch und unverständlich wird. Man kann schließlich nicht jedesmal sagen: »Ich bin jetzt hierher gegangen ... «.
Besser ist – wie gesagt – die Schilderung von ein und demselben Ort, der so gewählt sein sollte, daß man einen Überblick hat und so dem Hörer verschiedene Perspektiven schildern kann.
- Überraschend auftretende Geräusche muß man dem Hörer erklären. Die wenigsten Geräusche erklären sich von selbst. Aber selbst beim Läuten von Kirchenglocken ist interessant, um welche Kirche es sich handelt, und wenn plötzlich ein Flugzeug niedrig über den Schauplatz der Reportage fliegt, sollte man dieses beschreiben. Dabei muß

man auch einkalkulieren, daß ein lautes Geräusch unter Umständen das gesprochene Wort übertönt.
Man macht zweckmäßigerweise eine Pause und schildert dann, was sich ereignet. Nicht versuchen, das Nebengeräusch zu überschreien, sondern kurz warten und dann ganz nahe am Mikrofon weitersprechen.

- Auch überraschend auftauchende Stimmen muß man unter Umständen in die Reportage einbeziehen. Es kommt immer wieder vor, daß Passanten, insbesondere Kinder, verwundert sind, weil dort ein Mensch mit Mikrofon und Kopfhörern steht und allein »vor sich hin spricht«. Da kommt es durchaus zu Äußerungen, die in der Reportage deutlich zu hören sind: »Mami, mit wem telefoniert denn der Mann da?«. Solche Sätze sollte man einbeziehen: »Sie haben es gewiß gehört, vor mir steht ein kleiner Junge, der kann offenbar mit dem Reporter überhaupt nichts anfangen.«
Goldene Reporterregel. Was immer geschieht, man muß es dem Hörer erklären.

- Eine Reportage wird lebendiger, wenn man nicht nur Ereignisse und Gegenstände, sondern auch Menschen beschreibt, die sich am Ort des Geschehens befinden. Zum einen gilt das für »Prominente« und »Offizielle«, die sich ja in der Regel bei wichtigen Ereignissen einfinden. Es kann interessant für die Sendung sein, ihre Betroffenheit zu schildern. Politische Äußerungen sind in derartigen Fällen meist ohne Belang, obwohl viele bekanntlich bei Katastrophen usw. vor allem erscheinen, um sich politisch in Szene zu setzen. Aber auch Nicht-Prominente können Gegenstand einer Reportage sein, ihr Aussehen, ihre Betroffenheit: Zum Beispiel fröhliche Menschen in bunten Kleidern, die plötzlich entsetzt und schweigend da stehen, weil sich bei einem Volksfest ein schweres Unglück ereignete. Beim Gebrauch bestimmter Vokabeln in einer Reportage sollte man an das potentielle Publikum denken. Es stellt sich zum Beispiel die Frage, was man als bekannt voraussetzen darf und was nicht. So weiß zum Beispiel in Frankfurt jeder, daß der »Römer« das Rathaus der Stadt ist. In einer Reportage für ein überregionales Programm muß man dies aber erklären. Gleiches gilt für regional bekannte Persönlichkeiten, wie zum Beispiel Bürgermeister und Oberbürgermeister.

- Atmosphäre am Ort des Geschehens muß man auf jeden Fall in die echte Reportage einbeziehen. Oftmals vermittelt sie sich von selbst (kontinuierliches Hintergrundgeräusch). Es ist aber wichtig, über den Kopfhörer selbst zu kontrollieren, ob sich das Geräusch auch vermittelt, ob die Hörer es identifizieren können. Ist man unsicher, dann empfiehlt sich eine Sprechpause in der nur die Atmosphäre hörbar ist. Nach dieser kurzen Pause sollte dann der Reporter das Geräusch kurz erklären.
Wenn sich die Atmosphäre insgesamt gut (und das heißt interessant) anhört, sollte der Reporter ohnehin gelegentlich eine Sprechpause machen, die Stimmung vermittelt sich so besser, außerdem kommt Ruhe in die Reportage. Hektisch dürfen Reportagen nur dann sein, wenn dies dem Ereignis entspricht, zum Beispiel: Endphase eines Fußballspiels oder Demonstrationen, die in Krawalle ausarten.
- Als Reporter sollte man sich vor abstrakten Begriffen hüten. Die Beschreibungen müssen so konkret wie möglich sein. Also nicht: »Dieses wunderschöne Haus steht in Flammen ... «. Man beschreibt vielmehr, was an diesem Gebäude »wunderschön« ist.
- Durch die gesamte Reportage muß sich ein »roter Faden« ziehen (vgl. oben »Gliederung«). An diesem roten Faden muß sich der Hörer orientieren können. So muß zum Beispiel der Wechsel zwischen Situationsbeschreibung und Hintergrundinformation sinnvoll sein. Gliederungselement ist immer die aktuelle Situation. In möglichst kurzen Abständen sollte der Reporter zur Beschreibung dessen zurückkehren, was er sieht. Die Zusatzinformationen (vgl. oben »Recherche- Ergebnisse, Zitate«) dürfen nicht »gebündelt« vorgetragen werden. Das wäre ein langweiliger Bericht vor einer spannenden Atmosphäre. Leider wird solches sehr oft gesendet. Statt dessen müssen diese Hintergrundinformationen immer mit einem geschilderten Gegenstand (zum Beispiel: brennendes historisches Gebäude) oder mit einer anwesenden Person (Einsatzleiter, Oberbürgermeister) in Verbindung gebracht werden. Auf diese Weise bleibt der rote Faden als Orientierungshilfe für den Hörer erhalten. Der Hörer bleibt immer am aktuellen Geschehen, es entsteht eine gute Balance zwischen dem, was geschieht und dem, was der Reporter an Informationen ergänzt.
- Eine echte Reportage muß Atmosphäre vermitteln, und zwar nicht nur durch Geräusche, sondern auch durch die Sprache des Repor-

ters. Dies gilt sowohl für die Wortwahl als auch für die Art zu sprechen.
Damit ist nicht gemeint, daß ein Ereignis kommentiert werden sollte. Ganz im Gegenteil, die Reportage ist ein Bericht mit Atmosphäre, sie darf nicht zum Kommentar werden. Seine Betroffenheit von einem tragischen Ereignis darf und muß der Reporter zeigen, zum Beispiel an der Absturzstelle, an der ein Flugzeug mit vielen Menschen an Bord explodiert ist.
Ein Kommentar über die Zustände der Flugsicherung und Spekulationen über die Unglücksursache mit Schuldzuweisung sind unzulässig. Gibt es aber Hinweise auf Ursache und mögliches Fehlverhalten, dann wird dies selbstverständlich mit Quelle in der Reportage genannt. Der Kommentar gehört an eine andere Stelle des Programms.
Betroffenheit vom Geschehen soll der Reporter also zeigen. Kommentare aus Betroffenheit sind immer schlecht. Gerade der Kommentar erfordert journalistische Distanz. Die hat aber ein Reporter, der mitten aus einem dramatischen Geschehen berichten muß, nicht.
• Betroffenheit drückt sich in der Sprache aus: Schlichte Formulierungen, kurze Sätze, Pausen, verhaltenes Sprechen, leises Sprechen ganz nah am Mikrofon vermitteln Betroffenheit am ehesten.

5.3 Kommentar

Oberster Grundsatz im öffentlich-rechtlichen Rundfunk ist die strikte Trennung von Information und Meinung, von Nachricht und Kommentar.

Alle Rundfunkgesetze und Staatsverträge enthalten entsprechende eindeutige Vorschriften. Grundsatz für das Verständnis des öffentlich-rechtlichen Rundfunksystems ist überdies die Tatsache, daß der Rundfunk als solcher keine Meinung hat. Wessen Meinung sollte dies auch sein? Er ist vielmehr ein Forum von Meinungen. Dieser Forums-Charakter wird deutlich zum Beispiel in den Nachrichten, die zu einem Vorgang alle relevanten Meinungen wiedergeben müssen. Gleiches gilt für Gesprächs- und Diskussionsrunden, bei denen die verantwortliche Redaktion darauf zu achten hat, daß keine für das zur

Debatte stehende Thema wichtige Gruppierung oder Person unberücksichtigt bleibt.
Dies hat nichts mit Proporz zu tun, sondern ist eine Grundregel des öffentlich-rechtlichen Rundfunks, der gesellschaftlich kontrolliert wird und allen gehört. Der Forums-Charakter des Rundfunks muß demzufolge auch in Kommentarsendungen gewahrt werden. Dies bedeutet, daß das Meinungsspektrum der möglichst zahlreichen Kommentatoren alle relevanten »Farben« enthalten muß. So lange Rundfunkjournalisten bei der Darstellung von Sachverhalten und der Präsentation von Meinungen die journalistischen Spielregeln und Grundgesetzlichkeiten unseres Rundfunksystems beachten, tragen auch ihre unterschiedlichen Meinungen positiv zur Vermittlung von Meinungsvielfalt bei.
Dennoch kann der Rundfunk nicht den Zweck der Verbreitung der persönlichen Meinungen seiner Mitarbeiter haben. Zweck – im Hinblick auf die Darbietung von Meinungen als Hilfestellung für die eigene Meinungsbildung der Hörer – ist vielmehr die der Integration dienende Vermittlung der gesellschaftlichen Vielfalt. Die Mitarbeiter des Rundfunks, das sind hier konkret die Redakteure, verwalten das Medium treuhänderisch für die Allgemeinheit. Dieser Aspekt muß deshalb auch bei der Darbietung von Meinungsbeiträgen berücksichtigt werden. Die zu häufige Kommentierung politischer Ereignisse durch Rundfunkredakteure widerspricht dem Grundsatz.
Neben dem Redakteur als Kommentator sollte so oft wie möglich der sachkundige und journalistisch qualifizierte Kommentator »von draußen« auftreten, zum Beispiel der Zeitungsjournalist, der Korrespondent, der Mitarbeiter einer anderen Rundfunkanstalt, der freie Journalist. In manchen Funkhäusern wird dieses Prinzip mit Erfolg gepflegt. Mit Erfolg heißt, daß hier der Begriff »Meinungsvielfalt« ernst genommen wird.
Das Thema Kommentar spielt in erster Linie im öffentlich-rechtlichen Rundfunk eine Rolle. Im privaten Rundfunk ist diese journalistische Form eher die Ausnahme.
Von Politikern wird gelegentlich bezweifelt, ob im öffentlich-rechtlichen Rundfunk die Kommentierung, die Verbreitung journalistischer Meinung überhaupt zulässig sei. Ein Blick in die geltenden Gesetze und Staatsverträge zeigt, daß Meinungsbeiträge nicht nur erlaubt,

sondern sogar geboten sind. Die Formulierungen sind unterschiedlich.
So begründet das Gesetz über den Hessischen Rundfunk von 1948, das bis heute gilt, den Kommentar »indirekt«. Es heißt darin, daß
a) Nachrichten und
b) Kommentare zu Nachrichten voneinander zu trennen sind und daß bei Kommentaren der Name des Autors genannt werden müsse.
Damit steht außer Frage, daß der Kommentar eine Rechtsgrundlage hat.
Das Gesetz über den Süddeutschen Rundfunk aus dem Jahre 1950 formuliert direkter. In den darin festgeschriebenen Programm-Richtlinien heißt es, der SDR habe »demokratisch gesinnten Kommentatoren« das Recht auf Kritik an der Staatsregierung, an Behörden usw. einzuräumen.
Es ist viel darüber gesagt worden, welche Arten von Kommentaren es gibt. Im Radio kann man im wesentlichen zwei Typen beobachten: den Meinungskommentar und den analytischen Kommentar.

5.3.1 Meinungskommentar

Der Meinungskommentar kommt in zwei Varianten vor. Einmal gibt es den Kurzkommentar von zwei bis drei Minuten Länge. Dieser Typus läuft in den Funkhäusern unter ganz unterschiedlichen Bezeichnungen. Sie reichen von »Kurzkommentar« über »Schlaglicht« bis »Nachgedacht« oder »Zwischenruf«. Gemeint ist jeweils ein kurzer, oft sehr pointierter Meinungsbeitrag zu einem aktuellen Thema. Zum anderen gibt es, zumindest bei einigen Rundfunkanstalten, auch längere Meinungskommentare. Sie bieten nicht nur kurz, holzschnittartig eine journalistische Meinung zu einem Thema, sondern hier geht es auch um die ausführliche Begründung der Meinung und um sprachliche Feinheiten. Insofern ist diese Art von längerem Meinungskommentar dem Leitartikel einer Tageszeitung vergleichbar.
Meinungskommentare haben – sieht man einmal vom sprachästhetischen Genuß ab – eine Funktion: Sie präsentieren jeweils eine Meinung zu einem Thema, und zwar beispielhaft. Eine Meinung von vielen denkbaren wird vorgestellt. Im Sinne des Pluralitätsgebotes müßte in einer späteren Kommentarsendung zu dem entsprechenden Thema

eine andere Meinung gesendet werden. Über einen gewissen, eher längeren Zeitraum kämen so unterschiedliche Meinungen zu einem Thema ins Programm. Gegen diesen Grundsatz der Pluralität im öffentlich-rechtlichen Rundfunk wird allerdings gelegentlich verstoßen.

Die Wirkung von Meinungsbeiträgen ist – so weisen mehrere in den USA erstellte Untersuchungen aus – relativ gering. Kommentare verstärken vorhandene Positionen. Man findet einen Kommentar gut, der der eigenen Meinung entspricht und lehnt einen solchen ab, der die eigene Position nicht bestätigt. Kommentare bewirken im allgemeinen keinen Meinungswandel, sondern Bestätigung, allenfalls Verärgerung. Im günstigsten Fall regen sie zur Diskussion an.

5.3.2 Analytischer Kommentar

Wichtiger als der reine Meinungskommentar ist im Radioprogramm der analytische Kommentar. Er gibt zwar auch die Meinung des Autors wieder und sollte deshalb auch immer als Kommentar ausgewiesen sein. Zugleich stellt er aber ein wichtiges Stück Faktendimensionierung dar. Er liefert in der Regel zusätzliche Informationen, analysiert, ordnet ein Thema in Zusammenhänge ein und trägt so zum besseren Verständnis bei. Die meisten Kommentare zur Innen- und Außenpolitik sind analytische Kommentare. Es ist kein Zufall, daß die Autoren oft Korrespondenten im Ausland und im Inland, insbesondere in Bonn sind. Da sich die Korrespondenten des öffentlich-rechtlichen Hörfunks in Deutschland weniger als Nachrichtenlieferanten verstehen, sondern eher als Journalisten, die Vorgänge einordnen, ist der analytische Kommentar eine von ihnen sehr häufig praktizierte journalistische Form.

5.3.3 Kommentar und Radiohandwerk

Für den Kommentator, sowohl beim Meinungs- als auch beim analytischen Kommentar, gelten ebenso wie für die anderen radiojournalistischen Formen Handwerksregeln. Hier einige der wichtigsten:

- Der Kommentar erfordert drei journalistische Arbeitsebenen:
  1) Eine Beschreibung des Sachverhaltes.
  2) Die Herstellung von Zusammenhängen.
  3) Das Werturteil: die Bildung und Begründung der Meinung des Autors.
- Meinungskommentare bewegen sich logischerweise im wesentlichen auf der Ebene 3); die Meinung, das Werturteil steht im Vordergrund. Der analytische Kommentar erfaßt alle drei Ebenen, vor allem aber die Ebene 2). Es werden Zusammenhänge hergestellt. Informationen werden verständlich gemacht. Dies ist die Ebene der Faktendimensionierung.
- Alle Regeln des Schreibens fürs Mikrofon gelten auch für den Kommentar. Bei allem Bemühen um Geschliffenheit der Formulierungen müssen Kommentatoren darauf achten, daß sie Radiosprache schreiben. Das Streben nach besonders schöner, intelligenter und blumiger Sprache verführt zu komplizierten Formulierungen (Schachtelsätze, Einschübe): Vorsicht!
  Auch Ironie und Witz sind schwer zu vermitteln.
  Alle Regeln der Recherche gelten auch für den Kommentar. Soweit in einem Meinungsbeitrag Informationen geliefert oder bekannte Fakten erwähnt werden, müssen diese stimmen. Die Freiheit der Meinung ist durch Artikel 5 Grundgesetz gedeckt, nicht aber die schlechte Recherche.
- Ein Kommentator sollte einige ihm wichtige Aspekte eines Themas herausgreifen und an diesen seine Gedanke aufzeigen. So kann man argumentativ kommentieren und Gedanken entwickeln. Es ist nicht sinnvoll, alle Punkte, die einem zu einem Thema einfallen, mitzuteilen. Dann bleibt es nämlich bei einer bloßen Aufzählung von Gedanken ohne Argumentation.
- Argumente lassen sich im Kommentar oft am besten an Gegenpositionen entwickeln. Zum Beispiel empfiehlt es sich, wenn man einen Kommentar gegen die Nutzung von Kernenergie schreibt, sich mit den Argumenten der Kernkraft-Befürworter auseinanderzusetzen. So wird die eigene Position deutlicher. Vor allem aber wird die eigene Argumentation glaubwürdiger. Ein seriöser Kommentator beschäftigt sich intensiv mit Gegenpositionen. Das macht Mühe. Lediglich die eigene Meinung zu formulieren ist dem gegenüber eine leichte Übung.

- Ein guter Kommentar sollte einen attraktiven Einstieg haben. Er darf sogar provokativ beginnen. Dafür gibt es zwei Gründe. Einmal soll der Hörer gleich merken, daß es hier um Meinung geht, und nicht vorrangig um Information. Der zweite Grund ist ein »programmtaktischer«. Üblicherweise laufen Kommentare im Anschluß an Nachrichten. Es ist bekannt (vgl. oben die Präferenzliste im Kapitel »Inhalte des Radioprogramms«), daß Nachrichten die bevorzugten Wortsendungen sind. Zu den Nachrichten schalten viele Hörer eigens das Radio ein.
Es geht deshalb darum, die Hörer nach dem Wetterbericht am Schluß der Nachrichten zum Weiterhören zu animieren. Dies kann zum Beispiel durch einen plakativen und sogar provozierenden Einstieg in den Kommentar geschehen: »So kann die Verkehrspolitik der Bundesregierung nicht weitergehen ... «, oder: »Man mag es kaum glauben, aber diese Äußerung stammt wirklich von Minister XY ... «. Oder: »Man fragt sich, wie lange sich die Steuerzahler dies noch gefallen lassen ... «.
In einem Kommentar sind solche Anfangssätze erlaubt, nicht jedoch in anderen Beiträgen, etwa in Berichten oder Moderationen, obwohl dergleichen dort durchaus vorkommt. Von den geltenden Rechtsnormen sind derartige Formulierungen nur im Kommentar gedeckt.
- Ebenso wie ein geeigneter Einstieg gehört zum Kommentar auch eine klare Schlußfolgerung. Am Ende muß den Hörern klar sein, welche Position der Kommentator vertritt. Zwar merkt man in einem guten Kommentar bereits an der gesamten Anlage und in einzelnen Formulierungen sowie im Umgang mit Gegenargumenten, welche Tendenz vertreten wird. Dennoch ist eine klare Positionsbeschreibung am Schluß oder kurz davor notwendig. Wegen der Flüchtigkeit des Mediums Radio darf man sich nicht darauf verlassen, daß der Zuhörer jede Nuance mitbekommt. Vornehme Andeutungen sind im akustischen Medium kaum wahrzunehmen. Eine deutliche Sprache ist notwendig.
- Ein Kommentar sollte nicht nur an-, sondern auch abgesagt werden. Zum einen ist es bei Meinungsäußerungen, von denen die Rechtsnormen ausdrücklich verlangen, daß der Name des Autors genannt wird, sinnvoll, den Namen auch am Schluß noch einmal zu nennen. Zum anderen ist die Namensnennung am Schluß (ebenso wie bei Interviews und O-Tönen) wichtig für Hörer, die erst einschalten,

wenn der Kommentar bereits läuft. Findet man den Beitrag interessant oder auch provozierend, dann möchte man auch, wenn man sich erst später zugeschaltet hat, wissen, wer der Autor war.

5.4 Interview

5.4.1 Einführung

Es gibt kaum eine Sendeform im Rundfunk, die allgemein als so leicht angesehen wird, die aber zugleich so schwierig ist wie das Interview. Das Interview gehört zu den am häufigsten benutzten Stilelementen des Radios. Es wird täglich praktiziert und dennoch immer wieder falsch gemacht.
Das Interview ist ungeeignet zur journalistischen Selbstdarstellung. Der Interviewte steht im Mittelpunkt, nicht der Interviewer – eine Tatsache, mit der sich viele Journalisten offensichtlich nur sehr schwer abfinden können.
Radiointerviews kann man in drei Gruppen gliedern:
• Sachinterview
• Meinungsinterview
• Persönlichkeitsinterview.
Im Sachinterview will der Journalist dem Hörer Fakten vermitteln und versucht, sie durch sachliche Fragen dem Interviewpartner zu entlocken. Am Schluß des Interviews soll sich der Hörer ein klares Bild vom Sachverhalt machen können.
Das Meinungsinterview bringt demgegenüber nicht das Erfragen von Fakteninformationen, sondern von Meinungen; Meinungen zu bestimmten Vorgängen, möglicherweise sogar mehrere kontroverse Meinungen.
Die dritte Form, das Persönlichkeitsinterview, wird normalerweise mit einer bekannten Person gemacht. Es geht hier dem Interviewer nicht darum, vom Gesprächspartner Fakten zu erfahren oder seine Meinung zu einem Thema zu erfragen. Ziel des Interviews ist, dem Hörer ein Bild von einer Person zu vermitteln. Daß dabei auch Informationen herauskommen können, ist selbstverständlich. Hier geht es dann meist um den erweiterten Informationsbegriff, der über die aktuelle, meist politische Information hinausgeht. Naturgemäß ist der

Informationsgehalt eines Persönlichkeitsinterviews aber geringer als der des Sach- und des Meinungsinterviews.

Man muß berücksichtigen, daß diese Katalogisierung der verschiedenen Interview-Arten rein formaler Natur ist. In der Praxis fließen die drei Formen durchaus ineinander. Man kann beispielsweise davon ausgehen, daß ein Politikerinterview, das bestimmte Sachverhalte herausbringen soll, sehr stark die Meinung des Befragten spiegelt und außerdem ein Bild von seiner Persönlichkeit vermittelt.

Ziel des Radiointerviews ist immer, dem Hörer einen in der Sache besonders kompetenten Gesprächspartner vorzustellen. Der Hörer soll vom Befragten nach Möglichkeit Informationen erhalten, die er sonst nirgendwo bekommen kann. Das Interview sollte deshalb nicht von bekannten Tatsachen ausgegeben und diese nur bestätigen, es sei denn, es hätte sich bisher nur um Spekulationen oder Gerüchte gehandelt. Es müssen neue Akzente gesetzt und neue Aspekte angesprochen werden, sonst handelt es sich nämlich um ein Gefälligkeits- oder Public Relations-Interview. Der Hörer muß - sonst hat das Interview seinen Sinn verfehlt – nach der Sendung eine bessere Kenntnis von der Sache haben als vorher.

»Star« des Interviews ist also der Gesprächspartner, nicht der Reporter. Es geht darum, den Interviewten interessant erscheinen zu lassen, damit der Hörer aufmerksam zuhört, und dann so viele Informationen wie möglich herauszuholen, damit der Hörer gleichsam dafür belohnt wird, daß er nicht abgeschaltet hat.

Das Interview ist, wie gesagt, eine ganz typische Radioform. Die im folgenden aufgezeigten Handwerksregeln beziehen sich stets auf das Interview, das gesendet wird, sei es als Aufnahme oder live. Es geht also nicht um das Rechercheinterview, in dem Informationen beschafft werden, um sie in einem Bericht, einer Reportage oder in einem Kommentar zu verwenden. Es geht auch nicht um die Diskussion. Diskussion ist eine andere radiojournalistische Form, die in einem gesonderten Abschnitt behandelt wird.

Diskussion heißt, zwei Partner erörtern ein Thema auf gleicher Ebene, gegebenenfalls unter Gesprächsführung eines Diskussionsleiters. Im Interview arbeiten sie auf unterschiedlichen Ebenen. Der eine stellt Fragen, der andere antwortet. Nichts weiter. Ein Interviewer verwickelt seinen Partner nicht in eine Diskussion und läßt sich auch nicht in eine solche verwickeln.

5.4.2 Vorbereitung eines Interviews

Interviewpartner finden

Erster Teil der Vorbereitung ist natürlich die Lösung des Problems: »Wie bekomme ich den gewünschten Interviewpartner ans Mikrofon bzw. ans Telefon?«
Es trifft schon lange nicht mehr zu, daß potentielle Interviewpartner nur für das Fernsehen und nicht für den Hörfunk zur Verfügung stehen. Im Gegenteil: Viele interessante Leute bevorzugen sogar das Radio als Medium, in dem sie sich äußern, gegenüber dem Fernsehen. Zu ihnen gehört unter anderen der französische Staatspräsident François Mitterand. Seine Begründung: Im Radio steht meist mehr Zeit zur Verfügung, und man kann Gedanken besser entwickeln. Mit diesem Argument kann man sicherlich gelegentlich wichtige Gesprächspartner animieren.
Aber die meisten Politiker und anderen Persönlichkeiten des öffentlichen Lebens geben Radiointerviews, weil sie längst wissen, daß das Radio seit Jahren eine Renaissance erlebt und daß man über das Radio ein großes Publikum erreicht – ohne großen Aufwand, denn oft genügt ein Telefon-Interview, oder eine Tonbandaufnahme läßt sich rasch zwischen zwei Terminen einplanen, während Fernsehaufnahmen stets mit großem Aufwand verbunden sind, auch zeitlich.
Trotzdem erfordert es einige Überzeugungskraft, manche Personen zu einem Interview zu bekommen. Wenn Zeit genug vorhanden ist, wirkt ein höflicher Brief mit der Bitte um ein Interview oft Wunder. Im Zeitalter der telefonischen Absprachen fällt ein Brief mehr auf Außerdem erreicht man per Brief den »Boss«, telefonisch wird man in der Regel vom Vorzimmer »abgefangen«. Dort kann man zwar seinen Wunsch einschließlich inhaltlicher Hinweise vortragen. Man weiß aber nicht, wie die Bitte um ein Interview vermittelt wird. Im Brief tut man dies selbst, man kann auf jeden Fall den gewünschten Partner selbst ansprechen, denn daß ein Interviewwunsch auf dem Briefbogen einer Rundfunkanstalt nicht auf den Tisch des Chefs kommt, ist unwahrscheinlich. Freie Mitarbeiter lassen bitte einen solchen Brief von ihrer Redaktion schreiben, da sie selbst in der Regel keine Unterschriftsberechtigung besitzen.

Findet die Absprache telefonisch statt, so ist der richtige Umgang mit Sekretariaten von gewünschten Gesprächspartnern bereits die halbe Zusage. Am meisten verblüfft man Gesprächspartner am Telefon, und zwar positiv, damit, daß man die über Journalisten im allgemeinen und Radiojournalisten im besonderen bestehenden Vorurteile nicht bestätigt.
Leider haben viele Journalisten über die Jahre die Sitten verdorben, indem sie arrogant und schnodderig auftreten – dort, wo sie glauben, es sich leisten zu können: In Vorzimmern, gegenüber »kleinen« Mitarbeitern.
Zum einen dokumentiert dieses leider nicht seltene Verhalten extreme Charakterschwäche. Zum anderen ist es in hohem Maße unprofessionell, weil es die Erfolgschancen erheblich reduziert. Dies bedeutet nicht, daß ein Chef über den Vorzimmerflirt besser zu erreichen wäre. Es geht nur um höfliches, korrektes Verhalten und darum, Sekretärinnen als Menschen und professionelle Partner zu respektieren. Empfehlung: Namen herausfinden und merken. Nach erfolgreichem Interview anrufen und sich bedanken. Bei der Sekretärin! Ja, wirklich. Das ist ein Stück Vorarbeit für das nächste Interview.
Apropos Namen: Gute Journalisten merken sich Namen, und zwar genau. Herr »Meiers« möchte nicht gerne mit Herr »Meier« angesprochen werden. Ein solcher Fehler kann die Atmosphäre negativ beeinflussen und die Qualität des Interviews verschlechtern.
Vielgefragte Personen, die ihre Interviews dosieren, sind möglicherweise von der Notwendigkeit gerade dieses Interviews zu überzeugen, indem man mitteilt, daß eine Nachrichtenfassung des Interviews an die Agenturen gegeben wird. Dies muß natürlich zuvor mit der Redaktion geklärt sein, denn Versprechungen, die nicht eingehalten werden, bewirken das Gegenteil.
Aber: Niemals einen Interviewwunsch durch Erpressung zu realisieren versuchen. »Wenn Sie nicht wollen, dann frage ich Ihren Parteifreund XY«. Wenn eine Stellungnahme sehr wichtig ist und ein gewünschter Partner ablehnt, darf und sollte man (in höflichen Worten) darauf hinweisen, daß man gegebenenfalls in der Sendung erwähnt, daß Herr A. nicht zu einer Äußerung bereit war. Aber bitte immer daran denken: Es gibt keine Verpflichtung, ein Interview zu geben. Zwar sind nach den Landespressegesetzen, die auch für den Rundfunk gelten, Behörden und bestimmte öffentliche Institutionen

zur Auskunft gegenüber den Medien verpflichtet. Dies bedeutet aber kein Recht auf ein Interview. Man kann lediglich eine Stellungnahme verlangen, man muß sich aber mit einer telefonischen Auskunft oder schriftlichen Erklärung zufrieden geben.
Wenn man Interviewpartner sucht, muß man zuvor sorgfältig prüfen, ob es in erster Linie um die Prominenz der zu befragenden Person geht oder ausschließlich um Kompetenz in der Sache. Natürlich sind Prominente in der Regel auf ihrem Fachgebiet auch kompetent. Oftmals wissen aber ihre Mitarbeiter in Details besser Bescheid. Es wird also bei der Entscheidung darauf ankommen, ob man etwas zur »Generallinie« eines Themas erfahren will oder ob es um Spezialfragen geht.

Beispiel:
Anläßlich einer heißen Diskussion um eine Umgehungsstraße soll ein Interview geführt werden. Der Verkehrsminister ist, insbesondere wenn die Straße in seinem Wahlkreis liegt, zum Interview bereit. Er wird sich aber eher grundsätzlich politisch äußern und allenfalls ein paar Details sagen, die ihm sein Fachreferent aufgeschrieben hat. Bei Nachfragen wird er dann zwangsläufig auf Allgemeinplätze ausweichen. Geht es aber um ein Interview zu diesem Thema für ein Regionalprogramm, bei dem die Zuhörer mit der Materie vertraut sind, kann es besser sein, das Interview mit dem Fachreferenten aus dem Verkehrsministerium zu führen. Ihm kann man stellvertretend für die Hörer die Detailfragen stellen, auf die es den Menschen in dieser Region ankommt.

Der nächste Schritt bei der Vorbereitung eines Interviews bezieht sich auf den Inhalt. Der Interviewer fragt stellvertretend für die Hörer. Es gibt deshalb Reporter, die inhaltlich unvorbereitet auf den Interviewpartner zugehen, nach dem Motto: »Dann stelle ich auch unbefangen Fragen. Der Zuhörer würde dies auch tun.«
Diese Haltung mag auf den ersten Blick einleuchten, aber so leicht darf es sich ein Interviewer nicht machen. Es gibt nämlich keinesfalls nur Hörer, die vom Gegenstand nichts verstehen. Überdies kann man nur dann für den Hörer fragen, wenn man ein Interview inhaltlich und formal strukturiert. Einfach drauf los zu fragen, würde den Zeitrahmen sprengen und auch dem Hörer keinerlei Verständnishilfen im Sinne eines roten Fadens geben, an dem er sich orientieren kann.

Deshalb: Auch inhaltlich muß ein Interview gründlich vorbereitet werden. Man lese also soviel wie möglich über das Thema. Aber man muß sich davor hüten, alles Erarbeitete auch von sich geben zu wollen. Die gewonnenen Informationen dienen nur dazu:
1) Die Probleme des Themas zu erkennen und das Interview im Sinne des Hörers so zu strukturieren, daß alle wichtigen Punkte angesprochen werden.
2) Die Antworten des Gesprächspartners zu verstehen.
3) Aus den Antworten Nachfragen abzuleiten.

Der unvorbereitete Interviewer wird leicht zum bloßen Stichwortgeber, Interviews werden dann zu PR- oder Gefälligkeitsinterviews. Gute Vorbereitung darf indes um keinen Preis zur Selbstdarstellung des Reporters führen. Er darf nicht in einem langen Redeschwall zeigen, wieviel er vom Thema versteht und dann dahinter ein Fragezeichen setzen. Die Information kommt vom Gesprächspartner. Der Reporter bringt ihn nur zum Reden und verhindert gegebenenfalls, daß er wichtigen Themen ausweicht. Gute Vorbereitung birgt auch die Gefahr, daß das Interview zum Expertengespräch wird und die Zuhörer sich ausgegrenzt fühlen. Also: gute Vorbereitung und dennoch große Zurückhaltung. Die »Punkte« sammelt ein Interviewer nicht, indem er die Informationen gibt, sondern beim geschickten Fragen.

Interviewrahmen schaffen

Die Schaffung des Interviewrahmens ist eine wichtige Voraussetzung für ein gutes Interview. Dazu gehört zunächst die Wahl des Ortes für das Interview. Bei interview-gewohnten Politikern spielt dies keine Rolle. Man führt das Interview dort, wo man es bekommt.
Längere Hintergrundinterviews führt man sinnvollerweise im Studio, weil man sich dann als Reporter nicht um die Technik zu kümmern braucht. Ungeübte Partner werden zweckmäßigerweise in einer gewohnten, ihnen vertrauten Umgebung interviewt. Das kann das Büro ebenso sein wie die Wohnung. Die sterile Atmosphäre eines Studios macht solche Partner unter Umständen befangen. Ein kleines Aufnahmegerät trägt ebenfalls zur Entspannung bei. Ein Übertragungswagen mit Team schafft demgegenüber eine ähnliche Atmosphäre wie im Studio.

Geht es um ein Interview mit einem sehr ungeübten, nervösen Gesprächspartner (dies herauszufinden ist Sache des ersten Telefonats, bei dem das Interview verabredet wird), so kann man notfalls ein Telefoninterview führen, obwohl eine Bandaufnahme mit Gerät oder im Studio möglich wäre. Telefonieren ist auch für solche Leute ein gewohnter Vorgang, das Sprechen in ein Mikrofon nicht. In solchen Ausnahmefällen sollte man die schlechtere technische Qualität in Kauf nehmen.

Zur Schaffung des Interviewrahmens gehört auch die Erzeugung einer Atmosphäre des Vertrauens. Es ist ein weitverbreiteter Irrtum, daß Aggressivität, Polemik, allzu große Vertrautheit oder Forschheit mehr Informationen zu Tage brächten als ruhiges, souveränes und vertrauenerweckendes Auftreten eines Reporters. Information ist aber jedes Ziel eines Interviews, nicht die Selbstdarstellung eines Journalisten.

Interviewen ist die hohe Kunst, Vertrauen zu erzeugen und so Informationen zu gewinnen. Das Ziel ist nicht, zu zeigen, wie aggressiv und naßforsch Reporter einem Gesprächspartner zu begegnen wagen. Erfahrene Interviewer werden bestätigen, daß sie in ruhigen Gesprächen, die in angenehmer Atmosphäre verlaufen sind, stets die meisten Informationen erhalten haben. Kein Wunder: Ein erfahrener Politiker wird doch äußerst vorsichtig agieren, wenn er es mit einem aggressiven Reporter zu tun hat. Ihm wird er logischerweise außer Allgemeinplätzen nichts sagen. Zu den entsprechenden Gegenstrategien der Politiker werden später in diesem Kapitel noch einige Hinweise gegeben.

Einen unerfahrenen Interviewpartner durch aggressives Fragen zu überrumpeln, ist nicht nur unfair, sondern hat – wenn überhaupt – nur einmal Erfolg. Spätestens beim nächsten Mal ist dieser Partner extrem vorsichtig oder er lehnt ein Interview ab.

Grundsatz: Ein seriöser Journalist sollte sich bei einem Gesprächspartner auch nach der Sendung noch sehen lassen können. Das schließt kritische Fragen nicht aus (siehe unten: »Fragearten und Fragetechnik«). Kurzum – Sachliches Fragen ist weniger spektakulär, bringt aber fast immer mehr Informationen.

Wichtig für den Erfolg eines Interviews ist auch das Erscheinungsbild eines Reporters. Auch wenn manche Journalisten – sie zählen in die Kategorie der Nicht-Profis – dies als einen Eingriff in ihre Persönlichkeitssphäre betrachten mögen: Ein gepflegt wirkender und dem Anlaß entsprechend gekleideter Reporter hat journalistisch den größeren Erfolg. Niemand wird im Redaktionsalltag und im Hörfunkstudio etwas gegen Jeans und Pullover einzuwenden haben. Aber wenn man einen Prominenten bei einer Feierstunde interviewt, ist angemessene Kleidung zwingend (nicht »overdressed«, sondern normal). »Mutproben« wie: »Ich gehe in Jeans und T-Shirt zur Goethepreis-Verleihung« zeugen von Unreife und Amateurstatus. Denn: Die gewünschten Gesprächspartner nehmen dergleichen zur Kenntnis, auch wenn sie nichts sagen, und sie nehmen den Interviewer nicht ernst. Ernstgenommene Interviewer erfahren aber mehr, weil man in ihnen einen Partner sieht. Und: Man ist mit dem Mikrofon einer Rundfunkanstalt in der Hand keine Privatperson mehr.

Eine weitere wichtige Regel für die Gestaltung des Interviewrahmens: Der Reporter sollte niemals als »Fan« des Interviewpartners erscheinen. Das mag schwierig sein in Zeiten der rundfunkjournalistischen Parteibuch-Karrieren. Ein Teil des schlechten Rufs der öffentlich-rechtlichen Rundfunkanstalten beruht auf den Gefälligkeitsinterviews, die Parteifreunde miteinander führen.

Unabhängige Programmverantwortliche sollten darauf achten, daß solche Fälle nicht vorkommen. Dies setzt allerdings neben der Unabhängigkeit auch voraus, daß sie etwas vom Programm verstehen. Man kann auch unabhängige Reporter einsetzen. Dies hat nichts – wie es dann oft heißt mit Arbeitsverbot, Zensur o.ä. zu tun, sondern mit journalistischer Sensibilität und Fairness gegenüber dem Hörer. Kommt ein Reporter gleichsam als Fan zum Gesprächspartner, dann lassen die Fragen jede Distanz vermissen. Ein allzu vertrauter Umgang im Interview vermittelt dem Hörer leicht den Eindruck von Kumpanei. Man traut dann der Sendung und dem Sender rasch keine seriöse Informationsvermittlung mehr zu.

So entstehen auch die Rotfunk- bzw. Schwarzfunk-Images. Fairer Umgang mit jedem Gesprächspartner ist wichtiger Bestandteil des Interviewrahmens. Unfaires Verhalten ist ebenso wie Fanverhalten kontraproduktiv im Hinblick auf die Informationsgewinnung. Außerdem wechselt die Sympathie des Hörers auf jeden Fall vom Reporter zum Interviewpartner. Dabei halten sich gerade die aggressiv auftretenden Interviewer für besonders kritisch.

Was aber, wenn ein Gesprächspartner aggressiv wird – etwa in einer Livesendung, in der Korrekturen nicht möglich sind? »Ruhe bewahren« lautet hier die einzige Regel, die etwas bringt. Auf keinen Fall den möglicherweise rüden Ton aufnehmen und aus dem Interview ein Streitgespräch werden lassen, Das Streitgespräch ist eine spannende Radioform, aber hier geht es um das Interview und ein Reporter darf mit einem Interviewpartner nicht streiten. Wenn der Interviewer souverän und kühl weiterfragt, entlarvt sich meist der Gesprächspartner, der die Contenance verloren hat, selbst. Der Reporter hat das Publikum hinter sich. Dies muß so bleiben, und es bleibt so, wenn man sich weiter höflich und sachlich verhält. Jede Anmerkung zum Verhalten des Partners wird den Reporter in eine schwächere Position bringen.
Beleidigt allerdings ein Interviewpartner den Interviewer persönlich, dann gibt es nur noch eine Chance: Kurzes, sachliches Zurückweisen einer Behauptung und – an die Hörer gewandt – die Bitte um Verständnis dafür, daß man das Interview an dieser Stelle abbricht.

Vorgespräch

Wann immer die Möglichkeit dazu besteht, sollte ein Vorgespräch stattfinden, sei es auch noch so kurz. Darauf verzichten kann man allenfalls, wenn Interviewer und Interviewter einander gut kennen und über den Gegenstand des Interviews keine Zweifel bestehen.
Vom Vorgespräch hängen Erfolg oder Mißerfolg eines Interviews entscheidend ab. Mit großer Wahrscheinlichkeit zum Mißerfolg führt die Nichtbeachtung der wichtigsten Regel für das Vorgespräch. Sie lautet: *Das Vorgespräch ist nicht das vorweggenommene Interview.*
Viele Reporter begehen den Fehler, ein Interview im Detail schriftlich zu konzipieren und das Konzept mit dem Gesprächspartner durchzusprechen. Das Ergebnis kann nur ein schlechtes Interview sein. Selbst geübte Interviewpartner wissen nämlich bei der Aufnahme oder in der Livesendung nicht genau, was im Vorgespräch gesagt wurde und was im Interview selbst. Manche Reporter verlieren dabei übrigens auch den Überblick.
Verfährt man nach dieser Methode, dann kommen oft die interessantesten Äußerungen im Vorgespräch und werden später nicht mehr wiederholt. Selbst wenn einem Interviewer dies auffällt, kann er wohl

kaum in der Sendung sagen: »Vorhin haben Sie das aber so und so formuliert, vielleicht wiederholen Sie ... «.

Das im Vorgespräch vorweggenommene Interview birgt eine weitere Gefahr: Der Interviewpartner sagt alles, was er zum Thema zu sagen hat, gleich am Anfang, in seiner ersten Antwort. Der Grund dafür: Die Gedanken werden nicht während des Interviews entwickelt, sondern der Gesprächspartner faßt alles, was im Vorgespräch gedanklich entwickelt worden ist, nur noch einmal zusammen, auch aus Sorge, nichts zu vergessen. Die geplante Dramaturgie des Interviews funktioniert dann nicht mehr. Wenn nämlich alle Punkte in der ersten Antwort angesprochen worden sind, bleibt dem Reporter nur die Möglichkeit, jeden Einzelpunkt erneut aufzugreifen ein langweiliges Interview.

Wie also sieht ein gutes Vorgespräch aus?

- Es dient dazu, den Partner und seine Reaktionen auf Fragen kennenzulernen.
- Es soll Gesprächspartner, die nicht sehr interviewerfahren sind, in eine Gesprächssituation versetzen. Es soll der oben geschilderte Gesprächsrahmen geschaffen werden – eine Atmosphäre des Vertrauens.
- Deshalb empfiehlt es sich – je nach zur Verfügung stehender Zeit zunächst ein allgemeines Gespräch zu führen, über ein allgemeines Thema, das mit dem Interviewgegenstand nichts zu tun haben muß. Erfahrene Reporter sprechen nach Möglichkeit ein Lieblingsthema des Interviewpartners an. Dieses herauszufinden gehört zur Vorbereitung und ist im übrigen sehr leicht. Bei Prominenten geben die Archive Auskunft. Bei weniger Prominenten bringt das Gespräch mit der Sekretärin die entsprechenden Hinweise, und bei »Normalbürgern« findet ein geschickter Reporter dies zu Beginn des Vorgesprächs selbst heraus.
- Zum Thema selbst sollte man nur ein paar Stichworte sagen. Es sei denn, man wird als Reporter zum erstenmal mit dem Thema konfrontiert und zur Vorbereitung war keine Zeit. Hier hilft es, wenn man dem Gesprächspartner vertrauensvoll und ehrlich sagt, daß man für einen Kollegen einspringen mußte, deshalb keine Ahnung hat und um eine kurze Erklärung bittet.
- Auf keinen Fall sollte man Interviewfragen im einzelnen besprechen. Es ist fair, das Stichwort zur ersten Frage zu nennen, damit ins

besondere ungeübte Gesprächspartner sich nicht überrumpelt fühlen.
- Wenn Fragen geplant sind, die dem Gesprächspartner möglicherweise unangenehm sind, dann ist es ein Gebot der Fairness, dies dem Gesprächspartner zu sagen. Ein routinierter Gesprächspartner läßt sich ohnehin nicht überrumpeln, ein ungeübter Interviewpartner sollte besonders fair behandelt werden.
- Im Vorgespräch sollte man dem Gesprächspartner auch sagen, wie lang das Interview werden soll. Es gehört zur professionellen Arbeit des Interviewers, daß er sich selbst eine klare Zeitdisposition macht und diese auch bei aufgenommenen Interviews einhält.
- Wenn man sehr viel mehr aufnimmt, als nachher gesendet wird, ist dies ein Beweis für manipulativen Journalismus. Die Aussage: »Sagen Sie nur, was Sie möchten. Wir sehen dann mal. Man kann ja schneiden.« sollte Tabu sein. Nur schlechte Interviewer denken bei der Aufnahme an das Schneiden.
- Gute Interviewer führen ein Bandinterview genauso wie ein Live-Interview. Das macht weniger Arbeit und erspart dem Reporter den Vorwurf der Manipulation.
Die Ausrede »der Gesprächspartner war ja so schlecht ...« gilt nicht. Es gibt (fast) keine schlechten Gesprächspartner. Es gibt aber viele schlechte Interviewer.
- Eine ganz wichtige Regel für die Vorbereitung eines Interviews: Niemals ausformulierte Fragen aufschreiben. Dafür gibt es mehrere Gründe:
- Zum einen dokumentiert man Unsicherheit und begibt sich gegenüber dem Gesprächspartner in eine schwächere Position (der Reporter liest vom Blatt, und der Gesprächspartner antwortet ohne Unterlagen). Er wirkt dadurch souveräner als der Reporter. Dieses Ungleichgewicht vermittelt sich dem Hörer.
- Zum anderen hört man deutlich, ob ein Reporter Fragen aufgeschrieben hat oder diese frei formuliert.
- Sind die Fragen vorformuliert, so besteht die Gefahr, daß man eine nach der anderen stellt und dabei das Wichtigste überhaupt vergißt – das Zuhören. Viele schreiben ihre Fragen auf, fühlen sich dadurch vermeintlich sicher, hören nicht genau zu und warten auf die Möglichkeit, ihre nächste Frage vorzulesen. Dabei entsteht oft die peinli-

che Situation, daß eine vorher im Zusammenhang einer anderen Frage bereits mitbeantwortete Frage noch einmal gestellt wird. Höfliche und wohlgesonnene Gesprächspartner wiederholen dann ihre Antworten in anderen Worten. Weniger höfliche Gesprächspartner, oder solche, die wegen des Auftretens des Reporters diesen ohnehin nicht mögen, stellen den Interviewer bloß.
Sie reagieren etwa so: »Zwar habe ich Ihre Frage schon beantwortet, aber wenn Sie das nicht verstanden haben, wiederhole ich es gerne noch einmal.«
Das sorgfältige Zuhören ergibt – wie gesagt – auch sehr oft Stichworte für Zusatzfragen und auch für interpretierende Nachfragen.
- Also: Keine Fragen aufschreiben, aber Stichworte notieren, und zwar nur eines pro Fragenkomplex, nur damit man nichts vergißt. So werden die Fragen frei und natürlich formuliert. Man arbeitet dann ein Stichwort nach dem anderen ab. So kann auch, wenn es der Interviewverlauf erfordert, die Reihenfolge verändert werden. Man klebt auch nicht am Blatt, sondern erfaßt mit einem Blick das nächste Stichwort.

Empfehlung auch hier: Karteikarte DIN A6. Sie genügt für die Stichworte zu einem Interview und ist im Freien, im Stehen usw. besser zu handhaben als ein dünnes Blatt Papier.

Zur Vorbereitung bei Bandinterviews gehört die Überprüfung der Technik. Ein neues Gerät schaut man sich vorher an und übt damit. Dies geschieht nicht in Anwesenheit des Gesprächspartners. Batterien, eventuelle Pegelabweichungen oder unkorrekter Bandlauf werden vorher überprüft.

Im Beisein des Gesprächspartners muß alles routiniert ablaufen. Ein Reporter, der schon mit einem einfachen Aufnahmegerät nicht zurechtkommt, zieht sich den Verdacht zu, auch seine Gedanken nicht im Griff zu haben. Außerdem stiehlt man dem Interviewpartner dessen kostbare Zeit. Es ist kein Privileg mehr, interviewt zu werden. Es gibt Konkurrenzsender. So ist es in vielen Fällen eher ein Privileg, einen Interviewtermin zu bekommen, zumindest bei wirklich wichtigen Gesprächspartnern.

Lieber verzichten

Es gibt mindestens einen Fall, in dem man auf ein Interview lieber verzichten sollte: Wenn ein Interviewpartner bzw. sein Pressesprecher darauf besteht, die ausformulierten Fragen vorher schriftlich zu bekommen, eventuell dann noch mit dem Hinweis, möglicherweise gestellte Zusatzfragen könnten leider nicht beantwortet werden. Empfehlung: höflich, aber bestimmt auf das Interview verzichten.

Natürlich gibt man, wenn es gewünscht wird, vorher außer dem Thema die wichtigsten Stichworte, die angesprochen werden sollen. Das ist aber etwas anderes als die kompletten Fragen. Wenn der Partner die Stichworte hat, kann er sich vorbereiten. Ein vorbereiteter Interviewpartner bietet mehr Informationen für den Hörer. Da er nur die Stichworte, nicht aber die Fragen kennt, wird er keine Antworten schriftlich formulieren, um sie am Mikrofon zu verlesen.

Erscheint ein Gesprächspartner trotzdem mit Manuskript, so hilft nur ein Kunstgriff. »Sie wirken auf dem Sender viel besser, wenn sie frei sprechen. Sie sind doch ein erfahrener Diskutierer. In der Sache sind Sie ohnehin drin. Lesen Sie Ihren Text noch einmal durch und legen Sie ihn dann weg.« Die meisten Interviewpartner folgen einem solchen Rat. Vorausgesetzt (siehe oben) sie haben Vertrauen zu dem Journalisten.

Bei der Verabredung des Interviews oder im Vorgespräch kann es vorkommen, daß der Interviewpartner sagt: »Dieses eine Thema dürfen Sie aber nicht ansprechen. Dazu sage ich nichts.« Vorsicht! Es ist das gute Recht eines Interviewpartners, eine Frage nicht zu beantworten und im Interview zu sagen, daß man sich zu einem bestimmten Thema nicht äußern will. Es ist aber das ebenso gute Recht eines Reporters, jede Frage zu stellen, vorausgesetzt, sie ist im Zusammenhang des verabredeten Themas wichtig. Also: Man sagt auf die erwähnte Äußerung: »Ich werde Ihnen unter Umständen die Frage stellen, aber sie können selbstverständlich sagen, daß Sie darauf nicht antworten möchten oder können.« Ausnahme: Die heikle Frage hat mit der Sache nichts zu tun, das Publikum erwartet in diesem Zusammenhang diese Frage gar nicht oder aber es handelt sich um ein Thema aus der Privatsphäre des Interviewpartners – es sei denn, der Vorgang hätte etwas mit seinem Amt zu tun.

So kann ein Politiker, der gerade wegen einer Bestechungsaffäre im Gerede ist, auch bei einem Interview zu einem anderen Thema nicht verlangen, daß keine Frage zu der Affäre gestellt wird. Gleiches gilt für die Privat- oder gar Intimsphäre. Natürlich haben auch Politiker Anspruch auf Respektierung ihres Privatlebens. Dies gilt aber nur noch eingeschränkt, wenn es Vorgänge im Privatleben des Betroffenen gibt, die ihn in Bezug auf sein Amt erpreßbar machen.

5.4.3 Gestaltung eines Interviews

Ziel des Interviews ist es, dem Hörer einen Fachmann zu einem bestimmten Thema vorzustellen. Der Hörer soll authentische Informationen erhalten, die er sonst nicht bekommt. Es wurde bereits einleitend zum Thema Interview gesagt, daß der Hörer nach dem Interview einen höheren Kenntnisstand haben muß als vorher. Der Interviewer begegnet seinem Interviewpartner auf dreierlei Weise:
1) Mit direkten Fragen.
2) Mit Feststellungen.
3) Mit Einwürfen.

Beispiel:
Eine Fluggesellschaft stellt ein neues Flugzeug in Dienst. Gesprächspartner ist das für den Flugbetrieb zuständige Vorstandsmitglied des Unternehmens.

Direkte Frage:
»Herr Müller, wie viele Besatzungsmitglieder benötigt das neue Flugzeug im Cockpit und in der Kabine?«
Antwort: »Zwei Piloten und fünf Flugbegleiter.«
Feststellung:
»Fünf Flugbegleiter, das ist ja eine ganze Menge. «
Entwurf:
»Zwei Mann im Cockpit, da stellt sich doch wohl die Frage nach der Sicherheit.«

Der Sinn der direkten Frage ist klar. Die unterschiedlichen Fragearten werden später in diesem Kapitel ausführlich erläutert. Die Feststellung dient lediglich dazu, eine Interviewpause zu überbrücken und den Partner zum Weitersprechen zu veranlassen, ohne durch eine neue Frage das Thema zu wechseln, oder einen unsicheren Interviewpartner durch eine Nachfrage zu irritieren. Die Feststellung kann auch im Sinne einer Redundanz sinnvoll sein, weil der Reporter eine ganz wichtige Information noch einmal »auf den Punkt bringt«.

Wenn man mit der Feststellung an etwas Bekanntes, dem Interviewpartner Vertrautes anknüpft, wird er in der Regel dort fortfahren, wo der »Faden gerissen war«, wo die Unterbrechung erfolgte. Insbesondere in Live-Interviews mit unerfahrenen Partnern ist die Feststellung hilfreich.

Der Einwurf ist demgegenüber problematisch. Er birgt zwei Gefahren: Einmal entsteht leicht der Eindruck, der Reporter kommentiere. Zum anderen entsteht durch den Einwurf das Problem, daß das Interview zu einer Diskussion oder gar zu einem Streitgespräch wird. Interview heißt aber – man kann es nicht oft genug wiederholen – Informationsvermittlung durch Fragen und Antworten, durch nichts weiter.

Feststellungen und Einwürfe sind »technisch« das gleiche. Sie unterscheiden sich lediglich dadurch, daß der Einwurf leicht die persönliche Einstellung des Reporters zum Ausdruck bringt. Deshalb: Feststellungen nur aus den genannten Gründen, Einwürfe am besten gar nicht, aber Fragen, vielfältige und vor allem knappe Fragen.

Vor der Darstellung der unterschiedlichen Frage-Arten eine generelle Regel:

Fragen müssen so kurz wie möglich sein, damit (a) der Hörer genau weiß, was gefragt worden ist und er sich auf eine entsprechende Antwort einstellen kann und (b) damit auffällt, wenn der Interviewpartner einer Antwort ausweicht.

Gute Reporter schütten deshalb eine Frage nicht mit Worten zu.

5.4.4 Die verschiedenen Fragetypen

Es ist wichtig für das Führen erfolgreicher Interviews (das sind solche, die dem Hörer möglichst viele Informationen vermitteln), daß man sich über die unterschiedlichen Fragetypen klar wird und diese bewußt einsetzt bzw. vermeidet. Zur Systematik sei angemerkt, daß die jeweiligen Frage-Typ-Gruppen nebeneinander stehen, somit eine Frage mehreren Typengruppen zugeordnet sein kann, da es sich sowohl um formale als auch um inhaltsbezogene Definitionen handelt.

So kann zum Beispiel eine »geschlossene« Frage sowohl eine »Motivationsfrage« als auch eine »interpretierende Nachfrage« sein.

Auf die Form bezogene Fragetypen

Offene Frage – geschlossene Frage
Eine typische offene Frage ist: »Herr Bundeskanzler, wie schätzen Sie die gegenwärtigen deutsch-französischen Beziehungen ein?«
Eine geschlossene Frage: »Herr Bundeskanzler, werden Sie morgen zu einem Gespräch mit dem US-Präsidenten nach Washington reisen?«
Eine offene Frage wird leicht, insbesondere von Politikern, als Aufforderung zu einem längeren Statement mißverstanden. Sie sollte allenfalls am Anfang eines Interviews stehen. Da die Antwort auf eine offene Frage naturgemäß länger ist als die auf eine geschlossene Frage, bringt die offene Frage leicht die Zeitdisposition durcheinander. Deshalb offene Fragen so früh stellen, daß man die Zeit durch spätere geschlossene Fragen noch korrigieren kann.
Offene Fragen haben zwei Vorteile: Sie bringen zunächst eine unbefangene, unbeeinflußte Antwort. Wenn der Reporter gut zuhört, bietet eine offene Eingangsfrage oft eine Fülle von Hinweisen für spätere Nachfragen. Im übrigen sind offene Fragen gut geeignet, um unerfahrene, nicht sehr redegewandte Partner zum Sprechen zu bringen. Eine offene Frage wirkt dann gleichsam wie eine Aufforderung zum Erzählen.
Die geschlossene Frage ist als Einstiegsfrage nicht sonderlich geeignet, allenfalls bei sehr routinierten Gesprächspartnern und dann, wenn ein Interview sehr kurz sein soll. Die geschlossene Frage setzt einen großen Fragevorrat voraus.
Die Antwort auf die Frage: »Herr Bundeskanzler, werden Sie morgen nach Washington reisen?« kann durchaus nur »ja« lauten.
Dann muß sofort weitergefragt werden: »Werden Sie auch den Einsatz deutscher Truppen außerhalb der NATO ansprechen?«

Vor allem, wenn dem Gesprächspartner die Frage nicht angenehm ist, wird er kurze, lakonische Antworten geben – oder aber nichtssagende Worthülsen von sich geben. Geschlossene Fragen sind wichtig, wenn man während eines Interviews ein Thema beenden und zu einem neuen Thema überwechseln möchte.

Man beendet einen Komplex mit einer geschlossenen Frage: »Herr Bundeskanzler, wann werden Sie aus Washington zurück sein?« Antwort: »Am Donnerstag«. Frage: »Im Kabinett ging es gestern um die Rentenreform. Wird es zu einer Erhöhung noch in diesem Jahr kommen?«

Da geschlossene Fragen, wie gesagt, in der Regel kurze Antworten bringen, sind sie gut für die Zeitdisposition und damit besonders geeignet als Schlußfragen.

Indirekte Fragen
Hier handelt es sich um den Fall, daß sich der Interviewer hinter einer fremden Information, das heißt hinter einem Zitat »versteckt«.

Beispiel:
»Herr Ministerpräsident, nach den letzten Meinungsumfragen genießt Ihre Regierung nicht mehr das Vertrauen der Mehrheit. Werden Sie Ihr Kabinett umbilden?«
Auf diese Frage riskiert man natürlich Bemerkungen wie: »Ich weiß gar nicht, welche Umfragen Sie meinen. Ich kenne ganz andere.« Oder: »Ganz im Gegenteil. Mein Kabinett leistet vorzügliche Arbeit. Die Stimmung ist sehr positiv.« Oder: »Wer hat Ihnen denn das erzählt, Sie dürfen wirklich nicht jeden Unsinn glauben.«
Regel: Wenn man indirekte Fragen stellt, müssen die Zitate genau sein. Man muß sorgfältig recherchieren und ganz konkret zitieren, und zwar nachprüfbar.

Beispiel:
»Herr Ministerpräsident, nach einer neuen Umfrage des Instituts XY stimmen noch 35 Prozent der Bevölkerung des Landes Ihrer Politik zu. 60 Prozent lehnen sie ab. Werden Sie deshalb Ihr Kabinett umbilden?«
Auf diese Frage kommt mit Sicherheit eine Antwort. Hier kann man nur schwer ausweichen. Gefährlich sind indirekte Fragen, die sich auf

allgemeine Informationen beziehen: »Herr Ministerpräsident man hört immer wieder ..«
Diese Formulierung provoziert geradezu Bemerkungen, wie: »Ich habe das noch nie gehört« oder : »Man sollte sich eben nicht auf Gerüchte beziehen«.
Dann sieht der Reporter schlecht aus und was viel schlimmer ist, der Hörer bekommt keine Informationen. Einen Ministerpräsidenten in der Sendung zu haben, ist nämlich kein Wert an sich. Auf die Informationen kommt es an. (Vergleiche auch den Komplex »Strategien und Gegenstrategien«).

Doppel- oder Mehrfachfrage
Hier handelt es sich um einen der häufigsten Interviewfehler.

Beispiel:
»Herr Bundesaußenminister, wenn Sie morgen nach Moskau fliegen, werden Sie Ihren sowjetischen Amtskollegen auch auf die Golfkrise ansprechen? Werden Sie in Ihren Gesprächen auch die deutsche Position zur Frage der baltischen Republiken vertreten und steht auch das amerikanisch-russische Verhältnis auf der Tagesordnung?«
Die Antwort wird lauten:
»Wie Sie wissen, Herr Müller, sind die Beziehungen zwischen der Rußland und den USA in letzter Zeit sehr viel besser geworden und die Bundesrepublik Deutschland hat gewiß dazu beigetragen. Da ich nächste Woche in Washington sein werde, besteht sicher Gelegenheit, dem amerikanischen Außenminister deutlich zu machen, wie positiv sein russischer Kollege das Ganze sieht.«
Der Interviewte wird in etwa so antworten und die anderen Fragen absichtsvoll vergessen, zumal er von einem Reporter, der so agiert, gar keine Nachfragen zu befürchten braucht. Leider kommen solche Interviewfragen täglich vor. So werden Politiker verwöhnt. Sie haben praktisch Gelegenheit zu Statements, kritische Fragen sind selten. Das Bündeln von Fragen ermöglicht es dem Interviewten vor allem im flüchtigen Medium Radio, sich die angenehmste Frage auszusuchen und weitschweifend zu beantworten. Der Wortschwall des Reporters führt überdies dazu, daß sich viele Hörer gar nicht mehr an die Fragen erinnern, so daß sich der Interviewte die ihm angenehmste Frage aussuchen kann.

Also: Immer nur eine Frage stellen.

Skala-Frage
Ähnlich wie die Doppel- oder Mehrfachfrage ist auch die sogenannte »Skala-Frage«. Dabei werden aber nicht Fragen zu unterschiedlichen Themen gebündelt, sondern mehrere Aspekte eines Themas.

Beispiel:
»Sollte man eine generelle Geschwindigkeitsbegrenzung einführen, oder das Tempo auf 130 km/h begrenzen oder gar auf 100 km/h und auf Landstraßen sicherlich noch niedriger?«
Dies muß schiefgehen. Aus den gleichen Gründen wie bei der Doppel- oder Mehrfachfrage sollte man einen Begriff einführen (zum Beispiel: Tempo 100) und dann gegebenenfalls nachfragen. Sonst werden die Hörer und auch der Gesprächspartner total verwirrt.

Balkon-Frage
Dies ist eine Frage mit vorgebauter (Balkon) Information.

Beispiel:
»Der Frankfurter Hauptbahnhof ist seit Jahren überlastet. 150tausend Pendler benutzen ihn täglich. Die Zahl der Fern- und Nahverkehrszüge wächst von Jahr zu Jahr. Verspätungen gehören zur Tagesordnung. Herr Meier, denkt die Bundesbahndirektion an eine Verlegung eines Teil des Verkehrs zum Südbahnhof?«
Die Gefahr bei Balkon-Fragen besteht darin, daß der Interviewer leicht in eine ihm eigentlich nicht zustehende dominierende Rolle gerät. Oben wurde gesagt, der Interviewte gibt die Informationen, nicht der Interviewer. Ausnahmsweise kann man aber von dieser Regel abweichen, wenn für ein Interview relativ wenig Zeit zur Verfügung steht und man vom Partner eine wichtige aktuelle Information haben möchte. Dann kann es sinnvoll sein, wenn der Journalist den Zusammenhang durch Hintergrundinformationen deutlich macht (vergleiche Beispiel). Würde man den Vertreter der Bundesbahn bitten, die Situation darzustellen, so würde dies mit großer Wahrscheinlichkeit länger dauern. Es gibt aber eine andere, vielleicht sogar bessere Möglichkeit, die »Balkon-Informationen« dem Hörer zu vermitteln: Man

nimmt sie in die Anmoderation des Interviews. Das Interview selbst geht dann nur auf die aktuelle Thematik ein.

Dieses Verfahren hat zwei Vorteile:
Der Moderator sagt etwas zur Sache und ist nicht auf allgemeines Gerede angewiesen und das Interview bleibt in der Balance, das heißt der Reporter redet nicht mehr als sein Interviewpartner. Es entsteht sonst der Eindruck, daß der Reporter selbst die Antworten gibt.
Balkon-Fragen können sowohl offene als auch geschlossene Fragen sein. Bei geschlossenen Fragen, die bekanntlich auf kurze Antworten angelegt sind, wird das geschilderte Balanceproblem deutlich. Sollte ein Interview einmal zeitlich völlig aus »dem Ruder laufen«, aber viele Informationen noch nicht vermittelt sein, dann kann die »Notlösung« darin bestehen, eine geschlossene Balkon-Frage zu stellen:
»Herr Meier, Sie haben jetzt die Messe genau beschrieben. Ich habe mir sagen lassen, daß der Anteil der ausländischen Aussteller erneut gewachsen ist. Die Möbelhersteller aus Italien haben ja sogar eine Sonderschau mit 30 Ständen eingerichtet. Die Umsätze sind, wie es heißt, gut. Wird diese Messe jetzt zu einer ständigen Einrichtung?«
Dies ist wirklich eine Notlösung, denn diese Informationen hätte besser der Partner gegeben. Aber wenn die Zeit davon läuft, kann man so zum Schluß kommen.
Aber bitte nicht so: »Unsere Zeit ist leider um. Ich muß jetzt unterbrechen und gebe ins Funkhaus.«
Das ist vor allem dann ärgerlich für die Hörer, wenn anschließend nicht die Nachrichten kommen, sondern ein belangloser Musiktitel läuft. (Zum Thema »Unterbrechung« Einzelheiten im zweiten Teil dieses Abschnitts).

Auf den Inhalt bezogene Fragetypen

Fakt-Frage
Dies ist die ganz normale Frage nach Fakten, Informationen.

Beispiel:
»Herr Bürgermeister, wieviel hat der Bau des neuen Rathauses gekostet?«

Diese Frageart ist die wichtigste und sollte die am meisten gebrauchte sein. Letzeres fällt allerdings vielen Reportern schwer. Es gibt allem Anschein nach eine Angst vor der einfachen Frage. Statt dessen werden Referate gehalten und mit Fragezeichen versehen. Satzgirlanden werden gebraucht, die mit einem Interview nichts zu tun haben. Die Leitlinie des Interviews wird so verschüttet, der Gesprächspartner erhält jede Menge Chancen, der Antwort auszuweichen. Wenn man Interviews im britischen, kanadischen und amerikanischen Radio hört, findet man fast ausschließlich Fakt-Fragen. Auch die Nachfragen (vergleiche unten) sind stets reine Fakt-Fragen. Die Interviews werden präziser und kürzer, und es werden mehr Informationen transportiert.

Entwicklungsfrage
Dies ist die Frage, die auf die Perspektiven eines Themas eingeht und dem Hörer die Weiterentwicklung deutlich machen soll.

Beispiel:
»Herr Bundeskanzler, Sie haben jetzt die Haushaltsdaten für das kommende Jahr beschrieben. Wie werden diese sich auf die Wirtschaft in den neuen Bundesländern auswirken?«
Diese Frageart ist vor allem dann wichtig, wenn das Interview etwas mehr in die Tiefe gehen soll, das heißt es wird sich um ein längeres Interview handeln. Das ganz schnelle, naturgemäß vordergründige Interview enthält solche Fragen in der Regel nicht. Entwicklungsfragen setzen voraus, daß der Partner ein kompetenter Fachmann ist, der sich nicht in Ermangelung von Detailkenntnisse in Allgemeinplätze flüchtet. Außerdem muß der Reporter versiert und auf das Thema gut vorbereitet sein.
Der Begriff »Entwicklungsfrage« ist doppeldeutig. Er besagt auch, daß sich die Frage aus einer vorher gegeben Antwort entwickelt hat. Der Reporter muß also so auf das Thema vorbereitet sein, daß er alle Antworten genau versteht und daraus neue Fragen ableitet, die sich auf eine Entwicklung des Themas beziehen, und der Hörer durch die Antworten Hintergrundinformationen und Perspektivisches erfährt.

Bewertungsfrage
Dieser Fragetyp kommt am häufigsten in Meinungsinterviews vor. Aber auch Sachinterviews enthalten Bewertungsfragen, und zwar oft

am Anfang oder am Schluß, wenn nach der Einschätzung des Themas durch den Gesprächspartner gefragt wird.

Beispiel:
»Herr Bundeskanzler, die Landtagswahl in Hessen hat einen Regierungswechsel gebracht. Glauben Sie, daß die Bundesregierung im Bundesrat in Schwierigkeiten kommen wird?«
Bewertungsfragen sind sehr wichtig. Man muß sich aber als Interviewer davor hüten, sie zu oft in ein und demselben Interview zu gebrauchen, sonst bleiben nämlich die Fakten auf der Strecke. Insbesondere Politiker sind über Bewertungsfragen erfreut, weil sie sich in Einschätzungen flüchten können. Dabei muß man sich bekanntlich nicht festlegen. Alles spielt sich im Unverbindlichen ab.
Man kann auch eine solche Einschätzung, sollten Konsequenzen drohen, leicht dementieren, korrigieren oder zumindest als Mißverständnis deklarieren. Antworten in Interviews auf Bewertungsfragen werden von Politiker auch gerne als »Versuchsballons« benutzt. Man gibt eine Einschätzung, um zu testen, wie das andere politische Lager oder eine ausländische Regierung reagieren. Kommt eine unerwünschte Reaktion, dann war es eben »nur« ein Radiointerview, das mißverstanden worden ist.

Frage nach den Gründen
Hier sagt die Bezeichnung bereits klar, was gemeint ist.

Beispiel:
»Herr Oberbürgermeister, warum sind Sie von Ihrem Amt zurückgetreten?«
Die Frage nach den Gründen ist um so erfolgreicher, je klarer sie gestellt wird. Manche Reporter kleiden diese wichtige Frage in einen umständlichen Text, der oft geradezu eine Aufforderung darstellt, einer klaren Antwort auszuweichen.

Beispiel:
»Herr Oberbürgermeister, man hat ja seit langem Gerüchte gehört, daß Sie amtsmüde seien. Auch das Verhältnis zu Ihrer Partei wurde immer wieder angesprochen, insbesondere das Vertrauensverhältnis. Liegen darin Gründe für Ihren Rücktritt?«

Auf eine solche Frage wird der Hörer mit großer Wahrscheinlichkeit keine klare Auskunft über die Rücktrittsgründe erhalten. Der Reporter versucht sich, als »Insider« darzustellen und ergeht sich in Andeutungen. Es entsteht ein Gespräch zwischen zwei Leuten, die mehr wissen als sie sagen wollen. Aber der Hörer wird ausgegrenzt.
Deshalb besser die klare Frage: »Warum sind Sie zurückgetreten?«
Wenn der Interviewpartner ausweichend antwortet, dann fällt dies dem Hörer auf, stärker jedenfalls als bei einer umständlichen, durch Worthülsen verdeckten Frage. Jetzt ist Gelegenheit zur Nachfrage, und dabei kann der Interviewer seine Hintergrundkenntnisse einsetzen, um die wahren Gründe zu erfahren.

Motivationsfrage
Sie dient dazu, den Interviewten zum Reden zu bringen. Dies bedeutet, daß sie bei Interviews mit erfahrenen Partnern praktisch keine Rolle spielt.

Beispiel:
»Herr Müller, erzählen Sie doch bitte einmal, wie sich Ihr Club auf diesen Wettbewerb vorbereitet hat.«
Genaugenommen handelt es sich also um eine Fakt-Frage in Form einer Aufforderung, die letztlich in eine andere Form gegossen wird, um einen vielleicht etwas spröden Gesprächspartner aufzulockern.
Auch: »Ich habe gehört, daß Sie sich monatelang vorbereitet haben. Sagen Sie doch unseren Hörern einmal, was Sie da alles getan haben!«
Es geht also darum, jemanden »liebevoll« zum Reden zu bringen. Knappe Fragen wären hier ganz falsch. Auch der Tonfall des Interviewers sollte der Situation entsprechen. Solchen Gesprächspartnern – und sie kommen sehr oft vor – können sehr viele interessante Informationen entlockt werden. Die menschliche Komponente, die sich vermittelt, führt zu großer Akzeptanz beim Publikum. Der Identifikationseffekt ist stark, denn es geht um »Menschen wie Du und ich«.
Offene Fragen sind hier wichtig, weil geschlossene Fragen (vergleiche oben) den Gesprächspartner ins Stocken bringen und die Antwort allenfalls »ja« oder »nein« lautet.
Vorsicht: Auf keinen Fall Fragen vorher durchsprechen (siehe oben »Vorbereitung des Interviews«). Das Interview verläuft bei solchen Gesprächspartnern katastrophal, und alle Spontanität geht verloren.

Die Motivationsfrage gibt dem Interviewer außerdem Gelegenheit nachzudenken, wie er das Interview weiter gestaltet.

Interpretierende Nachfrage
Sie ist wichtig bei Gesprächspartnern, die sich sehr abstrakt äußern. Dazu gehören manche Politiker, vor allem aber Fachleute, wenn es um ihr ganz spezielles Gebiet geht.

Beispiel:
Ein Arzneimittelkonzern hat ein neues Produkt vorgestellt. Ein Fachmann beschreibt dieses im Interview, formuliert aber sehr allgemein. »Heißt das, daß die Heilungschancen bei dieser Krankheit jetzt um 50 Prozent gestiegen sind?« Nicht einfach nur fragen: »Was bedeutet dies denn für die Heilungschancen?«
Dann erhält man wieder nur eine allgemeine Antwort.
Interpretierende Nachfragen sind bei Politikern nötig, wenn sie bewußt allgemein formulieren, weil sie sich nicht festlegen wollen. Wenn sie es für opportun halten, sprechen sie sehr konkret mit praktischen Beispielen, weil sie ja von den Wählern verstanden werden wollen.

Experten drücken sich deshalb oft allgemein beziehungsweise abstrakt aus, weil sie es gewohnt sind, zu Menschen zu sprechen, die Vorkenntnisse von dem Gegenstand haben, um den es in dem Interview geht. Zwar sollte ein Interviewer solchen Gesprächspartnern deutlich machen, daß sich das Interview an das allgemeine Radiopublikum und nicht an ein Fachpublikum wendet. Trotzdem sind meist noch interpretierende Nachfragen erforderlich.
Die interpretierende Nachfrage zeigt auch, daß der Interviewer zugehört hat. Dies signalisiert dem Gesprächspartner Interesse an der Sache, stimmt ihn positiv und fördert möglicherweise noch zusätzliche Informationen zutage. Dem Hörer zeigen interpretierende Nachfragen, daß der Reporter für ihn arbeitet und dafür sorgt, daß der Hörer das Thema besser versteht.

Bestätigungsfrage
Die Bestätigungsfrage hat eine ähnliche Funktion wie die interpretierende Nachfrage. Sie zielt auf eine Hintergrundinformation für den

Hörer. Im Gegensatz zur interpretierenden Nachfrage ist sie aber abschließend. Sie steht am Schluß eines Interviews oder am Ende eines Themenkomplexes innerhalb eines Interviews. Ausnahmsweise kann sie auch am Anfang stehen.

Beispiel:
»Trifft es zu, daß der Oberbürgermeister seinen Rücktritt plant?«
Diese Frage an den Parteivorsitzenden oder den Sprecher des Oberbürgermeisters kann am Anfang stehen, und das Interview geht weiter über dieses Thema. Sie kann auch am Schluß eines Interviews über ein anderes Thema stehen, nachdem es zum Beispiel um Probleme in der Partei des Stadtoberhauptes ging.

Ja/Nein-Frage
Was unter formalen Aspekten (vergleiche oben »offene beziehungsweise geschlossene Frage«) die geschlossene Frage ist, ist vom Inhalt her betrachtet die »Ja/Nein-Frage« oder besser: »Ja/Nein-Antwort«.

Beispiel:
»Sind Sie evangelisch?« Auf diese Frage kann die Antwort nur »ja« oder »nein« lauten, es sei denn, der Gesprächspartner verweigert die Antwort. Hier gilt das oben zum Thema »geschlossene Fragen« Gesagte.
Dieser Fragetyp hat vor allem dann seinen Sinn, wenn man ein Interview zu Ende bringen will oder muß. Auch für den Themenwechsel ist eine solche Frage geeignet. Sie läßt keine ausführliche Antwort zu. Wenn das Interview nach einer Ja/Nein Antwort noch weitergehen soll, benötigt der Reporter noch einen Vorrat weiterer Fragen.

Alternativ- oder Entscheidungsfrage
Eine beliebte Art mancher Reporter, die besonders forsch und salopp auftreten, ist es, Alternativ- oder Entscheidungsfragen zu stellen. Vorsicht, man bewegt sich bei diesem Fragetyp unter Umständen auf sehr dünnem Eis.

Beispiel:
»Gehen Sie lieber ins Konzert oder ins Theater?«
Ein Reporter kommt ganz rasch ins Schleudern, wenn die Antwort

lautet: »Ich gehe weder ins Konzert noch ins Theater, aber gerne ins Kino.«

Alternativ- oder Entscheidungsfragen sollte man nur stellen, wenn man den Gesprächspartner gut kennt oder sich gut auf das Interview vorbereitet hat.

Sonst ist die schlichte Fakt-Frage besser: »Gehen Sie in Ihrer Freizeit zu kulturellen Veranstaltungen?«

Suggestivfrage

Manche nennen diese Frageart auch »Fangfrage«. Dazu gilt nur eine Regel: »*Diese Fragen sind nicht erlaubt.*«

Ein Interviewer ist nicht Inquisitor, sondern Journalist. Fragen wie: »Sie sind doch auch der Meinung, daß ... ?« sind unseriös. Sie haben auch keinen Erfolg. Kaum ein guter, interessanter und damit wichtiger Gesprächspartner läßt sich durch eine solche Frage hereinlegen. Gleiches gilt für Fragen des Stils: »Prügeln Sie Ihre Frau immer noch?«

In dieser Frage liegt die Unterstellung, daß der Befragte seine Frau mindestens einmal geprügelt hat. Sollte ein Interviewpartner eine solche Frage beantworten, weil er den Hintersinn nicht bemerkt hat, so ist es unredlich, daraus die entsprechende Schlußfolgerung zu ziehen.

5.4.5 Anreden und Titel

Gesprächspartner müssen vorgestellt werden, und zwar deutlich, damit der Hörer genau weiß, wer interviewt wird. Am einfachsten ist die Vorstellung in der Anmoderation oder Ansage eines Interviews: »Wir senden jetzt ein Interview, das Franz Meier mit dem Landesvorsitzenden Otto Müller führte.« Dann kann der Reporter gleich beginnen:

»Herr Müller, hat es auf dem gerade zu Ende gegangenen Parteitag Kontroversen gegeben?«

Oft kann der Interviewpartner nicht in der Anmoderation vorgestellt werden, da man im Studio nicht weiß, welchen Gesprächspartner der Reporter vor Ort am Mikrofon hat. Dann muß der Interviewer seinen Partner selbst vorstellen. Dabei wird einer der häufigsten Interviewfehler gemacht:

»Herr Müller, Sie sind der Landesvorsitzende der CDU. Gab es auf dem gerade zu Ende gegangenen Parteitag Kontroversen?«
Es ist ziemlich unsinnig, Herrn Müller zu sagen, daß er der Landesvorsitzende der CDU ist. Wenn der Reporter Pech hat, sagt Herr Müller nach dem ersten Satz »Ja« oder gar »Ja, das ist mir bekannt«. Peinlich, peinlich.
Natürlich muß man den Hörern sagen, welche Position der Interviewpartner hat. »Ich melde mich vom CDU-Parteitag. Mein Gesprächspartner ist Otto Müller, der Landesvorsitzende. Herr Müller, hat es ...?«
Anreden sind beim Interview ein heikles Thema. Es ist ein wenig in Mode gekommen, Amtsträger bewußt nur mit Namen anzureden. Viele Amtsträger akzeptieren dies, weil es ihnen entweder gleichgültig ist, oder weil sie ein gutes Verhältnis zu Journalisten anstreben. Es gehört kein besonderer Mut dazu, zu einem Bundesminister »Herr Müller« zu sagen. Ein Politiker von Format steht über solchen Dingen. Er macht sich aber unter Umständen seine Gedanken über den betreffenden Journalisten. Es gibt aber Minister und andere Offizielle, die Wert darauf legen, mit »Herr Minister« oder »Herr Intendant« oder »Frau Direktor« angeredet zu werden. Da es um Informationen für die Hörer geht und gut eingestimmte Gesprächspartner (siehe oben) in der Regel mehr Informationen geben als solche, die weniger gut gestimmt sind, sollte man nicht zögern, »Herr Minister« usw. zu sagen. Im Zweifel kann man vorher auch fragen, was sich ohnehin empfiehlt.
Die Anrede »Herr Minister« bedeutet weder eine Einschränkung der journalistischen Freiheit noch eine Vergewaltigung der Psyche des Reporters. Wer so empfindsam ist, taugt ohnehin nicht für diesen Beruf.
Beim Staatsoberhaupt, beim Bundeskanzler und bei geistlichen Würdenträgern heißt die Anrede ohnehin »Herr Bundespräsident«, »Herr Bundeskanzler«. Bei Bischöfen sollte man vorher fragen, ob sie offiziell mit »Exzellenz« (Kardinal: »Eminenz«) oder »Herr Bischof« angesprochen werden möchten. Es gibt Bischöfe, die gerne mit ihrem Namen angesprochen werden möchten: »Bischof Müller, werden Sie morgen nach Rom reisen?« (Also ohne Herr.)
Wenn man einen Ministerpräsidenten am Anfang offiziell angesprochen hat, kann man im Verlauf des Interviews durchaus nur den

Namen gebrauchen. Für Hörer, die sich später eingeschaltet haben, ist es vor allem hilfreich – wenn der Gesprächspartner nicht ein ganz prominenter ist, dessen Stimme man kennt – die Funktion mit anderen Formulierungen deutlich zu machen: »Herr Meier, wie sehen Sie dies denn als Ministerpräsident des Landes ...?«
Es geht, wie gesagt darum, für die Hörer möglichst viele Informationen zu beschaffen. Wenn dies durch das Einhalten gewisser Konventionen besser gelingt, dann sollte man so verfahren.
Absolut falsch ist die Anrede nur mit Vor- und Zunamen: »Hans Müller, werden Sie morgen auf dem Parteitag sprechen?«
Diese Unsitte kommt aus dem Sportjournalismus. Sie sollte, wenn unbedingt erforderlich, darauf beschränkt bleiben. Man spricht in der Alltagssprache keinen Menschen mit Vor- und Zunamen an. Entweder duzt man jemanden, dann sagt man »Hans«, oder aber es heißt »Herr Müller«. Warum im Interview plötzlich anders?
Duzen sollte man Gesprächspartner allenfalls in Jugendsendungen und in bestimmten Unterhaltungssendungen (Persönlichkeitsinterviews), nicht aber in seriösen Sachinterviews unter Erwachsenen – auch dann nicht, wenn man einander im Privatleben duzt. Es entsteht beim Hörer sonst ein Eindruck von Kumpanei, den man vermeiden sollte.

5.4.6 Nachfragen

Nachfragen sind wichtig, wenn ein Gesprächspartner ungenau beziehungsweise abstrakt antwortet (vgl. oben »Interpretierende Nachfrage«). Sie sind aber besonders wichtig, wenn der Gesprächspartner der Frage ausweicht, wenn er erkennbar die Unwahrheit sagt oder vom Thema abweicht. Wichtigste Regel: Nachfragen heißt fragen und nichts anderes. Auch wenn man sich als Reporter noch so sehr über einen Interviewpartner ärgert, man darf sich weder zu einem Kommentar noch zu einem Disput mit dem Gesprächspartner hinreißen lassen.
Eine sehr wirkungsvolle Methode, deutlich zu machen, daß eine Frage nicht oder nicht ausreichend beantwortet ist, ist die knappe Wiederholung der Frage. Je kürzer Fragen formuliert sind, desto mehr fällt auf (vgl. oben), wenn sie nicht beantwortet werden. Dann hat nämlich

der Hörer die jeweilige Frage noch in Erinnerung.
Die Wiederholung decouvriert den Gesprächspartner. Man muß sich darüber klar sein, daß man eine Antwort, die jemand nicht geben will, im Interview auch nicht bekommt. Die wichtigste Information für den Hörer ist dann, daß der Gesprächspartner nicht antworten will. Dies muß in der geschilderten Weise deutlich gemacht werden. Das Äußerste, was man als Reporter formulieren kann, ist die rethorische Frage: »Finden Sie nicht auch, daß Sie meine Frage nicht beantwortet haben?« Ein ungeschickter Interviewpartner wird wortreich zu widersprechen versuchen, aber dabei die Frage trotzdem nicht beantworten. Ein geschickter Partner wird hörbar schmunzelnd sagen: »Das haben Sie gut beobachtet. Aber dabei will ich es auch belassen.« Das bringt Sympathien – für den Gesprächspartner. Man muß das Nichtbeantworten akzeptieren. Es gibt keinen Anspruch auf Antwort.

5.4.7 Schweigen

Bei der Bearbeitung, das heißt beim Schneiden von aufgenommenen Interviews, neigen manche Reporter dazu, Sprechpausen des Interviewpartners herauszuschneiden. In Live-Interviews lassen viele die Pause nicht »stehen«, sondern versuchen sofort durch die nächste Frage, das Gespräch wieder in Gang zu bringen. Man sollte aber solche Pausen auf jeden Fall »stehen« lassen. Sie können sehr informativ sein. Ein Zögern – bewußt oder unbewußt – ist vielsagend. Oft wird mehr damit vermittelt als mit Worten.
Hierher gehört auch noch einmal das Stichwort »Zuhören«. Oben wurde bereits dargelegt, daß Zuhören wichtig ist, um mitzubekommen, ob eine noch nicht gestellte Frage bereits beantwortet ist und um Stichworte für Nachfragen zu bekommen. Zuhören ist aber auch wichtig, um dem Gesprächspartner ein Gefühl des Vertrauens zu vermitteln und ihn – insbesondere in längeren Interviews – auch seine Gedanken entwickeln zu lassen. Dabei kommen oft mehr Informationen heraus als wenn der Interviewer seinen Gesprächspartner fortwährend unterbricht.

5.4.8 Unterbrechen des Gesprächspartners

Es ist kein Widerspruch zu dem vorher gesagten, daß man einen Gesprächspartner gelegentlich unterbrechen muß. Dies muß allerdings so geschehen, daß es weder für den Interviewpartner noch für den Zuhörer unangenehm ist. Grund für das Unterbrechen ist in der Regel der Zeitablauf, ein Interview wird sonst länger als geplant. Das Unterbrechen muß professionell geschehen, also nicht. »Herr Müller, unsere Zeit ist jetzt zu Ende. Wir müssen Schluß machen. Ich gebe zurück ins Funkhaus.«
Nichts wirkt unprofessioneller als wenn man hektisch aus einer Sendung buchstäblich herausstolpert. Wenn es gar nicht anders geht und man tatsächlich mit der Zeitdisposition Schwierigkeiten bekommt, dann sagt man besser:
»Herr Müller, ich bitte um Nachsicht. Aber unsere Zeit ist um. Ich bin sicher, das Wichtigste ist gesagt – soweit es in der Kürze möglich war. Wir fahren jetzt im Programm fort.«
Eine derartige, höfliche und ruhige Unterbrechung eines Interviews wird auch dann akzeptiert, wenn anschließend nur Musik oder die Werbung läuft. Ein hektisches Unterbrechen eines möglicherweise interessanten Gesprächs mit anschließender bangloser Musik führt demgegenüber zu Verärgerung. Dies geht allenfalls noch an, wenn danach sofort die Nachrichten kommen.
Unterbrechen eines Gesprächspartners erfolgt im sogenannten »kontrollierten Dialog«. Man greift beispielsweise einen Halbsatz des Gesprächspartners auf, spricht ihn seinerseits aus, setzt den Satz als Interviewer fort. Dann kann man gut abbrechen, ohne den Gesprächspartner direkt unterbrochen zu haben.

Beispiel:
Interviewpartner: »Der Parteitag hat sich auch mit dem Thema Geschwindigkeitsbegrenzung befaßt. Es wurde eine Resolution verabschiedet ... «.
Interviewer: »Tempo hundert – das steht ja auch auf der Tagesordnung des Bundestages. Herr Müller wer wird morgen auf dem Parteitag zum Vorsitzenden gewählt werden?«

Nicht vergessen: Die Entschuldigung für eine notwendige Unterbrechung richtet sich sowohl an den Interviewpartner als auch an die Hörer.
Wichtig: Beim Unterbrechen darauf achten, daß nicht zwei Personen gleichzeitig sprechen. Für die Hörer stellt sich dies als »Stimmensalat« dar. Im Gegensatz zum menschlichen Ohr »hört« das Mikrofon nicht selektiv. Es nimmt vielmehr alle Schallwellen (Stimmen) gleichmäßig auf. Die Folge: Am Radiogerät kann man nichts verstehen. (Vergleiche auch unten den Abschnitt »Diskussion«).

5.4.9 Zusammenfassungen

Normalerweise erfordert ein Interview am Schluß keine Zusammenfassung. Allenfalls bei längeren Interviews kann eine Art Resumee sinnvoll, das heißt für die Hörer hilfreich sein. Wichtig ist, daß diese Zusammenfassung vom fragenden Journalisten gemacht wird. Es klingt gut (Glaubwürdigkeit!), wenn der Gesprächspartner dann noch kurz bestätigt. Nicht gut ist es, den Gesprächspartner noch um eine Zusammenfassung zu bitten. Sie wird meist zu lang und verwirrt eher als daß sie zum Verständnis beiträgt. Journalisten tun sich mit dem Zusammenfassen und gegebenenfalls mit dem Vereinfachen leichter als Fachleute.
Ein kürzeres Interview wird demgegenüber – wie oben im Abschnitt »Fragetypen« dargelegt – am besten mit einer geschlossenen Frage und einer darauf folgenden kurzen Antwort beendet. Absolut tabu sind kommentierende Schlußbemerkungen des Interviewers (beispielsweise des Moderators bei einem Live-Interview in einem Magazin).
Wenn es aus Gründen der Dramaturgie und des Sendeablaufs notwendig sein sollte, daß der Reporter nach der letzten Antwort des Partners noch etwas zu sagen hat, dann darf dies über ein »Dankeschön«, eine Verabschiedung oder die Mitteilung, wer der Gesprächspartner war, nicht hinausgehen. Das letzte Wort zur Sache hat immer der Interviewte, nicht der Interviewer.

5.4.10 Aufbau eines Interviews

Man sollte den Aufbau eines Interviews nicht zu detailliert festlegen. Ein gutes Interview lebt von der Flexibilität des Reporters, von seiner Fähigkeit ad hoc zu reagieren. Deshalb gehört auch das Interview im Gegensatz zur landläufigen Meinung zu den sehr schwierigen radiojournalistischen Formen. Vorbereitung ist notwendig (siehe oben). Auch einen bestimmten Einstieg sollte man festlegen, ebenso den Schluß. Der gesamte Mittelteil des Interviews sollte aber offen bleiben für das »Abarbeiten« der Fragestichworte (siehe oben) und das Reagieren auf die gegebenen Antworten (Nachfragen, neue Themen). Es empfiehlt sich überdies, die oben dargestellten Fragekategorien zu mischen, damit das Interview nicht stereotyp und damit langweilig wird.

5.4.11 Strategien und Gegenstrategien

Journalisten verfügen (bewußt oder auch unbewußt) über Strategien, wie man mit Interviewpartnern umgeht. Nicht zuletzt durch die Professionalisierung der Öffentlichkeitsarbeit erfahren heute führende Persönlichkeiten aus Politik, Wirtschaft usw. mit welchen Gegenstrategien man Interviewern begegnet.

Beispiele:
- Ein Interviewpartner merkt, daß der Reporter schlecht vorbereitet ist (und dies möglicherweise durch besonders forsches Auftreten zu kompensieren versucht).
  Gegenstrategie: Der Interviewte überschüttet den Reporter mit Details, die dieser nur noch zur Kenntnis nehmen kann. Unterbrechen beziehungsweise Nachfragen geht nicht mangels Sachkenntnis des Reporters. Das Ergebnis: Aus dem Interview wird ein Statement. Mögliche kritische Fragen werden gar nicht angesprochen.

- Der Interviewer mißbraucht sein Position zum Kommentieren. Er baut in die Fragen seine persönliche Meinung ein.
  Gegenstrategie: Der Interviewte verwickelt den Reporter in eine Diskussion, in der er notwendigerweise schlecht aussehen muß, denn

der Hörer merkt den Mißbrauch des Interviews. Zum Bestehen einer solchen Diskussion fehlt dem Reporter überdies meist die Detailkenntnis.

- Der Interviewer versucht den Gesprächspartner durch überraschende, vermeintlich harte Fragen zu überrumpeln. Gegenstrategie: Der Interviewte bezweifelt die Fragekompetenz des Reporters: »Junger Mann, diese Frage könne Sie so doch gar nicht stellen.« Oder: »Woher beziehen Sie denn Ihre Informationen?«.

Man sollte vermeiden, in solche Situationen zu kommen. Wenn einem der letzte, nicht immer vermeidbare Fall doch einmal passiert, dann hilft nur eines: Ganz ruhig bleiben, höflich mit »normalen« Fragen fortfahren. Man darf sich auf keinen Fall in einen Disput einlassen.

Erfahrene Interviewpartner entwickeln auch spezielle Techniken, den Verlauf eines Interviews in ihrem Sinne zu beeinflussen. Dies geschieht vor allem dann, wenn ein Gesprächspartner unangenehme Fragen erwartet. Bei Live-Interviews wird beispielsweise versucht, vom eigentlichen Thema abzukommen und möglichst ausführlich über andere Themen oder Nebenaspekte zu sprechen. Man vertraut darauf, daß es dem Reporter nicht gelingt, den eigentlichen Gesprächsfaden wiederaufzunehmen und daß die Zeit für das Interview begrenzt ist. In Live-Interviews, die kurz vor den Nachrichten laufen, versuchen Gesprächspartner, möglichst dicht an die Nachrichten »heranzureden« um so unangenehme Nachfragen zu vermeiden. Hier sollte und darf der Reporter hart unterbrechen und im Blick auf die Hörer zum Thema zurückführen.

Beispiel:
»Herr Minister, wir haben nur noch drei Minuten bis zu den Nachrichten. Sie haben aber zu dem Thema XY noch nichts gesagt, und ich bin sicher, daß gerade dies für unsere Hörer interessant ist ... «.
Zum Schluß dieses Abschnitts noch einige Interviewstrategien zum Umgang mit schwierigen Gesprächspartnern:
- Bei schüchternen Interviewpartnern, die durch das Mikrofon ängstlich werden, sind offene Fragen zu empfehlen (siehe »offene Fragen«). Diese sollte man non-verbal verstärken; zum Beispiel durch

aufmunterndes Lächeln und zustimmendes Kopfnicken. Diese Gesprächspartner muß man auf jeden Fall ausreden lassen.
- Schwierig sind Gesprächspartner, die am liebsten nichts sagen, auch außerhalb eines Interviews. Ihnen ist nur mit kurzen Fragen beizukommen, damit sie nicht durch den Redeschwall eines Reporters vollends verschreckt werden. Man fragt sie sinnvollerweise nach konkreten Beispielen aus ihrer Arbeit. Das bringt sie in der Regel zum Erzählen.
- Auch Gesprächspartner, die zuviel reden, können schwierig sein. Sie müssen mit ganz kurzen Fragen unterbrochen werden. Auch für diese Fälle gibt es Möglichkeiten, »non-verbal« einzugreifen, indem man deutliche Handzeichen gibt, der Partner möge doch zu Ende kommen. Da Vielredner auch gerne Bestätigung erfahren, ist eine weitere Möglichkeit des Unterbrechens, das Vorgeben einer Antwort.

Beispiel:
»Sie werden Ihre Position also auf dem Parteitag vortragen?« Der Befragte wird vermutlich mit »Ja« beantworten, und man kann das Interview beenden.
Wenn ein Gesprächspartner ständig einer Frage ausweicht, empfiehlt es sich, mit Formulierungen nachzufragen.

Beispiel:
»Können Sie das einmal genauer sagen?«, »Nennen Sie doch einmal ein Beispiel!«, »Was bedeutet das konkret?«, »Heißt das ... ?«.
Diese Methode funktioniert nicht bei Politikern, die sich nicht festlegen wollen. Da hilft – wie oben beschrieben – nur das direkte Nachfragen und schließlich das Stehenlassen der »Nicht-Antwort«.
Hat ein Gesprächspartner Angst, eine klare Position zu beziehen, so kann dies einen Interviewer manchmal buchstäblich zur Verzweiflung bringen. Hat man schließlich eine Meinungsäußerung, dann wird diese im nächsten Satz relativiert - Hier hilft nur eine geschlossene Frage, die zugleich eine Alternative vorgibt.

Beispiel:
»Halten Sie dieses Flugzeug für zu groß, oder glauben Sie daß die Kapazität für diese Strecke immer noch nicht ausreicht?«

5.4.12 Einzeltips für das Interview

Journalistische Tips

- *Keine Zensuren verteilen*, das heißt Antworten des Interviewpartners nicht bewerten.

Beispiele:
»Eine interessante Antwort, und nun zu einem anderen Thema ... «.
»Gut, und wann werden die Verhandlungen fortgesetzt?«.
Man sollte auch nicht im Ansatz erkennen lassen, welche Meinung man zu einer Antwort hat.

- *Fragen nicht ankündigen.*

Beispiele:
Nicht: »Nun noch folgende Frage, wann werden Sie nach Paris reisen?« Oder: «Ich frage Sie, wann werden die Verhandlungen wieder aufgenommen?»
Bitte die Fragen ganz einfach stellen und nichts weiter.

- *keine Gefälligkeitsinterviews.* Sie gehören in den Bereich der Public Relations. Wenn man einmal zu großzügig war, fallen spätere Ablehnungen schwer. Auch politische Gefälligkeitsinterviews bringen unnötigerweise in Zugzwang.

Keine Bestätigungsinterviews.

Beispiel:
Der Generalinspekteur der Bundeswehr fordert in einem Zeitungsinterview den Einsatz der Bundeswehr auch außerhalb der NATO. Man führt in einem Hörfunkmagazin ein Interview mit einem Vertreter einer Gruppe sogenannter »kritischer« Bundeswehroffiziere, der natürlich den Generalinspekteur massiv kritisiert. Dieser wird aber nicht interviewt.
Das ist zumindest schlechter journalistischer Stil. Wenn man den Generalinspekteur kritisieren will, dann muß dies in einem Kommentar geschehen. Man kann auch in einem Interview mit ihm selbst kriti-

sche Fragen stellen. Auch ein Interview mit einem Kritiker ist natürlich möglich. Aber es darf nicht allein stehen. Sonst entsteht der Verdacht, ein Redakteur benutze es zur Dokumentation seiner eigenen Meinung.

- *Hörer nicht ausgrenzen.* Dies geschieht sehr leicht, wenn sich Interviewer und Interviewter sowohl in der Sache als auch persönlich sehr gut verstehen. Man muß immer wieder den Hörer einbeziehen und zum Hörer sprechen. Ein bloßes »Meine Damen und Herren« bewirkt noch keine Kommunikation mit dem Hörer. Im Gegenteil, es wirkt oft formelhaft und steif (man denke auch an Reden in Parlamenten, in denen die Anrede überstrapaziert wird). Aber es gibt bessere Formulierungen.

Beispiel:
»Sagen Sie bitte unseren Hörern ... « oder »Was würden Sie denen, die zuhören, empfehlen?«
Auch durch Ansagen werden Hörer oft – sicherlich ungewollt – ausgegrenzt: Beispiel: »Über die Ergebnisse des Parteitages unterhält sich mein Kollege Hans Müller mit dem Vorsitzenden ... «. Der Reporter unterhält sich nicht, sondern stellt Fragen, und zwar stellvertretend für den Hörer, der dazu keine Gelegenheit hat.

Technische Tips

- *Das Mikrofon fest halten.* Kabelschleife bilden und diese mit dem Mikrofon fest in die Hand nehmen. Diese Regel gilt zwar generell für die Arbeit mit dem Handmikrofon. Bei Interviews ist sie aber besonders wichtig, weil man als Reporter das Mikrofon zwischen sich und dem Partner hin und her bewegen muß (Nebengeräusche durch das Kabel!).
- *Möglichst nahe beim Partner stehen oder sitzen,* damit die Bewegungen kurz sind und das Mikrofonkabel nicht irgendwo anschlägt. Die Geräusche sind nämlich laut zu hören. Vorsicht vor Tischkanten. Nach Möglichkeit nicht über einen Tisch hinweg interviewen. Man setzt oder stellt sich besser schräg neben den Interviewpartner.

- *Den Interviewpartner und sich selbst möglichst nicht in tiefe Sessel plazieren.* Man spricht freier, wenn man höher sitzt oder steht.
- *Interviewpartner bitten, daß er während des Gesprächs nicht in Akten blättert,* auf den Tisch schlägt oder gegen diesen tritt.
- *Aussteuerung des Aufnahmegeräts möglichst auf einen mittleren Pegel einstellen* und während der Aufnahme Pegel gegebenenfalls durch Mikrofonabstand korrigieren. Hantieren am Gerät während eines Interviews irritiert den Gesprächspartner.
- *Interviews nicht sofort nach dem Treppensteigen oder nach anderen körperlichen Anstrengungen führen.* Dem Gesprächspartner (und sich selbst) ein paar Minuten Zeit zum Verschnaufen geben.

5.4.13 Bearbeitung von Interviews

Aufgezeichnete Interviews werden oft bearbeitet, das heißt geschnitten. Hier soll es nur noch einmal um den journalistischen Grundsatz für die Bearbeitung von Interviews gehen, das heißt um allergrößte Fairness.

Ein Interview darf weder bezüglich des Inhalts noch in der Länge seinen Wesensgehalt verlieren. Im Zusammenhang mit dem gebauten Beitrag wurde bereits gesagt, daß aufgenommenes und gesendetes Material in einem vernünftigen Verhältnis stehen müssen. Ein absolutes Tabu ist das Nachsprechen von Fragen, auch wenn dem Reporter im Nachhinein die eigenen Formulierungen nicht mehr gefallen. Ebenso wenig darf man beim möglicherweise notwendigen Kürzen eines Interviews die Passagen so auswählen, daß ein Gesprächspartner in der Sendung schlechter wirkt, als er in Wirklichkeit war. Daß dies technisch möglich ist, bedarf keiner Erläuterung. Vor allem bei kritischen Interviews ist es zwingend, daß ein Interviewter Gelegenheit hat, zu allen Themen Stellung zu nehmen – wenn diese angesprochen worden sind.

Es empfiehlt sich, nach einer Aufnahme, wenn man sicher ist, daß wesentlich gekürzt werden muß, dies dem Gesprächspartner zu sagen und ihm zu versichern, daß nicht sinn-entstellend geschnitten wird. Warnen muß man allerdings davor, jeden einzelnen Schnitt mit dem Gesprächspartner zu besprechen. Es sei denn, er sagt, was viele Interviewprofis tun, »wenn Sie kürzen müssen, dann nehmen Sie doch diese oder jene Passage« – wenn es sich dabei nicht gerade um die nach Ansicht des Reporters wichtigste handelt. Die Frage, ob Interviews autorisiert werden müssen, stellt sich beim Radiointerview kaum, weil es sich ja stets buchstäblich um die wörtliche Wiedergabe handelt. Bei Zeitungsinterviews, die ja von vorne herein eine journalistische Bearbeitung bedingen, ist dies anders. Allerdings ist sowohl in der juristischen als auch in der publizistikwissenschaftlichen Literatur umstritten, ob Presseinterviews immer autorisiert werden müssen.

5.5 Diskussion

Die Diskussion symbolisiert gleichsam das Medium Rundfunk als Forum von Meinungen. Nahezu alle Fachressorts behandeln inzwischen kontroverse Themen in dieser Form. Leider hat das Fernsehen viele Diskussionssendungen zu reinen Statementsendungen werden lassen. Es wird, möglicherweise um Konflikte zu vermeiden, ein Statement nach dem anderen abgefragt. Allenfalls kommt es noch zu einer zweiten Runde, und dann ist die Sendezeit vorüber.

Dabei kann die Diskussionsrunde außerordentlich informativ sein. Außerdem enthält sie im Radio oft sehr viel Spannung, weil bei dieser Sendeform die spezifischen Möglichkeiten des Mediums voll zum Tragen kommen können. Die kontroverse Gesprächsrunde ist eine ganz typische »akustische« Veranstaltung. Ein guter Gesprächsleiter kann auch die Spannung vom Studio zum Hörer übertragen.

Die Diskussionssendung im Radio setzt dreierlei voraus:
- Ein kontroverses Thema,
- eine entsprechend kontrovers und sachkompetent zusammengesetzte Gesprächsrunde und
- einen erfahrenen, mit dem Thema vertrauten, aber absolut neutralen Diskussionsleiter.

Das Thema muß kontrovers sein und nach Möglichkeit aktuell. Zwar kann man auch nicht-aktuelle Themen diskutieren, ein konkreter aktueller Anlaß sollte aber vorhanden sein, der die Hörer animiert, eine solche Sendung zu verfolgen.

Das schwierigste Problem ist die Zusammensetzung des Teilnehmerkreises. Nicht selten finden in Redaktionen heftige Diskussionen darüber statt. Man ist hin- und hergerissen zwischen der Prominenz von Teilnehmern und ihrem Sachverstand, was nicht unbedingt identisch sein muß. Sachverstand liefert indes mehr Informationen. Kriterium für die Einladung kann auch die Fähigkeit sein, besonders gut zu diskutieren. Das Wichtigste ist aber, daß nur Teilnehmer eingeladen werden, die eindeutig eine Position beziehen. Kommen dann Partner zusammen, die in ein und derselben Sache ganz unterschiedliche Standpunkte haben, dann bringt die Diskussion einen Sinn. Nichts ist schlimmer und für den Hörer langweiliger, als wenn sich in einer Diskussion alle einig sind. Die Sorge, anzuecken, und das Bemühen, es möglichst allen recht zu machen, führt häufig zu viel zu großen Diskussionsrunden.

Natürlich hängt die Größe des Kreises auch von der Sendezeit ab. Eine Gesprächsrunde sollte in einer Halbstundensendung einschließlich Diskussionsleiter nicht mehr als fünf Teilnehmer umfassen. Die Konstellation mit einem Gesprächsleiter und drei Gästen ist jedoch besser. An einer Stundendiskussion sollten insgesamt nicht mehr als fünf bis sechs Personen teilnehmen. Für eine solche Beschränkung gibt es gute Gründe. Einmal steigt die Gefahr, daß nur Statements abgegeben werden, man aber nicht diskutiert, mit jedem zusätzlichen Teilnehmer. Außerdem wird eine zu große Runde vom Hörer nicht mehr überschaut. Ein noch so guter Gesprächsleiter kann nicht mehr vermitteln, wie sich die Runde zusammensetzt und wo gegebenenfalls die »Fronten« verlaufen. Natürlich bringt die Reduzierung von Diskussionsrunden auf niedrige Teilnehmerzahlen unter Umständen Ärger mit denen, die nicht dabei sein können. Doch wenn man als verantwortlicher Redakteur die kleinere Runde geschickt zusammensetzt, läßt sich solcher Kritik in der Regel gelassen entgegen sehen. Außerdem wird man es nie allen recht machen können, das heißt, man kann auch bei großen Runden nie ausschließen, daß sich doch jemand übergangen fühlt.

Ungeachtet derartiger Ärgernisse sollte der Redakteur, ohne allerdings wirklich wichtige Teilnehmer zu übergehen, in erster Linie das Gelingen der Sendung, das heißt seine Hörer im Auge haben. Bloße Alibiteilnehmer sollte es nicht geben. Ein echter Austausch von Argumenten kann nur stattfinden, wenn eine Runde nicht übergroß ist.

Eine sehr wichtige Funktion hat der Diskussionsleiter. Die Zahl der Journalisten, die eine Studiodiskussion geschickt leiten können, ist nicht sehr groß. Dafür gibt es eine Reihe von Gründen. Sie hängen mit der Grundvoraussetzung für die Gesprächsleitung zusammen. Der Diskussionsleiter muß sich gründlich auf das Thema vorbereiten, muß sehr viel über den Gegenstand der Debatte wissen und darf sich dennoch nicht in Versuchung führen lassen, dieses alles in der Sendung auch zu sagen oder gar selbst Stellung zu nehmen und in der Diskussion eine eigene Position zu beziehen. Da es aber nicht viele Journalisten gibt, die sich Wissen zu einem Thema aneignen, ohne dies auch direkt publizieren zu können, finden sich oft nur schwer gute Diskussionsleiter. Statt dessen übernehmen Journalisten diese Funktion, die sich oberflächlich vorbereiten. Sie brechen entweder bei einer heftigen Diskussion ein oder aber sie überdecken fehlenden Sachverstand durch Geschwätzigkeit. Beides ist für den Hörer gleichermaßen schlimm.

Ein guter Diskussionsleiter zeichnet sich nämlich durch äußerste Zurückhaltung aus. Will er zum Thema Stellung nehmen, dann muß er als Teilnehmer mitwirken, aber er darf das Gespräch nicht leiten. Wer aufgrund seiner gründlichen Vorbereitung sehr viel vom Gegenstand der Debatte weiß, kann – und das macht den souveränen Diskussionsleiter aus - die Beiträge der Teilnehmer verstehen und bewerten. Entsprechend kann er geschickt das Wort zuteilen, so daß die Kontroversen deutlich werden. Auch ist es so möglich, an den richtigen Stellen das Gespräch zu gliedern, ihm eine Struktur zu geben, damit der Hörer in der Lage ist, die Diskussion in jeder Phase zu verstehen, zu verfolgen und neue Informationen zu bekommen.

Ein gut vorbereiteter Gesprächsleiter kann und muß auch hier und da das Gesagte zusammenfassen, auf vorher geäußerte andere Auffassungen aufmerksam machen, um dem Hörer den Eindruck zu vermitteln, er sei selbst in die Diskussion eingebunden.

Der Gesprächsleiter arbeitet gewissermaßen ständig auf zwei Ebenen. Im Studio hat er dafür zu sorgen, daß eine kontroverse Debatte in Gang kommt, daß sie kontrovers und spannend bleibt, ohne eine bestimmtes Niveau zu verlassen, und er muß sie für den Teilnehmer gliedern. Zum anderen hat er dafür zu sorgen, daß alles, was sich im Studio abspielt, nach draußen zum Hörer übertragen wird, und zwar sowohl inhaltlich als auch atmosphärisch.

Am Anfang einer Sendung müssen die Teilnehmer vorgestellt werden. Dies kann in der Anmoderation der Sendung oder durch den Diskus-

sionsleiter erfolgen. Stellt der Diskussionsleiter vor, dann ist es gut, wenn man die Teilnehmer zum ersten Mal mit Namen und Funktion anspricht und dann jeweils eine kurze Frage beantworten läßt. Auf diese Weise gewöhnt sich der Hörer gleich an Diktion und Stimmen.
Diskussionsendungen sollten nach Möglichkeit live ausgestrahlt werden. Nach aller Erfahrung sind sie dann spannender, jeder Teilnehmer ist konzentrierter, und außerdem stellt sich die Frage nach späteren Korrekturen nicht. Sollte es, was leider recht häufig vorkommt, nicht möglich sein, alle Gesprächsteilnehmer zum Sendetermin zu verpflichten, dann ist eine Aufzeichnung erforderlich. Sie sollte aber zur Voraussetzung haben, daß unter Livebedingungen aufgenommen wird, das heißt, es sollte vereinbart werden, daß nichts geschnitten wird. Eine solche Verabredung führt in der Regel zu einer besseren Sendung und spart dem verantwortlichen Redakteur möglicherweise viel Ärger.
Einige Rundfunkanstalten bringen seit geraumer Zeit eine neuartige Form von Diskussionssendungen, die sich noch stärker an den Stilmitteln des Radios orientieren. Eine Redaktion verwendet den ersten, nach Möglichkeit recht kurzen Teil der Sendezeit darauf, in Form einer Reportage oder eines Features mit allen funkischen Mitteln zunächst das Thema vorzustellen. Der Hörer wird in die Thematik eingeführt, ein entsprechendes Band wird in die Sendung eingespielt, die Gesprächsteilnehmer im Studio hören gleich mit.
Dieses Verfahren hat den Vorteil, daß nicht in den ersten Diskussionsbeiträgen zuviel Vorinformationen für den Hörer gegeben werden müssen. Dies geschieht viel kürzer und gewiß auch besser gegliedert, da sorgfältig vorbereitet, in einem solchen redaktionellen »Vorspiel«. Außerdem wissen alle Teilnehmer, wie viele Kenntnisse sie beim Zuhörer voraussetzen dürfen, nämlich mindestens das, was in der Einführung enthalten war. Hinzu kommt, daß man sofort Anknüpfungspunkte für die Diskussion hat. Der Gesprächsleiter kann sich auch dann eine längere Gesprächseinleitung ersparen.
Oft wird sowohl in Funkhäusern als auch außerhalb die Forderung erhoben, man solle wichtige Diskussionen zeitlich nicht begrenzen, sondern mit »offenem« Ende debattieren. Davor kann nicht eindringlich genug gewarnt werden. Zum einen wird der Hörer überfordert. Eine Stunde ist das absolut äußerste, was man dem Adressaten am Lautsprecher zumuten kann, und außerdem darf man davon ausge-

hen, daß Dinge, die in einer Stunde nicht gesagt wurden, auch in der zweiten Stunde ungesagt bleiben. Wenn es gelegentlich im Fernsehen Diskussionen mit offenem Ende gibt, so beweist ihr Verlauf meist, daß weniger mehr gewesen wäre. Nicht selten sind sie journalistische Bankrotterklärungen.

Wichtiger als ein offenes Ende einer Diskussion ist eine sinnvolle Zusammenfassung. Dafür gibt es zwei Möglichkeiten. Einmal kann der Diskussionsleiter eine journalistische Zusammenfassung von maximal einer Minute Länge machen.

Inhaltlich ist dies zweifellos der beste Weg. Er hat den Nachteil, daß am Schluß einer Sendung, die eigentlich Forumscharakter haben soll, ein journalistischer Alleingang stattfindet. Deshalb ist die »zweitbeste« Möglichkeit manchmal günstiger, nämlich eine Schlußrunde der Teilnehmer, die die Diskussion sinnvoll abschließt. Das Verfahren setzt disziplinierte Gesprächsteilnehmer voraus. Ob dies der Fall ist, merkt man als Diskussionsleiter im Laufe der Sendung. Deshalb sollte man sich nicht vorher festlegen, wie der Schluß der Diskussion gestaltet wird, sondern ad hoc aufgrund des Verlaufs entscheiden. Eine Schlußrunde darf aber auf keinen Fall so angelegt sein, daß man die Diskussionsteilnehmer zu einem Resumé auffordert. Man bekäme eine Neuauflage der gesamten Diskussion. Vielmehr wird eine knappe Schlußfrage in die Runde gegeben, etwa nach der Zukunftsperspektive eines Themas.

Beispiel:
»Wird der Bundestag nach Ihrer Einschätzung noch in dieser Legislaturperiode ein generelles Tempolimit auf Autobahnen beschließen. Zunächst Herr Schulze bitte ... «.
Also: Eine geschlossene Frage wegen der Notwendigkeit kurzer Antworten an alle Teilnehmer.

5.6 Feature

Das Feature gehört zwar zu den beliebtesten Sendeformen des deutschen Rundfunks, nur zu einem deutschen Namen hat es diese Programmsparte bisher nicht gebracht. Jeder Rundfunkmacher weiß genau, was damit gemeint ist, er kann es auch erklären: »Feature ist, wenn ...«, mit anderen Worten, die Erklärung könnte selbst eines sein, ein Feature, ein gestalteter Hintergrundbericht, ein Hörbild oder eine Dokumentation. Alle diese Begriffe treffen den Inhalt ein bißchen, alle sind sie ein bißchen richtig. Beim Feature, das auch in der politischen Berichterstattung des Rundfunks von großer Bedeutung ist, kommen vielerlei funkische Formen zusammen. Zusammen kommen auch journalistische Elemente mit künstlerischen. Der Inhalt eines Features wird journalistisch recherchiert und dann mit zum Teil künstlerischen Mitteln aufbereitet.

»Alles, wenn es gut geschrieben ist«, könnte man, wie beim Feuilleton, sagen, ist Feature. Und man könnte noch hinzufügen: »Alles, wenn es die beabsichtigte Wirkung erreicht.« Auf diese kommt es an, weit mehr noch als etwa beim Hörspiel. Das Feature nähert sich dem Literarisch-Journalistischen und hat tatsächlich etwas Feuilletonistisches an sich. In subjektiver Prägung behandelt es objektive Themen, und diese werden für den Hörer durch die Form der Darstellung gefällig und spannend gemacht. Ein Thema ist gegeben, und um dieses zu verlebendigen und ihm zu höchstmöglicher Wirkung zu verhelfen, kann man sich jedes Mittels bedienen, von der Reportage bis zum Gedicht, von der realistischen Originalszene bis zur Musik. Im Grunde also eine formlose Form, wie ein Mosaik aus farbigen Steinchen, aus vielen Einzelsteinen und Stilelementen zusammengesetzt, das Ganze facettenhaft und vielseitig erfaßt.

Das Feature bewegt sich zwischen Journalistischem und Dichterischem, zwischen Mitteilung und Hörspiel.[30]
Oftmals sind gerade diese beiden Funkformen schwer gegeneinander abzugrenzen, insbesondere, wenn sich das Hörspiel dokumentarischer Mittel bedient. Immer öfter arbeiten Hörspielredaktionen mit journalistischen Stilelementen. Sie verwenden Originaltonaufnahmen, und zwar in Stücken, die oft von einer Dokumentation kaum zu unterscheiden sind. Insofern ist auch das Hörspiel im modernen Rundfunk zum Transportmittel von politischer und anderer Information geworden. Dies setzt allerdings voraus, daß für die Herstellung der Stücke auch journalistische Prinzipien akzeptiert werden. Insbesondere für die Recherchearbeit gilt dies, denn jede Funkform, die

---

[30] Peter Kehm, Programmreformen und -strukturen, Vortrag Baden-Baden 1969 (ARD/ZDF-Seminar)

aktuelle Informationen vermittelt oder Hintergründe zu aktuellen Ereignissen darstellt, unterliegt journalistischen Sorgfaltskriterien ohne Rücksicht darauf, welches Ressort für ein derartiges Programm zuständig ist.

Der Begriff Feature stammt aus dem angelsächsischen Sprachbereich (»to feature« bedeutet »herausstellen«) und wurde zuerst in der amerikanischen Presse verwendet: feature-story ist zum Beispiel eine journalistische Mischform, angesiedelt zwischen Nachricht und persönlicher Mitteilung. Bei der BBC wurden besonders hervorgehobene Rundfunkprogramme »featured programmes« genannt. Von dort kam das Wort 1945 nach Deutschland und gehört seitdem zum ständigen Sprachgebrauch in Hörfunk und Fernsehen. Das Feature vereinigt – wie gesagt – die unterschiedlichsten funkischen Formen vom Bericht bis zur Reportage, das Interview, die Hörszene, das Geräusch bis hin zur Musik. Durch seinen Unterhaltungswert bietet das Feature die Möglichkeit, wichtige Themen an ein breiteres Publikum heranzubringen. Andererseits ist mit der Mischform die Gefahr verbunden, daß die ohnehin schwierige Unterscheidung zwischen Fakten und Meinung, zwischen Dokument und Fiktion verwischt, einer undurchschaubaren Manipulation also die Türen öffnet.[31]

Ungeachtet der Ähnlichkeit von Feature und Hörspiel gibt es einen gravierenden Unterschied. Beim Feature ist der Stoff selbst nie erdichtet oder erfunden. Das Feature bewahrt immer dokumentarische Echtheit, Aus journalistischer Sicht finden sich im Feature die drei Grundformen der aktuellen Rundfunkarbeit, nämlich Nachricht, Bericht und Kommentar. Das Feature ist lebendiger als die Nachricht. Es ist, da längerfristig und aufwendiger konzipiert, oft gründlicher recherchiert als der normale Bericht. Außerdem ist es, schon wegen seiner größeren Länge, informativer als der Kommentar, der ja, soweit es sich um einen echten Meinungskommentar handelt, die Fakten bereits voraussetzt. Im Feature fließen diese Formen ineinander. Selten finden sie sich innerhalb einer Featuresendung völlig voneinander getrennt.

Die Gestaltungsmöglichkeiten beim Feature sind nahezu unbegrenzt. Da ist zunächst das schriftliche Dokument. Es wird meist bei der Featureproduktion von einem Sprecher gelesen. Das Dokument kann jedoch auch in Form eines Originaltons vorliegen – ein besonders

---

[31] vgl. auch Döhn-Klöckner, Medienlexikon, Baden-Baden 1979, S. 51

glücklicher Umstand, denn der Originalton ist natürlich die dem Medium Funk am meisten entsprechende Form. Das Zitat bleibt letztlich immer nur ein Originaltonersatz. Ein solches Dokument entspricht in seiner journalistischen Bedeutung der Nachricht, denn es vermittelt ohne jede Verfälschung und ohne Interpretation oder Zusätze direkt und im Wortlaut einen Tatbestand.

Ein weiteres Gestaltungselement bringt das Feature bereits ganz in die Nähe des Hörspiels. Gemeint ist das historisch nachgespielte Dokument.

Von dieser Methode wird Gebrauch gemacht, wenn man beispielsweise einen historischen Dialog wiedergeben will, von dem es keine Originalaufnahme gibt. Manche Featureproduzenten lassen dann den Text nicht einfach als Zitat von einem Sprecher lesen, sondern lassen ihn mit verteilten Rollen von Schauspielern nachspielen.

Noch mehr in den Bereich des Hörspiels kommt der Featureautor, wenn er bestimmte Sachverhalte szenisch aufarbeitet, das heißt, er geht von den Fakten aus, die er vermitteln möchte, stellt diese aber in einer Spielhandlung dar. Da sich auch das Hörspiel immer stärker im Bereich des Dokumentarischen betätigt, werden so die Grenzen zwischen Hörspiel und Feature immer mehr verwischt. Dies sollte man jedoch nicht negativ sehen. Letztlich ist es gleichgültig, in welcher Form wichtige Informationen zum Hörer transportiert werden – immer jedoch unter der Voraussetzung, daß nach journalistischen Rechercheregeln gearbeitet wird.

Die erwähnte Szene im Feature kann bei einem historischen Tatbestand in der Wertigkeit der Nachricht oder dem Bericht entsprechen. Wird sie zur Verdeutlichung widerstreitender Meinungen eingesetzt, dann bewegt sie sich eher im Bereich des Kommentars.

Viele Featureautoren und -produzenten verwenden Musik bei der Gestaltung ihrer Sendung. Das kann sehr problematisch sein, insbesondere dann, wenn die Musik zur Auflockerung dienen soll. Man kann sich des Eindrucks nicht erwehren, als spiele hier manchmal das schlechte Gewissen eine Rolle. Den Featuremachern wird bewußt, daß sie ihr Stück mit Informationen überfrachtet haben, daß es möglicherweise auch gestalterisch unbefriedigend, das heißt schwer verständlich ist. Nun darf der Hörer zur Erholung, oder vielleicht zum Nachdenken über das Nichtverstandene, ein paar Minuten Musik hören. In solchen Fällen ist auch durch die Musik das Feature nicht zu retten.

Musik im Feature kann wichtig sein. Sie muß aber eine Funktion haben, eine Funktion, die über das Genannte hinausgeht. Die Musik muß etwas mit dem Inhalt des Beitrags zu tun haben. Es ist durchaus vorstellbar, daß Musikelemente auch bei politischen Features einen Bezug zum Inhalt haben, diesen unterstreichen, ja sogar selbst Inhalt sind.

Ein gutes Feature ist stets eine Gemeinschaftsarbeit von Autor, Redakteur und Produzent, denn es kommt bei dieser Sendeform ähnlich wie beim Hörspiel mindestens ebenso sehr auf die Umsetzung an wie auf ein gutes Manuskript und auf gute Originaltöne. Wichtiges Problem bei der Umsetzung ist die Verteilung der »Rollen«, und zwar nicht nur das Engagement der entsprechenden Schauspieler. Schon beim Schreiben des Textes müssen die verschiedenen Sprecher berücksichtigt werden. Dabei machen es sich manche Journalisten sehr leicht. Sie schreiben einen langen Text am Stück. Dieser wird dann absatzweise auf mehrere Sprecher verteilt. Ein solches Feature steht an Langeweile meist dem von einem einzigen Sprecher gelesenen Text nicht nach. Jedem Sprecher muß vielmehr eine bestimmte Rolle zukommen, damit der Hörer mit jeder Stimme auch eine Position innerhalb der Sendung identifiziert.

So kann beispielsweise im Feature der Unterschied von Faktenvermittlung und Meinung deutlich herausgearbeitet werden. Gerade weil das Feature eine Mischform ist, geraten Autoren gelegentlich in Versuchung, die Elemente Information und Kommentar so ineinander fließen zu lassen, daß der Hörer sie nicht mehr zu unterscheiden vermag. Absicht oder Nichtbeherrschen der Arbeitsmethoden? Eines ist so schlimm wie das andere, weil der Hörer hinters Licht geführt wird. Es ist ein Gebot der journalistischen Redlichkeit, dem Adressaten deutlich zu machen, wo er es mit Fakten und wo mit der Bewertung durch den Autor zu tun hat.[32]

Die Featureform ist eine typische Radioform – sieht man einmal von den noch immer vorkommenden langen Manuskripten ab, die auf mehrere Sprecher verteilt verlesen werden. In diesem Zusammenhang sei noch erwähnt, daß der gute »gebaute« Beitrag (vergleiche oben), das heißt ein aktueller Bericht, der aus einer Mischung aus Text und

---

[32] Vgl. zum Thema Feature auch: Die Hörfunkfibel, Siegfried Settgast (Hrsg.), Köln 1970

Originaltönen besteht, ein Feature ist, ein Minifeature. Hier ist – ein Glücksfall für das Radio – eine traditionelle, oft ans Künstlerische grenzende radiophone Form für die aktuelle Berichterstattung entdeckt und nutzbar gemacht worden.

5.7 Presseschau

Der öffentlich-rechtliche Rundfunk ist dem Gebot politischer Pluralität verpflichtet. Für den Privatfunk gilt dies – mit von Bundesland zu Bundesland unterschiedlichen Einschränkungen – ebenfalls. Im Kapitel »Kommentar« wurde ausgeführt, daß eine gute Kommentarredaktion versucht, durch den Einsatz möglichst vieler Kommentatoren Meinungsvielfalt herzustellen.

Ein weiteres Instrument, Pluralität und damit das Radio als Forum von Meinungen darzustellen, sind die Sendungen, in denen Kommentare aus Tages- oder Wochenzeitungen zu aktuellen Themen auszugsweise zitiert werden. Sie heißen »Presseschau«, »Pressestimmen«, »Pressespiegel« usw.

In den ersten Jahrzehnten des öffentlich-rechtlichen Rundfunks in Deutschland bis in die frühen 70er Jahre gab es diese Sendungen in nahezu jeder Rundfunkanstalt. Dann wurden sie hier und da als nicht mehr zeitgemäß abgeschafft. Inzwischen erleben sie fast überall eine Renaissance, berechtigterweise, denn bei politisch interessierten Hörern genießen sie hohes Ansehen. Kaum sonst gibt es eine Möglichkeit, unterschiedliche politische Positionen ohne Aufwand unmittelbar zu vergleichen.

Produziert werden die Presseschausendungen oftmals von den Nachrichtenredaktionen. Das macht Sinn, weil die Nachrichtenredaktionen den besten Überblick über das aktuelle Geschehen haben und Pressekommentarauszüge Ergänzungen zu den aktuellen Nachrichtensendungen darstellen. Ein Problem war in früheren Jahren die Beschaffung des Materials für diese Sendungen. Da Presseschauen meist frühmorgens gesendet werden, liegen viele Zeitungen im Original nicht vor, es sei denn, man würde sich auf die Zeitungen der Region beschränken, was nicht sinnvoll wäre. Seit Jahren gibt es deshalb Abkommen zwischen den Zeitungsverlagen und den Rundfunkanstalten, daß die Kommentare, die ja meist abends geschrieben und gedruckt werden, über Nacht per Fax an die Nachrichtenredaktionen der Funkhäuser übermittelt werden. So steht inzwischen frühmorgens bereits eine ansehnliche Auswahl für die Presseschausendungen zur Verfügung. Wichtig ist dabei, daß die Zeitungen ihre Kommentare ganz oder zumindest lange Passagen daraus übermitteln und nicht nur kurze Auszüge. Für die bearbeitenden Redakteure in den Funkhäusern kommt es nämlich darauf an, aus möglichst langen Texten auszuwählen, um die Vergleichbarkeit der verschiedenen zitierten Zeitungen zu ermöglichen.

Die Frage, ob man ausländische Zeitungen zusammen mit deutschen Blättern zitiert oder in speziellen Sendungen, wird von den Rundfunkanstalten unterschiedlich beantwortet. In sehr früh laufenden Presseschausendungen ist es ohnehin sehr schwierig, ausländische Kommentare zu bringen, da sie noch nicht vorliegen. In Sendungen zu späterer Tageszeit spricht Vieles für eine Vermischung, weil bei vielen Themen das Nebeneinander von deutschen und ausländischen journalistischen Bewertungen einen hohen Reiz hat.
Auch über die Gestaltung der Sendungen gibt es unterschiedliche Auffassungen. Manche Redaktionen bevorzugen möglichst dokumentarisch vorzugehen, das heißt längere Zitate mit kurzen Zwischentexten zu versehen. Die Zahl der erwähnten Zeitungen bleibt dabei naturgemäß gering. Andere Redaktionen liefern mehr eigenen Text, das heißt die Zeitungskommentare werden vom Redakteur in eigenen Worten wiedergegeben. Im Wortlaut werden nur die Kernaussagen zitiert, die die Meinung des Kommentators deutlich machen. Diese Methode hat einige Vorteile:
- Die Einzelbeiträge werden kürzer, das heißt man kann in der vorgegebenen Sendezeit mehr Zitate unterbringen.
- Man muß nicht die allgemeinen Bemerkungen, die in vielen Kommentaren ähnlich sind, mehrmals wiederholen, sondern kann nach einer kurzen Zusammenfassung unmittelbar auf die Kernaussagen eingehen.

Wann immer dies möglich ist, sollte man mehrere Pressestimmen zu einem Thema anbieten, damit der Hörer sich durch den Vergleich der unterschiedlichen Positionen ein eigenes Bild machen kann. Meist ist dies auch möglich, weil ein oder zwei Themen die Kommentarspalten bestimmen. Sollte dies einmal nicht der Fall sein und es sich ergeben, daß man sechs Zeitungen zu sechs verschiedenen Themen zitieren muß, dann empfiehlt sich ein Hinweis, etwa: »Heute werden von den Tageszeitungen sehr unterschiedliche Themen kommentiert. Ein zentrales Thema gibt es nicht. Sie haben dies auch gewiß in den Nachrichten bemerkt. Hören Sie zunächst ... «.

Eine wichtige Frage bei der Gestaltung von Presseschausendungen ist auch, welche Zeitungen man vorrangig auswählt. Natürlich ist oberster Grundsatz, ein möglichst vielfältiges Meinungsbild zu bieten. Ein weiterer Aspekt wird außerdem von manchen Redaktionen in den Vordergrund gestellt, nämlich dem Hörer Zeitungen vorzustellen, zu denen er üblicherweise keinen Zugang hat. Dies sind die großen Regionalzeitungen. Sie erreichen nicht selten Auflagen, die höher sind als die mancher überregionaler Blätter. Außerdem sind manche von ihnen sehr meinungsfreudig. Insofern bereichern Kommentare dieser Zeitungen auf jeden Fall eine Sendung. Demgegenüber kann man davon ausgehen, daß die großen überregionalen Tageszeitungen von politisch Interessierten – und das sind die Hörer von Pressestimmensendungen – ohnehin gelesen werden.

Ob Presseschauen vom Sprecher, vom Redakteur oder von beiden (Trennung von Rahmentext und Zitaten) präsentiert werden, ist gleichgültig und sollte nicht zu Kontroversen führen. Die Trennung von Rahmensprecher (in der Regel der Redakteur) und Zitatensprecher (in der Regel ein Berufssprecher) ist nur dann sinnvoll, wenn die Sendung nach dem Prinzip »Journalistische Zusammenfassung mit kurzen Zitaten« gestaltet wird. Entscheidet sich eine Redaktion für die Variante »lange Zitate und kurze Zwischentexte«, dann sind zwei Stimmen weniger sinnvoll. Wichtig ist, daß die Zitate von einem qualifizierten Sprecher vorgetragen werden. Es handelt sich ja um Schriftdeutsch, das im Radio verstanden werden soll, das heißt an die Qualität des Sprechers werden hier doch besonders hohe Anforderungen gestellt.

Presseschausendungen haben nicht nur viele Hörer, sie animieren auch zur Diskussion, auch zu Auseinandersetzungen mit den verantwortlichen Redakteuren des Rundfunks. Kritik an diesen Sendungen gibt es immer, der Streit um politische Positionen wird auf der Basis dieser Sendungen fortgesetzt. Das ist zweifellos ein positiver Effekt. Allerdings gibt es immer wieder Kritik an der Auswahl der Kommentare. Hier kann man Redakteuren nur zweierlei empfehlen: Zum einen keinen Anlaß für berechtigte Kritik zu liefern und wirklich die Vielfalt der Kommentare zu spiegeln, statt Kommentare unter dem Gesichtspunkt der Bestätigung der eigenen Meinung auszuwählen. Zum anderen gilt es, standhaft zu bleiben, denn auch hier meint die Forderung nach Ausgewogenheit nichts als Unausgewogenheit im Sinne der eigenen politischen Position.

Es stellt sich bei der Diskussion über Presseschausendungen immer wieder die Frage, ob man hinzufügen soll, welche politische Richtung eine Zeitung vertritt. Bei normalen Tageszeitungen wäre dies schwierig. Einmal nennen sich die meisten deutschen Tageszeitungen »unabhängig« und zum anderen ist die Position vieler Blätter nicht einfach mit einem Attribut (liberal, konservativ, links, rechts o. ä.) zu beschreiben. Im Übrigen sollte sich der Hörer selbst ein Bild machen können. Gelegentlich kann es sinnvoll sein, bei einer ausländischen Zeitung, die nicht sehr bekannt ist, einen entsprechenden Hinweis zu geben. Auf jeden Fall ist ein Hinweis erforderlich, wenn es sich nicht um unabhängige Tages- oder Wochenzeitungen handelt, sondern um Blätter, die von Organisationen wie Parteien, Gewerkschaften und Kirchen herausgegeben werden. Es ist eine wichtige Information, daß zum Beispiel der »Bayernkurier« das CSU-Organ ist und die Zeitschrift »Metall« von der IG-Metall herausgegeben wird. Allerdings ist hier Gleichbehandlung geboten. Jahrelang wurde nicht selten der »Bayernkurier« als CSU-Zeitung apostrophiert, bei der »Neuen Zeit« wurde indes der Zusatz »DKP-Organ« unterlassen. Unkenntnis oder Absicht? Beides ist gleich schlimm.

5.8 Programme mit Hörerbeteiligung

»Der Lebenszweck des Rundfunks kann nicht darin bestehen, das öffentliche Leben nur zu verschönen. Ihm fehlt die zweite Seite, das heißt, er ist Distributionsapparat, er teilt nur zu, Der Rundfunk ist aus einem Distributions- in einen Kommunikationsapparat zu verwandeln. Er müßte aus dem Lieferantentum herausgehen und den Hörer als Lieferanten organisieren.« Als Berthold Brecht, der sich bekanntlich sehr viele Gedanken um das Medium Rundfunk gemacht hat, dies schrieb, konnte er noch nicht ahnen, daß die Frage der Publikumsbeteiligung einmal die medienpolitische Diskussion beherrschen würde. Hörerbeteiligung ist wichtig. Sie darf aber nicht Selbstzweck und Alibi sein. Der Hörer muß, wenn er in Sendungen einbezogen wird, entweder Kontakt zu einem Experten bekommen, den er sonst nicht bekommt (zum Beispiel Rentner fragen einen im Studio anwesenden Verantwortlichen einer Landesversicherungsanstalt) oder der Hörer wird selbst als Kompetenzperson befragt (Anwohner äußern sich zum Bau einer umstrittenen Umgehungsstraße).

Vor allem aber: Der Hörer muß erst genommen werden. Kaum etwas ist schlimmer als Scherze auf Kosten beteiligter Hörer, die sich naturgemäß nicht so verhalten, wie arrogante Radiomacher dies erwarten. Immer wieder wird auch von Politikern die Forderung erhoben, das Publikum unmittelbar an der Programmgestaltung zu beteiligen. Die Vorstellungen reichen von der Mitwirkung an Sendungen, die eigentlich von Profis gemacht werden, bis zum sogenannten »offenen Kanal«.

Die »Network-Medien-Kooperative«, ein Frankfurter Meinungsforschungsinstitut hat 1986 ermittelt, daß die Bürger im lokalen Bereich zwar die Behandlung bürgernaher Themen vom Radio erwarten, daß sie aber eine professionelle Realisierung der Selbstdarstellung durch die Betroffenen vorziehen. Auch der offene Kanal ist eher Gegenstand politischer Diskussionen als ernstzunehmende Radioalternative. Nicht zufällig sind auch alle Versuche mehr oder weniger gescheitert. Spätestens wenn die Frage auftaucht, wer denn bei einem offenen Kanal die Reihenfolge der Auftretenden bestimmt, gibt es Streit. Spontan wird die Frage nach der Reihenfolge beantwortet: »Wer zuerst kommt, sendet zuerst.« Dieselben Leute werden sehr nachdenklich bei der Frage: »Sehen Sie das auch noch so, wenn an zehnter Stelle ein bekannter Neo-Nazi auf der Liste steht?«

Manfred Jenke hat deutlich auf die Problematik von Eigenbeiträgen Betroffener hingewiesen – und um solche handelt es sich ja meist bei Hörern, die sich zu einem bestimmten Thema beim Rundfunk melden: »Für die Vermittlerfunktion des Rundfunks reicht es keineswegs aus, an die Stelle eigenproduzierter Beiträge in wachsendem Umfänge Selbstdarstellungen der Betroffenen zu setzen, um auf diese Weise größere Authentizität zu erreichen. Solche Selbstdarstellungen sind – bei aller Originalität – in der Regel für Hörfunk und Fernsehen ebensowenig brauchbar wie Zeitungsartikel aus Verbandsorganen für die

Tagespresse oder Laienaufführungen in einem Opernhaus - es sei denn, die medienspezifische Eigenart eines solchen Angebotes wird dadurch thematisiert und zugleich integriert, daß im Rundfunkprogramm eine Sendung produziert wird, als deren Bestandteil dieses Angebot zitierend verwendet wird. ... Die Absicht zur Selbstverwirklichung des Publikums beizutragen, ihm zur Befreiung aus seiner Konsumentenrolle zu verhelfen, in dem man einzelnen Hörern und Zuschauern Mikrofone und Tonbandgeräte, Kameras und Videorecorder überläßt und sie zur Selbstdarstellung anregt, läßt nicht nur auf Unkenntnis der Bedürfnisse des Publikums schließen, sondern weckt auch den Verdacht, es werde ein Alibi gesucht, sich weiterführenden, möglicherweise unbequemen eigenen Überlegungen zu entziehen.«[33]
Vielfach werden unter Publikumsbeteiligung allein die immer häufiger werdenden Telefonsendungen verstanden. Diese Sendeform wird häufig praktiziert, da sie billig und leicht zu beherrschen ist. Dabei gibt es im wesentlichen zwei Arten. Da ist einmal die telefonische Beteiligung an Unterhaltungsspielen und zum anderen die telefonische Beteiligung an einer Studiodiskussion.
Die erste Form ist reizvoll, weil eine echte Kommunikation stattfindet. Der Hörer spielt mit, er ist gleichsam an der Programmgestaltung beteiligt. Die zweite Variante, die Teilnahme an einer Diskussion, besteht in der Regel aus einer Art Lebenshilfe für den Hörer, der anruft, und auch für diejenigen, die nur zuhören. Meist kommt es nicht zu einer Teilnahme an der Studiorunde, sondern der Hörer stellt lediglich eine Frage, die ein Experte im Studio beantwortet, oder er liefert einen Diskussionsbeitrag und wird dann ausgeblendet, damit auch noch andere eine Chance haben, sich zu äußern. Diese Form leidet darunter, daß entweder die Experten im Studio zu kurz kommen oder die Hörer. Oft befindet sich die Studiorunde in einer interessanten Diskussion, es wird dann aber ein Hörer zugeschaltet, um der Dramaturgie einer solchen Sendung gerecht zu werden. Dieser Hörer dreht dann oft die laufende Diskussion auf einen viel früheren Zeitpunkt zurück oder unterbricht sie ganz. Auf diese Weise geht für den bloßen Zuhörer ein Teil des Reizes verloren. Eine Gefahr ist auch, daß

---

[33] Manfred Jenke, in: Schlagwort Tranzparenz – das Medium und sein Publikum, München 1973

immer wieder die selben Hörer anrufen, die ein solches Programm als willkommene Gelegenheit zur Selbstdarstellung betrachten.
Wenn der Rundfunk Bürgernähe praktizieren will, dann kann dies auf eine bessere Weise geschehen. Zunächst ist aber die persönliche »Bürgerferne« der Rundfunkmitarbeiter zu überwinden. Der Lebenskreis vieler Rundfunkjournalisten ist alles andere als typisch. Dies ist zwar nicht vorwerfbar, doch man muß dies zur Kenntnis nehmen. Sie berichten beispielsweise über die Misere im öffentlichen Nahverkehr, ohne selbst aus eigener Erfahrung darüber Bescheid zu wissen. Desgleichen entspricht es nicht der Realität, wenn manchmal die Welt aus der Perspektive von Luxushotels betrachtet wird, in denen Presseveranstaltungen stattfinden. Das Nicht-Teilhaben am Leben des »normalen« Bürgers dokumentiert sich nicht nur im Verhalten von Journalisten und in der Themenauswahl, sondern sogar in der Sprache. Daß viele Hörer viele Informationssendungen nicht verstehen, liegt daran, daß Journalisten oft keinen Umgang mit Normalbürgern haben. Es soll nun nicht etwa gefordert werden, daß alle Rundfunkjournalisten ihre Lebensumstände völlig ändern. Es hilft vermutlich aber schon die Erkenntnis, daß ihr Leben nicht das Leben ist.

Das persönliche Gespräch mit dem Bürger fördert auch bürgernahe Themen zutage und bringt bürgernahe Programme. Es ist weniger die unmittelbare Beteiligung der Bürger an Sendungen, die das Programm »bürgernah« macht. Dabei besteht viel zu sehr die Gefahr, daß sich »der einfache Mann auf der Straße«, weil er die Techniken und Methoden des Mediums nicht kennt, blamiert, daß er zum Gespött seiner Umwelt wird. Der Zynismus, mit dem manche Rundfunkleute dies genüßlich senden, um sich und andere zu amüsieren, ist geradezu erschreckend.

Der Bürger wird viel besser in die Gestaltung des Mediums einbezogen, wenn sich das Medium der für ihn wichtigen Themen annimmt. Hörerbeteiligung als demokratisches Alibi ist nicht genug und bewirkt auch kaum etwas. Der Bürger muß statt dessen als Erfahrungsträger verstanden werden, der seine Erfahrungen über den vermittelnden, übersetzenden Journalisten in das Programm einbringt. Dabei kann er natürlich auch selbst zu Wort kommen. Dies sollte aber wegen der schon erwähnten Gefahr, ihn der Lächerlichkeit preiszugeben, mit Unterstützung eines Profis geschehen.

Programme mit Hörerbeteiligung

Hörerbeteiligung, ob telefonisch, als Gast im Studio oder als Teilnehmer an öffentlichen Veranstaltungen des Rundfunks kann auf unterschiedliche Weise erfolgen:

- Hörer sagen in einer Sendung zu einem vorgegebenen Thema ihre Meinung. Dies ist die typische Telefonbeteiligungsform. Sie kann für die Zuhörer sehr spannend sein, leicht wird sie aber zum Ärgernis.

Einige Empfehlungen:

- Höreranrufe entgegennehmen und dann rückrufen, ohne verbindliche Zusage, daß man auch »drankommt«, weil nicht vorhersehbar ist, wie stark der Andrang ist. So kann man problematische Anrufer herausfiltern. Dies funktioniert allerdings nicht immer, denn Manche verhalten sich im Vorgespräch anders als nachher in der Sendung. Im Vorgespräch sollte vom Senderegisseur beziehungsweise vom Assistenten dem Hörer gesagt werden, er möge gleich auf das Thema eingehen und keine Vorbemerkungen, Begrüßungen usw. machen. Dies wird sonst nämlich spätestens beim fünften Mal für den nur Zuhörenden unerträglich.
- Von Redaktionsseite sollte das Thema eingegrenzt werden, um die Äußerungen knapp zu halten, das heißt man stellt am besten eine Alternative zur Diskussion. Also nicht: »Ihre Meinungen zur Geschwindigkeitsbegrenzungen auf Autobahnen« sondern »Sind sie für oder gegen Tempolimit?«.
- Sollte ein Gesprächspartner aus dem Ruder laufen, das heißt unsachlich oder gar beleidigend werden, dann muß das Gespräch abgebrochen werden, aber nicht nur »technisch«. Der Moderator muß, zum Zuhörer gewandt, sinngemäß sagen: »Sie hören, meine Damen und Herren, der Anrufer möchte sich nicht zur Sache äußern. Sie sind sicherlich meiner Meinung, wenn ich das Gespräch jetzt beende. Lassen wir den nächsten Anrufer zu Wort kommen.« In der Senderegie muß aufmerksam zugehört werden, damit man den Anrufer an der richtigen Stelle ausblendet. Es ist nicht gut, wenn er im Hintergrund hörbar bleibt. Das klingt nach »Niederschreien« und nicht nach professionellem Unterbrechen.
- Es gibt auch Redaktionen, die Höreranrufe vorher aufzeichnen und vom Band in die Sendung einspielen, sei es als reine Meinungsäußerung oder um Experten die Fragen beantworten zu lassen. Diese Form ist zweifelsfrei die sicherste, aber sie ist mit sehr hohem tech-

nischen und redaktionellen Aufwand verbunden und deshalb eigentlich nur ausnahmsweise zu rechtfertigen.
Hörer fragen telefonisch oder im Studio Experten, die Gäste in einer Sendung sind. (Sendung mit Ratgeberfunktion). Die bessere Form als die bloßen Meinungsäußerungen seitens des Publikums sind diese Fragen an Experten. Sie haben im Gegensatz zu der erstgenannten Form nicht nur Unterhaltungs- sondern oft hohen Informationswert, vor allem auch für das mehrheitlich ja nur zuhörende Publikum. Diese Form funktioniert auch indirekt, das heißt Hörer rufen an, ihre Anrufe werden notiert und dann zur Stellungnahme in die Sendung gegeben. Diese Form läßt zwar den Hörer nicht unmittelbar in der Sendung zur Wort kommen, sie hat aber Vorteile: Wegen der Kürze, die diese Art der Einbindung des Publikums ermöglicht, können mehr Hörer beteiligt werden als bei direkten Äußerungen. Außerdem kann man die Reihenfolge der Anrufe, deren Äußerungen in die Sendung kommen, so verändern, daß inhaltlich sinnvolle Zusammenhänge entstehen. Die oft unerfreulichen Redundanzen, die sich bei der Direktbeteiligung ergeben, entfallen hier.

- Straßenbefragung:
Diese Form von Hörerbeteiligung ist seit Anfang der 80er Jahre in Mode. Die Straßenbefragung ist ein Unterhaltungselement, aber keine Information. Zur Auflockerung einer Sendung, zur Vermittlung von Atmosphäre ist die Form legitim. Aber es darf auch nicht der leiseste Zweifel daran gelassen werden, worum es sich hierbei handelt. Dies beginnt mit der Bezeichnung. Eine Straßenbefragung ist keine »Umfrage«. Der Begriff »Umfrage« steht für demoskopische Untersuchungen, an die strenge Maßstäbe angelegt werden und die entsprechenden Stellenwert haben. Bei den Zufallsbefragungen unter Passanten, muß man beschreiben, worum es geht. Zum Beispiel: »Mein Kollege hat in Stuttgart einige Passanten befragt.« Oder: »Unser Reporter hat sich auf der Straße umgehört.« Es empfiehlt sich am Schluß noch einmal zu sagen, daß dies natürlich keine repräsentativen Aussagen waren.

Die Verlockung ist groß, aus vorgeblich dramaturgischen, oft aber aus politischen Gründen auf eine besonders pointierte Aussage Musik zu

setzen. Da viele Hörer die wahren Hintergründe nicht kennen, ist es journalistisch unredlich, auf diese Weise Politik zu machen.
Wenn denn eine Straßenbefragung sein soll, dann empfehlen sich einige Handwerksregeln:
- Die Einzeleinblendungen sollten nicht länger als 15 Sekunden sein.
- Keine harten Schnitte, sondern Stellen suchen, an denen der Befragte seine Stimme senkt.
- Pro- und Kontraäußerungen mischen.
- Passantenäußerungen nicht zur Bestätigung der eigenen Position mißbrauchen (zum Beispiel, in dem besonders sympathisch beziehungsweise unsympathisch klingende Aussagen benutzt werden).
- Bei Aufnahmen mit unterschiedlichen Hintergrundgeräuschen auf weiche Übergänge achten, das heißt blenden.
- Reporterfragen auf jeden Fall herausschneiden. Die O-Töne werden als Block angesagt und müssen dann für sich stehen. Reporterfragen dazwischen nehmen den Aussagen ihre Wirkung und verwirren zudem die Hörer. Ausnahme von dieser Regel sind Live-Befragungen. Diese sind aber sehr schwierig, weil die Reaktionen von Zufallsgesprächspartnern am Mikrofon nur schwer voraussehbar sind. Durch einige wenige Publikumsreaktionen kann eine Sendung zeitlich völlig aus dem Konzept geraten, von den Inhalten des Gesagten ganz abgesehen.

Langfristig ist als Beteiligungsform gewiß die Befragung von Experten durch die Hörer zu bevorzugen. An den Moderator werden dabei besondere Anforderungen gestellt. Er muß nämlich zunächst das Gespräch mit dem Studiogast eröffnen und im geeigneten Augenblick die anrufenden Hörer integrieren. Sollten zeitweise keine Anrufe kommen, so muß das Gespräch im Studio fortgesetzt werden. Dabei ist es wichtig, kurze geschlossene Gesprächsrunden im Studio zustande zu bringen und keine langen, detaillierten Gespräche zu führen. Diese werden sonst durch Anrufe unterbrochen. Nach einem Anruf ist es nämlich nicht einfach, einen Faden wieder aufzunehmen. Später hinzukommende Hörer können sich in solchen Fällen noch schwerer in eine Sendung einschalten als dies ohnehin schon der Fall ist.

5.9 Jingles und Trailer

Eine Bemerkung zu Beginn: Im deutschen Radio wird zuviel »gejingelt« und »getrailert«. Wie das meiste beim Radio kamen auch Jingle und Trailer aus den USA. Wie so oft bei Übernahmen von dort hat man in vielen Funkhäuser vergessen, die weitere Entwicklung der Vorbilder zu betrachten. Kurzum: Das Neueste aus Amerika ist seit etwa 10 Jahren dort ein »alter Hut«, wenn man einmal von Jingles im Werbespot absieht. Deshalb die Schlußfolgerung bereits am Anfang: Weniger ist mehr.

Man könnte das Wort Jingle frei, aber treffend mit »Musikgeklingel« übersetzen. Der Jingle wird als Musikbrücke oder -trenner eingesetzt. Verwendet wird er auch, um zwischendurch die Aufmerksamkeit des Hörers zu steigern. Diese musikalischen Akzente sind nur wenige Sekunden lang. Sie bestehen entweder aus einem »musikalischen Zitat« oder sie sind eigens für diesen Zweck komponiert, arrangiert und produziert. »Musikalisches Zitat« heißt, daß man aus einem bekannten Musikstück (U-Musik oder auch E-Musik) eine besonders markante Passage herauskopiert und bei der Produktion eines Jingles verwendet. Vorteil dieser Methode ist neben der einfacheren Produktion ein hoher Wiedererkennungswert. Nachteilig kann sich auswirken, daß man einen solchen Jingle nicht exklusiv hat. Es kommt noch hinzu, daß ein Hörer unter Umständen reagiert: »Ach das ist ja Mozart« Oder: »Das ist ja Glenn Miller«. Eigentlich sollte die Reaktion aber sein: »Das ist der Sender XY« Oder: »Das ist das Magazin Soundso«. Musikalische Zitate bergen ein weiteres Problem: Das Urheberrecht (Komponist, Musikverlag) und die Rechte der Ausüben den (Arrangeur, Interpret) müssen auf jeden Fall vor dem Einsatz eines Stückes als Jingle geprüft und gegebenenfalls erworben werden. (Archiv und Rechtsabteilung konsultieren).

Die Verwendung von eigens als Jingles produzierten Stücken hat mehrere Vorteile. Einmal hat man sie für den gewünschten Zweck exklusiv. Außerdem sind sie als Jingles hergestellt, das heißt es sind kurze Stücke mit einem gestalteten Anfang und einem gestalteten Schluß. Man »vergewaltigt« kein beliebtes Musikstück, was bei musikalischen Zitaten auch eine andere Wirkung beim Hörer haben kann als die gewünschte, nämlich eine negative.

Jingles selbst zu produzieren ist aufwendig und teuer. In den USA und in Großbritannien gibt es einen ganzen Industriezweig, der sich mit der Produktion von Jingles – nicht zuletzt für Werbesendungen – beschäftigt. Viele dieser Produkte sind auch in journalistischen Programmen gut zu verwenden. Sie sind auf Industrietonträger (Schallplatten und Bändern) im Handel zu haben.

Jingles können, wie gesagt, sowohl als Trenner als auch als Brücken einen Sinn haben. In aktuellen Sendungen können einzelne Themenbereiche abgegrenzt, es können aber auch Verbindungen zwischen unterschiedlichen Bestandteilen einer Sendung hergestellt werden. Eine sehr dichte Folge von Jingles in kurzen Abständen birgt die Gefahr des Überdrusses beim Hörer. Es ist nicht gut, in einer Nachrichtensendung jedes Thema mit einem Jingle zu begleiten. Manchmal setzen Redaktionen Jingles nach einem Schema ein, das nur die Macher verstehen, zum Beispiel in einer O-Ton-Nachrichtensendung, um die O-Tonteile von normalen Meldungsteilen zu trennen oder ein Kurzmeldungsblock enthält nach jeder Meldung einen Jingle. Diese Überlegungen einer Redaktion durchschaut ein Hörer normalerweise nicht.

Der Sinn muß aber sofort erkannt werden. Sinnvoll kann es deshalb sein, zu Beginn einer Sendung oder vor dem Wetterbericht oder vor Verkehrsmeldungen usw. Jingles einzusetzen. Sehr problematisch sind Jingles in Magazinsendungen, um einzelne Themenblöcke anzukündigen (oder auch auszugrenzen, weil sie von einer Magazinredaktion nicht gewünscht werden). Diese Jingles zerstückeln ein Magazin, das ja eigentlich großflächig präsentiert werden sollte.

Regel: *Eine gute Moderatorenüberleitung ist allemal besser als ein unpassender Jingle.* Es gibt auch Jingles, die jeweils eine Wort-Musikmischung bieten, zum Beispiel Stations-Jingles beziehungsweise Sendungs-Jingles, die eine Titelansage ersetzen.

Auch dabei ist Zurückhaltung geboten, denn viele unterschiedliche Sendungssignets lassen ein Programm nicht einheitlich, sondern zerstückelt erscheinen. Außerdem ist die Flächenpräsentation eines Gesamtprogramms im Blick auf die Hörerbindung besser als die Präsentation in Form von kleineren oder größeren »Sendekästchen«, die dann jeweils durch Titel-Jingles voneinander getrennt werden.

Der Trailer, der ebenfalls einen akustischen Akzent im Programm darstellt, unterscheidet sich vom Jingle zunächst formal. Er stellt nämlich immer eine Wort-Musik-Mischung dar und ist naturgemäß länger als der Jingle. Außerdem transportiert der Trailer Inhalte. Dabei handelt es sich meist um Eigenwerbung der jeweiligen Sendeanstalt. Geworben wird im Stile eines Werbespots für ein ganzes Programm. Auch auf bestimmte, besonders attraktive beziehungsweise für wichtig gehaltene Sendungen wird hingewiesen oder für Veranstaltungen (Sendungen mit Publikum, öffentliche Konzerte usw.) wird geworben. Für Trailer gilt ebenso wie für Jingles: Man setze sie sparsam ein, damit sie auch positiv wirken und die Hörer sich nicht belästigt fühlen. Trailer sollten auch nicht zu lang sein. Eine Orientierung an Werbespots ist hier richtig, das heißt 45 Sekunden sollten die Obergrenze darstellen. Es ist ein falscher Ehrgeiz, wenn eine Redaktion, die mit einem Trailer zum Beispiel für ein Hörspiel oder ein Feature wirbt, in Kurzform die Sendung wiedergibt. Man läuft Gefahr, daß der Trailer nicht zum Hören der Sendung animiert, sondern, daß der Hörer durch den Trailer bereits alles Wichtige erfährt. (Ein ähnlicher Effekt wie beim Klappentext von Büchern). Bei der Gestaltung von Trailern sollten ein paar Regeln beachtet werden:

- Nur wenig Text
- Musikalische Akzente setzen, nicht einfach Musiktitel unterlegen. Übersprochene Musik wirkt eher störend als animierend (Hören im Auto, Verkehrsgeräusche).
- Wichtige Informationen (Sendezeit, Konzertbeginn, Telefonnummer usw.) am Schluß wiederholen.
- »Personality-« oder – »Testimonial«-Trailer sind besonders wirkungsvoll.

Beispiel:
Ein Autor oder ein Redakteur stellt sich selbst und dann seine Sendung vor. Oder: Ein Prominenter sagt: »Ich höre Radio XY mit der Sendung Soundso, weil ... «. (Achtung, Rechte und gegebenenfalls Honorarforderungen abklären).
Trailerproduktion nicht ohne Kollegen der Unterhaltung. Eine Wort-Musik-Mischung, die fünf Journalisten in einer Redaktion übereinstimmend toll finden, muß deshalb beim Publikum nicht ankommen. Unterhaltungs-Fachleute verstehen mehr davon.

5.10 Moderation

Im Zusammenhang mit dem Kapitel »Journalistische Berufe beim Radio« wurde bereits die Funktion des Moderators beschrieben. Hier geht es nun um seine Tätigkeit, und zwar um die journalistische, nicht um die reine Unterhaltungsmoderation. Dies bedeutet keine Ab- oder Aufwertung, im Gegenteil, ein journalistischer Moderator ist um so besser, je unterhaltender er (im richtigen Augenblick) sein kann. Es soll nur darauf hingewiesen werden, daß der »Entertainer« in der Regel kein Journalist ist, sondern einen anderen beruflichen Hintergrund hat. Die hier skizzierten Funktionen, Verhaltensweisen und Handwerksregeln richten sich an den Journalisten, der als Reporter oder Redakteur tätig ist und der regelmäßig oder gelegentlich in die Lage kommt, eine journalistisch gestaltete Sendung, also meist ein Magazin, zu moderieren.

Der Moderator – der »Mäßiger« – ist der Präsentator einer Sendung. Dies bedeutet aber nicht, daß er nur der Ansager der in einer Sendung laufenden Beiträge ist, unabhängig davon, ob er die Ansagetexte selbst geschrieben hat oder nicht. Mit anderen Worten: Wer in einem kleineren oder größeren »Sendekästchen« Beiträge mittels vorformulierter Texte ankündigt, ist kein Moderator, sondern ein Sprecher oder ein Redakteur mit sprecherischen Aufgaben.

Der Moderator im eigentlichen Sinne hingegen arbeitet nicht in erster Linie in einer Redaktion, sondern im Studio. Das schließt eine sehr gründliche Vorbereitung nicht aus. Nur gehört zu den Aufgaben des Moderators nicht nur das Verlesen von Texten, sondern das Führen von Live-Interviews, die Vermittlung von ad hoc Informationen und auch das gefällige, möglichst unterhaltende Begleiten des Hörers durch das Programm. Eine Moderation ist stets, wenn auch in sehr unterschiedlichem Maß »Zuwendungsmoderation«. In unterschiedlichem Maß deshalb, weil auch journalistische Sendungen in der Moderation eine Zuwendung zum Hörer erfordern, die von ganz sparsam bis extrem stark reichen kann. Laufen in einem Magazin zum Beispiel Beiträge, in denen von Krieg, Katastrophen und Krankheiten die Rede ist, dann muß die Zuwendung ganz behutsam erfolgen. Der Moderator muß sich auf die durch die Beiträge entstandene Gemütslage jedes einzelnen Hörers einstellen. Der Moderator spricht bekanntlich jeden Zuhörer einzeln und ganz persönlich an. Viele Menschen sind einsam oder zumindest allein, wenn sie Radio hören, und für viele ist der Moderator der einzige »Gesprächspartner«. Anders kann die Zuwendung zum Hörer sein, wenn die Beiträge das Entstehen einer eher heiteren, lockeren Stimmung beim Hörer erwarten lassen. Aber Vorsicht vor falscher, aufgesetzter Fröhlichkeit. In Informationssendungen wird eher höfliche Sachlichkeit als plumpe Vertrautheit und künstliche Heiterkeit erwartet. Die Gefahr, daß dies als anbiedernd empfunden wird, ist groß.

Hörer haben sehr viel Vertrauen zu denen, die im Radio sprechen. Der Moderator kommt zum Hörer nach Hause. Das ist ein Privileg. Man muß sich folglich wie ein Gast benehmen, sonst wird man hinauskomplimentiert, ganz rasch, per Knopfdruck. Der Gast vom Konkurrenzsender benimmt sich vermutlich besser und angemessener. Das Radio ist den Machern geliehen, und zwar von den Hörern. Es ist kein Eigentum der Macher, sondern allenfalls der Hörer. Mit fremden Eigentum sollte man aber behutsamer umgehen als mit dem eigenen Spielzeug – und das Radio ist nun einmal das schönste Spielzeug der Welt – solange es von Profis bedient wird. Amateure neigen dazu, auch das schönste Spielzeug kaputt zu machen, vor allem wenn sie in verantwortlichen Positionen sitzen.

Moderatoren müssen Profis sein, sie repräsentieren das Radio wie niemand sonst, aber sie sind nicht das Radio. Deshalb ist die oberste Moderatorenregel: *Bescheidenheit und den Hörer immer ernst nehmen.*

Ein Moderator hat die Aufgabe, Gastgeber zu sein. In angelsächsischen Ländern wird nicht zufällig vom »Host« gesprochen, er muß durch ein Programm begleiten, einleiten, zu Beiträgen hinführen, Voraussetzungen schaffen für das Verständnis von Informationen. Manche Moderationen laufen aber leer, wenn auch auf hohen Touren. Der Moderator führt dann seine Hörer nicht zu Inhalten, sondern in die Irre.

Der Moderator agiert auf drei Ebenen:

Auf der Ebene Programm (SWR 3, NDR 2, HR 4 usw.)

Auf der Ebene Sendung (»Kurier am Morgen«, »Mittagsmagazin«, »Guten Abend, liebe Hörer« usw.)

Auf der Ebene Beitrag (hier geht es um die einzelnen Themen in einer einzelnen Sendung)

Viele Rundfunkanstalten setzen Moderatoren in nur jeweils einem ihrer Programme ein. Dies gilt sowohl für Unterhaltungs- als auch für

Informationsmoderatoren. Auf diese Weise ist am besten ein »Wellenprofil« zu erreichen.
Immer noch gehen Radioleute fälschlicherweise davon aus, das Profil einer Welle werde ausschließlich von der Musik bestimmt. Ebenso wichtig sind aber die Stimmen, die in einem Programm zu hören sind. Musik ist verwechselbar, zumal viele sogenannte Begleitprogramme – insbesondere die sogenannten Popwellen - einander immer ähnlicher werden. Kopieren scheint die Regel zu lauten, nicht aber profilieren, was jedoch besser wäre.
Stimmen markieren also sehr stark die Programmfarbe. Deshalb ist es sinnvoll, Moderatoren nur auf einer Welle einzusetzen. Das erfordert mehr Personal, das heißt Geld und macht das Problem aller Funkhäuser deutlich, daß nämlich stets ein Mangel an guten Moderatoren besteht. Für den Grundsatz, Moderatoren nicht in mehreren und noch dazu völlig verschiedenen Programmen einzusetzen, spricht auch, daß Hörer Moderatoren sehr oft als Identifikationsfiguren betrachten. Etwas Besseres kann einer Welle nicht passieren. Treten diese Moderatoren regelmäßig auch woanders auf, würden sie ihr Publikum irritieren und auch enttäuschen.
Ein Beispiel für geschickten Moderatoreneinsatz mit hohem Identifikationsgrad bietet der amerikanische Fernsehkanal CNN (Cable News Network in Atlanta, Georgia). Über den Tag hinweg werden in geschickter Abfolge weibliche und männliche, jüngere und ältere beziehungsweise Personen mittleren Alters, Weiße und Schwarze, solche mexikanischer oder asiatischer Abstammung usw. eingesetzt. Der Zuschauer kann sich praktisch »seinen« Präsentator aussuchen. Jeder hat seine Identifikationsfigur. Soweit muß und kann man gewiß bei der Moderation von Hörfunksendungen nicht gehen, aber der Moderator sollte durch Stimme, Moderationsstil usw. für eine Welle stehen können. Dies ist übrigens alters- und geschlechtsunabhängig.
Es kommt durchaus vor, daß ältere weibliche Hörer jüngere männliche Moderatoren bevorzugen und umgekehrt. Die Erfahrung zeigt, daß junge Moderatoren auch in Programmen, die sich eher an ein älteres Publikum richten, erfolgreich sein können. Es geht darum, den Sprechstil eines Programms zu treffen, die Sprachebene der vermuteten Hörer und deren gedankliches Niveau. Ein Journalist, der es gewohnt ist, Rock-Popsendungen zu präsentieren, tut sich natürlich schwer, ein Regionalmagazin mit Musik der 50er Jahre zu moderieren.

Sollte er, weil seine Rundfunkanstalt die Trennung nach Wellen nicht konsequent verwirklicht, dennoch in diese Lage kommen, dann ist totale Umstellung erforderlich. Es geht nicht an, in der Moderation erkennen zu lassen, daß man dieses Programm eigentlich für ganz entsetzlich hält. Nach dem Motto: »Schon wieder dieser Titel mit diesem Schmalzkönig, na ja. Aber gut, wenn es denn gewünscht wird ... «.

Diese Art von Distanzierung vom eigenen Programm dient wohl in erster Linie als Entschuldigung gegenüber Kollegen, damit diese ja nicht auf die Idee kommen, man könnte sich mit einer solchen Sendung identifizieren.

Distanzierung von einer Sendung, die man präsentiert und für die man bezahlt wird aus Eitelkeit und Dummheit, darf eigentlich nur eine Konsequenz haben: Die fristlose Kündigung. Denn Hörer zu beleidigen, ist das Schlimmste, was ein Radiomacher tun kann.

Die hier geschilderte Arbeitsebene »Programm« erfordert vom Moderator die totale Identifikation mit seiner »Welle«, am besten aus Überzeugung, zumindest aber professionell gut gespielt.

Auch die zweite Ebene, die Ebene »Sendung« hat etwas mit Moderatorentypen und ihrem Einsatz zu tun. Ein Moderator steht – vor allem im Informationsbereich – für einen bestimmten Sendungstyp. Hierher gehört auch die Unterscheidung von Moderation allgemeiner Informationsmagazine und Fachmoderation (spezielle Ratgebersendungen, Medizin, Wissenschaft usw. und nicht zuletzt Sport).

Unabhängig davon, in welchem Programm, auf welcher Welle ein Moderator eingesetzt wird, erfordern bestimmte Sendungen auch wieder verschiedene Moderatoren. Für den Fall, daß eine Welle großflächig, das heißt in drei bis vier Stundenabschnitten durchmoderiert wird, empfiehlt sich, wenn besondere Fachkompetenz erforderlich ist, neben dem Flächenmoderator einen fachlich versierten Co-Moderator für einen Teil der Fläche einzusetzen. In einigen modernen Informationsprogrammen – leider bisher überwiegend im Ausland – wird dieses Verfahren bereits praktiziert.

Auf jeden Fall muß ein Moderator überzeugend für eine Sendung stehen, damit die Beiträge dem Publikum vermittelt werden, und zwar als Teil eines Gesamtkonzepts. Wichtig ist aber, daß der Moderator auf der Ebene »Sendung« nicht nur »seine« Sendung im Sinn hat, sondern auch das Programmumfeld. Er muß, wenn er journalistische Beiträge zu präsentieren hat, auch die Musik mit einbeziehen, auch wenn dies

Journalisten gelegentlich schwerfällt. Selbst wenn sich ein Moderator über Musik ärgert, weil sie seinen Redefluß unterbricht, so darf er dies niemals erkennen lassen. Viele Hörer werden nämlich froh sein, daß Musik läuft und sie das Gerede gerade dieses Moderators nicht länger ertragen müssen.

Die Arbeitsebene »Sendung« fordert vom Moderator auch die Herstellung von Bezügen zu anderen Sendungen auf dieser Welle. Es gibt – viele Moderatoren scheinen dies zu vergessen – auf der entsprechenden Welle auch noch Programm, wenn dieser Moderator seinen Dienst beendet hat. Es ist deshalb peinlich und unprofessionell, wenn ein Moderator sich am Schluß »seiner« Sendung verabschiedet bis zu »seiner« Sendung vier bis fünf Tage später oder bis zur nächsten Sendung »seiner« Redaktion am nächsten Tag. Wenn überhaupt ein Hinweis sinnvoll ist, dann allenfalls einer auf die unmittelbar folgende Sendung, um so einen fließenden Übergang und damit auf Dauer ein einheitliches Programmdesign zu schaffen.

So sind zum Beispiel inhaltliche Hinweise angebracht. Man denke etwa daran, daß in einem allgemeinen aktuellen Magazin über das Thema Steuererhöhung berichtet wurde und kurze Zeit später dazu eine Expertendiskussion vorgesehen ist.

Die dritte Arbeitsebene des Moderators bezieht sich auf die Beiträge, die er innerhalb einer Sendung zu präsentieren hat. Hier geht es am stärksten um inhaltliche Fragen. Deshalb erfordert dieser Teil der Arbeit des Moderators auch die intensivste Vorbereitung.

Die Ebenen »Welle« und »Sendung« erfordern ein Bewußtsein für dieses Umfeld und permanentes Training, um den richtigen Ton für Programm und Sendung zu treffen. Geht es um die Präsentation von Einzelbeiträgen, ist Detailarbeit an den Themen erforderlich. Hier gilt ähnlich wie bei der Diskussionsleitung und beim Interview, daß man als Moderator über ein Thema mehr wissen muß, als man in der Sendung sagen kann und sagen sollte. Mehr Wissen muß man deshalb, weil in einer Live-Sendung Situationen eintreten können, die ein spontanes Reagieren erfordern. Zum Beispiel ein Beitrag stellt sich in letzter Minute anders heraus als geplant oder ein als Bericht angekündigtes Thema wird umdisponiert, und es muß plötzlich ein Moderatoren-Interview geführt werden.

Ein paar allgemeine Informationen, ein eigenes Vorurteil zum Thema und ein überflogener Artikel in der eigenen Leib- und Magenzeitung genügen nicht als Vorbereitung. Eine aktuelle Agenturmeldung auch nicht. Sonst entstehen die peinlichen Moderatorengespräche, die etwa so ablaufen: Der Moderator liest einem Gesprächspartner einen Agenturtext vor, ohne bemerkt zu haben, daß dieser wenige Minuten zuvor in den Nachrichten gelaufen ist und fragt lediglich: »Können Sie dies bestätigen?«

Auf der Ebene »Beitrag« steht der Moderator für die Verstehbarkeit des Beitrags, für die Bildung eines Bezugsrahmens und für die Einordnung des Beitrags.

Verstehbarkeit bedeutet, daß der Moderator klar und eindeutig auf diesen Beitrag hinführt und den Hörer nicht in die Irre leitet: Wenn es um die Anmoderation eines Beitrags zum Rücktritt des Oberbürgermeisters von Frankfurt geht, sollte ein Moderator nicht einsteigen: »Großstädte haben so ihre Probleme. Der Oberbürgermeister von New York bekommt seine Stadt nicht in den Griff. Schon wieder zeigt die Statistik wachsende Armut und eine steigende Kriminalitätsrate. Nicht in den Griff bekommen hat auch der Frankfurter Oberbürgermeister seine Stadt, vor allem aber seine Partei ... «

Mit diesem Umweg über New York versucht der Moderator vielleicht seine Weltläufigkeit zu zeigen und daß er sich keinesfalls nur in den Niederungen deutscher Kommunalpolitik bewegt. Für den Hörer ist dies alles ohne Belang. Er wird verwirrt und irritiert, weil in dem Zusammenhang mit dem Rücktritt des Frankfurter Oberbürgermeisters die Situation in New York nicht interessiert und allenfalls ablenkt. Es sei denn, auch der Oberbürgermeister von New York wäre zurückgetreten, und zwar aus einem ähnlichen Grund. Dann könnte diese Information auf den Beitrag hin und nicht von diesem wegführen.

Also besser: In der Moderation beim Thema bleiben, zum Beispiel: »Sie haben gehört, der Frankfurter Oberbürgermeister ist zurückgetreten. Er war nur zwei Jahre im Amt, aber er kam mit seiner Partei, der SPD, nicht mehr zurecht. Nach seinem Erfolg in Bonn als Minister und Abgeordneter, schaffte er es in Frankfurt nicht... Ein Bericht von ... «

Also: Keine weitschweifigen Anmoderationen, die direkt nichts mit dem Thema zu tun haben. Der Hörer braucht eine klare Hinführung auf den Beitrag und gegebenenfalls ein klares Wegführen vom Beitrag, nachdem dieser gelaufen ist. Dies sollte dann mit einer informativen

Moderation   255

Abrundung des Themas verbunden sein. Die Frage einer Abmoderation von Beiträgen führt zu einem Moderationstabu, von dem auch später noch die Rede sein wird:
Der Moderator ist nicht Kommentator, das heißt eine Abmoderation darf auf keinen Fall eine Stellungnahme des Moderators zum Thema oder zum gerade gelaufenen Beitrag sein. Aber im Rahmen der Verstehbarkeit kann es sinnvoll sein, wenn der Moderator nach dem Beitrag Informationen liefert, die für den Hörer wichtig sind.

Beispiel:
In einem Magazinbeitrag wird über die deutsch-amerikanischen Wirtschaftsbeziehungen berichtet. Der Bericht ist beendet und der Moderator sagt:
»Das war unser Korrespondent Hans Meier aus New York, übrigens vor einer halben Stunde hat die Frankfurter Devisenbörse geschlossen. Ich habe gerade eine aktuelle Meldung erhalten. Der Dollarkurs ist erneut gefallen. Für einen US-Dollar muß man jetzt...«
Die Schaffung des Rahmens für einen Beitrag ist für den Moderator eine ähnlich wichtige Aufgabe wie die Verstehbarkeit herzustellen. Hier muß man unterscheiden, ob man beim Hörer geringes oder größeres Vorwissen voraussetzen darf. Dies hängt vom Thema ab und natürlich vom Publikum, das man in diesem Programm und in dieser Sendung erwarten darf. Zwar soll sich jede Sendung eigentlich als Angebot an alle potentiellen Hörer verstehen. Gleichwohl macht es aber einen Unterschied, ob es sich um einen Beitrag über die Eröffnung der internationalen Buchmesse für ein Kulturjournal oder für ein Regionalmagazin handelt. Wichtiger aber ist der Fall, daß in einem an das allgemeine Publikum gerichteten aktuellen Magazin sowohl Beiträge laufen, die an Vertrautes anknüpfen und solche, die nur Neues und Fremdes bringen, bei denen man praktisch nichts als bekannt voraussetzen darf. Für beide Fälle hat der Moderator den Rahmen für den jeweiligen Beitrag zu schaffen.
Wer wenig über ein Thema weiß, bedarf möglicherweise auch noch einer Motivation, sich dennoch dem jeweiligen Thema zuzuwenden. Hier darf der Moderator nicht den Wissenden herausstellen, ob er es nun ist oder nicht. Dies schafft mit Sicherheit nicht den Rahmen und die Motivation, zuzuhören. Vielmehr muß der Moderator Verständnis

zeigen, daß man so etwas ja gar nicht wissen muß, daß es aber doch ganz schön ist und auch interessant, über dieses Thema etwas zu erfahren.

Beispiel:
»In Stockholm ist heute bekannt geworden, wer in diesem Jahr den Nobelpreis für Wirtschaft erhält. Es ist der amerikanische Professor Milton Friedman. Er erhält den Preis für die Entwicklung der "Input-Output Theorie". Jetzt werden Sie sicherlich fragen, meine Damen und Herren, was das ist. Offengestanden, ich weiß es auch nicht. Aber schließlich gibt es ja Fachleute, die man fragen kann. Am Telefon begrüße ich ... «

Motivation des Hörers auch einem Thema zuzuhören, von dem er wenig weiß, kann auch dadurch geschehen, daß der Moderator an Bekanntes anknüpft.

Beispiel:
Es wird über die Vorstellung eines neuen großen Transport-Flugzeugs berichtet. Die Frachtkapazität beträgt 100 Tonnen. Darunter kann sich kaum ein Hörer etwas vorstellen. Deshalb muß der Moderator an etwas anknüpfen, das dem Erfahrungshorizont vieler Menschen entspricht:
»Heute wird in Frankfurt ein neues Frachtflugzeug der Firma Boeing vorgestellt. Es hat mehr Kapazität als alle bisher geflogenen Maschinen. 100 Tonnen kann der Jet transportieren. Das ist ein Gewicht, das man sich nur schwer vorstellen kann. 100 Tonnen, das ist die Ladung von zehn sehr großen Lastwagen. Wissen Sie übrigens, daß Ihr PKW weniger als 1 Tonne wiegt. Das Flugzeug könnte also... Wir schalten jetzt um zum Flughafen. Von dort meldet sich unser Reporter ... «
Auch an vermutliche Interessen der Zuhörer kann man bei der Schaffung des Rahmens anknüpfen, wenn man von wenig Vorkenntnissen und Vorerfahrungen ausgehen muß.

Beispiel:
Die Bundesbank hat den Diskontsatz verändert. Über dieses Thema wird oft berichtet. Es bleibt aber vermutlich von vielen Hörern unverstanden. Deshalb knüpft man sinnvollerweise an Hörerinteressen an:

»Heute hat in Frankfurt der Zentralbankrat der Bundesbank getagt. Er hat auch Beschlüsse gefaßt, darunter einen, von dem viele betroffen sind. Der sogenannte Diskontsatz hat sich verändert. Das ist zwar sehr schwer zu erklären. Wichtig für Sie, meine Damen und Herren, ist, daß sich auch die Zinsen verändern. Wenn Sie also einen Kredit aufnehmen, dann kostet dies jetzt mehr. Aus der Bundesbank Näheres von ...«
Eine solche Formulierung ist besser, als wenn ein Moderator die Fachsprache der Bundesbank, die er in einer Presseerklärung oder einer Agenturmeldung liest, benutzt und so einen Bericht ankündigt. Im Zweifel versteht er den Inhalt der Meldung selbst nicht. Wie soll er ihn dann dem normalen Hörer verständlich machen? Fachleute beziehen ihre Wirtschaftsinformationen ohnehin im Detail nicht aus dem Radio, sondern aus den großen Zeitungen oder sie haben Zugang zu Fachinformationsquellen.
Der Rahmen eines Beitrags kann auch durch den Moderator geschaffen werden, indem er einen inhaltlichen Zusammenhang herstellt, der im Gegensatz zu den obigen Beispielen nicht unmittelbar an Erfahrungen und Interessen der Hörer anknüpft. Besonders geeignet sind historische Anknüpfungen insbesondere bei politischen Themen.

Beispiel:
»Sie haben in den Nachrichten gehört. Der frühere DDR-Staats- und Parteichef Honecker ist von den Sowjets nach Moskau gebracht worden. Etwa eineinhalb Jahre ist sein Sturz nun her. Als Nachfolger von Walther Ulbricht hatte er ... «
Der Rahmen kann, wenn man beim Hörer wenig zum geplanten Beitrag als bekannt voraussetzen darf, in einer bloßen Sachverhaltsbeschreibung bestehen. Der Moderator schildert in seinen Worten, worum es geht:
»In Stuttgart tritt heute der Baden-Württembergische Landtag zusammen. Er wird einen neuen Ministerpräsidenten wählen. Diese Wahl ist notwendig geworden, weil ... «
Solch ein völlig normaler Einstieg in ein Thema ist dann angebracht, wenn man davon ausgehen darf, daß sich viele Hörer für das Thema interessieren, daß man sie also nicht erst motivieren oder an eigene Erfahrungen und Kenntnisse erinnern muß. In diesen Fällen genügt als Rahmen, den der Moderator für einen Beitrag schaffen muß, die bloße Schilderung der Fakten.

Einfacher ist es, den Rahmen herzustellen, wenn man beim Hörer vieles zum Thema als bekannt voraussetzen kann. Es geht dann nur noch darum, zum Zuhören zu animieren, das heißt Aufmerksamkeit zu erzeugen. Dies geschieht durch Schilderung von Bekanntem und durch den Hinweis darauf, daß es sich um Bekanntes handelt: »Wie viele vermutlich wissen ... «, »Sie werden sich sicherlich erinnern ... «. »Für den Fall, daß Sie sich nicht mehr genau erinnern ... «
Solche Formulierungen binden Hörer ein und grenzen niemanden aus. Jeder kann für sich entscheiden, ob er sich zu den »Wissenden« oder zu den »Unwissenden« zählt. Man ärgert auch Menschen, die alles bereits wissen, nicht dadurch, daß man ihnen Selbstverständliches erzählt und so tut als hätte man etwas Neues mitzuteilen. Die Methode: »Ich weiß ja, daß viele dies wissen. Ich sage es nur noch einmal kurz für die, die noch keine Gelegenheit hatten ... « wirkt nicht nur sympathisch, sondern gibt jedem Hörer die Möglichkeit, für sich selbst zu entscheiden, zu welcher Gruppe er sich zählen möchte.
Wenn in der Moderation zu einem Beitrag für Verständlichkeit gesorgt und der Rahmen hergestellt ist, dann muß je nach Thema der Rahmen benutzt werden, um das Thema einzuordnen. Die ist vor allem wichtig, wenn das Thema in einen größeren Gesamtzusammenhang gehört und nicht für sich steht.

Beispiel:
Ein Bericht aus Washington steht im Zusammenhang mit einem Bestechungsskandal in Bonn. Dann muß dieser Zusammenhang deutlich gemacht werden: »In Bonn schlägt die Bestechungsaffäre XY weiter hohe Wellen. Zwei neue Verhaftungen gab es gestern. Wir haben darüber berichtet. Es geht um den Verkauf von zwei U-Booten an.... wie es jetzt heißt, sollen auch Verbindungen nach Washington bestehen. Von dort meldet sich jetzt ... «.
Es wäre in diesem Falle falsch, wenn der Moderator möglichst viele Einzelheiten aus Washington bringen würde, die er im Zweifel aus einer Agenturmeldung kennt. Er muß den Zusammenhang herstellen und über die Hintergründe in Deutschland informieren, nicht aber den Beitrag aus Washington vorwegnehmen.
Überhaupt: Die Moderation muß zum Beitrag hinführen und dem Hörer das Verstehen und Einordnen erleichtern. Sie darf aber nicht das bringen, was dann im Beitrag nochmals erscheint. Bei aufgezeichneten

Beiträgen sollte der Moderator den Beitrag kennen und bei Live-Beiträgen eine klare Absprache über den Inhalt treffen. Es gibt Mitarbeiter »vor Ort«, die je nach Anmoderation den Anfang ihres Berichts modifizieren. Viele können aber nicht so rasch reagieren und verlesen ihr Skript ohne Rücksicht auf die Anmoderation.

Einzelne Regeln für die journalistische Moderation:
- Der Moderator hat sich meist mit sehr unterschiedlichen Themen zu befassen. Deshalb *nicht bei allen Themen den Fachmann spielen*. Stellvertretend für den Hörer fragen. Wenn keine Zeit für die Vorbereitung eines Themas vorhanden ist, sich auf eine sehr allgemeine Anmoderation beschränken, statt Falsches von sich zu geben. Fehlende Informationen dürfen vor allem nicht durch Meinungsäußerungen ersetzt werden.
- *Den Hörer immer ernst nehmen*. Niemals ironisch sein auf Kosten des Hörers.
  »Guten Tag, meine Damen und Herren« ist noch keine Kommunikation mit dem Hörer. Zum Hörer sprechen, nicht mit dem Rücken zum Hörer moderieren, das heißt im Studio oder Telefongespräch den Hörer nicht ausgrenzen.
- *Vor der Moderation ein »Briefing« von der Redaktion verlangen*. Die Überlassung von ein paar Agenturmeldungen und Zeitungsausschnitten genügt nicht. Der Moderator muß auch das Umfeld und die Hintergründe der von der Redaktion disponierten Beiträge kennen.
- Eine *gute Vorbereitung* der vorher bekannten Themen gibt die nötige Ruhe, Zeit und Gelassenheit für die Improvisation im Falle kurzfristig ins Programm kommender Themen.
- *Alle Fragen werden stellvertretend für den Normalhörer gestellt*, nicht für Fachleute und schon gar nicht für Kollegen.
- *Doppelmoderation*: Sie *kann gut sein*, muß aber einen Sinn haben. Der bloße Sprecherwechsel genügt nicht. Jede zusätzliche Stimme im Programm, die keine Funktion hat, trägt nur zur Verwirrung der Hörer bei.

Beispiele:
- Die oben bereits erwähnte Co-Moderation. Ein Flächenmoderator präsentiert eine mehrstündige Programmfläche, zu einem Spezial-

komplex, etwa einem einstündigen Gesundheitsmagazin, tritt aber ein kompetenter Co-Moderator hinzu. Der Flächenmoderator schafft sinnvolle Überleitungen, schaltet sich aber in die Fachsendung im Zweifel nicht ein.
- Wahlsendungen, wenn am selben Tage zwei Wahlen stattfinden. Es ist dann sinnvoll eine Funktionsteilung vorzunehmen, weil der Hörer dann ein Ereignis über eine Stimme identifizieren kann.
- In einem großen Magazin wird über eine Wahl berichtet, es gibt darüber hinaus viele aktuelle Ereignisse, die ebenfalls berücksichtigt werden müssen. Hier empfiehlt sich eine Aufteilung der Moderation in »Wahl« und »andere Themen«.

Die Doppelmoderation muß – wie gesagt – funktional begründet sein. Sie ist keine Form für sich. Bei zwei Moderatoren sollte man überdies auf Unterscheidbarkeit achten. Zwei ähnlich klingende Stimmen sind ungeeignet. Mann/Frau kann sinnvoll sein. Zwei Frauen oder zwei Männer können auch zusammen moderieren, wenn ihre Stimmen unterscheidbar sind. Bei Doppelmoderationen muß ganz streng darauf geachtet werden, daß die Hörer nicht ausgegrenzt werden. Die Gefahr ist groß, daß zwei Moderatoren, vor allem, wenn sie sich sehr gut verstehen, aufeinander zu moderieren und dabei die Hörer vergessen. Dialoge zwischen den beiden Moderatoren können sehr gefährlich sein. Die Betroffenen und das ganze Sendeteam finden dies im Zweifel hervorragend, aber auf die Einbeziehung des einzelnen Hörers kommt es an. Deshalb: Doppelmoderation heißt nicht, sich gegenseitig zu moderieren, sondern parallel zum Hörer hin.
- *Den Hörer*, und zwar jeden einzelnen *ansprechen*, sich aber nicht anbiedern. Das kann ein fiktiver Dialog mit einzelnen Hörern sein, darf aber nicht zur »Ansprache« an die gesamte Hörerschaft werden. Diese sitzt nicht in einem großen Saal und hört zu, sondern jeder hört einzeln und meist nebenbei.
- *Moderatoren sollten* durchaus – wenn die Personalstärke dies erlaubt – *typengemäß eingesetzt werden*. Es gibt »Frühtypen« und »Spättypen«. Wer selbst Probleme mit dem Aufstehen hat, sollte möglichst keine Frühsendung moderieren. Stets auf die eigene Müdigkeit Bezug zu nehmen, ist unprofessionell und überhaupt nicht witzig. Der Hörer zahlt für eine Dienstleistung. Er hat folglich Anspruch darauf. Ein Profi, der um sechs Uhr früh eine Sendung hat, muß zumindest

wach wirken, das heißt nicht aufgesetzte Fröhlichkeit, sondern normale, professionelle Präsenz. Das Motto: »Die Hörer sind auch müde und haben Verständnis für mich« mag privat gelten, nicht aber für Profis. Von Busfahrern, Lokomotivführern und Piloten verlangt man auch, daß sie bei Dienstbeginn wach sind.
- *Persönliche Befindlichkeiten gehören nicht auf den Sender.* Ein Frühmoderator, der sich um 8 Uhr 30 verabschiedet und beschreibt, daß er jetzt, nach vier Stunden Dienstschluß hat und in die Kantine geht, verärgert viele Menschen, die jeden Tag 8 bis 9 Stunden schuften, eine Stunde zur Arbeit fahren und überdies noch sehr viel weniger Geld verdienen.
- *Keine Selbstdarstellung am Mikrofon.* Moderatoren erreichen auch einen gewissen Bekanntheitsgrad, wenn sie sich normal verhalten – im Gegenteil: Bescheidenheit gilt zumindest außerhalb von Funkhäusern als Tugend.
- *»Name-Dropping« wirkt peinlich.* Es soll die Bitte an Kollegen und Gesprächspartner geben, so oft wie möglich den Namen des Moderators zu nennen. Lieber darum bitten, darauf zu verzichten. Die Aufträge von Werbeagenturen, Spots zu sprechen, oder von Organisationen, Diskussionen zu leiten, kommen ohnehin oder sie kommen nicht. Name-Dropping hilft hier überhaupt nicht.
- *Der Moderator darf sich an allen Themen,* die in der Sendung auftauchen, *aktiv beteiligen,* aber nur, indem er stellvertretend für die Hörer Fragen stellt. Diskussionen mit Gesprächspartnern sind nicht Bestandteil der Moderation. Der Moderator ist nicht Partei, sondern allenfalls Anwalt – aber Anwalt der Hörer, nicht einer Gruppe, für die man sich engagieren möchte.
- *Der Moderator ist* – wie schon gesagt – *kein Kommentator.* Journalistische Meinung findet im Kommentar ihren Platz. Dort ist sie von den Rundfunkgesetzen vorgesehen, nirgendwo sonst. Immer wieder lassen sich Magazin-Moderatoren (gemeint sind aktuelle Informationsmagazine, nicht Meinungssendungen, wie die TV-Magazine Report, Monitor usw.) dazu hinreißen, zu jedem Thema, und sei es nur in einem kurzen Schlenker am Schluß, ihre völlig unmaßgebliche Meinung zu sagen. Dies ist die Anmaßung von Omnipotenz. Ein Journalist kann wohl kaum zu jedem Thema etwas Profundes sagen. Durch das Nachkommentieren von Beiträgen durch Magazin-

Moderatoren wird Funkhäusern oft erheblicher Image-Schaden zugefügt.
- Was für das Interview gesagt wurde, gilt auch für Moderatorengespräche: *Keine Suggestivfragen, aber hartes Nachfragen.* Keine Zensuren für Antworten verteilen.
- *Nicht das Mikrofon für kommentierende Einschübe mißbrauchen.* Beispiel: Ein Gesprächspartner bestätigt im Interview das Vorurteil des Moderators nicht in der gewünschten Weise. Der Moderator stellt die nächste Frage zu einem anderen Thema, sagt aber sehr rasch, ohne Pause, noch wie er das vorige Thema beurteilt, obwohl der Gesprächspartner dies nicht gesagt hat. Viele Gesprächspartner bekommen eine solche Unterstellung in dem geschilderten Tempo nicht mit. Die Feststellung des Moderators bleibt scheinbar unwidersprochen im Raum stehen. Zunehmend stellen sich aber beispielsweise Politiker – von Profis beraten – auf solche Unsitten ein und kommen auf das alte Thema zurück, um zu widersprechen. Dies sind dann keine Moderatoren-Sternstunden.
- Eine ebenso *schlimme Sitte ist das Kommentieren der letzten Antwort eines Telefon-Interviewpartners,* wenn der Gesprächspartner bereits abgeschaltet ist und sich nicht mehr zur Wehr setzen, das heißt widersprechen kann.
- *Ein Moderator sollte die soziale Situation seiner Hörer nicht völlig falsch einschätzen.* Die ständig wiederholte Floskel »wenn Sie gleich ins Büro fahren« dokumentiert, in welcher Welt viele Radioleute leben. Die meisten Menschen arbeiten nun einmal nicht in Büros, sondern in Fabriken und auf Baustellen. Wenn ein Moderator um 8 Uhr 30 sagt:»Wenn Sie jetzt zur Arbeit starten, vergessen Sie nicht vorher zu tanken«, dann verärgert er viele Hörer. Die meisten Menschen müssen viel früher starten und fahren überdies mit öffentlichen Verkehrsmitteln. Dort können sie zwar diesen Moderator und seinen Unsinn nicht hören, die Angehörigen werden dennoch ohne Not, aber zu Recht gegen den Rundfunk negativ eingestimmt werden.
- *Zeit- und Stationsansagen sind in Moderationen wichtig.* Vor allem zu Zeiten konkurrierender Radioprogramme kommt es darauf an, dem Hörer gelegentlich zu sagen, welchen Sender er eingeschaltet hat. Zeitansagen sollten stets wiederholt werden, und zwar mit anderer Formulierung, um möglichst viele Hörer anzusprechen.

Also: »Es ist acht Uhr zwanzig, zwanzig nach acht.« Oder: »sechs Uhr fünfundvierzig, dreiviertel sieben.« Hier sollte man die unterschiedlichen Bezeichnungen in den verschiedenen deutschen Landschaften beachten. Manche Leute können mit »sieben Uhr fünfzehn« oder »Viertel nach sieben« nichts anfangen, weil es für sie »viertel acht« ist. Daher: Vorher erkundigen, wenn man bei einer Rundfunkanstalt beginnt.
Absoluter Unsinn ist: »Im Morgenmagazin auf hr 1 ist es jetzt sieben Uhr zwanzig«. Diese Zeit gilt wohl für die gesamte Zeitzone.

- *Reporterberichte* sollte man nach Möglichkeit *nicht mit einer Frage anmoderieren*. Beim Gespräch Moderator/Reporter ist das anders. Eine Frage - es sei denn, man spricht dies vorher ab – verwirrt den Reporter, weil er darauf nicht vorbereitet war. Es geht kostbare Sendezeit verloren, weil der Reporter im Zweifel zwar zur Frage etwas sagt, aber doch letztlich herumredet, um dann auf seinen vorbereiteten Anfang zu kommen.
- Entscheidend ist nicht der Wortlaut dessen, was man als Moderator sagt (dies gilt auch für andere journalistische Arbeitsformen), sondern das, was beim Hörer ankommt, wie er etwas verstanden hat oder vielleicht sogar verstehen mußte. Deshalb sollte man nie versuchen, in einem Halbsatz eine kritische Äußerung zu relativieren und sich im Falle von Beschwerden auf diesen relativierenden Halbsatz berufen, den im Zweifel angesichts des flüchtigen Mediums Radio niemand mitbekommen hat. *Das Radio ist kein Medium für filigrane, spitzfindige Formulierungen*, sondern für »Geradeaus-Texte«. Es ist journalistisch unredlich, diese Schwäche des Mediums für eigene politische Absichten zu mißbrauchen.
- *In der Moderation keine Hektik kultivieren*. Aktuelle Magazine stehen meist unter Zeitdruck. Das sollte sich nicht auf Hörer und Gesprächspartner übertragen. Profis arbeiten auch unter Zeitdruck ruhig und gelassen. Moderatoren, die ihr Handwerk beherrschen, vermitteln Unruhe nicht über den Sender und werden auch dann nicht hektisch, wenn etwas Ungewöhnliches passiert (neue Themen, geplatzte Leitungen, langatmige Gesprächspartner usw.). Der Moderator ist da, um überlegen mit solchen Problemen fertig zu werden. Zum Verlesen von vorformulierten Ansagetexten braucht man keinen Moderator. Wenig Souveränität dokumentiert auch der Hinweis auf das nahe Ende der Sendezeit. Solche Floskeln sind über-

flüsssig. Zum einen geht jede Sendung zu Ende, und zwar in der Regel pünktlich. Zum anderen signalisieren Formulierungen, wie: »Wir müssen jetzt zum Schluß kommen, unsere Sendezeit geht leider zu Ende. Bitte ganz kurz ...«, daß der Moderator mit der Zeitdisposition nicht zurechtgekommen ist. Die Kalkulation der Zeit gehört aber zum kleinen Einmaleins des Radiojournalismus.

- Daß die Hörer nicht ausgegrenzt werden dürfen, wurde bereits mehrfach gesagt. Aber auch *Kollegen und deren Sendungen dürfen nicht ausgegrenzt werden*. Immer wieder kommen Formulierungen von Moderatoren vor, wie zum Beispiel: »Wir müssen jetzt leider unterbrechen für die Nachrichten. Danach melden wir uns wieder mit Informationen«. Oder: »Jetzt in drei Minuten die Nachrichten. Ich habe dann Zeit zum Zeitunglesen und für eine Tasse Kaffee. Bis nachher.« Oder: »Wir müssen jetzt unterbrechen und Werbung senden. Nach den Nachrichten geht es dann weiter mit dem Programm.«. All diese Formulierungen sind nicht erfunden. Sie sind vorgekommen und kommen leider immer wieder vor. Eine Mischung aus Egozentrik und Dummheit, der offenbar nur schwer beizukommen ist. Die Ausgrenzung der Werbung gilt bei manchen Journalisten als chic. Sie haben aber keine Probleme damit, auch die zwanzig oder fünfundzwanzig Prozent ihres Gehalts oder Honorars einzufordern, die aus den Werbeeinnahmen finanziert werden.
- *Wenn ein angekündigtes Thema in einer Sendung nicht realisiert werden kann, so muß dies in der Moderation erklärt werden*. Man darf es nicht einfach vergessen, denn viele Hörer vergessen es auch nicht, und sie haben Anspruch auf die Information, warum ein Beitrag nicht läuft.
- *Beiträge in einem Magazin sollten nach Möglichkeit in der Reihenfolge laufen, in der sie angekündigt worden sind*. Viele Hörer interessieren sich für ein spezielles Thema und benötigen eine Orientierungshilfe, wann es ungefähr läuft. Natürlich gibt es in Live-Sendungen immer Umdispositionen, aber auch das kann man dem Hörer mitteilen.
- *Was immer geschieht, an Pannen, Veränderungen, Fehlern usw., man muß dies dem Hörer erklären*. Dafür hat er viel Verständnis und fühlt sich ernst genommen. Kein Verständnis hat er für die Haltung »es wird ja schon keiner merken«.
- *Bestimmt, aber höflich sollte der Umgangston eines Moderators mit seinen Gesprächspartnern sein*. Hier gilt das, was im Zusammenhang mit den Interviewregeln ausgeführt wurde: Vertrauen zu gewinnen ist bes-

ser als Aggressivität, weil letztere Informationen verschüttet. Moderatoren geraten als Interviewer ohnehin leicht in Mißkredit, weil sie im Gegensatz zu Journalisten, die ein einzelnes Interview führen, in einer Sendung oft mehrere Interviews zu verschiedenen Themen zu führen haben. Das macht angreifbarer, weil man Moderatoren zu Recht als Generalisten ansieht, von denen Spezialisten ohnehin nicht viel halten, obwohl es bei Radiointerviews bekanntlich nicht auf Spezialisten ankommt. Wichtig ist, daß sich ein Moderator von vornherein nicht als Fan des Befragten zu erkennen gibt. Das würde das ganze Interview und den Moderator unglaubwürdig machen. Ebensowenig darf man sich als Gegner des Gesprächspartners darstellen, weil dies den Interviewpartner und damit Informationen blockiert. (Vergleiche oben im Abschnitt »Interview-Regeln«).

Moderationstexte werden von den meisten Moderatoren vorformuliert und aufgeschrieben, zumindest am Anfang. Viele schreiben auch nach langjähriger Erfahrung ihre Texte noch auf. Wichtig ist, daß man so viel Routine hat, daß es in unerwartet eintretenden Situationen gelingt, frei formulierend zu moderieren. Auch sollten die Texte so geschrieben und vorgetragen werden, daß die Moderation nicht abgelesen wirkt. (vergleiche oben »Fürs Mikrofon schreiben«.) Am besten klingt es aber, wenn Moderatoren frei formulieren, das heißt anhand von Stichworten sprechen. Dies erfordert lange journalistische Erfahrung, sehr detaillierte Kenntnisse des aktuellen Zeitgeschehens und regelmäßige Übung. Frei zu sprechen erfordert das Überwinden der Hemmschwelle, daß kleine Fehler einer Sendung nicht schaden, sondern sie »vermenschlichen« und damit verbessern, weil dies vom Hörer honoriert wird.

Für die freie Moderation sind Stichworte nötig. Das Verfahren ist ähnlich wie bei der Reportage (vergleiche oben den Abschnitt »Reportage«). Man notiert keine fertigen Formulierungen, sondern Einstieg und Schlußbemerkungen, das heißt in der Moderation im Zweifel ein Stichwort für den anzumoderierenden Beitrag und den Namen des Autors. Für den Mittelteil notiert man lediglich Zahlen, Daten und Fakten, die für das Verständnis des Beitrags wichtig sind. Außerdem noch ein paar Verben, um so die Sprache farbiger und gefälliger zu machen. Wichtig ist, die Stichworte so zu notieren, daß man einen guten Überblick über die Notizen hat. Pausen sind bei der Moderation wichtig, und zwar einmal, um dem Hörer die Möglichkeit zum Nachdenken zu geben und zum anderen, weil dann ein Text wirklich frei gesprochen wirkt. Es empfiehlt sich übrigens nicht, einzelne Texte, zum Beispiel für Anfang und Schluß einer Moderation ausformuliert zu notieren. Die Gefahr, daß man diese Passagen doch »liest« und den Rest frei spricht, ist groß. Der Unterschied zwischen diesen beiden Teilen der Moderation wäre deutlich zu hören.

- Für die Moderation gilt ebenso wie das Auftreten von Journalisten am Mikrofon in anderen Bereichen, daß sie *nicht versuchen, wie Berufssprecher zu klingen*. Dabei geht die Individualität verloren. Sie ist aber gerade der Grund, weshalb viele Radiojournalisten als Moderatoren eingesetzt werden. Als Sprecher würden sie vermutlich kaum ankommen. Es würde zu weit führen, hier ausführlich sprechtechnische Hinweise für Moderatoren zu geben. Erwähnt seien nur einige Problempunkte:
- *Betonungszeichen setzen*. Bei vorformulierten Moderationstexten die Worte unterstreichen, die betont werden müssen. Insbesondere Anfänger neigen dazu, immer das letzte Wort im Satz zu betonen, was meistens falsch ist.
- *Keine Angst vorm Atmen*. Insbesondere Anfänger neigen dazu, am Mikrofon auf das Atmen ganz zu verzichten. Man spricht verkrampft, wird immer schneller, weil man »es hinter sich bringen will« und betont dann auch noch das letzte Wort im Satz. Normales Atmen entspannt, bringt einen normalen, das heißt richtigen Sprechrhythmus, und es entstehen fast automatisch Pausen an der richtigen Stelle.
- *Nicht zu schnell sprechen*. Dabei kommt es darauf an, das normale Artikulationstempo beizubehalten, die Geschwindigkeit aber durch Pausen zu reduzieren und so dem Hörer das Verständnis zu erleichtern.
- *Mit dem Versprecher leben*. Die Qualität eines Sprechers oder eines Moderators wird nicht danach beurteilt, ob er sich jemals oder niemals verspricht. Jeder, der am Mikrofon arbeitet, verspricht sich gelegentlich. Entscheidend ist, wie man mit einem Versprecher umgeht. Auf jeden Fall muß man ihn korrigieren, es sei denn, es handelt sich um eine wirkliche Kleinigkeit ohne Einfluß auf den Sinn des Textes. Normalerweise wird ein Versprecher also korrigiert. Das kann in harmlosen Fällen durch bloßes Wiederholen des Wortes geschehen. Handelt es sich um Sätze, dann ist es besser, sich zu ent-

schuldigen und dann neu zu beginnen. Dies muß sich in Ruhe und Gelassenheit abspielen, das heißt auch beim Versprecher ist Souveränität gefragt. Ungeschickt sind Floskeln, wie »ach das ist aber ein schwieriges Wort« oder ähnliches. Im Übrigen kommen Versprecher meist nicht bei besonders schwierigen Wörtern vor. Darauf konzentriert man sich, und die Klippe ist leicht zu schaffen. Versprecher kommen vielmehr unmittelbar nach einer besonders schwierigen Passage vor, wenn die Konzentration nachläßt.

- *Bezüglich der Aussprache von Namen ist Kontakt zum Sprecherteam des Funkhauses wichtig.* Dort werden Aussprache-Dateien geführt, heute zum Teil schon computergestützt. Die Sprecher informieren sich, sobald ein neuer Name erstmals auftaucht zum Beispiel bei ausländischen Botschaften. Es wird dann die richtige Aussprache für alle zugänglich dokumentiert.

Dabei kann »richtig« auch »zweckmäßig« bedeuten. Es kommt nämlich darauf an, daß ein Name nicht unbedingt genau entsprechend den Regeln gesprochen wird, sondern so, daß der Radiohörer den Namen am nächsten Tag in der Zeitung wieder erkennt. Eine Ausnahme machen dabei die europäischen Sprachen, Englisch, Französisch und Spanisch. Man kann inzwischen davon ausgehen, daß Namen in diesen Sprachen auch, wenn sie korrekt ausgesprochen werden, in Druckmedien wiedererkannt werden.

Kapitel 6:
Allgemeine Handwerksregeln für Radiojournalisten

6.1 Fürs Mikrofon schreiben

Die meisten Radiopraktiker gehen von der These aus, daß sich die Sprache des Radios von der der Zeitung unterscheiden müsse. Wichtigster Grund: Radiosprache muß höhere Anforderungen an die Verständlichkeit stellen, weil es Eigenheiten des Mediums gibt, die das Verstehen erschweren. Darauf wird im einzelnen noch einzugehen sein.

Es gibt aber Wissenschaftler und auch Praktiker, wie zum Beispiel den früheren Leiter der Gruner & Jahr – Journalisten-Schule in Hamburg, Wolf Schneider, die sagen, zwischen Radio und Zeitungssprache müsse kein Unterschied bestehen. Wolf Schneider argumentiert zum Beispiel: »Geschriebenes ist eigentlich Gesprochenes, das irgendwann einmal festgehalten wurde. Auch zum Lesen geschriebene Worte sollten sich gut sprechen. Man sollte deshalb immer fürs Sprechen schreiben.«

Ein wichtiges Argument der Radiomacher für die Notwendigkeit einer Radiosprache lautet: Man kann einen nicht verstandenen Text nicht »zurückhören«, deshalb muß er besonders verständlich formuliert sein. Dem hält Wolf Schneider entgegen, dem nicht zurückhören können entspricht das nicht zurücklesen wollen, mit anderen Worten: Man sollte auch Lesetexte so formulieren, daß sie beim erstenmal verstanden werden. Der Schlußfolgerung Schneiders ist sicherlich zuzustimmen, man kann auch gewiß unterschiedlicher Ansicht über die Unterschiede von Sprechtext und Schreib- bzw. Lesetext sein. Sicher ist aber, daß es Gründe für eine besonders verständliche Radiosprache gibt:

- Lesen ist in der Regel Hauptbeschäftigung. Radiohören findet – wie zahlreiche Untersuchungen belegen – in der Regel neben anderen Tätigkeiten statt. Dies bedeutet, daß viele Hörer des Radios dem laufenden Programm nicht die volle, sondern nur geteilte Aufmerksamkeit schenken.

- Ein Leser kann sich den Zeitpunkt aussuchen, zu dem er beispielsweise Informationen in der Zeitung lesen will, er kann sich informieren, wenn ihm danach ist. Nachrichten im Radio laufen aber zu vorgegebenen Zeiten, man muß sie zu einem Zeitpunkt akzeptieren, der möglicherweise für einen persönlich gar nicht der optimale ist.

- Ein Leser kann im Text »springen«, man kann einzelne Abschnitte eines Textes in beliebiger Reihenfolge lesen und auch wiederholen. Beim Radiohören ist dies naturgemäß nicht möglich.

- Beim Lesetext helfen Absätze, Satzzeichen, Hervorhebungen, Unterstreichungen usw. zum besseren Verstehen.

- Der Leser hat einen ständigen Überblick über den Text. Er weiß zum Beispiel, wann dieser zu Ende ist, wieviel noch kommt. Beim Hören ist dies völlig anders.

- Ein Leser kann einen Text so oft lesen, wie er will. Unverstanden gebliebenes kann beliebig oft wiederholt werden. Ein Radiotext muß beim erstenmal verstanden werden, sonst wird er nie verstanden, da eine Wiederholung naturgemäß nicht möglich ist. Ein nicht verstandener Satz oder auch nur Teil eines Satzes kann sogar bewirken, daß der gesamte Rest eines Textes nicht verstanden wird.

- Wichtig ist, daß der Leser das Tempo des Textkonsums selbst bestimmen kann. Beim Radiohören gibt der Sprecher das Tempo vor – und dies ist sehr oft zu hoch. Es ist ein offenbar nicht lösbares Problem, daß im Radio zu schnell gesprochen wird. Nachrichtensprecher erhalten etwa vierzehn Zeilen Text für eine Sendeminute. Dies muß die absolute Obergrenze sein. Redakteure oder Reporter, die Sendeminuten mit Text überladen, leben zwar in dem Bewußtsein, viele Informationen in den Äther geschickt zu haben. Sie können aber sicher sein, daß viele davon wegen eines zu hohen Sprechtempos den Adressaten nicht erreichen.

Es geht bei der Radiosprache darum, daß der Inhalt eines Textes – sei er nun vorgeschrieben oder frei formuliert – beim Empfänger ankommt. Dies bedeutet oftmals den Verzicht auf die Schönheit der Sprache und gar nicht so selten auch den Verzicht auf Korrektheit. Nähe zur Umgangssprache ist gefragt, keine literarische Sprache, d.h. es geht um »Spreche« und nicht um »Schreibe«. Aber auch »Spreche« kann man schreiben. Die gesamte Theaterliteratur beweist dies. Natürlich gibt es auch literarische Texte, die über das Radio vermittelt werden, und diese sind wahrlich alles andere als Umgangssprache. Dies ist Sache von Kultursendungen, in denen ein aufmerksamer, besonders interessierter Hörer erwartet werden darf. Wenn hier, im Zusammenhang dieses Buches, von Radiosprache die Rede ist, dann ist die Sprache der Informationsvermittlung gemeint. Für die Vermittlung von Kulturinformationen muß auch die Sprache der Information, nicht die der Literatur gewählt werden.

Es geht bei der Radiosprache um Verständlichkeit, aber natürlich auch um das Behalten. Allein deshalb müssen Texte zum Hören anders, vor allem knapper formuliert sein als Texte zum Lesen. Das Kurzzeitgedächtnis des Menschen beträgt zwei bis drei Sekunden. In dieser Zeit kann man normalerweise etwa neun Silben lesen. Deshalb (Instinkt der Dichter?) brauchen die Verszeilen der großen Kultursprachen zur Wahrnehmung etwa diese Zeit. Ähnliches gilt (Instinkt der Komponisten?) für viele musikalische Motive.

Dies bedeutet, daß leicht verständliche Texte logischerweise aus Hauptsätzen bestehen. Wenn man das Subjekt wechselt, werden diese auch nicht langweilig. Gefährlich in unserem Zusammenhang sind komplizierte Nebensatzkonstruktionen (Verschachtelungen).

Die erste Regel:
Hauptsätze mit maximal einem Nebensatz.

Die zweite Regel:
Verb nach vorn.
Man sollte seinem Zuhörer das Verb nicht länger vorenthalten als unbedingt nötig ist. Solange man das Verb nicht mitteilt, weiß der Hörer nicht, was passiert ist:

Beispiel:
»Am Mainzer Hauptbahnhof, einem der wichtigsten im Rhein-Main-Gebiet, der bereits seit langer Zeit dem wachsenden Verkehrsaufkommen nicht mehr genügte und der im Jahre 1980 großzügig umgestaltet worden war ... «.

Bei diesem Beispiel wird der Hörer lange Zeit darüber im Unklaren gelassen, ob sich am Mainzer Hauptbahnhof ein schweres Unglück ereignet hat oder ob dort eine neue Grünanlage entstehen soll. Man darf die Satzklammer nicht überdehnen.

Es ist gewiß kein Zufall, daß ein Ausländer, der Deutsch lernt, sagt »Ich habe gemacht einen Fehler«. Er zieht also instinktiv das Verb nach vorn.

Unser Beispiel sollte demzufolge lauten:

»Der Mainzer Hauptbahnhof, einer der größten im Rhein-Main-Gebiet, soll im kommenden Jahr erweitert werden. Bereits vor Jahren wurde er ...«

Die dritte Regel:
Der Nominalstil eignet sich schlecht als Sprechstil. Das Verb sollte den Satz bestimmen.

Nominalstil klingt steif, hölzern und erinnert an Behördendeutsch. Substantive, die auf »-ung« enden, enthalten ein Verb. In einem Sprechtext sollte man es zurückholen. Also nicht: »Der Bundeskanzler hat eine Erklärung abgegeben ... «, sondern: »Der Bundeskanzler hat erklärt ... «.

Die vierte Regel:
Nur so viele Zahlen wie unbedingt nötig und diese so einfach wie möglich.

Zahlen geben im Radio immer wieder Anlaß zu Mißverständnissen. Wenn es im Text heißt: »32,9 Prozent«, dann besteht die Gefahr, daß beim flüchtigen Hören und eventuell noch gestört durch Nebengeräusche (z.b. im Auto) »neun« Prozent vom Hörer verstanden wird. Eine ungeschickte Betonung durch den Sprecher tut noch ein übriges.

Statt dessen ist die Formulierung »etwa ein Drittel« klar zu verstehen, ist unmißverständlich – und die Größenordnung läßt sich überdies noch leicht merken. Also: Nicht »9,8 Prozent«, sondern »knapp 10 Prozent« oder statt »99,8 Prozent« besser »knapp 100 Prozent«. Natürlich gibt es Zahlen, bei denen es auf die Stellen hinter dem Komma ankommt. Hier sind präzise Angaben erforderlich. Etwa beim Dollarkurs oder beim Alkoholgehalt im Blut, auch bei Wahlergebnissen muß natürlich genau berichtet werden. Es würde gewiß keinen Sinn ergeben, zu formulieren »auf die Koalition entfielen etwa 50 Prozent der abgegebenen Stimmen«.

Die fünfte Regel:
Man sollte das Gedächtnis des Zuhörers nicht überstrapazieren.

Wer durch ungeschickte Formulierungen veranlaßt wird, sich zuviel gleichzeitig merken zu müssen, blockiert sich für die Aufnahme weiterer Information.

»Das Europa-Pokalspiel zwischen Eintracht Frankfurt und dem Hamburger SV, bei dem es um die Teilnahme am Viertelfinale ging, und das wegen schlechten Wetters vom vorigen Samstag auf heute verschoben werden mußte, endete in Berlin drei zu null.«

Besser: »Mit drei zu null besiegte der Hamburger Sportverein im Europa-Pokalspiel ... «.

Oder: »Unter der Telefonnummer: 0 69-8 35 66 77 erhalten Sie weitere Auskunft.«

Diese unvermittelt durchgesagte Rufnummer wird sich kaum jemand merken können. In derartigen Fällen bereitet man den Hörer am besten darauf vor, daß er sich in Kürze etwas Wichtiges merken soll, zum Beispiel:

»Weitere Informationen erhalten Sie telefonisch in Frankfurt. Frankfurt hat die Vorwahl 0 69. Die Rufnummer lautet ... «.

Die sechste Regel:
Sätze nicht überladen.

»Mit heftiger Kritik an der Vorbereitung der deutschen Währungsunion und der damit zwangsläufig verbundenen wachsenden Arbeitslosigkeit in den neuen Bundesländern, hat der Vorsitzende der AB-Gewerkschaft, Franz Meier, der zugleich Mitglied der SPD-Bundestagsfraktion ist, in München einen Deutschland-politischen Kongreß seiner Organisation eröffnet.«

Gleich zwei Fehler: Einmal kommt das Verb am Schluß des Satzes, der Hörer weiß lange Zeit nicht, was geschehen ist. In dieser Zeit wird er aber mit einer Vielzahl von Einzel-Informationen maßlos überfordert. Man bringt in einem Satz am besten jeweils nur eine Information.

Die siebente Regel:
Wichtige Begriffe werden zweckmäßigerweise wiederholt, so häufig wie möglich.

Das Radio muß, da der Hörer, wie gesagt, nicht »zurückhören« kann, Hilfen zum Verständnis geben, damit eine Chance besteht, Nichtverstandenes doch noch mitzubekommen. Dies gilt insbesondere für Namen und Zahlen. Selbst wenn es einem Journalisten langweilig erscheint, der Hörer ist dankbar.

Beispiel:
»Auf der Autobahn A6 zwischen Mannheim und Kaiserslautern, in Höhe von Grünstadt, hat ein LKW Fässer mit hochgiftigem Inhalt verloren. Da einige der Fässer aufgeplatzt sind, herrscht in diesem Bereich

Vergiftungsgefahr. Eine Wolke aus giftigen Dämpfen liegt über der Unfallstelle. Der Verkehr wurde inzwischen umgeleitet.«

In dieser Meldung müßte zumindest am Schluß noch einmal der Ort des Geschehens wiederholt werden, da mit ziemlicher Sicherheit viele Hörer erst bei dem Stichwort »Vergiftungsgefahr« zugehört haben. Der Fehler kann hier gleich zwei Folgen haben. Zum einen werden die tatsächlichen Betroffenen nicht hinlänglich gewarnt. Zum andern werden die nicht Betroffenen ohne Not beunruhigt.

Die achte Regel:
Redundanz statt Varianz.

In der Schule wurde und wird gelehrt, daß man sich variantenreich ausdrücken und möglichst viele Synonyme gebrauchen solle. Aus Gründen der Ästhetik ist dies eine berechtigte Forderung, aber bitte nur für Lesetexte und nicht für Radiotexte. Radiosprache verlangt wegen der Verständlichkeit Redundanz statt Varianz.

Beispiel:
»Der Bundesrat hat heute in Bonn über die Zuteilungsquote für Asylsuchende beraten. Dabei kam es zu einer harten Auseinandersetzung zwischen Vertretern von SPD-Landesregierungen und CDU-Kabinetten. Die Länderkammer konnte sich nicht auf einen Kompromiß einigen.«

Hier wird gleich zweimal etwas unterstellt, nämlich daß jeder Hörer weiß, daß Bundesrat und Länderkammer identisch sind (was im übrigen juristisch genau genommen gar nicht stimmt), und daß ihm bewußt ist, daß die Vokabeln Regierung und Kabinett die gleiche Bedeutung haben. Man sollte hier konsequent von »Bundesrat« usw. sprechen und keine Synonyme verwenden. Allerdings kann man etwas erklären, in dem man ein Synonym gebraucht: »Der Bundesrat, die Kammer der Länder, hat heute ... «.

Überhaupt sollte man mit dem Gebrauch von Synonymen sparsam sein. Oft sind sie falsch oder zumindest ungenau. Nicht selten führen sie in die Irre oder wirken ungewollt komisch. Viele Synonyme bedeuten auch eine Wertung:

Beispiele:
- »Wien« – »Donaumetropole«
(Es gibt auch andere Donaumetropolen außer Wien)

- »Gesicht« – »Visage« – »Antlitz«
(Diese Begriffe sind nicht synonym)

- »Hund« – »Vierbeiner«
(Auch Pferde usw. haben vier Beine)

- »Österreichisches Bundeskanzleramt« – »Ballhausplatz«
(Wer weiß schon, daß das österreichische Kanzleramt am Ballhausplatz in Wien liegt?)

- »Bundesverteidigungsministerium« – »Hardthöhe«
(Hier versucht ein Journalist Sachkenntnis zu demonstrieren und verwirrt unter Umständen seine Hörer. Er schafft durch den Gebrauch eines Insiderjargons auch Distanz zum Zuhörer.)

- »Boris Becker« – »Der Leimener«
(Sportjournalisten, vor allem bei Zeitungen, aber leider auch im Radio, neigen zu solchen Synonymen.)

Die neunte Regel:
Keine Angst vor dem Anhängen von Informationen.

Ein Sachverhalt wird deutlicher, die Vielzahl der Information wird übersichtlicher.

Beispiel:
»Die Startbahn 18 West des Frankfurter Flughafens wurde erbaut nach langen politischen Auseinandersetzungen, heftigen Demonstrationen und einer Reihe von technischen Problemen in den Jahren 1981 bis 1984.«

Die zehnte Regel:
Abkürzungen sollten, wo immer möglich, aufgelöst beziehungsweise erklärt werden.

Natürlich bedürfen Abkürzungen wie CDU, SPD, DGB, USA keiner Erklärung oder Übersetzung. Man darf aber nicht unterstellen, daß jeder Hörer weiß, was »START-Verhandlungen« oder was »KSZE« bedeutet. OAS sollte man schon als »Organisation Amerikanischer Staaten« erklären. Daß »ANC« für »Afrikanischer National Kongreß« steht, darf man ebenfalls beim Hörer nicht als bekannt voraussetzen.

Auch Begriffe wie »Westbank« sind nicht für jeden verständlich. Hier wird von Agenturen und auch von Radioredaktionen gedankenlos ein nicht übersetzter englischer Begriff übernommen. Man sollte ganz einfach vom »Westufer des Jordan« oder von »Westjordanien« sprechen.

Die elfte Regel:
Vorsicht vor zweigeteilten Prädikaten.

»Der deutsche Bundestag hat das Gesetz über die Einführung des geregelten Katalysators, das in den europäischen Nachbarländern auf Kritik gestoßen war, nach langer kontroverser Debatte, in die auch der Bundeskanzler eingriff, mit großer Mehrheit verabschiedet.«

Wenn der Leadsatz, das heißt der Einleitungssatz einer Meldung, im Perfekt steht, dann sollten Verb und Hilfsverb nicht soweit auseinander gezogen werden -abgesehen davon, daß dieser Satz ohnehin hoffnungslos mit Informationen überladen ist. Also:

»Der deutsche Bundestag hat das Gesetz über die Einführung des geregelten Katalysators verabschiedet. Es war ... «.

Die zwölfte Regel:
Deutlich und eindeutig zitieren.

In Informationssendungen des Radios, insbesondere in Nachrichtensendungen wird oft zitiert. Nachrichten bestehen aus der Darstellung von Ereignissen (Fakten) und aus der Darstellung von Äußerungen

(Meinungen). Letztere müssen unmißverständlich zitiert werden, um deutlich zu machen, daß es sich nicht um die Meinung des Redakteurs handelt, der die Sendung gestaltet. Beim Zeitungstext genügen in solchen Fällen die Anführungs- und Abführungszeichen. Für Radiotexte sind diese Zeichen völlig unbrauchbar. Selbst wenn sich Sprecher noch so sehr bemühen, ein wörtliches Zitat deutlich zu machen, das Risiko des Mißverständnisses ist groß.

Es gibt aber andere Wege, ein Zitat deutlich zu machen. Zum einen die indirekte Rede mit Konjunktiv.

Beispiel:
»Der Bundeskanzler sagte, er werde nach Moskau reisen.«

Eine weitere Möglichkeit besteht darin, in direkter Rede zu zitieren. Dann muß aber die direkte Rede anders als durch Anführungszeichen kenntlich gemacht werden, zum Beispiel:

»Ich werde« – so der Bundeskanzler wörtlich »in den nächsten Tagen nach Moskau reisen.«

Da der Radioredakteur sehr häufig – insbesondere in Nachrichtensendungen – über fremde Äußerungen berichtet, muß er ständig mit dem Konjunktiv umgehen. Deshalb hier die wichtigsten Regeln, soweit sie für Radiotexte von Bedeutung sind:

In der indirekten Rede steht immer der Konjunktiv, das gilt auch für »daß«-Sätze, ebenso für Satzperioden.

Beispiel:
»Der Bundeskanzler sagte, daß er nach Moskau reisen werde, sobald eine Einladung vorliege« (nicht: »vorliegt«).

Der Konjunktiv der indirekten Rede wird normalerweise im Präsens gebildet. Nur wenn die indikativischen und konjunktivischen Formen im Präsens gleichlautend sind, muß man ersatzweise auf Imperfekt ausweichen.

Beispiel:
»Die Unterhändler erklärten, sie kämen noch heute nach Genf zurück.«

Dieser *Konjunktiv des Imperfekts* (manchmal auch Konjunktiv II genannt) *hat seinen eigentlichen Platz als sogenannter »Irrealis«*. Das heißt: Er wird immer dann gebraucht, wenn in einem abhängigen Satz ausgedrückt werden soll, daß etwas nicht so ist wie gesagt wird.

Beispiel:
»Wenn schönes Wetter wäre, ginge ich spazieren.« (In Wirklichkeit ist weder das Wetter schön, noch gehe ich spazieren).

Auch in den Nachrichten kann dieser Irrealis gelegentlich vorkommen, vor allem bei entsprechenden Zitaten (wiederum in indirekter Rede); in seltenen Fällen auch bei nachrichtlicher Erläuterung, bei »Fakten-Dimensionierung«

Beispiele:
» Der Bundeskanzler sagte, er käme gerne, wenn er keine anderen Termine hätte«. (Also kommt er nicht)

»Der Bundeskanzler tat in seiner Rede so, also ob es im Nahen Osten nicht eine völlig neue Entwicklung gäbe. Gestern abend waren die Israelis mit starken Panzerverbänden einmarschiert ... «

Schlechte Beispiele aus der Praxis:

»Ein Bekenner-Flugblatt tauchte ... in Damaskus auf. In dem Text hätte gestanden, Nittel sei wegen seiner Handlungen gegen das palästinensische Volk ermordet worden.«
Richtig muß es heißen: In dem Text habe gestanden.

»Wie der Vorsitzende der Gewerkschaft, Müller, ferner erklärte, sei beabsichtigt, auch über eine neue Urlaubsregelung und ein 13. Monatseinkommen zu verhandeln.«

Anmerkung: Nach der Einleitungsformel, »wie der ... erklärte«, steht der Indikativ. Richtig also: » ... ist beabsichtigt... zu verhandeln«. Genauso muß es heißen: »Nach Angaben des Gewerkschaftsvorsitzenden..., ist beabsichtigt, ...«.[34]

Hier sei noch angemerkt, daß die Formulierung »wie XY erklärte, ...«, die in Nachrichten, vor allem im Leadsatz, immer wieder auftaucht, ausgesprochen unschön ist. Sie entspricht überhaupt nicht der »Spreche«, sondern es handelt sich um reine »Schreibe«.

»In der Sendung sagte SPD-Bundesgeschäftsführer Müller zu der gestrigen Friedensdemonstration, die Parteien hätten viel zu spät gespürt, was an Angst losgetreten worden und an Friedenssehnsucht hochgekommen ist.«

Anmerkung: Unzulässiger Wechsel zwischen Konjunktiv und Indikativ in der »indirekten Rede«.

Die dreizehnte Regel:
Bitte keine Jargon-Formulierungen.

Radiosprache soll nahe an der Umgangssprache sein, damit Inhalte mittels des akustischen Mediums transportiert und verstanden werden. Nähe zur Umgangssprache heißt indes nicht »Jargon«, vor allem nicht »Branchen-Jargon«, sei es aus der Politik, der Wirtschaft, dem Sport oder gar der Werbung.

Im Kapitel »Radiojournalistische Formen« wird dieses Thema ausführlich behandelt, da es sich dabei weniger um ein Problem der spezifischen Radiosprache handelt, sondern um ein journalistisch-handwerkliches Problem. Beim Radio tritt es allerdings verstärkt auf, da Radiojournalisten angesichts ihres flüchtigen Mediums auch zu flüchtigem Arbeiten, insbesondere zum flüchtigen Umgang mit der Spra-

---

[34] Nach Josef Ohler, in: Fest, Lumma, Ohler, Radionachrichten, Hamburg 1987 (Norddeutscher Rundfunk)

che neigen. Beim schnellen, vor allem freien Formulieren, schleichen sich rasch Jargon-Formulierungen und Jargon-Vokabeln ein, die gerade in Mode sind.

Die vierzehnte Regel:
Es ist sehr hilfreich, sich einen Radiotext selbst laut vorzulesen, und zwar im tatsächlichen Sprechtempo.

So bemerkt man sehr rasch Textstellen, die fürs Mikrofon nicht geeignet sind. Besonders wichtig ist dies, wenn man Texte für einen anderen, zum Beispiel für Nachrichtensprecher schreibt. Es ist nicht nur ein Gebot kollegialer Fairness, Texte zu schreiben, die auch sprechbar sind. Man will schließlich einen Inhalt ans Publikum bringen, und dies gelingt auch dem besten Sprecher nicht immer, wenn es sich um Texte fürs Lesen, aber nicht fürs Sprechen handelt.

In den beim Publikum sehr beliebten Pressestimmen-Sendungen kann man das Nebeneinander von Texten für die Zeitung und fürs Radio gut beobachten. In der Regel sind die Zwischentexte des Radioredakteurs Sprechtexte, während die Zitate aus den Kommentaren der Zeitungen meist typische Lesetexte sind.

Radiosprecher leiden gelegentlich unter Texten, die keine Mikrofon-Texte sind. Mancher Redakteur würde manchen Text so nicht formulieren, wenn er ihn selbst am Mikrofon lesen müßte.

6.2 Recherche für Radiojournalisten

Die Grundsätze der journalistischen Recherche sind natürlich für alle seriösen Medien gleich. Bei den elektronischen Medien Radio und Fernsehen gelten aber einige Besonderheiten. Sie haben mit den Eigenheiten dieser Medien zu tun. Da ist einmal die weite Verbreitung und die Glaubwürdigkeit, die Radio und Fernsehen genießen. Letzteres hat sehr viel damit zu tun, daß insbesondere das Radio als Teil der Infrastruktur des täglichen Lebens betrachtet wird. Was wichtig ist erfährt man aus dem Radio – man denke nur an Katastrophen und die dann über dieses Medium verbreiteten Warnungen und Verhaltensmaßregeln. Nicht zufällig ist der Rundfunk in das öffentliche Warnsystem integriert – es gab bekanntlich sogar ein Sirenensignal, das bedeutet »Radio einschalten«.

Weitere Besonderheiten für die Recherche ergeben sich daraus, daß Fehler in der Berichterstattung des Radios oft schwerwiegendere Folgen haben als bei einer Zeitungsinformation, da eine Korrektur schwieriger ist. Eine Zeitung kann in der folgenden Ausgabe einen Fehler richtigstellen und erreicht mit großer Wahrscheinlichkeit dasselbe Publikum. Die Wahrscheinlichkeit ist beim Radio viel geringer.

Die elektronischen Medien werden für besonders glaubwürdig gehalten, eine Tatsache, die nicht zu Leichtfertigkeit und Überheblichkeit führen darf, sondern zur journalistischen Arbeit »hart an den Fakten« führen muß – und das ist die Bedeutung echter Recherche. Die Meinungsvielfalt ist gefragt im öffentlich-rechtlichen Rundfunk – und nicht ein einseitiger Tendenz-Journalismus. Und bei der Realisierung der Meinungsvielfalt kommt es – und das wird gern vergessen – keinesfalls nur auf die etablierten Meinungen an. Das Spektrum der gesellschaftlich relevanten Kräfte darf sich nicht auf die großen Parteien und die hinlänglich bekannten Interessengruppen beschränken.

Man muß bei der Planung und bei der Recherche von kritischen Beiträgen stets eines vor Augen haben: Es gibt in den Medien keine Chancengleichheit zwischen Kritiker und Kritisiertem. Die Journalisten handhaben gefährliche Instrumente, Hörfunk und Fernsehen, die einen Menschen in seiner Existenz vernichten können. Das Recht der Gegendarstellung ist bekanntlich eine stumpfe Waffe. Die Konsequenz kann deshalb nur sein: Fairneß und Sorgfalt aufgrund erstklassiger Recherche.

Wie wichtig Recherchenarbeit ist, mögen zwei Stichworte zeigen: Einmal leben wir in einer Zeit des immer größeren Bedarfs an Faktendimensionierung, d.h. der Erläuterung von Hintergründen und Zusammenhängen. Sonst werden die Journalisten in unserer komplexen Welt einfach nicht mehr verstanden. Und zum anderen gibt es immer mehr Anlaß zu einer kritischen Distanz gegenüber den traditionellen Informationsquellen.

Diese beiden Tatsachen müssen Anlaß für eine besonders intensive Rercherchenarbeit sein. Die beiden genannten Argumente geben zugleich einen Hinweis auf die beiden Grundformen der Recherche.

Die journalistische Recherche läßt sich in zwei Kategorien einteilen: In die Basisrecherche und die Nachrecherche. Die Basisrecherche – sie kann vor Ort oder aber vom Schreibtisch aus stattfinden – dient der Realisierung eines eigenen Beitrags durch den jeweiligen Journalisten. Es werden Fakten und Meinungen eingeholt, um eine Nachricht oder einen Kommentar zu schreiben, ein Feature zu produzieren oder ein Interview vorzubereiten.

Demgegenüber steht die Nachrecherche – sie findet in der Regel vom Schreibtisch aus statt – sie dient der Überprüfung und Ergänzung bereits vorhandener Informationen. Sie kommt also vor allem im ganz aktuellen Betrieb vor, in Nachrichtenredaktionen, beim Zeitfunk und in den aktuellen Bereichen des Fernsehens.

Die Recherche muß im wahrsten Sinne des Wortes fundamental sein. Nur so ist es möglich, Fehler in der Berichterstattung zu vermeiden sowie Schaden von Betroffenen ebenso wie vom Medium selbst fernzuhalten. Gründliche Recherche macht es auch leicht, den Satz von Karl Steinbuch zu widerlegen: »Ein ebenso verbreitetes wie unbegründetes Vorurteil unserer Massenmedien ist die Vermutung, aus sprachlicher Virtuosität könne auf politischen Verstand geschlossen werden.«[35]

Ihre – im Idealfall – Nähe zur Wissenschaft hat auch die journalistische Recherche zum Gegenstand wissenschaftlicher Untersuchungen gemacht. Insbesondere der Zürcher Mediensoziologe Ulrich Saxer[36] hat auf diesem Gebiet gearbeitet. Nach seiner Definition sichert die journalistische Recherche die Basisinformation zu Thema, Publikum

---

[35] Karl Steinbuch, Maßlos informiert, München 1978, S. 104
[36] Ulrich Saxer, div. Veröffentlichungen, u.a. Vortrag Zentralstelle für Fortbildung ARD/ZDF, Berlin 6.9.1979

und Präsentation von redaktionellen Beiträgen. Diese journalistische Informationsleistung muß den Vergleich mit derjenigen anderer Informationssysteme aushalten.

Die Qualität der Recherche bemißt sich maßgeblich danach, wieweit der Journalist imstande und gewillt ist, seine Hypothesen einem umfassenden Realitätstest zu unterziehen. Dies birgt zugleich das Risiko der Widerlegung, d.h. auf diese Weise kann ein Thema buchstäblich »kaputt« gehen.

Den qualifizierten Journalisten zeichnet überdies aus, daß er aus einem in seinem Sinne negativ verlaufenden Realitätstest die entsprechenden Konsequenzen zieht. Er muß das Thema entweder fallenlassen oder aber seinem Publikum dieses Ergebnis mitteilen. Eine mangelnde Qualität der publizistischen Schlußfolgerung aufgrund schlechter oder falscher Recherche läßt sich nicht einfach – was jedoch nicht selten geschieht – mit Presse- und Meinungsfreiheit begründen. Erforderlich ist bei der Recherche die lückenlose Würdigung des gesamten Belegmaterials. Dies gilt also nicht nur für die Wissenschaft und in Gerichtsverfahren. Für einen Wissenschaftler sowie für einen Richter oder Staatsanwalt bedeutet die Verletzung dieser Regeln einen totalen Geltungsverlust. Journalisten kommen – man mag dies bedauern – in der Regel »billiger« davon.

Abzugrenzen ist die journalistische Recherche von der Recherche im Dienste von Werbung und Public Relations. Werbung und Public Relations sind dadurch gekennzeichnet, daß sie ein Maximum an positiven Informationen über ihren Gegenstand verbreiten und etwaige Gegeninformationen lediglich zu widerlegen suchen. Was ihnen an Recherche über den Gegenstand zugrunde liegt, ist somit – ihrem Zweck gemäß – einseitig. Es wäre geradezu naiv, etwas anderes zu erwarten. Von dieser »parteiischen« Recherche ist die »unparteiische« Recherche zu unterscheiden, d.h. die Berücksichtigung aller für das Thema wichtigen Gesichtspunkte.[37]

---

[37] Saxer, a.a.O.

Insbesondere für den kritischen Journalisten ist die gründliche Recherche von großer Bedeutung, ja manchmal geradezu lebenswichtig. Lobende Berichterstattung empfindet jeder Betroffene als positiv. Sie muß nicht eigens belegt werden. Kritik provoziert demgegenüber nicht selten Beschwerden oder gar Klagen vor Gericht. Da können Recherchenfehler beträchtliche Folgen haben.

Die Recherche für Radiosendungen erfolgt – wie die Recherche für Beiträge in Printmedien – in zwei Phasen:

In einer explorativen Phase wird »ungerichtet« recherchiert, d.h. es werden zu einem Thema alle Informationen zusammengetragen, die verfügbar sind.

Dieser Phase folgt eine Phase »gerichteter« Recherche, d.h. einzelne, besonders wichtige Quellen werden speziell genutzt, wobei – wie bereits gesagt – sowohl verifiziert als auch falsifiziert werden muß.

Das besondere bei der Radioarbeit ist, daß in dieser Phase der Recherche überlegt werden muß, welche Gesprächspartner man findet, die man am Mikrofon interviewen kann bzw. die man um ein Statement bittet.

Zeitungs-Journalisten führen Gespräche und benutzen Unterlagen bei der Recherche. Die Wiedergabe ist aber gleich, d.h. der Journalist stellt Gesprächsinhalt und aus Dokumenten und aus der Literatur gewonnene Informationen dar.

In einer Radiosendung stehen jedoch Originaltöne als Recherche-Ergebnisse der bloßen Darstellung von Informationen im journalistischen Text gegenüber. Originaltöne wirken aber beim Adressaten stärker als bloßer Text, so daß man auf eine Gleichgewichtigkeit achten muß, d.h. man darf nicht Belege für eigene Thesen im Originalton bringen und die Gegenposition – gleichsam als Alibi – nur kurz im Text erwähnen.

Es ist ein Gebot journalistischer Redlichkeit, sich hier um gleiche Qualität zu bemühen. Dies stellt an die Recherche für eine Radiosendung höhere Anforderungen. Das Finden der geeigneten Gesprächspartner ist eine schwierige Aufgabe, zumal sie auch unter dem Gesichtspunkt gesucht werden sollten, ob sie in der Lage sind, sich am Mikrofon verständlich zu artikulieren.

Keinen geeigneten Gesprächspartner gefunden zu haben, darf nur ausnahmsweise als Argument gelten – dies darf aber keinesfalls als bloße Ausrede mißbraucht werden.

Die journalistische Recherche ist in den letzten Jahren beträchtlich erweitert worden durch den Zugang zu Datenbanken und die Möglichkeiten, die das Internet bietet. Bereits im Zusammenhang mit den Radioberufen wurde darauf hingewiesen, daß die intensive Basisrecherche vor allem in den Fachredaktionen stattfindet. Fachredaktionen werden zwar in vielen Funkhäusern reduziert oder gar geschlossen. Es gibt aber auch Funkhäuser, in denen unter dem Aspekt des öffentlich-rechtlichen Programmauftrags diese Redaktionen erhalten und sogar gestärkt werden. Für sie sind die geschilderten Recherchemöglichkeiten von großem Nutzen, weniger für die aktuellen Redaktionen, bei denen es eher um schnelle Nachrecherche – wenn überhaupt – geht.

6.3 Das Radiomanuskript

Daß hier der Begriff »Manuskript« auftaucht, mag manchen im Zeitalter des PC etwas verwundern. Natürlich werden Texte heute in der Regel auf dem PC geschrieben. Für die Sendung oder zur Produktion eines Beitrags werden sie jedoch meist ausgedruckt. Moderation oder die Präsentation von Nachrichten funktionieren auch ohne Papier, man kann selbstverständlich vom Bildschirm lesen. Praktiker – und es sind nicht etwa nur die älteren – wissen längst, wo die Grenzen des Lesens vom Monitor in Live-Sendungen liegen – von anspruchsvollen Wortproduktionen ganz zu schweigen. Im übrigen gelten die hier genannten Regeln und Empfehlungen auch und vielleicht sogar besonders für Texte auf dem Bildschirm. Text-Chaos wird nicht dadurch weniger chaotisch wenn es auf einem Bildschirm erscheint.

Das Radiomanuskript

Die äußere Gestaltung eines Radiomanuskripts ist wichtiger als viele wahrhaben wollen. Ein richtig gestaltetes Manuskript gibt dem, der es verlesen muß – sei dies der Autor oder ein Sprecher – die Sicherheit, die es ermöglicht, sich beim Vortrag ganz auf den Inhalt und die Art der Präsentation zu konzentrieren.

Schlecht geschriebene Manuskripte erfordern zusätzliche Aufmerksamkeit, zum Beispiel um Versprecher zu vermeiden und sich im Text zurechtzufinden, eine Aufmerksamkeit, die man am Mikrofon für Wichtigeres braucht.

Einige Tips:

Beim Verfassen von Radiomanuskripten sollte am Papier nicht gespart werden.
- Grundsätzlich sollte nur eine Seite des Blattes beschrieben werden. Das Umdrehen des Blattes am Mikrofon verursacht für den Hörer unangenehme Nebengeräusche.
- Großer Zeilenabstand ermöglicht sichereres Lesen.
- Man kann überdies Ergänzungen und Korrekturen anbringen, ohne daß der Text unlesbar wird.
- Deutliche Absätze ermöglichen beim Lesen eine ständige Übersicht über den Text.
- Absätze »verführen« zu Sprechpausen. Die meisten Sprecher haben ein zu hohes Tempo. Absätze wirken wie »Pausenzeichen«.
- Großzügiger Umgang mit dem Platz ermöglicht das handschriftliche Hinzufügen von Aussprache- und Betonungshilfen.
- Bei Nachrichten-Sendungen gehört jede Meldung auf ein separates Blatt.

So kann man kurzfristig Meldungen austauschen, ohne am Manuskript herumzustreichen. Außerdem kann man eine Sendung zum spätestmöglichen Zeitpunkt (Aktualität) gewichten, d.h. die Reihenfolge festlegen.

Dieses Verfahren ermöglicht auch, die Top-Story, d.h. die Lead-Story zuletzt zu schreiben, während die übrige Sendung bereits fertiggestellt ist. Somit kann die Aufmachermeldung bis zuletzt aktualisiert werden. Jede Meldung auf ein separates Blatt zu schreiben, ermöglicht auch, bis zuletzt eine Sendung zu kürzen oder zu verlängern.

Bei extremem Zeitdruck wegen sich überschlagender aktueller Ereignisse, kann eine Nachrichten-Sendung meldungsweise zum Nachrichtensprecher gegeben werden, d.h. während eine Sendung läuft, können noch aktuelle Meldungen geschrieben werden.

Das Verfahren ermöglicht es, bei Besetzung einer Nachrichten-Redaktion mit mehreren Redakteuren, daß alle gleichzeitig an einer Sendung arbeiten können und die Einzelmeldungen kurz vor Beginn einer Sendung zusammengestellt werden.

Nicht verwendete, aber geschriebene Texte, können ohne zusätzliche Arbeit in spätere Sendungen »weitergeschoben« werden.

Nachrichten-Sendungen werden nur dann »am Stück« geschrieben, wenn es sich etwa um Tages-Zusammenfassungen handelt, die von einem Redakteur relativ kurzfristig verfaßt werden.

Für die Archivierung hat das geschilderte Verfahren überdies den Vorteil, daß man Einzelmeldungen zu bestimmten Themenkomplexen leichter auffindet. Deshalb gehört auf jedes Blatt, das nicht gesendet wird, ein Stichwort zum Inhalt.

In ein Funkmanuskript gehören »Sprechhilfen«. »Sprechhürden« sollte man vermeiden.

- Es empfiehlt sich, zusammengesetzte Substantive mit Bindestrich zu schreiben, zum Beispiel:

    »Stadt-Verwaltung«, »Bundespräsidial-Amt«, »Autobahn-Gebühr« usw.

Diese Schreibweise hilft beim Sprechen, Wörter sinnvoll zu gliedern, vermeidet Versprecher und verhilft zu sinngerechter Betonung.

- Am Zeilenende sollte man keine Wörter trennen, sondern stets bei Bedarf eine neue Zeile beginnen.

Silbentrennung am Zeilenende ist äußerst »versprecherträchtig«. Es entstehen insbesondere sehr leicht sinnentstellende Fehler, die möglicherweise wegen ihrer Kuriosität beim Sprecher einen Lachanfall provozieren, der je nach Inhalt der Sendung nicht unbedingt Unterhaltungswert hat.

Wird etwa das Wort »Montageanleitung« am Zeilenende getrennt, kommt es -wenn der Sprecher keine Zeit hat, den Text vorher zu lesen (»Prima-Vista-Sprechen«) – zu peinlichen Versprechern. Aus »Montage-Band« wird unter Umständen auch leicht »Montagabend«.

In jeder Rundfunkanstalt gibt es ganze Sammlungen von derartigen Versprechern.

- Zahlen sollte man nach Möglichkeit in Buchstaben ausschreiben.

Dafür gibt es zwei Gründe. Einmal lassen sich Zahlen sicherer sprechen, weil sie vom Sprecher eindeutig erfaßt werden können. Außerdem hat man einen besseren Überblick über die Textlänge, denn in Worten entspricht eine Zahl im Manuskript dem tatsächlichen Umfang.

Enthält ein Text viele Zahlen, dann kann sich, wenn diese als Ziffern geschrieben werden, die Sendezeit erheblich verändern, denn die Regel » 14 Zeilen entsprechen einer Minute« gilt dann nicht mehr. »Dreitausendfünfhundert« in Worten benötigt mehr Platz als »3 500«, aber die gleiche Zeit zum Sprechen.

Sinnvollerweise gebraucht man als Erleichterung für den Sprecher auch eine gemischte Schreibweise, zum Beispiel »100-tausend«, statt » 100 000«. Dieses Verfahren vermeidet Fehler, weil man am Mikrofon mit einem Blick die Zahl erfaßt und nicht erst über die Zahl der Nullen nachdenkt, um die Zahl zu erfassen und dabei ins Stocken oder gar ins Stottern gerät.

- Handschriftliche Korrekturen im maschinengeschriebenen Text sind oft notwendig, aber sie bergen Tücken. Deshalb sollte man grundsätzlich ganze Wörter neu über ein verschriebenes Wort setzen und nicht nur einzelne Buchstaben korrigieren. Letzteres wird unübersichtlich und führt ebenfalls leicht zu Versprechern.

Von einem Funkmanuskript sollte man mindestens drei Exemplare ausdrucken, eines für den Sprecher, eines für die Technik zum Mitlesen während der Aufnahme oder der Sendung, und eines für die Redaktion. An der Stelle eines Funkhauses, an der Höreranrufe entgegengenommen werden, sollte nach der Sendung ein Exemplar des Textes deponiert werden, damit sachgerechte Auskünfte möglich sind.

Ein gutes Funkmanuskript enthält Namen des Autors, Datum und Sendezeit. Es ist kein Beweis für besondere Kreativität und kein Zeichen für einen »Künstlerstatus«, wenn Manuskripte unsorgfältig geschrieben werden – es ist vielmehr der sichere Wege ins Redaktionschaos.

Aufbau und Inhalt von Funkmanuskripten müssen durchdacht und klar gegliedert sein.
Das Thema Nachrichten-Manuskripte wird im Kapitel »Radiojournalistische Formen« ausführlich behandelt. Es gibt aber zum Inhalt und Aufbau von Radiomanuskripten einige Grundregeln, die an dieser Stelle erläutert werden sollen. Diese Regeln gelten grundsätzlich für alle Funkmanuskripte, d.h. eigentlich sogar für Sprechtexte generell.

Zwar wird in Nachrichtentexten zu Recht (vergleiche unten »Radiojournalistische Formen«) eine eher sachliche, nüchterne Sprache verlangt. Persönliche Färbungen der Sprache, die Vermittlung von Atmosphäre müssen hier entfallen. Davon abgesehen gelten die folgenden Regeln aber auch für Nachrichten:

- Wichtigste Regel in diesem Zusammenhang: »Weniger ist Mehr«.

Es gibt eine Neigung bei deutschen Radiojournalisten, ihre Texte mit Informationen zu überfrachten und damit ihre Hörer zu überfordern. Davon war in den vorangegangenen Abschnitten bereits mehrfach die Rede. Die Radiomacher in Großbritannien, in den USA und Kanada dokumentieren, daß man in Radiotexten sparsam mit Informationen umgehen muß. Sie beschränken sich auf das Allerwichtigste, und der Erfolg beim Publikum gibt ihnen Recht.

Dieser Grundsatz ist unabhängig von den Inhalten, er gilt für Politik ebenso wie für Kulturthemen, Bildungsfragen, Wirtschaft, Sport oder Vermischtes. Es mag manchen Radiojournalisten schwerfallen, auf Inhalte, die sie für wichtig halten und die sie ihrem Publikum unbedingt vermitteln wollen, zu verzichten. Vor die Frage gestellt, wenige wichtige Informationen zu vermitteln, die dann beim Adressaten auch ankommen, oder große Mengen an Informationen auf den Weg zu bringen, die nur bedingt ihr Ziel erreichen, muß sich der Radiomacher für ersteren Weg entscheiden.

Das Radio kann und darf nicht eine verlesene Wochenzeitung sein. Man muß sich darüber klar sein, daß lange, gewichtige Wortsendungen nur Mini-Minderheiten erreichen.

- Beim Radiotext ist der »rote Faden« noch wichtiger als beim Zeitungstext. Fehlt er in einem Zeitungsartikel, dann kann sich ein interessierter Leser – wenn auch unter Umständen mit Mühe – durch den Text hindurchfinden. Beim Radio geht dies naturgemäß nicht.

Diesen roten Faden muß man beim Schreiben und damit beim Sprechen immer wieder aufnehmen, man muß ihn gleichsam dem Hörer stets aufs Neue aufzeigen, damit er ihn nicht verliert.

- Beim Radiotext ist die Gliederung noch wichtiger als beim Text für ein Druckmedium.

Dies hat nicht etwa nur ästhetische Gründe. Vielmehr dient eine geschickte Gliederung dazu, immer wieder Aufmerksamkeit beim Hörer zu erregen, damit er nicht abschaltet, wobei sich abschalten hier weniger auf das Empfangsgerät als auf das Gehirn bezieht.

Menschen sind in der Regel – vor allem wenn sie Radio nebenbei hören – nicht bereit, einem gesprochenen Text über längere Zeit zu folgen. Deshalb muß der Text in gewissen Abständen Aufmerksamkeitsignale enthalten. Die amerikanischen Radiojournalisten sprechen vom »one-minute-attention-step«, d.h. nach einer Minute sollte ein inhaltlicher oder formaler Anreiz geschaffen werden, damit der Hörer weiter zuhört.

Inhaltlich kann dies eine besonders interessante Information sein, zum Beispiel erwähnt man beim Bericht über eine Veranstaltung zwischendurch die Anwesenheit einer prominenten Person.

Formal kann dies eine spezielle Betonung beim Sprechen sein oder aber die Einspielung eines interessanten Originaltons.
Ob man – wie die Amerikaner – von einem »one-minute-attention-step« ausgeht oder von einer etwas längeren Zeit, hängt davon ab, ob der Beitrag in einem Begleitprogramm läuft, das neben viel Musik gelegentlich kurze Wortbeiträge bringt, oder in einem wortbetonten Einschaltprogrannm, bei dem der Hörer ohnehin mit ausführlicheren Wortbeiträgen rechnet, diese auch hören will und sich entsprechend darauf einstellt.

Bei Nachrichten-Sendungen gilt der »three-minute-attention-step«, d.h. entweder sollten Nachrichten nach drei Minuten zu Ende sein oder man muß durch eine besonders interessante Meldung oder einen Originalton einen Anreiz zum Weiterhören bieten.

- Das Stichwort »Redundanz« muß auch in diesem Zusammenhang erwähnt werden. Redundanz ist in der gesamten Radioprogramm-Gestaltung erforderlich, sonst können mit diesem Medium Informationen nur unzureichend vermittelt werden. Was oben zur Redundanz in der Radiosprache gesagt wurde, gilt auch für die Textgestaltung. In gewissen Abständen sollten wichtige Informationen wiederholt werden.

Viele Hörer verstehen wegen der Flüchtigkeit des Mediums nicht alles beim ersten Hören, manche schalten erst später ein, wenn ein Beitrag bereits begonnen hat. Sie sollen aber trotzdem animiert werden, dabei zu bleiben und nicht gleich wieder abzuschalten.

Hier sei deshalb auch bereits auf die Bedeutung der Absage von Magazinbeiträgen hingewiesen. Es ist nichts weiter als eine Mode, der viele Radiojournalisten gedankenlos folgen, auf einen Beitrag sofort Musik zu spielen, ohne dem Hörer, der nicht von Anfang an dabei war oder nicht von Anfang an aufmerksam zugehört hat, zum Beispiel den Namen eines Interview-Partners zu sagen. Eine vermeintliche bzw. schlechte Sendungs-Dramaturgie verhindert in diesen Fällen die Vermittlung von Informationen. Hier läßt man die Form, d.h. einen flüssigen Sendungsablauf über den Inhalt bzw. über die Verständlichkeit siegen.

- Ein Radiotext sollte so angelegt sein, daß er Atmosphäre schafft. Auch wenn ein Radiobeitrag aufgeschrieben und vom Blatt gesprochen wird, gelten die Kommunikationsregeln des Radios:

Man spricht nicht ein Publikum an, das nach Hunderttausenden oder gar Millionen zählt, sondern man erreicht x-mal einen einzelnen Zuhörer. Deshalb dürfen Texte nicht wie Reden geschrieben werden. Es wird nicht verkündet, sondern es wird erzählt, wie etwa einem guten Bekannten am Telefon. Die persönliche Ansprache des Zuhörers ist deshalb wichtig. Dies gilt ausnahmsweise nicht für Nachrichten-Sendungen. Es sind auch einmal Floskeln erlaubt, die zwar inhaltlich unter Umständen ohne Belang sind, die aber Atmosphäre schaffen, zum Beispiel:

»Wie Sie sicherlich wissen ... «,
»Sie werden sich vielleicht erinnern ... «,
»Sie haben gewiß schon einmal gehört ... « usw.

Ein bloßes »meine Damen und Herren« schafft noch keine Kommunikation, sondern wirkt oftmals eher wie der Versuch, eine Verlegenheitspause zu überspielen.

Ein geschickter Berichterstatter schreibt Radiotexte »auf Schnitt«, d.h. er baut mögliche Schnittstellen in seinen Text von vorne herein ein.

Zwar hofft jeder Autor und jeder Reporter, daß sein Text nicht geschnitten wird. Diese Hoffnung ist aber in vielen Fällen vergeblich, und damit muß man als Journalist leben. Liegt dem Redakteur vor der Aufnahme oder vor der Sendung ein Manuskript vor, dann kann dieses wie bei der Zeitung gekürzt bzw. redigiert werden.

Dies ist aber allenfalls bei größeren Sendeprojekten oder bei nichtaktuellen Beiträgen der Fall. Im aktuellen Tagesbetrieb werden Beiträge entweder von außen per Telefon oder Übertragungsleitung überspielt und aufgezeichnet oder sie werden im Funkhaus aufgezeichnet, müssen aber vor der Sendung bearbeitet – das heißt gekürzt – werden, weil zusätzliche Informationen ins Programm gebracht werden müssen. In solchen Fällen ist es sinnvoll, den Text eines Berichts so zu schreiben und zu gliedern, daß er schnell und ohne Mühe zu schneiden ist.

Dazu gehören zum Beispiel mehrere »Schlüsse« in einem Beitrag, d.h. ein Schnitt vor dem eigentlichen Ende sollte möglich sein, und der Beitrag sollte dennoch einen Schluß haben.

Man kann auch Mittelpassagen so gestalten, daß sie herausgeschnitten werden können, ohne daß der Text seinen Sinn verliert. Hier können beispielsweise Einzelheiten untergebracht werden, die ohne großen Substanzverlust entfallen können.

Man kann einen Beitrag auch mit einem zweiten Einstieg versehen: nach der üblichen Einleitung beginnt man noch einmal mit einem »griffigen« Leadsatz, der dann gleich zur Sache geht. Dann kann gegebenenfalls die Einleitung weggeschnitten werden. Die geschnittenen Inhalte präsentiert dann der Moderator, und der Beitrag beginnt direkt mit dem eigentlichen Thema.

Geschickte Autoren überlassen Vorgeschichten und Einleitungen ohnehin der Moderation. Dies freut Redakteur und Moderator, es bringt aber vor allem mehr Zeit für die Autoren-Informationen, deretwegen Berichte ja eigentlich gemacht werden.

Beim »Schreiben zum Schneiden« kommt es auch wieder auf Redundanz an. Wichtige Informationen, wie Namen, Orte, Funktionen von

Personen usw. müssen von Passage zu Passage eines Beitrages wiederholt werden, damit ein Text auch nach dem Schnitt noch verständlich bleibt.

Beispiel:
Wenn vom jordanischen König Hussein die Rede ist, und dieser nur am Anfang so genannt wird, in späteren Passagen aber nur vom »König« oder nur von »Hussein« gesprochen wird, läßt sich dieser Bericht nicht von vorne kürzen. Bei geographischen Angaben kann dies noch problematischer sein.

6.4 Exposé

Exposés werden für größere Sendungen geschrieben, für Hörspiele, Features, Dokumentationen und gelegentlich auch für Live-Projekte, wie Sondersendungen an Wahltagen, aus Anlaß von Großereignissen, wie Gipfeltreffen, Messen usw.

Exposés haben unterschiedliche Funktionen. Geht es um ein Hörspiel oder Feature, dann dient das Exposé dazu, dem verantwortlichen Redakteur ein Sendevorhaben vorzustellen, damit dieser entscheiden kann, ob das Projekt realisiert werden soll oder nicht.

Deshalb enthält das Papier neben einer Inhaltsbeschreibung der geplanten Sendung möglichst viele Angaben über die gedachte Realisation: Sprecher, Gesprächspartner, Spielorte, notwendige Aufnahmetechnik usw.

Enthalten sein müssen eine Kalkulation der Sendezeit, der Produktionszeiten, der Termin der Fertigstellung usw. All diese Informationen benötigt eine Redaktion für ihre Entscheidung, denn diese kann nicht nur auf der Basis eines interessanten Inhalts erfolgen. Auch die Realisierungsmöglichkeiten unter technischen Aspekten und unter Kostengesichtspunkten spielen bei der Frage eine wichtige Rolle, ob eine geplante Sendung »angenommen« wird oder nicht.

Bei den Exposés für die genannten Sondersendungen geht es nicht um eine Unterlage für eine redaktionelle Entscheidung. Vielmehr handelt es sich um eine Beschreibung eines Sendeprojekts durch einen verantwortlichen Redakteur. Es dient als Grundlage für die Vorbereitung der Sendung und wird in Redaktions-Besprechungen überarbeitet. Die Endfassung ist dann die Arbeitsunterlage für alle Beteiligten, d.h. Redaktion, Technik, Reporterteams usw.

Diese Form des Exposés enthält in der endgültigen Fassung einen minuten-genauen Sendeablauf, die Namen aller Beteiligten, Angaben über den Einsatz technischer Kapazitäten, wie Studios, Übertragungswagen, Telefone usw. Außerdem sind alle disponierten Übertragungsleitungen vermerkt, einschließlich der Zeiten, in denen diese zur Verfügung stehen.

Aus einem ersten Exposé wird hier also eine Art »Drehbuch«, also ein Papier, das alle Einzelheiten über ein Sendeprojekt enthält und das für alle Beteiligten verbindlich ist.

Kapitel 7:
Radio hat viel mit Technik zu tun

7.1 Von Sendern und Frequenzen

Das Radio ist ein technisches Medium. Radiojournalisten müssen zwar deshalb keine Techniker sein, aber sie sollten ein Mindestmaß an Kenntnissen von den technischen Zusammenhängen haben. Hier geht es zunächst um grundsätzliche Fragen, die bei der täglichen Arbeit des Radiojournalisten allenfalls gelegentlich eine Rolle spielen, die aber für das Grundverständnis des Mediums Radio wichtig sind. Soweit Technik für die journalistische Arbeit unmittelbar von Bedeutung ist, wird sie später behandelt.

Rundfunk, das heißt Radio und Fernsehen, ist die drahtlose Übertragung von Ton- und Bildsignalen mittels elektromagnetischer Wellen. Heute wird der Rundfunkbegriff weiter gefaßt und schließt die Verbreitung über Kabel ein.

Wichtiger als weitere technische Einzelheiten, wie Radio physikalisch funktioniert, sind für den Journalisten einige andere Punkte: Für die drahtlose Übertragung werden Wellen unterschiedlicher Länge verwendet, man unterscheidet Langwelle (LW), Mittelwelle (MW), Kurzwelle (KW) und Ultrakurzwelle (UKW). Andere Wellenbereiche, wie zum Beispiel der Gigahertz-Bereich werden gegenwärtig für den Hörfunk nicht genutzt.

Auf der Langwelle (500-150 kHz; 600-2000 m) werden heute Programme übertragen, die über große Entfernungen empfangen werden sollen und bei denen hohe Übertragungsqualität eine untergeordnete Rolle spielt.

Die Mittelwelle (1605- 525 kHz; 187-570 m) ist ein von vielen Rundfunkanstalten der ganzen Welt genutzter Bereich, in dem große Reichweiten erzielt werden und in dem auch Übertragungen von hoher Qualität möglich sind. Die öffentlich-rechtlichen Rundfunkanstalten in der Bundesrepublik Deutschland strahlen alle mindestens ein Programm (meist das Haupt-Informationsprogramm) über Mittelwelle aus.

Die Kurzwelle (26-6,1 kHz; 11 -49 m) zeichnet sich dadurch aus, daß sie Radioprogramme über extrem weite Strecken transportiert, das heißt, daß ein weltweiter Empfang möglich ist. Die besonderen Ausbreitungsbedingungen der Kurzwelle führen zu diesem Effekt. Kurzwellen werden von der Ionosphäre reflektiert und kommen zur Erde zurück, und zwar nach dem Gesetz »Einfallswinkel ist gleich Ausfallswinkel«, gewissermaßen am »anderen Ende« der Welt. Man kann also – laienhaft ausgedrückt – über den Abstrahlwinkel beim Sender bestimmen, wo die Wellen, das heißt die Signale und damit die Radioprogramme ankommen sollen.

Nach dieser Methode verbreiten in nahezu allen Ländern der Welt die Rundfunkanstalten ihre Auslandsprogramme, vor allem diejenigen, die für überseeische Länder bestimmt sind. Die Programme der Deutschen Welle werden zum Beispiel auf diesem Wege verbreitet. Ein wesentlicher Nachteil der Kurzwelle ist die physikalisch bedingte, vergleichsweise schlechte Übertragungsqualität, insbesondere natürlich bei Musikprogrammen.

Für die Übertragung von Musikprogrammen besonders gut geeignet ist demgegenüber die Ultrakurzwelle (108-87,5 MHz; 2,9-3,4 m). Die Ultrakurzwelle ist der Beweis dafür, wie aus einer Not eine Tugend wird. Nach dem Zweiten Weltkrieg wurden, und zwar im Jahre 1948 auf einer internationalen Wellenkonferenz, die Frequenzen für die Rundfunkanstalten neu verteilt. Das vom Krieg zerstörte Deutschland nahm an dieser Konferenz nicht teil, sondern es wurde von den vier Siegermächten vertreten.

Das Ergebnis war, daß Deutschland viele gute Radiofrequenzen verlor. Daraufhin besannen sich die Techniker in Deutschland eines bis dahin für den Rundfunk praktisch nicht genutzten Frequenzbereichs, der Ultrakurzwelle (UKW). Sie wurde für den Rundfunk nutzbar gemacht und trat innerhalb kürzester Zeit einen Siegeszug rund um die Welt an. Es zeigte sich nämlich, daß die Ultrakurzwelle eine brilliante Übertragung insbesondere von Musik ermöglicht. Die UKW-Hörer hatten plötzlich ein völlig neues Klangerlebnis, das für uns heute eine Selbstverständlichkeit ist. UKW wurde zu dem Wellenbereich für einen hervorragenden Radioempfang.

Die Entwicklung des Zweikanal-Tons führte in den 60er Jahren den UKW-Rundfunk zu einem weiteren Höhepunkt (Stereophonie). Der UKW-Rundfunk hat einen Nachteil: Ultrakurzwellen breiten sich so aus wie Lichtwellen, das heißt, zwischen Sender und Empfänger muß zumindest eine theoretische Sichtverbindung bestehen. Daraus ergibt sich, daß die Reichweite von UKW-Sendern begrenzt ist. In sehr flachem Gelände werden zwar auch im UKW-Bereich relativ große Reichweiten erzielt, aber Deutschland hat zum großen Teil eine Topographie, die die Reichweiten des UKW-Rundfunks beschränkt. Die geringen Reichweiten haben aber den Vorteil, daß Frequenzen mehrfach genutzt werden können, wenn die Sender genügend weit voneinander entfernt stehen.

Alle öffentlich-rechtlichen Rundfunkanstalten in der Bundesrepublik Deutschland strahlen heute mehrere Programme über UKW aus, meist auch zusätzlich das, was sie auf Mittelwelle senden, um auch dieses Programm in der hohen UKW-Qualität anzubieten. Private Radiostationen in Deutschland benutzen nur UKW-Sender.

Die Sendeanlagen werden in der Bundesrepublik Deutschland zum Teil von der Telekom und zum Teil von den Sendeanstalten selbst betrieben. Alle Hörfunksender der öffentlich-rechtlichen Rundfunkanstalten werden von diesen errichtet und von deren Mitarbeitern betrieben. Die Hörfunksender der Privatanbieter werden von der Telekom errichtet und betrieben. Sie werden von den Programmanbietern gemietet, das heißt, die Post verbreitet die Programme der Privatstationen in deren Auftrag.

Die Fernsehsender, über die das ARD-Gemeinschaftsprogramm (Erstes Deutsches Fernsehen) ausgestrahlt wird, gehören den Landesrundfunkanstalten und werden von diesen auch betrieben. Demgegenüber sind die Anlagen, über die das Programm des ZDF (Zweites Deutsches Fernsehen) sowie die Dritten Programme der Landesrundfunkanstalten und die der Privatanbieter gesendet werden, Eigentum der Telekom und werden auch von ihr betrieben.

Radiofrequenzen stehen zwar, aber natürlich nicht in unbegrenzter Zahl zur Verfügung. Um eine Ordnung in die Zuteilung und Nutzung der Frequenzen zu bringen, gibt es internationale Konferenzen, die in größeren zeitlichen Abständen stattfinden. Dort werden Frequenzen einzelnen Staaten zugeteilt, es findet eine internationale Koordinierung statt. So soll sichergestellt werden, daß Radiostationen sich mit ihren Programmen nicht gegenseitig stören. Deshalb werden nicht nur Frequenzen verbindlich zugeteilt, sondern auch die Standorte und Leistungen der Sender werden festgelegt. Innerhalb der Staaten, denen Frequenzen zugeteilt worden sind, erfolgt dann die Verteilung an Radiostationen nach dem jeweiligen nationalen Recht.

Innerhalb der Bundesländer wiederum ist die jeweilige Landesregierung für die Zuteilung von Frequenzen an Programmanbieter, das heißt an öffentlich-rechtliche oder private Rundfunkanstalten zuständig. Die Verteilung von Frequenzen ist in der Bundesrepublik Gegenstand permanenter medienpolitischer Auseinandersetzung.

Die Ausstrahlung von Radioprogrammen über die geschilderten Frequenzen ist die sog. »terrestrische« Ausstrahlung. inzwischen ist die Ausstrahlung von Programmen über Satelliten hinzugekommen.

In unserem Zusammenhang ist vor allem wichtig zu wissen, daß man zwischen »Fernmeldesatelliten« und »Rundfunksatelliten« unterscheidet. Fernmeldesatelliten transportieren Signale, das heißt Telefonate ebenso wie Radio- oder Fernsehprogramme von einer Sendestation zu einer Empfangsstation, wobei die Empfangsstation aber nicht der »Endverbraucher«, das heißt der Radiohörer oder Fernsehzuschauer ist. Vielmehr wird das Programm von der Empfangsstation an den eigentlichen Kunden weitergegeben, sei es drahtlos über normale Sender, das heißt im Nahbereich in der Regel über UKW-Sender, oder die Programme werden in Kabelsysteme eingespielt und gelangen so zum Empfänger.

Rundfunksatelliten sind demgegenüber Satelliten, die ein von einer Bodenstation empfangenes Programm unmittelbar an den Endverbraucher weitergeben, das heißt, der Radiohörer oder Fernsehzuschauer benötigt eine Spezialantenne, um Programme direkt vom Satelliten zu empfangen. International spricht man vom DBS (Direct Broadcast Satellite).

Die technische Reichweite über Satellit ist praktisch unbegrenzt, die Qualität ist Dank der hier verwendeten Digitaltechnik erstklassig.

Die nächsten Jahre werden bestimmt sein von der Diskussion über die Ablösung von UKW durch DAB (Digital Audio Broadcasting). Die Sendeanlagen für die digitale Übertragung von Radioprogrammen sind sowohl im Ausland als auch in Deutschland in zahlreichen Gebieten vorhanden. In Deutschland laufen – insbesondere im Südwesten – seit langem Programme öffentlich-rechtlicher Rundfunkanstalten über diese Sender. DAB hat beträchtliche technische Vorteile. Zum einen ist die Übertragungsqualität extrem hoch. Außerdem ist der Empfang störungsfrei, und beim mobilen Empfang, insbesondere im Auto, erübrigt sich der Frequenzwechsel.
Natürlich sind für den Betrieb von DAB gewaltige Investitionen sowohl auf der Sender- als auch auf der Empfängerseite notwendig. Da man spezielle Empfangsgeräte für DAB benötigt, setzt sich das System nur sehr langsam durch. Dies ist verständlich, da die Radiohörer offensichtlich mit der über UKW angebotenen technischen Qualität zufrieden sind. Dies liegt gewiß auch daran, daß die meisten Hörer zum Radiohören kleine, einfach, mobile Geräte benutzen und die heute bereits über UKW angebotene HiFi-Stereoqualität kaum nutzen.

7.2 Digitaltechnik – der Weg in die Zukunft

Kaum ein Stichwort löst in Funkhäusern so heftige Diskussionen aus wie der Begriff Digitalisierung. Ideologische und berufspolitische, aber weniger technische Argumente führen nicht selten zu heftigen Auseinandersetzungen. Oft gehen sogar die Begriffe durcheinander.

Digitale Komponenten werden in Hörfunkstudios seit vielen Jahren benutzt. CD-Player, DAT-Recorder und natürlich der PC für alle möglichen Anwendungen werden überall beim Radio benutzt und dürfen wohl selbst bei unverbesserlichen »Maschinenstürmern« als unumstritten gelten.

Die Diskussion geht um das volldigitale Studio, in dem es keine »Tonträger« herkömmlicher Art mehr gibt. Tonband, Schallplatte und sogar die CD gehören hier der Vergangenheit an. Zentrale und dezentrale Festplattenspeicher sind an ihre Stelle getreten.

Einzelbeiträge und ganze Sendestrecken entstehen am digitalen Redakteurs-Arbeitsplatz, werden von dort ins Sendestudio »transferiert« und gesendet. Die Musik wird vom Techniker am Regiepult oder vom Selbstfahrerplatz direkt aus dem elektronischen Archiv abgerufen.

Das volldigitale Studio ist bei den meisten privaten Radioanbietern seit langem selbstverständlich. Öffentlich-rechtliche Rundfunkanstalten befinden sich in einer Umbruchphase, die viele Jahre dauert. Vor allem zahlreiche Pop-Wellen und neu konzipierte Programme werden bereits aus Digitalstudios gefahren. Aber selbst dann, wenn Programme noch aus herkömmlichen Studio kommen, bedienen sich die Programmmacher digitaler Komponenten, insbesondere in der aktuellen Berichterstattung und im Bereich der Musik und der Archive.

7.3 Der Journalist und die Technik

7.3.1 Elektronische Redaktionsarbeit

Seit Jahren sind Hörfunk-Redakteure immer mehr auch mit technischen Arbeiten betraut. Es begann alles damit, daß Redakteure – und dies war lange Zeit umstritten und wurde insbesondere von Technikern mit großer Skepsis betrachtet – ihre Bänder selbst schnitten. Das Schneiden wurde über die Jahre sowohl bei Privatradios und bei den öffentlich-rechtlichen Pop-Wellen ebenso selbstverständlich wie das »Selbstfahren« von Sendungen. Der vom Moderator ohne Unterstützung durch einen Techniker bediente Diskplatz wurde zur Selbstverständlichkeit. Einen weiteren Schritt vollzogen viele Rundfunkanstalten durch die Einführung der digitalen Aktualitätenspeicher und die daran gekoppelten digitalen Schnittsysteme. Damit hielten die ersten digitalen Komponenten Einzug in die Redaktionen. Zusammen mit dem Personal Computer verfügten die Redakteure nun über die Möglichkeiten, von außen übermitteltes Original-Ton-Material zu bearbeiten und sendefertig zu machen. Die Systeme ermöglichten zudem, eigene Aufnahmen herzustellen und Teile von Beiträgen zu mischen. Arbeiten, die zuvor in einem Studio gemeinsam mit einem Techniker gemacht werden mußten, konnten nun in den Redaktionen von Journalisten verrichtet werden.

Eine wesentliche Erleichterung für den Redakteur bietet diese Digitaltechnik auch insofern als der traditionelle Sendefahrplan nicht mehr geschrieben werden muß, sondern vom digitalen System entsprechend den Planungen des Redakteurs erstellt wird. Kurzfristige Änderungen, zum Beispiel in aktuellen Magazinen, bereiten im Unterschied zu früher keine Probleme mehr.

Diese Veränderung war der entscheidende Schritt ins volldigitale Zeitalter – aus redaktioneller Sicht. Die nächste Stufe, nämlich die zum volldigitalisierten Sendestudio und schließlich zum digitalen Selbstfahrerplatz war folgerichtig und ist, wie oben bereits gesagt, in vielen Funkhäusern bereits tägliche Routine.

Das Selbstfahrerstudio ist für musikbetonte Programme ein sinnvolles Konzept. Im öffentlich-rechtlichen Rundfunk wird jedoch eingesehen, daß Programme mit komplizierten Magazinflächen den »selbstfahrenden« Redakteur/Moderator überfordern würden. Die Konzentration auf anspruchsvolle Inhalte und die gleichzeitige Bedienung einer komplexen Technik muß auf Kosten der Programmqualität gehen. Es kommt hier auf eine sinnvolle Mischung an. Einfach konzipierte Musikflächen mit Moderation und gelegentlichen Live-Interviews können auch technisch vom Moderator bewältigt werden. Komplexere Sendestrecken erfordern den Techniker zur Unterstützung.

Die Vorteile der neuen Technik liegen auf der Hand. Es gibt heute Möglichkeiten, insbesondere in der aktuellen Berichterstattung, die überzeugend sind. Wenn etwa zu Zeiten analoger Systeme mehrere Redaktionen auf einen Korrespondentenbericht zugreifen wollten, um ihn zu bearbeiten, dann brach nicht selten das Chaos aus. Zeitraubende Studioproduktionen waren erforderlich, und die Qualität war oftmals unbefriedigend.

Auch bei künstlerischen Produktionen bietet die Digitaltechnik erhebliche Vorteile. Digitaler Schnitt und die Erzeugung von speziellen Klangeffekten haben zum Beispiel dem Hörspiel attraktive neue Möglichkeiten erschlossen.

Daß die Einführung der digitalen Systeme in der Startphase – und oftmals auch danach – Probleme bereitet, ist so normal wie bei der Einführung aller neuen technischen Systeme. Der Start früherer Techniken, die heute vielfach als beispielhaft bewundert werden, war ebenfalls alles andere als pannenfrei. Die Inbetriebnahme der ersten Generation von CD-Playern war in vielen Funkhäusern eine Katastrophe. Gleichwohl wird niemand ernsthaft auf CD-Player verzichten wollen.

7.3.2 Außenberichterstattung im Zeitalter neuer Techniken

Ungeachtet der Umrüstung der Studios auf Digitaltechnik gelten für die Aufnahmen außerhalb des Funkhauses und für Live-Übertragungen die gleichen journalistischen Grundsätze wie zu Zeiten analoger Systeme. Verändert haben sich teilweise die tragbaren Aufnahmegeräte. Traditionelle Tonbandgeräte und Kassettenrecorder werden – allerdings vergleichsweise langsam – von digitalen Aufnahmegeräten abgelöst. Dieser Wandel dauert recht lange, weil es auf dem Gerätemarkt noch keine Klarheit gibt. Noch ist nicht entschieden, welches System sich durchsetzen wird. Anders als bei der Einführung der traditionellen Audiokassette gibt es bei den digitalen Aufzeichnungssystemen noch kein weltweit verbreitetes einheitliches System. Noch werden der DAT-Recorder, die Mini-Disc und noch im Versuchsstadium befindliche tragbare kleine Festplattenspeicher nebeneinander und dies mit sehr unterschiedlichen Erfolgen benutzt.

Auch im Bereich der Übertragungswagen für größere Außenaktivitäten hält die Digitaltechnik Einzug. Für den Radiojournalisten ist dies im Hinblick auf seine eigene praktische Arbeit von nachrangiger Bedeutung, da der Ü-Wagen stets mit technischem Personal besetzt ist. Allerdings sollte man sich als Journalist mit den zusätzlichen technischen Möglichkeiten vertraut machen lassen, die für das Programm von großem Nutzen sein können, wie zum Beispiel digitale Schnitteinheiten im Ü-Wagen, die sehr rasch die Produktion von O-Ton-Beiträgen ermöglichen.

7.3.3 Praktische Tips für die Außenberichterstattung

Im folgenden sollen ein paar handwerkliche Tips und Tricks dargestellt werden, die ein Radiojournalist kennen und beachten sollte. Sie sind naturgemäß unvollständig. Jeder macht eigene Erfahrungen und könnte diesen Katalog ergänzen oder auch hier und da korrigieren. Die Hinweise sind nicht systematisch nach technischen Gesichtspunkten geordnet. Sie sind lediglich auf der Basis radiojournalistischer Erfahrungen als Reporter und Redakteur für die Praxis zusammengestellt.

Die Frage, welches Reportergerät man sinnvollerweise benutzt, ist zwar wichtig, aber es gibt keine eindeutige Antwort. Grundsätzlich muß man sich zwischen einem Tonbandgerät mit Bandspulen und relativ hoher Bandgeschwindigkeit (19 cm pro Sekunde) und Kassettengeräten entscheiden. Bei dieser Entscheidung ist die Tonqualität, wenn man Sprachaufnahmen machen will, inzwischen von untergeordneter Bedeutung.

Auch mit professionellen Kassettengeräten lassen sich heute Aufnahmen in hervorragender Qualität herstellen. Das Spulengerät hat für den Radiojournalisten zwei wesentliche Vorteile. Zum einen kann man darauf einfache Schnitte vornehmen, zum Beispiel unterwegs selbst Originaltöne vorbereiten. Zum anderen bedeutet ein Bandriß keine Katastrophe, sondern man kann ein gerissenes Band kleben, und der Betrieb kann weitergehen.

Beim Kassettengerät ist ein Bandschaden so gut wie nicht zu beheben. Eine wichtige Aufnahme ist unter Umständen verloren. Deshalb entscheiden sich erfahrene Reporter bei ganz wichtigen Aufnahmen, die nur schwer zu wiederholen sind, für das Spulengerät. Diese Geräte haben einen entscheidenden Nachteil: Sie sind meist erheblich schwerer als Kassettengeräte, und in Funkhäusern nur noch selten verfügbar.

Selbstverständlich gibt es, wie oben erwähnt, seit langem digitale Aufnahmegeräte für Außenaufnahmen: DAT-Recorder, Mini-Disc-Recorder, tragbare Festplattengeräte. Sie liefern sehr gute Qualität der Aufnahmen. Daß sie sich im Radiobetrieb noch nicht durchgesetzt haben , liegt zum einen an der oftmals fehlenden Kompatibilität mit vorhandenen Systemen, insbesondere in den Studios. Ein weiteres Handicap ist die Tatsache, daß noch zu viele Systeme nebeneinander existieren und noch völlig offen ist, welches der unterschiedlichen Aufnahmesysteme sich letztlich durchsetzen wird. So wird also der klassische Profi-Kassetten-Recorder noch lange eine wichtige Rolle spielen, zumal es keine Probleme gibt, Kassetten-Aufnahmen in digitale Studiosysteme einzuspielen.

Mindestens ebenso wichtig wie das Aufnahmegerät ist die Wahl des richtigen Mikrofons. Hierfür gibt es keine allgemein gültigen Regeln. Es kommt nämlich sehr wesentlich darauf an, unter welchen Bedingungen man welche Aufnahmen machen will. (Im Freien oder in Räumen, mit Nebengeräuschen oder ohne, mit einem oder mehreren Gesprächspartnern usw.).
Hier ist der gute Rat von Rundfunktechnikern gefragt. Einige Grundregeln finden sich in dem Abschnitt »Die Produktionsmittel und ihr Einsatz«.

Eine ebenso wichtige Frage ist, ob man sich für ein Gerät mit automatischer oder manueller Aussteuerung entscheidet. Die Antwort: Wenn ein automatisches Gerät gewählt wird, dann sollte die Automatik abschaltbar sein. Man sollte auf jeden Fall die Möglichkeit haben, selbst auszusteuern.

Es gibt immer wieder Extrem-Situationen, in denen die Automatik Probleme bereitet. Laufende Kolbenmotoren, die eine automatische Aussteuerung buchstäblich verwirren oder leise zischende Klimaanlagen haben schon manche Aufnahme unbrauchbar gemacht. Die Sorge, daß man sich bei der Handaussteuerung nicht genügend auf das Gespräch oder die Reportage konzentrieren könne, ist unbegründet. Wenn man das Gerät auf einem mittleren Pegel und auf die eigene Stimme einstellt, kann man extrem unterschiedliche Lautstärken – etwa bei einem Gesprächspartner – durch den Mikrofonabstand korrigieren.

Wichtig ist, sich vor jeder Aufnahme mit dem Gerät vertraut zu machen, es sei denn, man besitzt ein eigenes, das man ständig benutzt. Selbst Geräte gleichen Typs, die man in Funkhäusern vor einer Aufnahme ausleiht, können in sehr unterschiedlichem Zustand sein und bei der Aufnahme bezüglich des Aufnahmepegels ganz unterschiedlich reagieren. Eine kurze Probeaufnahme (vor dem Verlassen des Hauses, um gegebenenfalls das Gerät wechseln zu können) zeigt auch, ob die Batterien noch genügend Spannung haben und das Gerät wirklich läuft.

Das richtige Halten des Mikrofons kann technisch schlechte Aufnahmen vermeiden. Hier machen sogar altgediente Radiojournalisten immer wieder Fehler.

Die Beachtung der alten Reporterregel, eine Kabelschleife zu bilden und diese mit dem Mikrofon richtig festzuhalten, verhindert störende Nebengeräusche. Ein freihängendes Mikrofonkabel vermeidet Störgeräusche, die entstehen, wenn das Kabel etwa beim Interview gegen eine Tischkante oder ähnliches schlägt. Deshalb ist es sinnvoll, möglichst nahe bei einem Gesprächspartner zu stehen oder zu sitzen. Dies vermeidet allzu viele Bewegungen mit dem Mikrofon, die immer »störgeräusch-trächtig« sind.

Es ist deshalb zum Beispiel nicht günstig, ein Interview über einen Tisch hinweg zu führen. Dabei wechselt auch naturgemäß der Abstand des Reporters und des Interviewpartners zum Mikrofon. Der Abstand sollte möglichst genug sein, damit das Mikrofon nicht sehr stark bewegt werden muß. Überdies bewirkt ein nahe beim Sprecher befindliches Mikrofon, daß möglicherweise vorhandene Nebengeräusche im Hintergrund bleiben und den Sprecher nicht überdecken.

Problematisch kann bei Aufnahmen im Freien der Wind sein. Man sollte das Mikrofon stets so halten, daß es nicht unmittelbar dem Windzug ausgesetzt ist, weil sonst das Windgeräusch eine Aufnahme unbrauchbar machen kann. Muß eine Aufnahme im Luftzug stattfinden, muß ein Windschutz auf das Mikrofon gesteckt werden, unter Umständen genügt ein über das Mikrofon gezogenes Taschentuch oder ähnliches.

Man vermeide – dies ist ein typischer Anfängerfehler beim Interview Laute, die den Gesprächspartner »kommentieren«, zum Beispiel »äh - jaja« usw. Sie wirken nicht nur störend, sondern signalisieren dem Zuhörer die Ungeduld des Reporters. Ein Reporter sollte zwar kritisch fragen, dabei aber souverän, ruhig und sympathisch wirken. (vergleiche »Radiojournalistische Formen« – »Das Interview«)

Mit welcher Technik auch immer Außenaufnahmen hergestellt werden, mit DAT-Recorder, Mini-Disc-Recorder etc. oder – wie sicherlich noch lange Zeit – mit dem traditionellen Cassetten-Recorder: die Aufnahmen müssen im Studio bearbeitet werden, d. h. sie werden analog oder digital geschnitten.

Angesichts immer knapper werdender Studiokapazitäten muß das Schneiden gründlich vorbereitet werden. Die Schnittvorbereitung beginnt bei der Aufnahme. Ein guter Reporter nimmt nicht wesentlich mehr auf als nachher auch verwendet wird. Handelt es sich um ein Interview, so müssen eine Disposition (vergleiche »Radiojournalistische Formen«) und das Vorgespräch so angelegt sein, daß ein Interview bei der Aufnahme nur unwesentlich länger wird als geplant ist und dann zur Sendung kommt. Es ist nicht nur unprofessionell, sondern auch manipulativ, zehn oder gar fünfzehn Minuten aufzunehmen, um dann drei bis vier Minuten zu senden.

Werden, was immer häufiger vorkommt, Originaltöne für einen sogenannten »gebauten« Beitrag aufgenommen (vergleiche »Radiojournalistische Formen«), dann gilt das gleiche. Auch hier darf nicht ein langes Interview geführt werden, aus dem dann kurze Einzelpassagen verwendet werden.

Aufgenommenes und gesendetes Material müssen in einem angemessenen Verhältnis stehen. Dieses ist zwar nicht zu beziffern, aber es kommt vor allem darauf an, daß der Gesamtzusammenhang erkennbar bleibt und der Gesprächspartner fair behandelt wird.

Auf jeden Fall bereitet ein guter Reporter den Schnitt so vor, daß nur die Passagen umgeschnitten werden, die wirklich zu verwenden sind. Man schneidet also nicht auf Verdacht erst einmal alles um, um dann das Benötigte zu suchen. Die Festlegung, was genommen wird, erfolgt auf dem Reportergerät zu Hause oder im Büro. Man notiert unter Zuhilfenahme einer Stoppuhr die Passagen, die dann im Studio umgeschnitten werden sollen.

Auf diese Weise wird keine kostbare Studiozeit vergeudet. Das Studio wird für Textaufnahmen, den »Feinschnitt« der Originaltöne sowie für das Mischen von Text, O-Ton und gegebenenfalls Musik benutzt. Qualifizierte Tontechniker und teuere Studios dürfen nicht für zeitraubende Vorarbeiten mißbraucht werden.

Viele Reporter und Redakteure machen auch den »Feinschnitt« selbst; sie schneiden ihre Interviews bzw. bereiten ihre O-Töne so vor, daß sie live in eine Sendung eingespielt werden können. Dies ist auch für Nichttechniker erlernbar. Man sollte sich aber an solche Tätigkeiten als Journalist erst dann heranwagen, wenn man sie erlernt hat. Sie bedürfen vor allem langer Übung.

Einige wenige Schnittregeln, deren Kenntnis aber das Üben nicht ersetzen:

- Der Schnitt beginnt bei der Aufnahme (siehe oben).
- Hintergrundgeräusche länger aufnehmen als die Sprache, damit man blenden kann und keine harten, hörbaren Schnitte machen muß.
- Nur Schneiden, wenn die Stimme »unten« ist. Findet sich keine entsprechende Stelle, dann sucht man ein »und« oder »äh« und fährt damit und dem folgenden Satz fort. Dieses Verfahren funktioniert logischerweise nur innerhalb einer Wortpassage, nicht am Ende.
- Man schneidet grundsätzlich »hart« vor einem Wort. So bleibt der Atem nach einem Wort stehen, und man kann leichter anschließen.
- Sollte ein Schnitt am Ende einer Passage, vor allem in einer Interview-Antwort notwendig sein, dann schneidet man die nächste Frage direkt an die geschnittene Antwort. Der Reporter fällt dem Befragten »ins Wort«, aber so ist der Schnitt nicht so deutlich zu hören. Diese Methode sollte allerdings die Ausnahme sein.
- Bei Versprechern wird eine möglichst lange Passage wiederholt. Man hat dann bessere Schnittmöglichkeiten, weil man unter Umständen besser an einer anderen als der eigentlichen Fehlerstelle schneidet.
- Bei der Satzwiederholung nach einem Versprecher darf sich weder Tonfall noch Sprechtempo verändern, weil sonst der Schnitt hörbar wird.

7.3.4 Telefonberichterstattung – für die Aktualität unentbehrlich

Aus der aktuellen Berichterstattung ist das Telefon weniger denn je wegzudenken. Es hat in den 60er und 70er Jahren lange gedauert, bis Telefonqualität im Radioprogramm akzeptiert wurde. Dies hatte natürlich mit der großenteils unzureichenden Qualität der Leitungen damals zu tun – aber auch mit Vorurteilen von Programmachern und Technikern. Die Verbesserung der technischen Qualität und die Verfügbarkeit des Telefons praktisch an jedem Ort durch die Einführung von Mobiltelefonen und Satellitentelefonen (insbesondere für die internationale Berichterstattung) in guter Tonqualität haben der Telefonberichterstattung einen ungeahnten Boom gebracht.

Durch diese neuen Techniken kann das Radio seinen Status als schnellstes Informationsmedium halten. Der Reporter am Ort eines Geschehens benötigt lediglich ein Handy und kann oftmals zeitgleich mit dem Ereignis live berichten. Diese technischen Möglichkeiten verlangen auch wieder den Reporter, der ohne einen Interviewpartner verfügbar zu haben, in der Lage ist, eine spannende Reportage zu gestalten (vgl. Kapital »Reportage«).

Stationäre Telefone bieten heute noch einen zusätzlichen Vorteil. Das ISDN-System (Integrated Service Digital Network) ermöglicht Übertragungen in einer Qualität, die früher nur mit eigens geschalteten Rundfunkübertragungs-Leitungen und unter beträchtlichem Kostenaufwand zu realisieren war.

Auch das Anschalten von mobilen Aufnahmegeräten an Telefonanlagen oder gar an Mobiltelefone bereitet heute kaum noch Probleme. Noch bis in die Mitte der 90er Jahre war dies das Privileg technisch besonders versierter Reporter, die sich dabei oft auch noch am Rande der Legalität bewegten. Das Einspielen von Originaltönen in Telefonberichte ist somit zur Normalität geworden – ein Vorteil für das Programm.

Einige Regeln für die Telefonberichterstattung:
- Im Vorgespräch sollte man klären, daß der Telefon-Gesprächspartner während der Sendung angerufen wird und nicht seinerseits anrufen muß. Sonst sind längere Zeit beide Anschlüsse besetzt. Die Sendung verzögert sich oder muß gar ausfallen.
- Man rufe den Gesprächspartner rechtzeitig an, damit bei Leitungsstörungen ein weiterer Versuch möglich ist. So bleibt auch Zeit für ein Vorgespräch – sowohl mit der Senderegie als auch mit dem Moderator.
- Man erinnert als Moderator den Gesprächspartner im Vorgespräch daran, daß er laut und deutlich spricht, den Telefonhörer zur Vermeidung von Nebengeräuschen ruhig hält und – vor allem – das Radiogerät leise stellt, um Rückkoppelungsgeräusche zu vermeiden.

- Der Gesprächspartner muß deutlich darauf hingewiesen werden, wann das Vorgespräch beendet ist und wann er »auf Sendung« geschaltet wird.
- Man erspare sich bei der Sendung Begrüßungsfloskeln. Kein Zuhörer glaubt, daß dieses Interview ohne Vorgespräch abläuft. Im übrigen sind viele Gesprächspartner (mit Ausnahme interview-erfahrener Politiker und Showstars) leicht irritiert, wenn sie nachdem sie bereits eine Weile mit dem Moderator gesprochen haben, begrüßt werden:
Nicht: »Ich bin jetzt am Telefon verbunden mit dem Vorsitzenden des Tierschutzvereins, Franz Müller. Guten Tag Herr Müller, was sind die Themen Ihrer Konferenz?« Der Gesprächspartner wird nach der Begrüßung seinerseits mit Verzögerung »Guten Tag« sagen, was unter Umständen das Gespräch gleich zu Beginn ins Stocken bringt. Statt dessen: »Am Telefon jetzt ... Franz Müller. Herr Müller, was sind ... ?«
- Wenn man sich als Moderator am Telefon vom Gesprächspartner verabschiedet, sollte man diesem auch noch Gelegenheit zur Verabschiedung geben. Dies ist nicht nur höflicher, es klingt auch harmonischer. Oft hört man noch ein ausgeblendetes »Aufwiederhören«. Dies klingt wie ein »Hinauswurf« aus der Sendung. Die wenigen Sekunden Sendezeit, die ein geordneter Schluß eines Interviews kostet, sind leicht an anderer Stelle wieder einzusparen.
- Vergleiche zu diesem Komplex auch das Kapitel »Moderation«.

7.3.5 Die Produktionsmittel und ihr Einsatz

Das Radio als ein stark von der Technik bestimmtes Medium verlangt vom Journalisten nicht nur ein Minimum an technischem Verständnis, an Fähigkeiten mit technischem Gerät umzugehen, sondern auch einen Überblick, welche Produktionsmittel für welchen journalistischen Einsatz erforderlich sind.

»Produktionsmittel« heißt Mikrofon ebenso wie Reportergerät und Übertragungswagen. Zum Thema »Gerät« wurde vorstehend einiges gesagt. Die öffentlich-rechtlichen Rundfunkanstalten stellen den Reportern, die ja sehr oft freie Mitarbeiter sind, tragbare Geräte zur

Verfügung, entweder ad hoc zur Erfüllung des jeweiligen Auftrags, oft auch auf Dauer, wenn es sich um regelmäßige Mitarbeiter handelt.

Nicht wenige Reporter kaufen sich Privatgeräte, um diese immer zur Verfügung zu haben. Reporter im aktuellen Programm müssen – wollen sie wirklich für alle Fälle gewappnet sein – ihr Gerät stets mit sich führen. Sie können im Gegensatz zu Feature-Autoren usw. nicht vor dem Einsatz ein Gerät ausleihen.

Die Wahl des richtigen Mikrofons ist wichtig. Mit einem falschen Mikrofon können unwiederbringliche Situationen verloren gehen, weil die Aufnahme mißlingt.

Die Technik unterscheidet Mikrofone mit unterschiedlicher Richt-Charakteristik, und zwar die »Kugel«, »Niere« und die »Keule«.

Ein Mikrofon mit »Kugel-Charakteristik« nimmt Geräusche von allen Seiten auf, es ist also nicht zu empfehlen für Sprachaufnahmen, wenn die Nebengeräusche sehr laut sind. Diese könnten das gesprochene Wort überdecken. Für eine Diskussion mit mehreren Teilnehmern ist ein Kugelmikrofon demgegenüber gut geeignet, auch zum Beispiel für ein Interview mit wenig »Bewegungsspielraum«, wenn der Reporter sein Mikrofon nicht zwischen dem Gesprächspartner und sich selbst hin und her bewegen kann und es – etwa im dichten Gedränge – in einer »mittleren Position« hält.

Muß eine Sprachaufnahme an einem Ort mit lauten Nebengeräuschen gemacht werden, empfiehlt sich ein Mikrofon mit Nieren-Charakteristik. Geräusche, die von hinten kommen, werden praktisch ausgeblendet. Geht man beim Sprechen näher als die üblichen 30 cm an das Mikrofon mit »Nieren-Charakteristik« heran, dann kann man auch bei extrem starken engeräuschen noch brauchbare Aufnahmen erzielen.

Das Mikrofon mit »Keulen-Charakteristik« wird von Technikern auch als das »Teleobjektiv« unter den Mikrofonen bezeichnet. Diesen Mikrofontyp benutzt ein Reporter ohne die Unterstützung der Technik nur im Ausnahmefall. Zwar kann man Wortaufnahmen über mehrere Meter Entfernung in guter Qualität herstellen, aber hier ist ein sofortiges Abhören der Aufnahme besonders wichtig, denn Nebengeräusche im Aufnahmebereich dieses Mikrofons werden oft unerwartet laut wiedergegeben und können den eigentlich »angepeilten« Sprecher bis zur Unhörbarkeit überdecken.

Die Wahl des »richtigen« Mikrofons ist also mindestens ebenso wichtig wie die des Aufnahmegeräts. Selbst bei Aufnahmen mit einem relativ einfachen Gerät kann die Benutzung eines guten Mikrofons bemerkenswert gute Aufnahmen bewirken. Gleichwohl ist immer professionelles Gerät zu empfehlen. Viele Hörer werden im Auto erreicht, oft werden Sendungen, obwohl aufwendige Stereoanlagen vorhanden sind, mit kleinen Geräten in Küche oder Bad gehört, d.h. man sollte die Hörbarkeit nicht noch durch unzureichende Aufnahmequalität verschlechtern.

Für größere Ereignisse – auch im aktuellen Bereich – ist ein Übertragungswagen erforderlich. Es soll hier nicht von Veranstaltungen im Musikbereich (U- oder E-Musik) oder von Shows die Rede sein. Hier erfolgt die Disposition des Geräteeinsatzes durch Fachleute der Technik, die im Gespräch mit den Programm-Produzenten entscheiden, welcher Übertragungswagen wo eingesetzt wird.

Die Anforderungen an die Redaktionen sind in diesem Bereich in den letzten Jahren erheblich gestiegen und werden weiter steigen. Grund dafür ist die sogenannte dezentrale Kostenverantwortung, die in immer mehr Funkhäusern eingeführt wird. Dieses System bedeutet, daß ein für eine Sendung verantwortlicher Redakteur nicht nur die reinen Programmkosten zu kontrollieren und zu verantworten hat, sondern auch die Kosten für den Einsatz von Produktionsmitteln, z. B. für Ü-Wagen.

Für journalistische Einsätze benötigt ein Redakteur aber einige Grundkenntnisse im Bereich der Technik. Die Funkhäuser verfügen heute nahezu ausnahmslos nicht nur über Übertragungswagen, die zur Übertragung eine Leitungsverbindung zum Funkhaus benötigen, sondern auch über solche Wagen, die Beiträge drahtlos übermitteln können. Dabei handelt es sich meist um sogenannte Schnellreportage-Wagen, kleine bis mittelgroße, wendige Fahrzeuge, die im Gegensatz zu den »echten« Ü-Wagen über eine einfachere technische Ausstattung verfügen. Sie ist aber für die aktuelle Berichterstattung völlig ausreichend.

Ein Ü-Wagen, der eine Ü-Leitung benötigt, kommt ohnehin nur für die Berichterstattung von Ereignissen in Betracht, die vorher bekannt sind, da die Telecom als Inhaberin des Leitungsmonopols einen Vorlauf von vielen Stunden für das Schalten einer Übertragungsleitung verlangt.

Aktuelle Berichterstattung erfolgt also mit Wagen, die drahtlos mit dem Funkhaus oder einer Relais-Station (z.B. ein Regionalstudio oder eine Sendestation) verbunden sind. Dies schränkt naturgemäß den Aktionsradius ein, da die Reichweiten durch die Topographie bedingt unterschiedlich sind, es sei denn man verfügt über Satellitenstrecken.

Im Übertragungswagen können ebenso wie im Schnellreportage-Wagen Aufnahmen, die zuvor mit tragbaren Geräten hergestellt worden sind, kopiert und geschnitten werden. Mischungen von Reportertext und Originaltönen sind zwar grundsätzlich möglich. Man sollte sie jedoch wegen des zusätzlichen Aufwandes und des Zeitverlustes vermeiden.

Erfahrene Reporter – und nur solche sollten mit dem Ü-Wagen arbeiten schneiden ihre O-Töne und sprechen die Zwischentexte live. Die O-Töne werden dann entweder nach Ablaufplan oder auf Handzeichen vom Techniker vom Ü-Wagen während der Live-Übertragung zugespielt.

Der Ü-Wagen wird sehr oft – sowohl bei aktuellen politischen Ereignissen, Katastrophen u. ä. und regelmäßig bei Sportübertragungen – für die »echte« Reportage eingesetzt, d.h. ein Reporter schildert (ohne Zuspielungen) live das Ereignis, das er beobachtet (vergleiche »Radiojournalistische Formen« – »Reportage«).

Ü-Wagen sind oft auch zusätzlich mit drahtlosen Mikrofonen ausgerüstet. Bei Großereignissen und im Gelände ist der Reporter damit beweglich und kann ganz unmittelbar berichten.

Außenübertragungen erfordern neben der Ü-Leitung eine Rückleitung, damit sowohl die Ü-Wagen-Mannschaft als auch der Reporter das laufende Programm verfolgen können. Nur so ist ein glatter »Einstieg« des Reporters möglich, denn die Anmoderation für einen Live-Bericht kommt über diese Rückleitung. Befindet sich die Übertragungsstelle im Bereich der Sender, die das Programm abstrahlen, für das berichtet wird, so kann man auf die teuere Rückleitung verzichten und Statt dessen das laufende Programm aus der »Luft« empfangen und es dem Reporter auf den Kopfhörer geben.

Der Kopfhörer ist für Live-Sendungen ebenso wichtig wie das Mikrofon. Sowohl im Studio als auch bei einer Außenübertragung muß jeder, der am Mikrofon arbeitet, einen Kopfhörer benutzen. Nur so ist eine Kommunikation mit der Senderegie möglich; d.h. bei offenem Mikrofon kommen Regie-Kommandos über den Kopfhörer. »Quittiert« werden diese »non-verbal« durch Handzeichen oder Gesten.

Der Kopfhörer wird von Profis auch deshalb stets benutzt, um zum Beispiel in der Moderation weiche Übergänge zu Musik- und Wortbeiträgen zu schaffen. Da die Studio-Lautsprecher abgeschaltet werden, sobald das Mikrofon geöffnet wird, kann man das laufende Programm (etwa eine Musikblende) nur über Kopfhörer verfolgen und sich als Sprecher »weich einklinken«.

Bei Außenreportagen ist der Kopfhörer geradezu lebenswichtig, weil man sonst seinen »Einsatz« gar nicht mitbekommt. Gleiches gilt für Telefon-Interviews. Man hört den Gesprächspartner über Kopfhörer und spricht seinerseits über das Studiomikrofon. Die Zeiten des Telefonhörers am Mikrofon sind seit langem vorbei.

Übertragungs- bzw. Schnellreportage-Wagen sind quasi mobile Studios. Sie sind teuer und haben die beschriebenen Funktionen. Häufig werden sie als Transportfahrzeuge für einen Reporter mißbraucht, dann nämlich, wenn ein Reporter einen Ü-Wagen benutzt, um irgendwo ein Interview aufzuzeichnen, das dann nach Rückkehr ins Funkhaus bearbeitet und gesendet wird. Muß ein solches Gespräch live gesendet werden, dann ist der Einsatz des Ü-Wagens gerechtfertigt.

Die Übermittlung von Beiträgen – live oder vorher aufgezeichnet – kann auf drei Wegen erfolgen (sieht man einmal vom Versand eines Tonbandes mit einem nicht aktuellen Beitrag per Post ab), und zwar einmal per Übertragungsleitung (siehe oben), die von der Telekom zeitweise oder auf Dauer geschaltet wird und für die eine Rundfunkanstalt sehr viel Geld bezahlen muß. Der zweite Weg ist die oben ebenfalls geschilderte Funkstrecke, und schließlich gibt es die Möglichkeit der Benutzung des Telefons.

Im Zusammenhang mit dem Thema »Übertragungsleitungen« muß noch das ARD-Leitungsnetz erwähnt werden. Zwischen den ARD-Anstalten findet regelmäßig ein intensiver Austausch von aktuellen und nicht aktuellen Programmbeiträgen statt. Jeder kooperiert mit jedem, die Korrespondenten im Ausland sind an unterschiedliche Rundfunkanstalten »angebunden«. Ihre Berichte werden aber auch von anderen Häusern genutzt, d.h. sie müssen innerhalb der ARD per Leitung überspielt werden.

In früheren Jahren geschah dies auf zeitweise geschalteten Leitungen. Eine dramatische Preiserhöhung durch die damalige Bundespost führte bereits vor Jahren zur Anmietung eines Dauerleitungsnetzes. Die ARD entwickelte ein sternförmiges Leitungssystem, das von der Post geschaltet und von der ARD gemietet wird. Auf Dauer sind so alle Funkhäuser mit dem sogenannten ARD-Sternpunkt in Frankfurt verbunden. Dort schaltet ein Großrechner je nach Anforderung der jeweiligen Rundfunkanstalt die gewünschten Leitungsverbindungen. Jedes Haus ist über den Schaltstern in Frankfurt also mit jedem anderen verbunden. Aktuelle Überspielungen zwischen allen Häusern sind somit jederzeit und kurzfristig möglich. Freie Leitungskapazitäten können für die Übermittlung nicht aktueller Beiträge, wie zum Beispiel Hörspiele, Features und Konzerte genutzt werden.

Im aktuellen Rundfunkbetrieb werden heute vielfach die Beiträge telefonisch übermittelt. Auch bei der Beteiligung der Hörer am Programm (Anruf-Sendungen) spielt das Telefon eine immer größere Rolle.

Um eine Telefonleitung im Studio auf den Sendeweg zu schalten, werden sogenannte ANGs, d.h. Anschaltgeräte verwendet. Die modernere Form heißt Telefon-Hybrid. Telefonisch übermittelte Reporterberichte oder Interviews über Telefon sind oft unvermeidbar, weil es im aktuellen Programm keine andere Möglichkeit der Übermittlung gibt. Die Übertragungsqualität hängt aber von der Qualität der Telefonleitung ab. Abgesehen davon, daß das Telefon in diesem Zusammenhang immer eine Notlösung ist (man denke auch hier an die Hörsituation, zum Beispiel im Auto bei Verkehrslärm usw.), hat das Radio durch die Telefon-Berichterstattung beträchtlich an Aktualität gewonnen. Nur mit Hilfe telefonischer Reporterberichte konnte das Radio seine Position als schnellstes Medium behaupten, viele »Vor-Ort-Berichte« wären sonst kaum realisierbar. Heute erschließt das Mobiltelefon neue großartige Möglichkeiten.

Dennoch ist das Telefon in der Regel allenfalls die zweitbeste Lösung, man darf sich vor allem nicht aus Bequemlichkeit mit einem Telefonbericht zufrieden geben. Bei einem aktuellen Ereignis ist es sinnvoll, die ersten Berichte telefonisch zu übermitteln, um keine Zeit zu verlieren. Dauert dieses Ereignis aber über einige Zeit an, dann sollte man sich um einen Übertragungswagen bemühen.

Die Einführung der oben bereits erwähnten ISDN-Technik hat allerdings gewaltige Verbesserungen in der Übertragungsqualität gebracht. Dieses digitale System bietet heute oft eine Tonqualität, die bei der Übertragung von Wortbeiträgen von der Übertragung mittels klassischen Rundfunkleitungen kaum zu unterscheiden ist. Allerdings gibt es ISDN-Netze bei weitem noch nicht überall. In vielen Teilen der Welt wird man noch lange mit herkömmlichen Telefonleitungen und den damit verbundenen Problemen leben müssen. In besonders wichtigen Fällen, z. B. beim Einsatz in Krisengebieten, werden mobile Satellitentelefone eingesetzt, ein leistungsfähiges, aber sehr aufwendiges System.

Sehr gut, aber leider in Deutschland nicht zugelassen, sind Geräte, mit denen ein Reporter die Telefonqualität verbessern kann. Eine Verbesserung der Qualität ist auch zu erzielen, indem man ein gutes Reportagegerät zwischenschaltet, d.h. das Gerät gleichsam als Verstärker benutzt und statt des Telefonhörers das Mikrofon und die Kopfhörer des Aufnahmegerätes verwendet. So kann man Interviews, die mit dem Telefonhörer schwierig sind und mit einigem Geschick sogar Originaltöne einspielen.

Im Ausland ist dieses praktische Verfahren üblich, bei uns ist es nicht zugelassen und wird oft überdies von Rundfunktechnikern nicht gerne gesehen. Eine – vielleicht unerlaubte – Empfehlung: »Behutsam versuchen und nicht darüber reden.« Doch diese Hilfskonstruktionen sind zum Glück heute nur noch dort erforderlich, wo es ISDN und Satellitentelefone noch nicht gibt.

Kapitel 8:
Externe Einflüsse –
journalistische Unabhängigkeit

Der Außeneinfluß auf Radiojournalisten ist größer als mancher wahrhaben möchte. Über die Probleme mit der »alltäglichen Nachrichtensperre« wurde bereits gesprochen, das heißt, Sprecher von Regierungen, Institutionen und Firmen sagen nicht, was geschehen ist oder was gesagt wurde, sondern was die Öffentlichkeit erfahren soll. Ein weiteres Feld der Außensteuerung der Informationsvermittlung ist der große Bereich der Public Relations Aktivitäten (politische und nicht politische), von denen die Informationsmedien immer stärker abhängen, und die Beeinflussung der Medien-Berichterstattung durch verbrecherische Aktivitäten (Terrorismus, Geiselnahme usw.). Hinzu kommen noch die Einflußversuche von Politikern auf Funkhäuser und einzelne Radiojournalisten.

Die Probleme der Außenbeeinflussung sollen hier deshalb erörtert werden, weil man sie als Radiojournalist nur sehr bedingt beeinflussen oder gar lösen kann. Sie sollten aber jedem Journalisten bewußt sein. Nur so ist zu verhindern, daß man auf jede PR-Aktion hereinfällt und daß man sich im Fall von Terrorakten usw. falsch verhält, denn die Medien sind in solchen Fällen fast immer, oftmals sogar direkt und aktiv beteiligt.

Die erwähnten Einflußversuche von Politikern auf die Programmgestaltung in Funkhäusern sind um so gefährlicher, je angreifbarer die Programmverantwortlichen auf allen Ebenen sind, das heißt, wie abhängig sie sind und wie stark ihre persönliche Karriere von der Politik bestimmt ist. Dabei muß man sich davor hüten, alles Übel bei Leuten zu sehen, die parteigebunden sind und alle Parteilosen als nicht beeinflußbar zu betrachten. Oft bemühen sich gerade Parteimitglieder um besondere Objektivität und versuchen Außeneinflüsse abzuwehren. Nicht Parteigebundene, die in manchen Häusern naturgemäß nicht ohne politischen Hintergrund in bestimmte Positionen gekommen sind, neigen zum Taktieren und sind unter Umständen geneigter,

Einflüssen nachzugeben, weil sie sich die Mehrheit einmal hier und ein andermal woanders holen zu müssen glauben. Doch dieses Problem kann man nur zur Kenntnis nehmen, lösbar ist es kaum. Den PR-Aktivitäten müssen Journalisten aber nicht tatenlos zusehen. Die beiden amerikanischen Medienforscher Jeff und Marie Blyskal haben im Jahre 1985 herausgefunden, daß in den USA 40 bis 50 Prozent aller »News Stories« auf PR-Aktivitäten basieren. In lokalen Radio und Fernsehstationen ist dieser Anteil noch höher.[38] Bei uns gibt es eine ähnliche Entwicklung. Private Radiostationen, die versuchen müssen, mit möglichst geringem Finanzaufwand ein attraktives Programm zu gestalten, sind anfällig gegen Angebote von Firmen und Institutionen.

Wenn zum Beispiel das Bundesverteidigungsministerium professionell gemachte, gebaute Beiträge über aktuelle Bundeswehrthemen fertigt und auf Cassette anbietet, wenn Parteien einen »O-Tondienst« herausgeben, der telefonisch abrufbar ist und wenn Firmen O-Ton Statements ihrer Spitzenleute auf Kassette zur Verfügung stellen, dann ist die Versuchung schon recht groß, diesen bequemen Weg zu gehen. Die meisten – insbesondere die politischen PR-Aktivitäten – laufen wesentlich subtiler. Dabei ist allerdings zu beobachten, daß Journalisten zwar bei Wirtschafts-PR sehr zurückhaltend sind, sich gegenüber Polit-PR um so offener zeigen. Bekanntlich ist aber bei weitem nicht alles, was Politiker sagen, Information und auch längst nicht alles, was Firmen mitteilen, ist Produktwerbung. Es gibt Politiker, die keine Gelegenheit auslassen, sich in Szene zu setzen. Wenn ein Bundesminister mit dem Fallschirm mitten in eine Pressekonferenz hinein abspringt, um letztlich nichts Neues mitzuteilen, dann muß die Kritik dem Journalisten gelten, der gekommen ist und berichtet, nicht aber dem Minister. Wenn demgegenüber ein Industrieunternehmen den Grundstein für ein neues Werk mit großem publizistischen Aufwand legt, dann ist dies zumindest unter Arbeitsmarkt-Gesichtspunkten ein wichtiges Thema. Von vielen Journalisten wird dies aber umgekehrt gesehen und entsprechend spiegelt sich der jeweilige Vorgang in den Medien oder auch nicht.

Man sollte sich auch stets vor Augen führen, wie viele Ereignisse für die elektronischen Medien im wahrsten Sinne des Wortes inszeniert

---

[38] Jeff und Mary Blyskal, How the PR-Industry writes the News, New York 1985

werden. Da ist zunächst der Bundestag. Es fällt auf, wie sehr sich Debatten, die von Radio und Fernsehen übertragen werden, von denen unterscheiden, bei denen die elektronischen Medien nicht aktiv dabei sind. Sogar Rednerlisten werden danach gestaltet, damit die Spitzenpolitiker der verschiedenen Parteien zu den Zeiten auftreten, zu denen die Übertragungen noch laufen und zu denen die meisten Hörer erwartet werden können. Selbst der Karneval wird zur Medieninszenierung. Jeder Kenner wird bestätigen, daß karnevalistische Sitzungen völlig anders als üblich verlaufen, wenn Radio und Fernsehen dabei sind. Seit langer Zeit werden »Jahre« inszeniert: »Jahr des Baums, Jahr des Kindes, Jahr des ... « – der Phantasie sind keine Grenzen gesetzt. Dabei sind all dies Inszenierungen, um bestimmten Themen für eine gewisse Zeit eine öffentliche Aufmerksamkeit zu garantieren. Selbstverständlich wird auch der 100tausendste Besucher eines zoologischen Gartens zur Medieninszenierung. »Rein zufällig« ist dieser 100tausendste Besucher nicht ein türkischer Arbeiter, der möglicherweise wirklich die entsprechende Eintrittskarte erworben hat, sondern eine junge, attraktive Mutter mit ihrem Kind an der Hand. Sie läßt sich, weil fotogen und mikrofonsicher, besser in den Medien in Szene setzen als der erwähnte Türke.

Schlimm ist, wenn politische Demonstrationen zur Medieninszenierung verkommen. Es kommt immer wieder vor, daß Demonstrationen von dem Augenblick einen anderen Verlauf nehmen, wenn Journalisten anwesend sind, insbesondere solche mit Mikrofonen und Kameras. Aus diesem Grunde hat die amerikanische Radio- und Fernsehgesellschaft CBS in ihren bereits erwähnten »News Standards« den Grundsatz festgeschrieben, daß CBS Radio- und Fernsehteanis, sollte sich ein Ereignis wegen ihres Auftretens verändern, sofort die Szene zu verlassen haben.

Der Grund für die immer stärker werdenden Versuche, durch PR-Aktivitäten in die Medien zu kommen, besteht darin, daß die PR-Bereiche von politischen Institutionen, Verbänden und Firmen viel stärker professionalisiert sind. Immer häufiger sitzen in Pressestellen und PR-Abteilungen gut ausgebildete Journalisten oder Firmenmitarbeiter mit Aufgaben in der Öffentlichkeitsarbeit. Diese journalistisch gut geschulten Öffentlichkeitsarbeiter wissen genau, welches die Schwelle ist, die bei den »Gatekeeper«, also denjenigen, die Informationen auswählen, überschritten werden muß, damit aus einer PR-

Aktivität eine Nachricht oder ein Interview wird. Im Grundsatz ist es zu begrüßen, daß PR-Leute professionell geschult sind. Man hat als Journalist dadurch qualifiziertere Gesprächspartner. Umgekehrt sollte man auch als Journalist, der mit der Auswahl von Informationen betraut ist, zumindest die Grundzüge und Mechanismen der Öffentlichkeitsarbeit kennen. Sie nur als »Werbung« abzutun ist nicht nur unprofessionell, sondern verschüttet auch so manche wichtige Information.

Einen besonders eindrucksvollen Erfolg verzeichneten die PR-Profis des amerikanischen Pharmakonzerns Johnson und Johnson Mitte der 80er Jahre. Als ein Schmerzmittel dieser Firma als angebliche Ursache für den Tod mehrerer Menschen ins Gerede gekommen war, verhielt sich die Firmenleitung aufgrund der Empfehlung ihrer PR-Leute völlig anders, als dies viele Firmen in schwierigen Situationen bisher getan hatten. Sie praktizierte eine totale Offenheit, man beschönigte nichts, sondern gab ausführliche, sachliche Erklärungen. Der gesamte Vorstand stellte sich den Medien zu Interviews und ließ sich nicht – wie sonst oft üblich – abschirmen. Das Ergebnis: Die Firma erzielte trotz der Probleme einen beträchtlichen Vertrauensgewinn. Das ins Gerede gekommene Präparat kam in verbesserter Form und nicht etwa unter einem neuen Namen, sondern unter derselben Bezeichnung wieder auf den Markt. Der Umsatz sank nicht etwa, sondern er stieg.

Probleme im Zusammenhang mit dem Thema Außenbeeinflussung« ergeben sich in den letzten Jahren auch durch die Tatsache, daß immer häufiger Radiosendungen, auch im öffentlich-rechtlichen Rundfunk, von Sponsoren unterstützt werden. Gewiß sind viele anspruchsvolle Sendungen ohne Sponsoring kaum noch realisierbar. Gefahr für die Unabhängigkeit der Programmgestaltung besteht dann, wenn es um Informationssendungen geht, die – zumindest nach den Regeln beim öffentlich-rechtlichen Rundfunk – nicht gesponsert werden dürfen. Geringer ist das Risiko sicherlich im Unterhaltungsbereich.

Auch im Bereich des politisch motivierten Terrorismus spielt die Außenbeeinflussung der Medien eine Rolle. Hier ist das Radio ein besonders wichtiges Instrument. Da ein Radiogerät praktisch überall verfügbar ist und Radiostationen wegen ihres geringen technischen

Produktionsaufwandes besonders leicht zu instrumentalisieren sind, sollte man als Radiojournalist die Probleme zumindest kennen.

Der langjährige Mitarbeiter des amerikanischen Radio- und Fernsehsystems CBS (Columbia Broadcasting System), Daniel Schorr, hat einmal gesagt: »Terroristen kapern nicht eigentlich Flugzeuge, sie kapern die Medien«. Genau so ist es. Terroristen agieren nicht zuletzt, weil sie für ihre Ziele eine öffentliche Plattform gewinnen wollen.

Spätestens seit dem Algerienkrieg Anfang der Sechziger Jahre weiß man, daß Guerillakämpfer zu Terrormethoden übergehen, um eine besondere Medienwirkung zu erzielen. Der FLN-Führer Abane Ramdane sagte 1962: »Es ist besser, 10 Gegner mitten in Algier umzubringen als irgendwo auf dem Lande. Dann steht es am nächsten Tag in der Weltpresse.« Mit anderen Worten, so zynisch dies auch klingen mag: Man legt die Bomben dort, wo die Korrespondenten sind. Mao Tse Tung hat einmal während der chinesischen Revolution gesagt: »Wenn erst einmal die öffentliche Meinung gewonnen ist, dann ist auch der Gegner schnell besiegt.«

Bei Terroristen zählt, wie gesagt, weniger der terroristische Akt als solcher, sondern vielmehr die öffentliche Wirkung mit Hilfe der Medien. Insofern sind auch die Vorschläge unrealistisch, die Medien sollten Terrorakte totschweigen, dann würden diese Taten möglicherweise unterbleiben. Im Gegenteil: Ein solches Verhalten der Medien würde Terroristen eher zur Eskalation veranlassen, und zwar so lange, bis Zeitungen, Radio und Fernsehen gar nicht mehr anders können, als darauf einzugehen. Ganz abgesehen davon, daß es ohnehin kaum möglich sein dürfte, alle Medien zusammen zu einem Stillhalten, das heißt zu einem Publikationsverzicht zu bewegen.

Die Journalisten, und hier besonders die beim Radio, sind auf vielfältige Weise von terroristischen Aktionen betroffen. Da ist zunächst die Quellenproblematik. Die eigene Recherche ist oft durch totale Abschirmung eines Ereignisses seitens der Behörden erschwert. Es kommen somit oft als Quellen nur die Behörden selbst in Frage und die Terroristen, soweit sie sich an die Öffentlichkeit wenden, was in der Regel aus den genannten Gründen der Fall ist.

Es gibt verschiedene »Interaktionen« von Journalisten und Informationsquellen in derartigen Fällen.[39]
- Ein Journalist beschafft sich unerlaubt Informationen (Abhören des Polizeifunks, Bestechung von Mitarbeitern einer Behörde etc.).
- Ein Journalist ist von einem Fall selbst betroffen (Sein Kind wird entführt).
- Ein Journalist oder eine Redaktion schaffen sich selbst eine Quelle (z.B. Söldner werden für Exclusivinterviews bezahlt).
- Ein Journalist droht einer Quelle (z.B. mit unangenehmer Berichterstattung).
- Ein Journalist und eine Quelle verbünden sich (PR-Journalismus).
- Eine Quelle erfindet ein Ereignis für die Medien (z.B. die Radiosender im zweiten Weltkrieg, die von England aus für Deutsche über angebliche Ereignisse in Deutschland berichteten, um die Bevölkerung zu verunsichern).
- Journalisten werden durch Behörden, etwa die Polizei, von einem Ereignis weggelockt – z.B. durch ein andernorts inszeniertes Ereignis – damit die Polizei am erstgenannten Ort ungestört arbeiten kann.
- Bestimmte Journalisten werden scheinbar oder tatsächlich bevorzugt, um gegebenenfalls zu schweigen (siehe oben »Vertrauensjournalisten«).

Wie Terroristen die Journalisten für ihre Zwecke einsetzen:
- Transport von Botschaften an die Öffentlichkeit. Hierbei ist das Radio in besonderer Weise betroffen, weil Publikationen über den Hörfunk von Terroristen leicht kontrolliert werden können.
- Beeinflussung der öffentlichen Meinung, z.B. durch das Verlangen, politische Erklärungen über das Radio abzugeben.
- Erreichen einer positiven Berichterstattung, indem man z.B. einzelne Geiseln freiläßt, damit diese sich in den Medien äußern. Sie werden vor ihrer Freilassung bedroht, und es wird gedroht, andere Geiseln zu töten, wenn nicht gewisse Äußerungen der Freigelassenen über das Radio ausgestrahlt werden.

---

[39] Vgl. auch Alex P. Schmid, Janny de Graaf, Violence as Communication, London, Beverly Hills 1982

- Opfer werden diskreditiert, indem Berichte über ihr angebliches Verhalten in der Gefangenschaft über Radio und Fernsehen verbreitet werden, z.B. durch die Erpressung von Redaktionen.
- Journalisten werden als Vermittler benutzt. In der jüngsten Vergangenheit gab es Fälle, in denen Terroristen oder andere Gewaltverbrecher mit Behörden nur unter der Bedingung verhandelt haben, daß Journalisten als »Zeugen« anwesend sind.
- Auch der umgekehrte Weg ist denkbar: Terroristen erfahren für sie wichtige Informationen aus dem Radio. Deshalb ist bei der Veröffentlichung von Einzelheiten über den Fahndungsstand, Polizeiaktionen etc. äußerste Vorsicht geboten. Man denke an den spektakulären Einsatz der Bundesgrenzschutztruppe GSG 9 bei der Entführung eines Lufthansaflugzeugs in Mogadischu im Jahre 1977. Damals hatte ein israelischer Funkamateur Funksprüche abgehört und Informationen über die unter strenger Geheimhaltung ablaufende Aktion an eine Nachrichtenagentur verkauft. Fast alle Nachrichtenredaktionen besaßen folglich diese Information. Damals entsprachen fast alle Redaktionen der dringenden Bitte des Einsatzstabes, auf eine Berichterstattung zu verzichten.

Bei all diesen Fällen gibt es Diskussionen innerhalb von Funkhäusern. Viele, das heißt sowohl Rundfunkverantwortliche als auch die tatsächlichen und die selbsternannten Experten, wissen hinterher alles ganz genau. Dabei wird aber vergessen, daß die Programmentscheidung nicht selten von einem einzelnen Redakteur unter höchstem Zeitdruck getroffen werden muß. Derartige Situationen kündigen sich naturgemäß vorher nicht an. Sie finden auch nicht immer während der Dienstzeit der Verantwortlichen statt. Sehr oft steht ein Redakteur in einer Nachrichtenredaktion zunächst allein mit dem Problem da. Es wird trotz aller Alarmpläne und Telefonnummernlisten, die oft nicht auf dem neuesten Stand sind und auf denen so manche Nummer lediglich aus Prestigegründen steht, zunächst eine Zeit geben, in der mit Entscheidungshilfe noch nicht zu rechnen ist. Man kann dem einzelnen Redakteur zwar keine zuverlässigen Verhaltensregeln geben, aber wenigstens einige Ratschläge
Zunächst sollte man versuchen, Zeit zu gewinnen, indem man z. B. dem, der mit einem wie auch immer gearteten Ansinnen kommt, einen Zwischenbescheid gibt, mehr nicht. Keine verbindlichen Zusagen

geben und, was noch wichtiger ist, auf keinen Fall etwas, was möglicherweise verlangt wird senden -allenfalls wenn Waffengewalt gegen ein Mitglied des Teams unmittelbar angedroht wird.
Auch wenn im Falle von Terrorakten etc. Behörden den Rundfunk um Mithilfe bitten, ist Behutsamkeit geboten. Zunächst ist ein Rückruf erforderlich, um sicherzustellen, daß es sich wirklich um die besagte Person bzw. Dienststelle handelt. Dabei genügt es nicht, wenn sich derselbe Mensch beim Rückruf meldet (ein oft vorkommender Irrtum).Vielmehr muß auf anderem Wege sichergestellt werden, daß man es mit derselben Stelle zu tun hat. (Tel. Nr. prüfen, bei der Polizei über die in den meisten Funkhäusern bestehende Standleitung zur Einsatzzentrale nachfragen.)
Des öfteren werden aber Redaktionen auch mit Demonstranten konfrontiert, die im Funkhaus erscheinen und sofort eine Resolution über den Sender verlesen haben möchten. Vorsicht: Gibt man einmal nach, dann wird immer wieder Druck ausgeübt, etwas Bestimmtes zu senden. Der letzte Weg – unabhängig von der Information der sogenannten Hierarchie über das Ereignis: Drei Sprecher einer Demonstrantengruppe werden zu einem kurzen Gespräch gebeten, denn mit einer Menschenmenge kann man nicht reden, man kann allenfalls zu ihr sprechen – was in einem solchen Fall nicht weiterbringt. In dem erwähnten Gespräch nimmt man besagte Resolution entgegen und sagt eine journalistische Prüfung zu, ob diese Information für ein allgemeines Publikum wichtig ist, das heißt eine Nachrichtenmeldung rechtfertigen würde. Danach wird ohne Beisein der Betroffenen entschieden, ob darüber berichtet wird oder nicht.
Melden sich Politiker oder andere »Offizielle« in einer Redaktion und verlangen diese oder jene Veröffentlichung, so hilft nur die Bitte, eine Information schriftlich zu übermitteln. Mit einer solchen Meldung wird dann in der geschilderten Weise verfahren. Aber: Um glaubwürdig zu bleiben, muß man alle Parteien und Gruppen gleich behandeln – ob man sie mag oder nicht.

Literaturverzeichnis

Verwendete Literatur

Bernd-Peter Arnold: Nachrichten-Garant für öffentlich-rechtliches Qualitätsradio. In: Handwerk Nachrichten (ZFP-Dossier). Wiesbaden 1998

Bernd-Peter Arnold und *Hanns Verres*: Radio – Macher, Mechanismen, Mission. München 1989

Bernd-Peter Arnold: Sie hören Nachrichten – Schlüssel zur Information. Frankfurt a.M. 1978

Bernd-Peter Arnold: Hörfunk-Informationen – Hinter den Kulissen des schnellsten Nachrichtenmediums. Opladen 1981

Hans Bausch (Hrsg.): Rundfunk in Deutschland (5 Bände). Dtv, München 1980AR/fr

BBC: Guidelines for factual programs. London 1989

John Brady: The Craft of Interviewing. New York 1977

Jeff and Marie Blyskal: How the PR-Industry writes the News. New York 1985

Einil Breisach: Die Angst vor den Medien. Graz 1978

Christoph Buggert: Medienkultur – Kultivierung der Medien? In: Bernd-Peter Arnold und Siegfried Quandt (Hrsg.): Radio heute. Frankfurt a.M. 1991

CBC: Journalistic Policy. Toronto 1982

CBC: News Standards. New York 1988

Wolfgang Donsbach: Legitimationsprobleme des Journalismus. Freiburg und München 1982

Wolfgang Donsbach: Die Theorie der Schweigespirale. In: Michael Schenk (Hrsg.): Medienforschung. Tübingen 1987

Lothar Döhn und *Klaus Klöckner (Hrsg.)*: Medienlexikon. Baden-Baden 1979

Rudolf Fest, Wolfgang Lumma, Josef Ohler: Radionachrichten. Hamburg (Norddeutscher Rundfunk) 1987

Johan Galtung und *Mari Holmboe Ruge*: The structure of foreign news. In: Journal of Peace Research 2/1965

Hanns Gorschenek: Rundfunknachrichten heute und morgen. Köln 1977

Hugh Carleton Greene: Entscheidung und Verantwortung, Perspektiven des Hörfunks. Hamburg 1970

Josef Hackforth: Die Wirkung der Massenmedien. In: Media Perspektiven 11/1976

Manfred Jenke: Neun Millionen Minuten – Die Bedeutung der Musik für das Radio und sein Publikum. In: ARD-Jahrbuch. Frankfurt a.M. 1986

Manfred Jenke: In: Schlagwort Transparenz – Das Medium und sein Publikum. München 1973

Peter Kehm: Programmreformen und -strukturen. (Vortrag im Rahmen eines ARD-ZDF-Seminars 1969)

Joseph T. Klapper: Massenkommunikation-Einstellungskonstanz und Einstellungsänderung. In: Aufermann, Bohrmann, Sülzer: Gesellschaftliche Kommunikation und Information. Frankfurt a.M. 1973

Malcolm W. Klein und *Nathan Maccoby*: Objectivity in the 1952-compaign. In: Journalism Quarterly 31/1954

Paul Lazarsfeld: Am Puls der Gesellschaft – zur Methodik der empirischen Sozioloigie. Wien, Frankfurt a.M., Zürich 1968

Winfried B. Lerg: Rundfunkpolitik in der Weimarere Republik. In: Hans Bausch (Hrsg.): Rundfunk in Deutschland, Band 1. München 1980 (ebenso die Bände 2 und 3)

Walter Lippmann: Public Opinion. New York 1922 (1965)

Walter Lippmann and *Charles Merz*: A Taste of News. In: The Republic 7/1920

Elisabeth Noelle-Neumann: Die Schweigespirale – öffentliche Meinung, unsere soziale Haut. München 1980

Einar Östgaard: Factors influencing the flow of news. In: Journal of Peace Research 2/1965

Ulrich Saxer: Thesen zur Kritik des Radikalen Konstruktivismus. (Vortrag Frankfurt a.M., 13.12.1991)

Ulrich Saxer: Vortrag im Rahmen eines Seminars der ZFP (Zentrale Fortbildung Programm-Mitarbeiter von ARD und ZDF). Berlin 6.9.1979

Alex P. Schmidt and *Janny de Graaf*: Violence as Communication. London and Beverly Hills 1982

Winfried Schulz: Die Konstruktion von Realität in den Nachrichtenmedien. Freiburg und München 1976

Tony Schwartz: The responsive Chord-How Radio and TV manipulate you. New York 1985

Siegfried Settgast: Die Hörfunkfibel. Köln 1970

Manfred Steffens: Das Geschäft mit der Nachricht. Agenturen, Redaktionen, Journalisten. Hamburg 1969

Will Teichert: Die Region als publizistische Aufgabe. Hamburg 1982

Siegfried Weischenberg: Der Konstruktivismus – eine Theorie für die Praxis? (Vortrag Frankfurt a.M. 12.12.1991)

Jürgen Wilke: Nachrichtenauswahl und Medienrealität in vier Jahrhunderten. Berlin und New York 1984

David White Manning: The Gatekeeper. In: Journalism Quarterly 27 (1950)

Empfohlene Literatur

Axel Buchholz und Walter von La Roche (Hrsg.): Radio-Journalismus. München 1997

Konrad Dussel: Deutsche Rundfunkgeschichte. Eine Einführung. Konstanz 1999

Peter Fornatale und *Joshua Mills*: Radio in the Television Age. Woodstock, New York 1980

Conrad C. Funk: Media Ethics in the Newsroom and Beyond. New York 1986

Marshall McLuhan: Understanding Media. Toronto 1964

Heinz Pürer (Hrsg.): Praktischer Journalismus in Zeitung, Radio und Fernsehen. Konstanz 1996

Karl Steinbuch: Maßlos informiert. München 1978

Karl Steinbuch: Unsere manipulierte Demokratie. Stuttgart 1985

Heinz Werner Stuiber: Medien in Deutschland. Band 2: Rundfunk. Konstanz 1998

Robert Sturm und *Jürgen Zirbik*: Die Radio-Station. Ein Leitfaden für den privaten Hörfunk. Konstanz 1996

Stefan Wachtel: Sprechen und Moderieren in Hörfunk und Fernsehen. Konstanz 1998

Stefan Wachtel: Schreiben fürs Hören. Trainingstexte, Regeln und Methoden. Konstanz 1997

Personen- und Sachregister

A
ABC 23
Abkürzungen 277
Adenauer, Konrad 44
AFP 144
Affiliates 23
Affirmativer Journalismus 51
Agenda-Setting-Function 124
Aktelle Information 79
Aktualität 19
Akzeptanz 29
Analytischer Kommentar 187
Angelsächsischer Journalismus 50
Anreden 215
Anschaltgeräte 313
Ansprache des Hörers 15
AP 144
ARD 20ff, 40, 45, 319
ARD-Korrespondent 70
Atmen 266
Atmosphäre 174, 183f
Aufbau von Radiomanuskripten 291
Aufmachermeldung 139
Aufmerksamkeit, geteilte 16, 270
Aufnahmengeräte 308
Ausbildung 47ff
Ausgrenzung des Hörers 212, 225, 258, 264
Außenberichterstattung 306
Außeneinfluß 323
Außenpluralität 26

Aussprache 267
Auswahl 79, 109, 125
Autonome Programme 83
Autor 61

B
Basisrecherche 283
Bausch, Hans 36, 41
BBC 40, 43, 50, 118
Bearbeitung von Interviews 226
Beeinflussung 323
Begleitprogramme 20
Bericht 161
Besatzungsrundfunk 40
Bestätigungsinterview 224
Betonungszeichen 266
Bias-Forschung 125
Bildung 102
Bildungsprogramme 102
Binnenpluralität 26
Blyskal, Jeff u. Marie 324
Bredow, Hans 35
Broadcaster 14, 58, 70
Broadcasting 17
Bürgernähe 242
Buggert, Christoph 99
Bundesverfassungsgericht 21

C
CBS 23, 325, 327
CNN 251
Companionship 16

Computergestützte Musikgestaltung 72

D
DAB 303
DDP 144
Deutsche Verantwortung 41
Deutsche Welle 45
Deutschlandfunk 45, 46
Digitaler Aktualitätenspeicher 305
Digitaltechnik 304
Direkte Rede 278
Diskussion 227
Diskussionsleiter 229
Donsbach, Wolfgang 34, 49
Doppelmoderation 260
DPA 144
DRADAG 37
Duales Sytsem 20ff

E
EPD 144
Einschaltprogramme 12, 23
Einschaltquoten 26
Elektronische Redaktionsarbeit 305
E-Musik 107
Ereignisinformationen 117
Erzählen 294
Exposé 296
Externe Beeinflussung 323

F
Fachinformation 95
Fachredakteur 57, 59
Faktendimensionierung 86, 122

Faktenvermittlung 50
Falschmeldung 54
Feature 232
Fernmeldesatelliten 302
Fernsehurteil des Bundesverfassungsgerichts 21, 44
Festinger, Leon 32
Föderalistische Struktur 40, 45
Formatradio 19
Fernbezogene Fragen 205
Forum von Meinungen 184, 227
Fragetypen 205
Freie Mitarbeiter 57
Frequenz 299
Frequenzsplitting 22
Frenquenzvergabe 302
Funkkolleg 102
Funktionale Musik 107

G
Gatekeeper 118
Gatekeeperforschung 125
Gebauter Beitrag 166
Gebühreneinzugszentrale 42
Gefälligkeitsinterview 224
Geräusche 173, 181, 183
Gewichtung 133, 156, 172, 288
Goebbels, Joseph 38
Golfkrieg 152
Graaf, de, Janny 328
Greene, Sir Hugh Carleton 82
Grundversorgung 25

H
Hackforth, Josef 31
Handwerksregeln 269
Handy 313

Hierarchie 52, 56, 59
Hörerbeteiligung 240
Hörspiel 101, 232
Host 250

I
Immediacy 16
Indirekte Rede 278
Information 79
Informationsarten 80
Informationsauftrag 79
Informationseliten 114
Informationsformat 17
Informationsvermittlung 79
Infotainment 89
Infrastrukturmedium 22
Inhalte des Radio-Programms 77
Inhaltsbezogene Fragen 209
Inhalt von Radiomanuskripten 291
Intendant 52
Interview 190
Interviewaufbau 221
Interviewfragetypen 205
Interviewgestaltung 203
Interviewrahmen 195
Interviewstrategien 221
Interviewverzicht 202
Interviewvorbereitung 192
ISDN 313, 321

J
Jargon 280
Jenke, Manfred 241
Jingles 246
Journalistische Berufe 47ff

Journalistische Moderation 249

K
Kabelschleife 309
Kann-Meldungen 130
Kirchenfunk 100
Klapper, Joseph Th. 31
KNA 144
Kognitive Dissonanz 32
Kommentar 90, 91, 184
Kommentierender Bericht 164
Kompaktsendung 83
Komplementärsendung 90
Konferenzreportage 176
Konjunktiv 278
Konstruktivismus 128
Kontrollierter Dialog 219
Kopfhörer 318
Korrespondent 70
Korrespondentenbericht 164
Kultur 98
Kurzwelle 299
Kurzzeitgedächtnis 271

L
Langwelle 299
Lazarsfeld, Paul 32
Lead-Satz-Stil 139
Lebensstiltypologische Studie 26, 29
Lippmann, Walter 125

M
Magazin 83ff
Magazinformat 17
Manipulation 154, 157
Mantel 23

Media-Analyse 26
Medieninszenierung 325
Meinungsinterview 190
Meinungskommentar 186
Meinungsvielfalt 185
Mikrofon 308, 315
Minderheitenprogramme 19, 23
Mittelwelle 299
Moderation 249
Moderator 66, 246
Moderatorengespräch 165
Monopol 20
Musik im Radio 106
Musikprogrammgestalter 72, 108

N
Nachfragen 217
Nachkriegsdeutschland 40
Nachrichten 90, 113
Nachrichten mit O-Ton 154
Nachrichtenmanipulation 157
Nachrichtenredakteur 53
Nachrichtenarten 120
Nachrichtenauswahl 125
Nachrichtenflut 121
Nachrichtengewichtung 133, 156
Nachrichtenkanäle 19
Nachrichtenmeldung 139
Nachrichtenquellen 123, 143
Nachrichtensperre 149ff, 323ff
Nachrichtenverständnis 131
Nachrichtenwert-Forschung 125
Narrowcasting 17
NBC 23

Nebenbeimedium 16
Network 23
Neue Aufgaben 74
News-Show 88
News you can use 81, 89, 93
Noelle-Neumann, Elisabeth 33
Nominalstil 272
Non-event-Informationen 117
Normenbruch 115
NPR 23

O
Objektivität 120
Offene Kanäle 24
Öffentlich-rechtlicher Rundfunk 11, 20ff, 40ff
Online-Redaktionen 74f
Organisationsstrukturen 78
O-Ton-Nachrichten 154

P
Parasoziale Funktion 17, 106
Persönlichkeitsinterview 190
Pluralitätsgebot 26
Polit-PR 91, 94, 323, 324
Portability 16
PR-Aktion 323
Presseschau 236
Privatradio 20
Privatsphäre 203
Producer 62, 66
Producing 15
Produktionsmittel 315
Profil 19
Programmauftrag 25
Programmbegleitende Information 75
Programmprofile 19

Personen- und Sachregister

Propagandainstrument 36
Prozeßhaftes 115, 136
Public-Relations-Informationen 117, 323
Pyramidenform 141

Q
Quellenangaben 144
Quote 26ff

R
Radiojournalist 47
Radiojournalistische Formen 113
Radiomanuskript 287
Radiosprache 271
Real-audio 75
Recherche 60, 73, 144, 282
Redakteur 51
Redaktionssekretärin 73
Redundanz 275, 293
Regionales 109, 123
Regisseur 65
Reichsrundfunk-Gesellschaft 37
Reportage 61, 175
Reporter 59
Reporterstatement 162
Reportergerät 306, 315
REUTERS 144
RIAS Berlin 40, 46
Rundfunksatelliten 302

S
Sachinterview 190
Satellitenradio 302
Saxer, Ulrich 29, 128
Schleusenwärter 118

Schmid, Alex P. 328
Schneiden 311
Schnittregeln 312
Schnittvorbereitung 310
Schreiben fürs Mikrofon 269
Schulz, Winfried 127
Schwartz, Tony 18, 80
Schweigen 218
Schweigespirale 33
Selbstfahrerstudio 305
Selektion 118
Sendeanlagen 301
Service-Informationen 117
SID 144
Spartenprogramm 12
Sperrfristen 147
Sport 96
Spreche 271
Sprecher 68
Sprechhilfen 289
Stichflammen 115, 135
Stone, Emmerson 81, 115
Straßenbefragung 244
Streitgespräch 198
Synonyme 275

T
Telefonberichterstattung 313f, 320
Telefon-Hybrid 320
Terrorismus 327
Texten fürs Mikrofon 269
Titel 215
Toleranz 29
Trailer 246
Trenduntersuchung 26

U

Ü-Leitung 317
U-Musik 103, 107
Überraschung 133
Übertragungswagen 307, 317
Ultrakurzwelle 299
Umfassende Nachrichten 119
Unterbrechen 219
Unterbrechung des Partners 219
Unterhaltung 103

V

Versprecher 267
Verständlichkeit 269, 273
Volksempfänger 39
Vollprogramm 11ff
Vorgespräch 198
Vox-Haus 35, 37
VWD 144

W

W-Fragen 140
Wiedervereinigung 45
Windschutz 310
Wirkung 30, 149
Wirtschaft 93
Wissensinformationen 117

Z

ZDF 44, 302
Zensur 55
Zitate 146, 277
Zugangsprivileg 18
Zusammenfassung 220
Zuteilung von Frequenzen 302
Zuwendung 250

Reihe Praktischer

Hörfunk

Bernd-Peter Arnold
ABC des Hörfunks
1991, 288 Seiten, br.
ISBN 3-89669-017-5

Wolfgang Zehrt
Hörfunk-Nachrichten
1996, 240 Seiten, br.
ISBN 3-89669-026-4

Udo Zindel
Wolfgang Rein (Hg.)
Das Radio-Feature
Ein Werkstattbuch
inklusive CD mit Hörbeispielen
1997, 380 Seiten, br., 33 SW-Abb.
ISBN 3-89669-227-5

Robert Sturm
Jürgen Zirbik
Die Radio-Station
Ein Leitfaden für den
privaten Hörfunk
1996, 384 Seiten, br.
ISBN 3-89669-003-5

Michael H. Haas
Uwe Frigge
Gert Zimmer
Radio-Management
Ein Handbuch für Radio-Journalisten
1991, 792 Seiten, br.
ISBN 3-89669-016-7

Norbert Bakenhus
Das Lokalradio
Ein Praxis-Handbuch für den
lokalen und regionalen Hörfunk
1996, 296 Seiten, br.
ISBN 3-89669-004-3

Heinz Günter Clobes
Hans Paukens
Karl Wachtel (Hg.)
Bürgerradio und Lokalfunk
Ein Handbuch
1992, 240 Seiten, br.
ISBN 3-89669-022-1

Claudia Fischer (Hg.)
Hochschul-Radios
Initiativen - Praxis - Perspektiven
1996, 400 Seiten, br.
ISBN 3-89669-027-2

Stefan Wachtel
**Sprechen und Moderieren
in Hörfunk und Fernsehen**
3., überarbeitete Auflage 1998
192 Seiten, br.
ISBN 3-89669-025-6

Stefan Wachtel
Schreiben fürs Hören
Trainingstexte, Regeln und Methoden
1997, 336 Seiten, br.
ISBN 3-89669-030-2

Reihe Praktischer

Hörfunk

Bernd-Peter Arnold
ABC des Hörfunks
1991, 288 Seiten, br.
ISBN 3-89669-017-5

Wolfgang Zehrt
Hörfunk-Nachrichten
1996, 240 Seiten, br.
ISBN 3-89669-026-4

Udo Zindel
Wolfgang Rein (Hg.)
Das Radio-Feature
Ein Werkstattbuch
inklusive CD mit Hörbeispielen
1997, 380 Seiten, br., 33 SW-Abb.
ISBN 3-89669-227-5

Robert Sturm
Jürgen Zirbik
Die Radio-Station
Ein Leitfaden für den
privaten Hörfunk
1996, 384 Seiten, br.
ISBN 3-89669-003-5

Michael H. Haas
Uwe Frigge
Gert Zimmer
Radio-Management
Ein Handbuch für Radio-Journalisten
1991, 792 Seiten, br.
ISBN 3-89669-016-7

Norbert Bakenhus
Das Lokalradio
Ein Praxis-Handbuch für den
lokalen und regionalen Hörfunk
1996, 296 Seiten, br.
ISBN 3-89669-004-3

Heinz Günter Clobes
Hans Paukens
Karl Wachtel (Hg.)
Bürgerradio und Lokalfunk
Ein Handbuch
1992, 240 Seiten, br.
ISBN 3-89669-022-1

Claudia Fischer (Hg.)
Hochschul-Radios
Initiativen - Praxis - Perspektiven
1996, 400 Seiten, br.
ISBN 3-89669-027-2

Stefan Wachtel
**Sprechen und Moderieren
in Hörfunk und Fernsehen**
3., überarbeitete Auflage 1998
192 Seiten, br.
ISBN 3-89669-025-6

Stefan Wachtel
Schreiben fürs Hören
Trainingstexte, Regeln und Methoden
1997, 336 Seiten, br.
ISBN 3-89669-030-2

Journalismus

UVK Medien

Fernsehen

Ruth Blaes
Gregor Alexander Heussen (Hg.)
ABC des Fernsehens
1997, 488 Seiten, br., 25 SW-Abb.
ISBN 3-89669-029-9

Robert Sturm
Jürgen Zirbik
Die Fernseh-Station
Ein Leitfaden für das Lokal- und
Regionalfernsehen
1998, 490 Seiten, br., 20 SW-Abb.
ISBN 3-89669-210-0

Michael Steinbrecher
Martin Weiske
Die Talkshow
20 Jahre zwischen Klatsch und News.
Tips und Hintergründe
1992, 256 Seiten, br.
ISBN 3-89669-020-5

Hans Dieter Erlinger u.a. (Hg.)
Handbuch des Kinderfernsehens
2., überarbeitete und erweiterte Auflage
1998, 680 Seiten, br., 35 SW-Abb.
ISBN 3-89669-246-1

Hans-Peter Gumprecht
Ruhe bitte!
Aufnahmeleitung bei Film
und Fernsehen
1999, 266 Seiten, br.
ISBN 3-89669-262-3

Internet

Klaus Meier (Hg.)
Internet-Journalismus
Ein Leitfaden für ein neues Medium
2. überarbeitete und erweiterte Auflage
1999, 360 Seiten, br.
ISBN 3-89669-263-1

Ralf Blittkowsky
Online-Recherche für Journalisten
inklusive Diskette mit 1400 Online-Adressen
1997, 336 Seiten, br.
ISBN 3-89669-209-7

*Bitte fordern Sie unser
Gesamtverzeichnis an!*

◢ UVK Medien
Verlagsgesellschaft mbH
Schützenstr. 24
D-78462 Konstanz
Tel: (07531) 9053-0
Fax: (07531) 9053-98

Rundfunk

UVK
Medien

Heinz-Werner Stuiber

**Medien in Deutschland
Band 2: Rundfunk**

1998, 1170 Seiten
in 2 Teilbänden, br.
mit zahlreichen Abb. und Tabellen
ISBN 3-89669-032-9

Die Etablierung von Hörfunk und Fernsehen als duales Kommunikationssystem markiert einen Wendepunkt der Rundfunkentwicklung in Deutschland. Deshalb ist es sinnvoll, diese Entwicklung jetzt nachzuzeichnen, die technischen Voraussetzungen und die rechtlichen Grundlagen zu klären.

Das Werk beleuchtet im 1. Teil die Geschichte des Rundfunks in ihren technischen, gesellschaftspolitischen, rechtlichen und theoretischen Dimensionen.

Der 2. Teil stellt die privaten und öffentlich-rechtlichen Organisationsmodelle dar und beschreibt deren Finanzierung, Programmstrukturen und -grundsätze, die sich zunehmend differenzierenden Programmformen, die Nutzung der Rundfunkangebote und diskutiert abschließend in einem kritischen Resümee und Ausblick die aktuelle Lage der Rundfunkpolitik.

Heinz-Werner Stuiber ist Professor für Kommunikationswissenschaft an der Ludwig-Maximilians-Universität München. Er hat zudem als Geschäftsführer der Mittelfränkischen Medienbetriebsgesellschaft das DVB Multimedia-Bayern-Projekt mitentwickelt und ist für die wissenschaftliche Begleitforschung verantwortlich.

»*Ein monumentales Werk mit Handbuch- und Lexikoncharakter*«
Rundfunk und Geschichte

»*Standardwerkverdächtig*«
ekz-Informationsdienst

Reihe Praktischer Journalismus

Grundwissen

Claudia Mast (Hg.)
ABC des Journalismus
Ein Leitfaden für die
Redaktionsarbeit
8., überarbeitete Auflage 1998
600 Seiten, br.
DM 39,80/ÖS 291/SFr 37,-

Hans-Joachim Schlüter
ABC für Volontärsausbilder
Lehrbeispiele und
praktische Übungen.
Mit einem Geleitwort
von Herbert Riehl-Heyse
2. Auflage 1991
256 Seiten, br.
DM 38,-/ÖS 278/SFr 38,-

Heinz Pürer (Hg.)
Praktischer Journalismus in Zeitung, Radio und Fernsehen
Mit einer Berufs- und
Medienkunde für Journalisten
in Österreich, Deutschland und
der Schweiz
2., überarbeitete und erweiterte
Auflage 1996
682 Seiten, br.
DM 54,-/SFr 49,-

Peter Zschunke
Agenturjournalismus
Nachrichtenschreiben
im Sekundentakt
1994, 272 Seiten, br.
DM 39,80/ÖS 291/SFr 39,80

Michael Haller
Recherchieren
Ein Handbuch für Journalisten
5., überarbeitete Auflage 1999
300 Seiten, br.
DM 36,-/ÖS 263/SFr 33,-

Michael Haller
Das Interview
Ein Handbuch für Journalisten
2., überarbeitete Auflage 1997
458 Seiten, br.
DM 46,-/ÖS 336

Ernst Fricke
Recht für Journalisten
Grundbegriffe und Fallbeispiele
1997, 402 Seiten, br.
DM 48,-/ÖS 350/SFr 44,50,-

Hermann Sonderhüsken
Kleines Journalisten-Lexikon
Fachbegriffe und Berufsjargon
1991, 160 Seiten, br.
DM 30,-/ÖS 219/SFr 30,-

Ressorts

Josef Hackforth
Christoph Fischer (Hg.)
ABC des Sportjournalismus
1994, 360 Seiten, br.
DM 39,80/ÖS 291/SFr 39,80

Karl Roithmeier
Der Polizeireporter
Ein Leitfaden für die
journalistische
Berichterstattung
1994, 224 Seiten, br.
DM 38,-/ÖS 278/SFr 38,-

Gunter Reus
Ressort: Feuilleton
Kulturjournalismus
für Massenmedien
2., überarbeitete Auflage
1999, 366 Seiten, br.
DM 45,-/ÖS 329/SFr 41,50

Gottfried Aigner
Ressort: Reise
Neue Verantwortung
im Reisejournalismus
1992, 272 Seiten, br.
DM 39,-/ÖS 285/SFr 39,-

Presse

Michael Haller
Die Reportage
Ein Handbuch für Journalisten
4. Auflage 1997
332 Seiten, br.
DM 38,-/ÖS 277/SFr 35,-

Werner Nowag
Edmund Schalkowski
Kommentar und Glosse
1998, 364 Seiten, br.
DM 45,-/ÖS 329/SFr 41,50

Karola Ahlke
Jutta Hinkel
Sprache und Stil
Ein Handbuch für Journalisten
1999, 172 Seiten, br.
DM 38,-/ÖS 277/SFr 35,-

Peter Brielmaier
Eberhard Wolf
Zeitungs- und Zeitschriftenlayout
1997, 268 Seiten, br.
DM 38,-/ÖS 277/SFr 35,-

Hörfunk

Bernd-Peter Arnold
ABC des Hörfunks
1999, 340 Seiten, br.
DM 42,-/ÖS 307/SFr 39,-

Sturm/Zirbik
Die Radio-Station
Ein Leitfaden für den
privaten Hörfunk
1996, 384 Seiten, br.
DM 60,-/ÖS 438/SFr 60,-

Antwort

UVK Medien
Verlagsgesellschaft mbH
Postfach 102051
D-78420 Konstanz

Bitte liefern Sie umseitige Bestellung mit Rechnung an:

Ort, Datum

Unterschrift

Zindel/Rein (Hg.)
Das Radio-Feature
Ein Werkstattbuch
1997, 380 Seiten, br.
DM 45,-/ÖS 329/SFr 41,50,-

Clobes/Paukens/Wachtel (Hg.)
Bürgerradio und Lokalfunk
Ein Handbuch
1992, 240 Seiten, br.
DM 19,80/ÖS 145/SFr 19,80

Claudia Fischer (Hg.)
Hochschul-Radios
Initiativen - Praxis - Perspektiven
1996, 400 Seiten, br.
DM 58,-/ÖS 424/SFr 52,50

Wolfgang Zehrt
Hörfunk-Nachrichten
1996, 240 Seiten, br.
DM 34,-/ÖS 248/SFr 34,-

Stefan Wachtel
**Sprechen und Moderieren
in Hörfunk und Fernsehen**
3., überarbeitete
Auflage 1998
192 Seiten, br.
DM 36,-/ÖS 263/SFr 33,-

Stefan Wachtel
Schreiben fürs Hören
Trainingstexte, Regeln und
Methoden
1997, 336 Seiten, br.
DM 42,-/ÖS 307/SFr 39,-

Fernsehen

Blaes/Heussen (Hg.)
ABC des Fernsehens
1997, 488 Seiten, br.,
25 SW-Abb.
DM 42,-/ÖS 307/SFr 39,-

Sturm/Zirbik
Die Fernseh-Station
Ein Leitfaden für das Lokal-
und Regionalfernsehen
1998, 490 Seiten, br.
DM 54,-/ÖS 394/SFr 49,-

Steinbrecher/Weiske
Die Talkshow
20 Jahre zwischen Klatsch
und News.
1992, 256 Seiten, br.
DM 36,-/ÖS 263/SFr 36,-

Hans Dieter Erlinger u.a. (Hg.)
**Handbuch des
Kinderfernsehens**
2., überarbeitete und
erweiterte Auflage 1998,
680 Seiten, br.,
35 SW-Abb.
DM 58,-/ÖS 423/SFr 52,50

Internet

Klaus Meier (Hg.)
Internet-Journalismus
Ein Leitfaden für ein
neues Medium
2., überarbeitete und erweiterte
Auflage 1999,
360 Seiten, br.
DM 42,-/ÖS 307/SFr 39,-

UNI-PAPERS

Heinz Pürer
**Einführung in die
Publizistikwissenschaft**
Systematik, Fragestellungen,
Theorieansätze,
Forschungstechniken
6. Auflage 1998
208 Seiten, br.
DM 32,-/ÖS 234/SFr 29,-

Erhard Schreiber
**Repetitorium
Kommunikationswissenschaft**
3., überarbeitete Auflage 1990
368 Seiten, br.
DM 39,-/ÖS 285/SFr 39,-

Werner Früh
Inhaltsanalyse
Theorie und Praxis
4., überarbeitete Auflage 1998
260 Seiten, br.
DM 32,-/ÖS 234/SFr 29,-

Thomas Knieper (Hg.)
Statistik
Eine Einführung für
Kommunikationsberufe
1993, 448 Seiten, br.
DM 39,-/ÖS 285/SFr 39,-

Jan Tonnemacher
**Kommunikationspolitik in
Deutschland**
Eine Einführung
1996, 296 Seiten, br.
DM 36,-/ÖS 263/SFr 36,-

Konrad Dussel
Deutsche Rundfunkgeschichte
Eine Einführung
1999, 314 Seiten, br.
DM 38,-/ÖS 277/SFr 35,-

Heinz Bonfadelli
Medienwirkungsforschung I
Grundlagen und
theoretische Perspektiven
1999, 276 Seiten, br.
DM 39,80/ÖS 291/SFr 37,-

BESTELLKARTE

Bitte liefern Sie mir zzgl. Versandkosten:
(ab DM 50,- ohne Versandkosten)

Anzahl   Autor/Titel

___   _____

___   _____

___   _____

___   _____

___   _____

___   _____

___   _____

___   _____

___   _____

___   _____

___   _____

___   _____

❏ Bitte informieren Sie mich über Ihre Neuerscheinungen.

Adresse und Unterschrift bitte auf der Vorderseite eintragen.